Kohlhammer

Alfred Schlicht

Die Araber und Europa

2000 Jahre gemeinsamer Geschichte

Verlag W. Kohlhammer

Für Azieb und Julia
Zum Gedenken an Hildegund, Franziska und Eugen Berger

Umschlag: Christ und Muslim beim Schachspielen
(Biblioteca Monasterio El Escorial, Madrid Sgn. Ms. j-T-6, f. 64r)

Alle Rechte vorbehalten
© 2008 W. Kohlhammer GmbH Stuttgart
Karten: Peter Palm, Berlin
Gesamtherstellung:
W. Kohlhammer Druckerei GmbH + Co. KG, Stuttgart
Printed in Germany
ISBN 978-3-17-019906-4

Inhalt

Karten

Vorwort
Die Araber und Europa

Vorliegendes Buch ist eine historische Darstellung im engeren Sinn. Geistesgeschichtliche Aspekte der europäisch-arabischen Beziehungen können nur am Rande berücksichtigt werden, wo sie für den Gesamtkontext wichtig sind.

Es wurde darauf verzichtet, arabische Begriffe und Namen in wissenschaftlicher Umschrift wiederzugeben. Für Fachleute ist sie im vorliegenden Zusammenhang überflüssig und Laien würden durch sie nur verwirrt. Gewählt wurde eine Umschrift, die möglichst dem deutschsprachigen Leser entgegenkommt und ihm den Umgang mit spezifischen Erscheinungen der arabischen Sprache und Schrift erspart. Puristen unter den Fachleuten werden hier Ansatz für Kritik finden – zumal ich nicht ausschließen kann, dass auch Inkonsequenzen vorkamen. Da, wo für arabische Bezeichnungen eingedeutschte Formen bestehen, wurden diese bevorzugt.

Unterstützt haben mich technisch Katharina Weingart, Silvia Sonntag, Suana Meckeler und Amelie Bauer, denen ich an dieser Stelle für ihre Hilfe danke. Besonders aber danke ich meiner Frau und meiner Tochter für ihre Unterstützung und Geduld in der Zeit, als dieses Buch entstand.

Alle in diesem Buch enthaltenen Wertungen, Interpretationen und Urteile geben ausschließlich die persönliche Meinung des Autors wieder.

Alfred Schlicht
Berlin im April 2008

Erstes Kapitel
Frühe arabische Staaten und antike Großmächterivalitäten

Die arabische Welt erstreckt sich heute vom Atlantik im Westen bis zum Persisch-arabischen Golf im Osten, sie dehnt sich aus vom Südufer des Mittelmeers bis in den Raum jenseits der Sahara. Dies war nicht immer so: In der Antike und bis zum welthistorischen Aufbruch der Araber im 7. Jahrhundert war der arabische Sprach- und Kulturraum auf das klassische Arabien, die arabische Halbinsel, beschränkt.

Im Südwesten der arabischen Halbinsel, im Gebiet des heutigen Jemen, entsteht im ersten Jahrtausend vor unserer Zeitrechnung die erste arabische Hochkultur. Während in Zentralarabien die karge Natur und die lebensfeindlichen äußeren Bedingungen nur nomadische Lebensformen zulassen, entwickeln sich unter den günstigeren Verhältnissen des arabischen Südwestens prosperierende Staaten, die Reiche der Sabäer und Minäer, von Kataban und von Hadramaut. Landwirtschaft, vor allem aber Handel, sind Grundlagen dieser Blüte. »Arabia felix«, wie die antiken Autoren diese Region nennen, ist schon früh Drehscheibe interkontinentaler Beziehungen. Die »Weihrauchstraße« verbindet Südarabien mit dem Norden der arabischen Halbinsel und endet in Gaza am Mittelmeer. Auf diesem Handelsweg gelangen die Luxuswaren Südarabiens – Weihrauch und Myrrhen (ein dem Weihrauch ähnliches Harz aus dem Dhofar-Gebiet im Westen des heutigen Oman), die wir als Gaben der Heiligen Drei Könige kennen – in die Mittelmeerwelt. Aber nicht nur südarabische Erzeugnisse werden auf dieser Route transportiert: Von den Häfen Kana und Aden an der Südküste der arabischen Halbinsel bestehen Seeverbindungen nach Indien. Asiatische Waren, vor allem Gewürze, gelangen so über die arabischen Karawanenstraßen nach Norden. In diese Epoche fallen erste Kontakte zwischen den Arabern und Europa: Eine Bronzefigur peloponnesischen Ursprungs aus der Zeit um 540 v.Chr. wurde im Süden von Schabwa, der Hauptstadt von Kataban, gefunden; ein Indiz für zumindest indirekte Beziehungen.

Greifbarer ist ein Altar auf der griechischen Insel Delos, der eine minäische Inschrift trägt und minäischen Kaufleuten im fernen Griechenland ermöglichte, ihre Religion zu praktizieren.

Aber auch schriftliche Quellen belegen diese frühen arabisch-europäischen Kontakte: Südarabische Inschriften weisen auf die weitgespannten Beziehungen bis nach Gaza und Ionien hin; Strabo und Herodot, Eratosthenes und Plinius rühmen den Reichtum des südlichen Arabien und zeigen sich beeindruckt von den exotischen Luxusgütern aus dieser Region, die in Griechenland und Rom hohe Preise erzielten.

Kenntnis hatte man im antiken Griechenland schon früh von Arabien gehabt: Als erster europäischer Autor hatte Aeschylos im 5. Jahrhundert v. Chr. die Araber erwähnt.

Arabien und Europa rückten einander näher, als Alexander der Große in atemberaubender Geschwindigkeit sein Imperium aufbaute, das sich über drei Kontinente und bis an die Grenzen Arabiens ausdehnte: Im syrisch-palästinensischen Raum hatte er möglicherweise Kontakt zu Arabern. Araber sollen geholfen haben, Gaza gegen Alexander zu verteidigen. Von größerer historischer Bedeutung waren Alexanders Pläne, auch Arabien in sein Reich einzugliedern. Sein früher Tod verhinderte die Realisierung dieses ehrgeizigen Projekts.

Interkontinentale Handelsbeziehungen in der Antike

Doch auch nach Alexanders Tod beschäftigten die Reichtümer Asiens und vor allem auch Arabiens die Phantasie der Herrscher, welche die Schlüsselregionen des Nahen Ostens kontrollierten. Die Dynastie der Ptolemäer, die einer der fähigsten Generäle Alexanders in Ägypten begründete, gab dem Land am Nil eine Neuorientierung hin zu den Meeren: Alexandria, nach dem großen Makedonenkönig benannt und von ihm begründet, wird florierender Mittelmeerhafen und gleichsam Symbol dieser Hinwendung des bisher ganz auf den Nil konzentrierten Ägypten zur mediterranen Welt. Aber andererseits richtete sich das Interesse der Ptolemäer auch auf das Rote Meer: Ein in der Pharaonenzeit erbauter Kanal zwischen dem Nil und dem Roten Meer, der inzwischen versandet war, wurde von Ptolemaios II. (285 – 246 v. Chr.) wieder schiffbar gemacht. So stellte er eine Wasserstraße her, die den Indischen Ozean mit dem Mittelmeer verband. Zunächst kommen ptolemäische Handelsschiffe nur bis in die südarabischen und ostafrikanischen Häfen – noch gelingen direkte Fahrten nach Indien nicht. Im 2. Jahrhundert v. Chr. jedoch finden griechische Seeleute aus dem Ptolemäerreich heraus, wie man den Monsun zur Fahrt über den Indischen Ozean nutzen kann – die erste direkte Verbindung zwischen der Welt des Mittelmeers und Indien ist hergestellt! Die Bemühungen um den unmittelbaren Kontakt zu Indien und einen möglichst kurzen Weg zwischen Europa und Indien werden die Geschichte wie ein roter Faden bis ins 19. Jahrhundert, als der Suez-Kanal gebaut wird, durchziehen. Nicht zu Unrecht wird Hippalos, der die Möglichkeiten der Monsunschifffahrt nach Indien entdeckte, als Columbus der Antike bezeichnet: Vergessen wir nicht, dass auch Columbus in einer Epoche, in der Europa der Weg nach Osten durch die Araber und Türken versperrt war, auf der Westroute nach Indien gelangen wollte und dadurch Zugang zum lukrativen Asienhandel erstrebte.

Als seit dem ersten vorchristlichen Jahrhundert regelmäßig Schiffe zwischen Indien und Ägypten verkehrten, verlor Südarabien sein Monopol für den Asienhandel – seine Blütezeit ist vorüber, der Niedergang beginnt: die Karawanenstraßen durch die arabische Halbinsel verlieren an Bedeutung.

Die Nabatäer und das Römische Reich

Als die Staaten von »Arabia Felix« im Süden entstanden waren, war dies noch in weiter Entfernung von Europa geschehen. Als aber Jahrhunderte später die Staaten von »Arabia Petraea«, nördlich von »Arabia Deserta« Gestalt annehmen, hat sich Europa bereits in den Regionen südlich des Mittelmeers etabliert, werden Europäer und Araber direkte Nachbarn. Mit dem Alexanderreich werden die Grundlagen für den Hellenismus gelegt – eine griechisch geprägte Kultur wird bestimmend im Mittelmeer-Raum, den sie nachhaltig prägt und in dem auch eine hellenistische »Weltwirtschaft« entsteht.

In direkter Nachbarschaft zu diesen, infolge der Eroberung Alexanders dem europäischen Kulturkreis eingegliederten Regionen Palästinas und Syriens – wo bereits ein altes semitisches Kultursubstrat vorhanden ist – entsteht an der Handelsstraße aus Südarabien im Raum des heutigen Jordanien das Reich der arabischen Nabatäer. Schon früh treffen Nabatäer und ägyptische Ptolemäer im Roten Meer aufeinander – um 300 v. Chr. bereits bestehen zwischen ihnen gegensätzliche Handelsinteressen, geht die ptolemäische Marine gegen nabatäische Schiffe im Roten Meer vor. Auch mit einem anderen Nachfolger Alexanders, Antigonas I., der Syrien beherrschte, kam es zum Zusammenstoß (312 v. Chr.) – diese Konflikte blieben jedoch Episode. Die Entstehung und die Expansion eines nabatäischen Staates auf der Grundlage des Nord-Südhandels, dessen Kontrolle die große Trumpfkarte der Nabatäer war, konnten sie nicht aufhalten. Nabatäische Kaufleute kamen bis nach Italien. Die Kultur der Nabatäer war – typisch für den vorderasiatischen Raum in der Zeit um Christi Geburt – synkretitisch: sie sprachen arabisch, schrieben aramäisch (das Aramäische war damals die lingua franca der Region), ihre Kunst war von der klassischen Antike bestimmt. Bedeutendstes Symbol für die Rolle der Nabatäer ist ihre Hauptstadt Petra (im Süden des heutigen Jordanien) – aus dem Fels gehauen an einer Stelle, an der besonders gutes Trinkwasser vorhanden und die leicht zu verteidigen ist, da, wo die Karawanen von Südarabien zur Mittelmeerküste gelangen können – in einem Stil, dem auch das ungeübte Auge noch heute die klassische Inspiration ansieht – eine der originellsten städtischen Formen des gesamten Nahen Ostens und bis heute ein Touristenmagnet.

In seiner Blütezeit – um Christi Geburt – erstreckt sich das Nabatäerreich bis nach Damaskus und umfasste Teile des Nordwestens der arabischen Rotmeer-Küste. Seit 63 v. Chr. ist das Römische Reich sein unmittelbarer Nachbar – das Mittelmeer ist praktisch zu einem römischen See geworden. Die Römer wollen von ihrer neuen nahöstlichen Basis aus weiter vordringen: Eine Südarabien-Expedition unter Aelius Gallus, geführt von Nabatäern, scheitert jedoch in den Jahren 24/25. Zwar wird es den Römern nie gelingen, den Süden der arabischen Halbinsel zu kontrollieren, doch unterhalten sie Seeverbindungen nach Asien – chinesische Quellen bestätigen sogar das Eintreffen einer Delegation aus einem »westlichen Reich«.

Die Nabatäer haben durch die Nähe zu Rom auch die Gelegenheit, an weltgeschichtlichen Vorgängen teilzunehmen: Im historischen Kontext der Schlacht von Actium verbrennt im Jahre 31 v. Chr. der Nabatäerkönig Malchos I. die Flotte der Kleopatra und verhindert so deren Flucht. Nabatäische Hilfstruppen unterstützen die Römer bei der Einnahme Jerusalems 70 v. Chr.

Die nabatäisch-römische Koexistenz funktioniert über ein Jahrhundert: Im Jahr 106 aber endet die nabatäische Unabhängigkeit, das Land wird als neue römische Provinz Arabia Teil des Imperiums.

Die Nabatäer waren die ersten, die einen arabischen Staat schufen, der als Puffer zwischen den Nomaden Innerarabiens und dem Kulturraum des semitisch-hellenistisch-römisch geprägten Vorderasien auf der Grundlage des traditionellen Handels im Zeichen einer synkretistischen euro-semitischen Kultur entstand, aber er blieb nicht der einzige.

Arabische Pufferstaaten im Spannungsfeld zwischen Rom und Persien

Nach dem Fall Petras und dem Aufgehen des Nabatäerstaates im Römischen Reich gelang einer anderen Stadt an der Handelsstraße von Süden über Damaskus zum Euphrat ein eindrucksvoller Aufstieg: Palmyra, Oasenstadt in der syrischen Wüste, wird zur glänzenden Metropole eines arabischen Staates, der im Spannungsfeld römisch-persischer Rivalität um die Vorherrschaft im Orient zu einer Macht von vorübergehend sogar überregionaler Bedeutung aufsteigt. Tadhmur – so die Bezeichnung Palmyras durch seine Bewohner – kann sich im Rahmen des römischen Machtsystems entwickeln. Schon vor Christi Geburt muss die Oasenstadt ein bedeutendes Zentrum des Ost/West- und des Nord/Süd-Handels gewesen sein, und Kaiser Hadrian besucht sie 130. Erst danach jedoch beginnt die politisch-militärische Glanzzeit eines quasi-unabhängigen palmyrenischen Staates. Zunächst mit römischer Billigung und im römischen Auftrag führt der Herrscher von Palmyra, Odenathus (um die latinisierte Form von »Udhaina« zu verwenden), erfolgreiche Feldzüge gegen die Perser durch – der Dauerkonflikt zwischen Rom und den iranischen Parthern bzw., seit dem 3. Jahrhundert, den Sassaniden gehört zu den Konstanten der Geschichte dieses Raumes bis zum Aufbruch des Islam, als die Araber dieser Rivalität ein überraschendes Ende setzen. Palmyra wird von Rom geehrt, doch Odenathus wird ermordet (eventuell im Auftrag Roms, da er zu unabhängig wurde?) – seine Witwe Zenobia (Zainab) aber führt Palmyra zum Höhepunkt seiner Macht, tritt als Königin auf und errichtet ein veritables Reich im offenen Konflikt mit Rom. Ihre militärischen Erfolge sind eindrucksvoll – ihr Machtbereich erstreckt sich um 270 vom östlichen Kleinasien bis Ägypten, palmyrenische Truppen besetzen Alexandria, die zweitbedeutendste Stadt des Römischen Imperiums. Steht Roms Herrschaft im Osten auf dem Spiel? Noch ist die Zeit für eine arabische Großmacht, welche die alten Mächte ablöst, nicht gekommen. Der römische Gegenschlag ist vernichtend. Kaiser Aurelian zieht 272 in Palmyra ein, das zerstört wird. Der völlige Untergang des kurzlebigen Staates ist die Folge, Königin Zenobia wird in goldenen Ketten im Triumphzug durch Rom geführt.

Ebenso wie bei der Kultur der Nabatäer in Petra wird in der Kultur Palmyras der starke Einfluss griechisch-römischer Elemente sichtbar, der neben aramäischen und – in Palmyra auch iranischen – Anteilen eine wesentliche Rolle spielt und bis heute – vor allem in den Ruinen Palmyras – leicht nachzuvollziehen ist.

Der Gegensatz zwischen den imperialen Interessen des (Ost-) Römischen Reiches – seit 395 ist das Römische Imperium aufgeteilt – und des Perserreichs fand seine Polarisierung auch in einem Konflikt zwischen zwei arabischen Vasallenstaaten dieser Großmächte, den Ghassaniden auf der byzantinischen Seite und den Lachmiden auf der sassanidischen. Im heutigen Syrien lässt sich der ursprünglich südarabische Stamm der Banu Ghassan anfangs des 4. Jahrhunderts nieder; er wird vom Byzantinischen Reich mit der Grenzsicherung betraut – zunächst noch als Beduinen, später in Form eines regelrechten Staates. Die Ghassaniden und ihr Machtbereich werden zunehmend byzantinisiert, nehmen auch das Christentum an – seit dem 4. Jahrhundert sprechen wir vom Imperium Romanum Christianum – für dessen Verbreitung und Verankerung in der Gesellschaft sich die ghassanidischen Herrscher nachdrücklich einsetzten. Als byzantinische Vasallen sind die Ghassaniden in ständige kriegerische Auseinandersetzungen mit den Lachmiden, dem arabischen Pufferstaat auf persischer Seite, verwickelt. Bis zum Schluss bleibt das Schicksal der Ghassaniden mit dem des Byzantinischen Reiches verbunden: An der historischen Schlacht am Yarmuk 636 gegen die vordringenden Heere des Islam nimmt ein Ghassanidenkönig auf oströmischer Seite teil. Politisch-historisch kommt mit dem Islam das Ende der Ghassaniden, aber bis heute sind einige Familien im Libanon auf ihre Abstammung von den Ghassaniden stolz. Die hohe kulturelle Entwicklung der Ghassaniden ist – wie die der anderen arabischen Staaten im Einzugsbereich der hellenistisch-römischen Welt – ihrem Wesen nach synkretistisch, jedoch ist der antike Einschlag dominierend. Die Prachtentfaltung des Ghassanidenreiches rühmen arabische Dichter auch noch in späteren Jahrhunderten.

Der persisch-oströmische Gegensatz bleibt nicht auf den Raum beschränkt, in dem die Landgrenzen der beiden Reiche verlaufen. Die byzantinisch-iranische Konkurrenz bezieht sich auch auf die Handelswege nach Asien. Eine Karawanenroute führte über Persien und Buchara bis nach China, eine Seeroute in den Indischen Ozean, nach Ceylon und Indien; ihre westlichen Endpunkte lagen im Roten Meer bzw. im Persischen Golf. Deshalb dehnte sich die persische Interessensphäre bis nach Südarabien aus: Byzanz sollte nicht die Möglichkeit haben, die von Persien kontrollierten Handelsströme zu umgehen und sich selbst über das Rote Meer Handelsverbindungen nach Asien zu sichern. Aus dieser Interessenlage heraus konnte andererseits Byzanz es nicht dulden, dass das südliche Arabien der persischen Einfluss- oder gar Herrschaftssphäre zugeschlagen wurde. Byzanz förderte deshalb die Ambitionen seines Alliierten, des christlichen Äthiopien, das von der Westküste des Roten Meeres aus die Kontrolle über Südarabien anstrebte und zeitweise ausübte (etwa ab 525), bevor der Jemen dann Ende des 6. Jahrhunderts wieder unter sassanidische Herrschaft geriet. Im Jahr 570, das deshalb »Jahr des Elefanten« genannt wird, sollen äthiopische Truppen mit Elefanten in Richtung Mekka vorgestoßen sein – es war möglicherweise das Geburtsjahr von Muhammad, dem Propheten des Islam.

Im 7. Jahrhundert endet eine erste Epoche arabisch-europäischer Beziehungen: Seit die Araber ins Licht der Geschichte treten, historisch greifbar werden, stehen sie auch in Verbindung mit Europa. Das Aufblühen der südarabischen Kultur hatte in erster Linie auf Handel beruht – die wichtigste Karawanenstrasse führt vom Südwesten der arabischen Halbinsel nach Gaza und von dort in den östlichen

Mittelmeerraum, wo damals die griechische Kultur floriert. Griechische Einflüsse sind – wenn auch noch nicht so intensiv wie später in den nordarabischen Staaten – bereits in Münzprägung und Kunst des südlichen Arabien feststellbar, die Waren, die über die transarabischen Karawanenwege kommen, sind im antiken Europa begehrter Luxus und hochbezahlt. Durch die Eroberungen Alexanders des Grossen und die Expansion des Römischen Imperiums werden Europa und Arabien unmittelbare Nachbarn. Im Einzugsbereich des Römischen Reiches entstehen arabische Vasallenstaaten, die europäische Kulturprovinzen wurden; auch wenn ihre kulturelle und materielle Blüte aus unterschiedlichen Quellen gespeist wird – die Einflüsse der europäischen Antike spielen die wichtigste Rolle. Das Römerreich setzt die Rahmenbedingungen für die Entwicklung von Nabatäern, Palmyrenern und Ghassaniden. Die Araber sind bereits auf der weltpolitischen Bühne – aber noch nicht als Hauptdarsteller. Nichts lässt zu Beginn des 7. Jahrhunderts ahnen, wie schnell sie ihre Statistenrolle hinter sich lassen und als Protagonisten in die Weltgeschichte eingreifen würden.

Zweites Kapitel
Die Araber betreten die welthistorische Bühne: Entstehung und Expansion des Islam

Der Beginn des 7. Jahrhunderts steht östlich des Mittelmeeres ganz im Zeichen der epochalen Auseinandersetzung zwischen dem Byzantinischen Reich und dem Perserreich. Die Herrschaft von Kaiser Heraklios (610-641) ist gekennzeichnet von existenziellen Gefahren für das Überleben des Oströmischen Reiches. Eine sassanidische Großoffensive gegen Byzanz setzt ein, als Konstantinopel von den Avaren bedroht wird und die Slawen im Balkanraum vordringen. 613 erobern die Perser Damaskus und Tarsus, 614 nehmen sie Jerusalem ein. Die sassanidische Armee stößt gegen Konstantinopel zum Bosperus vor. 619 fällt Ägypten in persische Hand – doch in dieser verzweifelt erscheinenden Lage findet Byzanz die Kraft zu einer Gegenoffensive, die 622 einsetzt. Im gleichen Jahr verlässt Muhammad mit seinen Anhängern den westarabischen Handelsort Mekka, seine Vaterstadt, in der er eine neue Religion ausgerufen hatte, um sich in der Nachbaroase Yathrib zu etablieren. Dieses Ereignis wird als »Hidschra« bezeichnet.

630 zieht Kaiser Heraklios triumphal in Konstantinopel und Jerusalem ein, Byzanz steht auf einem neuen Höhepunkt seiner Macht, die persische Gefahr ist abgewendet, die Sassaniden sind endgültig geschlagen. Im gleichen Jahr nimmt Muhammad die Stadt Mekka ein. Niemand konnte damals ahnen, welch weittragende welthistorische Folgen dieses Ereignis an der Peripherie haben sollte und wie schnell sich der gesamte Nahe Osten von Grund auf verändern würde.

Religionsgemeinschaft und Staat: Der Islam

Weitab von den arabischen Staaten im Süden und im Norden der arabischen Halbinsel – in Mekka, einem Ort, der vom Handel lebt und auch als Sitz eines Heiligtums Anziehungspunkt für zahlreiche Pilger ist, tritt anfangs des 7. Jahrhunderts ein etwa 40-jähriger Mann auf, der sich berufen fühlt, seinen Mitmenschen Mitteilungen Gottes zu überbringen: Muhammad (um 570-632) wird zum Stifter einer neuen Religion, gibt Anstoß zur Entstehung eines Weltreiches und zur Genese einer neuen Kultur. Die Geburtsstunde des Islam ist da. Zunächst wird Muhammads Botschaft von seiner Umgebung mit wenig Begeisterung aufgenommen, er sieht sich sogar zum Verlassen seiner Heimatstadt veranlasst (s.oben). Mit der Übernahme einer Vermittler-Rolle in der von unterschiedlichen, untereinander zerstrittenen Stämmen bewohnten Oase Yathrib beginnt jedoch die erfolgreiche politisch-militärische Rolle Muhammads – der Siegeszug des Islam in Arabien nimmt seinen Anfang. Bis zum Tod des Propheten 632 ist fast die ganze arabische Halbinsel im Zeichen des Islam geeint. Der neuen Religion gelingt, was nie zuvor möglich war: Eine politische Einigung der Araber. Die muslimische Religionsgemeinschaft und der entstehende arabische Staat sind praktisch identisch. Was ist die religiöse Botschaft des Mannes aus dem Kaufmannsmilieu, die er nach und nach als Ergebnis einzelner Offenbarungen seiner Umgebung verkündet? Es ist keine abgerundete, in sich geschlossene Philosophie, kein systematisches religiöses Lehrgebäude. Auch ist, was er verkündet, nicht unbedingt originell. Was er als Offenbarung vorträgt, mutet seltsam vertraut an. Und in der Tat: Originell will Muhammad gar nicht sein – ihm kommt es durchaus nicht darauf an, Neues, Unbekanntes zu predigen. Er sieht sich als Warner, als Mahner, der an die Religion Abrahams – von ihm als eine Art Urreligion verstanden – erinnert. Er sieht sich von Gott beauftragt, sie seiner Zeit und seinen Zeitgenossen zu verkünden. So, wie frühere Propheten ihrem Zeitalter die wahre Religion gebracht hatten – Jesus ist aus islamischer Sicht einer dieser Vorgänger Muhammads! – vermittelte Muhammad nun die endgültige, reine, vollendete Form dieser Religion. Muhammad ist – und das entscheidet ihn von seinen Vorgängern – das »Siegel der Propheten«, er wird keinen Nachfolger haben. Im Zentrum seiner Lehre steht ein strenger Monotheismus – ohne Dreifaltigkeit oder Gottesmutter – und ein eindeutiger Regel- und Pflichtenkanon. Grundelemente – die sogenannten 5 Säulen (arkan) des Islam sind: Das Glaubensbekenntnis, das rituelle Gebet – fünf Mal täglich in Richtung Mekka –, das Entrichten einer Armensteuer in unterschiedlicher Höhe, aber durchschnittlich wohl ca. 2,5 % der Einkünfte, das Fasten im Monat Ramadan und die Pilgerfahrt nach Mekka.

Muhammads historische Leistung war, den Arabern den semitischen Monotheismus zugänglich gemacht und damit die dritte große Weltreligion in einer Linie mit Juden- und Christentum gestiftet zu haben. Nur dadurch, dass Muhammad Worte und Methoden fand, die für seine Landsleute verständlich und überzeugend waren und indem es ihm gelang, seine Lehre auch politisch-militärisch zur Geltung zu bringen, konnte er Entwicklungen anstoßen, die zur Entstehung eines religiös geprägten Imperiums und zur Genese einer neuen, eigenständigen Kultur führten.

Die Worte Gottes, die Muhammad – der Mensch war und keinerlei Anspruch erhob auf göttliche Eigenschaften – seiner Umgebung mitteilte, wurden früh gesammelt. Es gab jedoch Divergenzen zwischen den verschiedenen Versionen, da es keine wirklich autoritative, allgemein gültige und anerkannte Sammlung gab. Erst Uthman (Osman), der 3. Kalif (644–656), ließ die kanonische, endgültige Fassung der von Muhammad übermittelten Gottesworte zusammenstellen – sein Verdienst ist das Entstehen des »Koran«, der in 114 Kapitel oder Suren eingeteilt ist und seither das von den Muslimen bis heute anerkannte heilige Buch, das authentische Wort Gottes ist.

Im vorislamischen Arabien hatte es nicht nur eine Vielzahl semitischer Gottheiten gegeben und eine Anzahl heiliger Stätten – die heute als urislamisch empfundene Ka'ba in Mekka hat solch heidnischen Ursprung – sondern ganz Arabien war zu Muhammads Zeiten durchsetzt mit biblischem Gedankengut – denn Christen und auch Juden gab es bereits unter den Arabern – der Boden war bereitet für den Islam. Es gärte im religiösen Leben der Araber: Muhammad war zwar der Prophet par excellence, der sich letztlich durchsetzte und zur welthistorischen Gestalt wurde, aber zur gleichen Zeit gab es eine ganze Reihe heiliger Männer und auch Frauen, die jeweils ihre eigenen religiösen Überzeugungen predigten.

Der Prophet des Islam hatte zweifellos missionarischen Eifer und dachte wohl auch daran, seinen Einflussbereich über die arabische Halbinsel hinaus auszudehnen – wie weit gespannt allerdings sein Horizont wirklich war, wissen wir nicht. Den byzantinischen Kaiser hatte er in einem Schreiben aufgefordert, sich ihm zu unterwerfen – dies zeigt, dass er durchaus Ambitionen hatte, die über seine unmittelbare Umgebung und den arabischen Raum hinausgehen und die aber – für die Rahmenbedingungen seiner Zeit – unrealistisch erscheinen. Zu Lebzeiten des Propheten kam es aber in der Tat bereits zum ersten bewaffneten Konflikt zwischen islamischen Truppen und byzantinischen Kräften bei Mu'ta (östlich des Jordan) im Jahr 629, der mit einem eklatanten Misserfolg für die arabisch-islamische Seite endete. Aber der eigentliche Aufbruch der Araber, ihr Siegeszug, der sie unter islamischen Vorzeichen innerhalb weniger Jahrzehnte bis nach Nordafrika, Europa und Zentralasien führte, setzte erst nach Muhammads Tod ein. Diesen welthistorischen Wendepunkt ahnte man in diesem Jahr 632 weder in Byzanz noch im Sassanidenreich. Der grundsätzliche, existenzielle Konflikt zwischen den beiden Supermächten dieser Epoche – Iran und Byzanz – schien die Weltpolitik zu beherrschen. Der Zusammenstoß bei Mu'ta, an der Peripherie, im unruhigen Grenzbereich zwischen Nomaden und Sesshaften, zwischen Zivilisation und Anarchie schien einem bekannten Grundmuster anzugehören: Überfälle aus der arabischen Wüste gehörten am Rande des »fruchtbaren Halbmondes« zur Tagesordnung.

Als ernsthafte Gefahr, als einen wirklichen Gegner sah man die Araber weder auf sassanidischer noch auf byzantinischer Seite. Die großen Mächte waren deshalb auf den Ansturm aus der Wüste in keiner Weise vorbereitet. Denn war der Ursprung Muhammads und sein erstes unmittelbares Aktionsfeld – Mekka – städtischen Charakters, so war doch der größte Teil Arabiens wüstenhaft und der überwiegende Anteil seiner Bevölkerung bestand aus nomadisierenden Beduinen, die man in Byzanz und im Sassanidenreich zwar aufgrund ihrer häufigen Einfälle ins Grenzgebiet als lästig empfand, jedoch nicht als wirkliche Macht einschätzte und fürchtete.

In der Tat wäre die Gemeinschaft, die Muhammad gebildet hatte und die zuletzt ungefähr mindestens 2/3 der arabischen Halbinsel umfasste, beim Tod des Propheten fast wieder zerbrochen. Es ist das Verdienst seines ersten Nachfolgers, des Kalifen (chalifa = Vertreter) Abu Bakr, diese »ridda« oder Abfallbewegung aufgehalten und mit militärischen Mitteln die »Gemeinschaft der Gläubigen« bewahrt und zusammengehalten zu haben. Den Stämmen, die sich mit Muhammad und den Muslimen zusammen getan hatten, war nicht ausreichend klar geworden, dass hier etwas Neues entstanden war. Sie mögen angenommen haben, dass sie eine der häufigen, flüchtigen Allianzen eingegangen waren, wie sie in wechselnder Zusammensetzung üblich waren im vorislamischen Arabien. Mit dem Tod des Muhammad schienen ihnen mit ihm geschlossene Vereinbarungen hinfällig,

Ihnen war nicht deutlich genug bewusst, dass die »Umma« etwas Dauerhaftes, etwas Übergeordnetes war, das auf einer geistig-religiös-politischen Grundlage beruhte – jenseits rein taktischer, vorübergehend nützlicher Zweckbündnisse in der Anarchie der ständigen Raubzüge und Kleinkriege Innerarabiens.

Der Aufbruch der Araber im Zeichen des Islam: Ein Weltreich entsteht

Wenn nun Arabien geeint war, sozusagen als muslimischer Staat, innerhalb dessen Frieden herrschen sollte, mussten die vorhandenen Energien und die bestehende militärische Dynamik anders orientiert, sozusagen umgeleitet werden. Dies gelang, indem sie in die Formen des »Heiligen Krieges« kanalisiert wurden. Zum »Dschihad« hatte der Prophet selbst aufgerufen und die Pflicht zum Heiligen Krieg war eindeutig und unmissverständlich im Koran niedergelegt. Auch wenn nicht zu Unrecht darauf verwiesen wurde, dass »Dschihad« nicht allein auf seine militärische Dimension reduziert werden darf, sondern durchaus eine geistig-moralische Bedeutung annehmen kann: Als einen Krieg im Namen Gottes zur Eroberung von nicht-islamischen Gebieten haben ihn politische und militärische Führer, Theologen und Historiker der islamischen Welt bis in die Neuzeit vorwiegend aufgefasst. Dies zeigt vor allem auch die Praxis. Im Koran steht: »Kämpft gegen diejenigen, die nicht an Gott und den jüngsten Tag glauben …bis sie kleinlaut aus der Hand Tribut entrichten!«[1] Für die Araber war das um so leichter nachzuvollziehen, als es ihrer traditionellen Lebensweise entsprach und – nachdem »Razzien« (unser Wort geht in der Tat auf das arabische »ghazwa« = Beutezug zurück) im innerarabischen Kontext nicht mehr möglich waren – praktisch eine ökonomische Notwendigkeit wurde, sich nach den reichen Nachbarregionen Arabiens zu orientieren. Im Weltbild des Islam war die Erde eingeteilt in Dar al-Islam, den Machtbereich des Islam, und Dar al-Harb, das Gebiet des Krieges. In dieser auf den Gegensatz zwischen islamischer und nichtislamischer Welt basierenden Staatsvorstellung war Krieg der Normalzustand mit der nicht dem Islam angehörenden Welt.

Noch im selben Jahr, in dem die »ridda« der Stämme überwunden worden war, begann im Herbst 633 der militärische Vorstoß der Araber gegen das Byzantinische Reich im Raum des heutigen Jordanien. Schon 635 fiel Damaskus in die Hand der Araber – die eigentliche Entscheidungsschlacht aber, die das Schicksal Syriens besiegelte, fand am 20. August 636 am Yarmuk, einem kleinen östlichen Nebenfluss des Jordan (nahe der heutigen syrisch jordanischen Grenze) statt. Theodorus, der byzantinische Feldherr und Bruder von Kaiser Heraklios fiel in dieser Schlacht, in der weltpolitische Weichen gestellt wurden: Europas Präsenz südlich des Mittelmeers würde für immer zu Ende gehen (die Kreuzzüge blieben Episode). 638

---

1   Koran Sure 9, Vers 29; einschlägige deutsche Koranausgabe ist die von Rudi Paret: Der Koran, 10. Auflage, Stuttgart 2006. Der Koran ist für den gläubigen Muslim allerdings nur in der arabischen Urversion gültig. Der Laie sollte den Koran, der in Suren oder Kapitel, welche der Länge nach geordnet sind, eingeteilt ist, nicht unbegleitet lesen, da ihm Vieles unverständlich erscheinen wird. Empfohlen wird Rudi Paret: Mohammed und der Koran, Stuttgart 1957 mit zahlreichen Neuauflagen

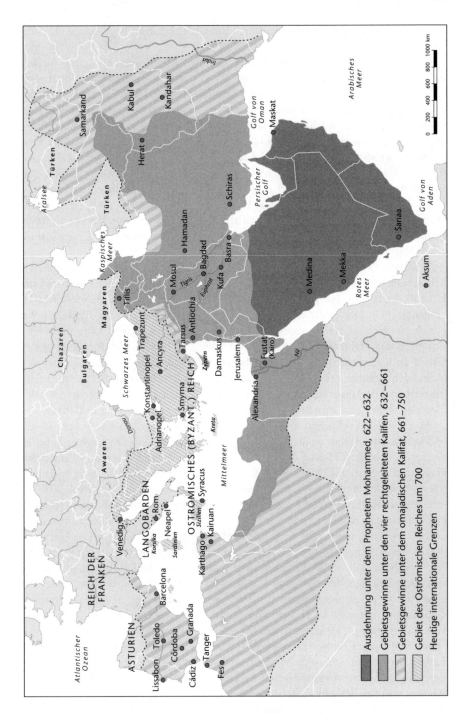

Karte 1: Die Ausdehnung des Islamischen Reiches vom Tode des Propheten (632) bis zum Sturz der Omayaden (750)

öffnet Jerusalem den Arabern seine Tore – Patriarch Sonofrius begleitet den Kalifen Omar in die Stadt.

Doch die Araber führten von Anfang an einen Mehrfrontenkrieg: Sie stießen gleichzeitig ins sassanidisch kontrollierte Zweistromland vor, es gab militärische Operationen in der Gegend der alten Lachmidenhauptstadt al-Hira mit zunächst wechselndem Ausgang, aber 636 errangen die Araber einen entscheidenden Sieg bei al-Kadisiya und im Jahr darauf fällt bereits die persische Hauptstadt Ktesiphon. Das Ende ist abzusehen: Mit der Schlacht von Nihawand ist das Schicksal des Perserreiches militärisch entschieden, der letzte Sassaniden-Herrscher Yazdegerd wird 651 im Osten seines Reiches ermordet – das alte Perserreich existiert nicht mehr. In nur wenigen Jahren war es den anstürmenden Arabern gelungen, eine der ältesten Großmächte der Region, ein Reich, das nach damaligen Maßstäben eine Weltmacht war und zwei Jahrzehnte vorher noch die Existenz von Byzanz ernstlich bedroht hatte, endgültig zu vernichten und ihrem im Entstehen begriffenen islamischen Reich einzugliedern.

Während Persien untergeht, wird auch im Westen der Vormarsch fortgesetzt: Schon 639 beginnt der Angriff auf das byzantinische Ägypten. Heliopolis fiel im Juli 640, die Festung Babylon, an der Stelle des heutigen Kairo, wurde im April 641 eingenommen. Der große byzantinische Kaiser Heraklios, der das Byzantinische Reich ein gutes Jahrzehnt zuvor vor dem Perseransturm gerettet hatte und beim Einsetzen des Araberangriffs dabei gewesen war, das oströmische Reich zu neuer Größe zu führen, starb im gleichen Jahr. Die Übergabe von Alexandria, eines der blühenden Zentren des Reiches, an die Araber im Jahr 642 musste er nicht mehr miterleben. Die Araber hatten einen untrüglichen Blick für das Praktische: Sie nahmen den alten Kanal zwischen Nil und Rotem Meer sofort wieder in Betrieb.

Aber die allzu schnellen arabischen Erfolge blieben nicht ohne Rückschläge: 645 wurden die Araber wieder aus Alexandria vertrieben – die Byzantiner kehrten zurück – doch nur für kurze Zeit. Anfang 646 geriet Alexandria wieder in arabische Hand und diesmal auf Dauer. Schnell merkten die Araber, dass sie zwar zu Lande schnelle und leichte Erfolge erzielen konnten, dass aber, um dauerhaft erfolgreich zu sein und um die Eroberungen gegen byzantinische Gegenschläge abzusichern, auch eine militärische Kompetenz zur See erworben und eine Marine aufgebaut werden musste. Auch hier überrascht die Schnelligkeit der arabischen Erfolge. Die Notwendigkeit militärischer See-Operationen einzusehen ist das Eine, sie in kürzester Zeit erfolgreich zu planen und durchzuführen – unter den Schwierigkeiten, mit denen sich die vordringenden Muslime konfrontiert sahen (mangelnde Erfahrung mit dem Aufbau einer funktionierenden Verwaltung, Größe der zu kontrollierenden Gebiete und Überzahl der zu verwaltenden und militärisch zu beherrschenden Bevölkerungsgruppen, Unkenntnis des Mittelmeers und seiner nautischen Verhältnisse, um nur einige Faktoren zu nennen) – eine ganz andere: 649 bereits nahmen die Araber Zypern ein – die erste Mittelmeer-Insel unter ihrer Kontrolle, 652 schlugen sie erfolgreich einen byzantinischen Seeangriff auf Alexandria zurück, 654 wurde Rhodos von muslimischen Seefahrern geplündert und 655 gelang die Zerstörung der byzantinischen Flotte, die von Kaiser Konstans II. (641-668) selbst geführt wurde – vor der lykischen Küste bei Phoenix (Finike) – der erste große Seesieg der Araber: Seit damals waren sie auch eine erstrangige mediterrane Seemacht. Immer wieder zeigt sich, wie souverän die Araber im Mittelmeer agieren konnten: 668/69 stoßen muslimische Flottenverbände von Alexandria aus bis Sizilien vor, 672 wird vorübergehend Rhodos besetzt und 674 Kreta. Ein erster See-Angriff der Muslime auf Spanien scheitert an der westgotischen Flotte 675.

Die arabisch-muslimische Expansion auf Kosten des europäischen Kulturkreises geht auch zu Lande weiter: die siegreichen Muslime stoßen weiter nach Westen ins heutige Libyen vor (647) und bald darauf nach Karthago (heutiges Tunesien), wo sie 667 die Byzantiner schlagen. Diesen gelingt es zwar, in einer Seeoperation Karthago noch einmal zurückzuerobern, aber 698 fällt die einstige Hauptstadt des Punischen Reiches, die ehemalige Rivalin Roms, endgültig in die Hand der Muslime. 670 wird als arabisch-muslimische Metropole im Maghreb Kairuan gegründet – bezeichnenderweise im Landesinneren, nicht am Mittelmeer. Innerarabische Konflikte können die arabischen Eroberungen zwar verlangsamen, führen aber weder zum Zerfall des muslimisch-arabischen Reiches noch zum Ende des muslimischen Eroberungsprozesses: 681 stoßen muslimische Truppen bis an die westlichen Grenzen Nordafrikas vor und erreichen Marokko – Rückschläge durch Berberaufstände und byzantinische Gegenangriffe sind nur von vorübergehender Natur und berberisch-byzantinische Kooperation bleibt ohne dauerhaften Erfolg. Selbst gegen das byzantinische Kernland gehen muslimische Truppen weiter vor: von 674 bis 678 wird Konstantinopel zugleich vom Land und von der Seeseite her angegriffen – doch bleibt die Offensive erfolglos und endet mit einem ernsthaften Rückschlag für die herrschenden Omayaden (s.S. 27, 33, 53) als Seemacht im Mittelmeer. Byzanz hatte zwar seine wichtigen Südprovinzen für immer verloren, das Schicksal des sassanidischen Persien bleibt ihm aber erspart. Den Muslimen wird es vorläufig nicht gelingen, das Byzantinische Reich zu erobern – es überlebt bis gegen Ende des 15. Jahrhunderts. Erst die türkischen Osmanen werden es – über 800 Jahre nach den ersten arabischen Angriffen – endgültig auslöschen. Aber die weitere Entwicklung des byzantinischen Staates wird geprägt sein von der Bedrohung durch die Araber: Diese vor allem, aber auch andere auswärtige Gefahren, werden in diesen Jahrzehnten zu einem bestimmenden Faktor für die Politik des byzantinischen Staates. Kaiser Konstans II. sieht zu Beginn seiner Regierungszeit 641 die größte Bedrohung für das Reich im Westen: Die Langobarden erweitern ihren Herrschaftsbereich in Italien, die Araber beginnen, das westliche Nordafrika Byzanz zu entreißen. Dieser Lage Rechnung tragend verlegt der Kaiser seinen Regierungssitz nach Syrakus auf Sizilien. Von hier aus möchte er die verlorenen oder bedrohten Positionen in Italien und Nordafrika behaupten oder zurückgewinnen. Doch kann auch dieser Schritt die Entwicklung nicht mehr aufhalten: Byzanz wird in Italien mehr und mehr an Einfluss verlieren und der Siegeszug der Araber ist nicht mehr aufzuhalten. Erfolgreicher ist Konstanz II. bei der Reorganisierung von Verwaltung und Verteidigung im Osten. Die Provinzen in den von Araberangriffen bedrohten Räumen Kleinasiens werden neugegliedert; Verwaltung und militärische Führung werden in einer Hand konzentriert, die Armee dezentralisiert und in Festungen stationiert. Zahlreiche militärische Kräfte werden ins östliche Kleinasien verlegt, darunter kaiserliche Gardeeinheiten und germanische Truppen. Vielfach geht man dazu über, die Soldaten nicht mehr durch Sold, sondern durch Zuweisung von Lehen zu entlohnen. Die wichtigen Städte werden zu Festungen ausgebaut, viele kleinere Orte veröden. Unter dem Druck äußerer Gefahren militarisiert sich das Byzantinische Reich zusehends.

Die Ausbreitung des Islam geht aber auch im Osten weiter. Bis zum Ende des 7. Jahrhunderts haben die Muslime nicht nur das gesamte ehemalige Sassanidenreich ihrer Herrschaftssphäre eingegliedert, sondern dringen bis nach Zentralasien vor, wo sie Kabul einnehmen, den Oxus (Amu-Darya) überqueren und 674 in der Oase von Buchara stehen, aber auch in Regionen des heutigen Pakistan vorstoßen.

Die atemberaubende Geschwindigkeit, mit der die Araber im Zeichen des Islam ihren Siegeszug vorantrieben, Weltreiche zerstörten oder an den Rand des Zusammenbruchs brachten, während sie gleichzeitig ihr eigenes islamisches Imperium aufbauten, hat seit jeher die Frage aufgeworfen, wie ein solcher historischer Prozess in einer derartigen Rekordzeit möglich war.

Gründe und Ursachen für die arabisch-islamische Expansion sind naturgemäß vielfältig und vielschichtig; frappierend war dabei die Dauerhaftigkeit der Eroberungen. Im Gegensatz zu vergleichbar rapiden Eroberungszügen haben die arabischen Glaubenskrieger die Welt nachhaltig verändert, haben ihre Kriegszüge Tatsachen geschaffen, die bis heute andauern.

Der Anstoß zum arabischen Aufbruch kam aus der zentralarabischen Wüste, nicht aus einem der bereits etablierten arabischen Staaten. Der militärische Vorstoß in die byzantinische Welt nördlich Arabiens ging von einem neuen Staatsgebilde aus, das eigentlich erst im Entstehen war. Es waren nicht mehr einzelne archaische Stämme, die ins Byzantinische Reich zu vorübergehenden Raubzügen einbrachen, sondern die islamische »Umma« – als neuer und geeinter Staat von Byzantinern und Persern wohl noch gar nicht vollständig begriffen – brach auf zu einem Eroberungskrieg, der religiös motiviert war. Die Araber hatten ihre militärischen Energien gebündelt und – sie hatten erstmals eine Ideologie, führten einen Glaubenskrieg. Zum Krieg gegen die Ungläubigen hatte der Prophet die Anhänger des Islam bereits aufgerufen – entsprechende Glaubensvorschriften finden sich im Koran. Dabei wurde denjenigen, die im »heiligen Krieg« fallen würden, der sofortige Eintritt ins Paradies verheißen. Glaubenseifer ist bis heute ein entscheidender Beweggrund für Muslime zur Teilnahme an Kriegen. Neben der religiösen Motivation gab es für die muslimischen Eroberer auch sehr weltlich-materielle Anreize: In den wohlhabenden Regionen, in die sie eindrangen, gab es Luxus und reiche Beute. Dies bezeugen ausdrücklich arabische Quellen. Auf der anderen Seite – bei Byzantinern und Persern – herrschten denkbar ungünstige Voraussetzungen: Die beiden Reiche hatten sich gegenseitig in aufreibenden Kriegen völlig geschwächt und erschöpft, verfügten kaum mehr über Ressourcen. Ihre Verteidigungsbereitschaft – gerade im Grenzbereich des fruchtbaren Halbmondes – war stark reduziert. Weder Sassaniden noch Byzantiner rechneten mit einer existenziellen Bedrohung von arabischer Seite. Der Fehler beider Reiche war, die Weltpolitik bipolar zu sehen, sie reduziert auf den gegenseitigen Konflikt zu perzipieren. Die Araber wurden lediglich als Randfiguren des persisch-byzantinischen Konflikts wahrgenommen. Als genuiner Machtfaktor, als ernsthafte Bedrohung, als eigenständige politisch-militärische Größe konnte man sich die Araber weder auf persischer noch auf byzantinischer Seite vorstellen.

Byzanz hatte beispielsweise Zahlungen an arabische Stämme eingestellt, als mit wei-teren persischen Angriffen nicht mehr zu rechnen war. Nichts deutet daraufhin, dass eine Gefährdung aus der arabischen Halbinsel heraus auch nur im Mindesten von byzantinischer Seite geahnt wurde. Als der Angriff dann tatsächlich kam, ging alles unvorstellbar schnell. Nur Söldnertruppen, die nicht übermäßig motiviert sind, stehen auf byzantinischer Seite gegen die Araber zur Verfügung. Der Bruder von Kaiser Heraklios, Theodorus, kann in der Entscheidungsschlacht am Yarmuk keine Trendwende herbeiführen. Die arabische Form der Kriegführung zeichnete sich durch große Beweglichkeit aus. Die muslimischen Truppen bestanden aus schnel-len, leichten Einheiten, die an plötzliche Angriffe und rasche Rückzugbewegungen gewöhnt waren – ohne durch schweres Gerät oder Gepäck behindert zu sein. Die schwerfällige byzantinische Kriegsmaschinerie war demgegenüber unbeholfen und unflexibel.

Christen als Untertanen des islamischen Staates

Auch die Verhältnisse in Syrien und Ägypten begünstigen einen arabisch-islamischen Erfolg: Die byzantinische Fremdherrschaft wurde von den semitischen Bewohnern Syriens und den Ägyptern als drückend und repressiv empfunden. Syrer und Ägyp-ter brachten ihre nationalen Bestrebungen in religiöser Form zum Ausdruck: Ihre monophysitischen Nationalkirchen standen in bewusstem Gegensatz zur byzanti-nischen Reichskirche und ihrer Doktrin. Ihnen konnte wenig daran gelegen sein, die byzantinische Herrschaft beizubehalten und sich gegen die anrückenden Araber zu stellen – zudem bald bekannt wurde, dass deren Herrschaft durchaus erträglich war. Innerhalb des Christentums hatte sich eine Diskussion über das Wesen Jesu Christi entwickelt; im Mittelpunkt stand dabei die Debatte, wie der menschliche und zugleich göttliche Charakter seiner Person zu verstehen sei. Die Monophysiten vertraten den Standpunkt, Jesus Christus besäße eine einzige Natur, die mensch-liche sei in der göttlichen aufgegangen. Diese Lehre, der die Ägypter und Syrer folgten, war auf dem Konzil von Chalkedon 451 verboten worden. Die allein im oströmischen Reich gültige, als Staatsdoktrin aufgefasste und als das notwendige einigende Band für den byzantinischen Staat betrachtete Position nahm zwei un-trennbare, aber auch unvermengbare Naturen Christi an. Ägypter und Syrer, die am Monophysitismus festhielten, hatten unter schweren Verfolgungen zu leiden. Der byzantinische Kaiser, das Reich, waren für die Bewohner Ägyptens und Syriens Sinnbild der Unterdrückung. Zwar versuchte Kaiser Heraklios, eine Kompromiss-formel – den Monotheletismus – zu finden, doch brachte ihm dies nur die Gegner-schaft aller Parteien ein. Es kann also nicht überraschen, dass von den Bewohnern der zunächst betroffenen Länder den Arabern kein Widerstand entgegengebracht wurde, dass manche Stadt ihre Tore den muslimischen Eroberern öffnete, dass – wie selbst spätere christlich-syrische Autoren wie Michael der Syrer (1126-1199) oder Barhebräus (13. Jahrhundert) bestätigen – die muslimischen Araber als Befreier be-grüßt wurden. Dies hat auch mit dem Wesen der islamischen Religion zu tun sowie mit dem Pragmatismus der muslimischen Eroberer. Auf das Selbstverständnis des

Islam, der sich durchaus in der biblischen Tradition von Judentum und Christentum sah, haben wir bereits verwiesen. Aus diesem heraus ergibt sich eine spezifische Sichtweise und Behandlung von Christen und Juden: Zwar verstand sich der Islam als die vollendete und endgültige Form der monotheistischen Religion, dennoch tolerierte er Christen- und Judentum. Anhängern dieser Religionen wurde es erlaubt, im Machtbereich des Islam weiter als Christen und Juden zu leben – wenn auch nicht den Muslimen gleichberechtigt und gegen Zahlung besonderer Steuern. Ziel des Dschihad war die Unterwerfung, nicht die (Zwangs)Bekehrung der »Ungläubigen« – zumal Juden und Christen nicht »Ungläubige« im eigentlichen Sinn waren, sondern »Leute des Buches« – als Empfänger einer eigenen Heiligen Schrift, die dem Koran verwandt war und auf der gleichen Grundlage beruhte. Dies ermöglichte es den Muslimen, in ihren Eroberungen schnell voranzugehen, sie konnten die christlichen Bevölkerungsteile weitgehend unbehelligt lassen – welcher Richtung des christlichen Glaubens sie angehörten, war für die muslimischen Eroberer wenig relevant.

Die Araber ließen den Christen der eroberten Länder freie Hand in Glaubensangelegenheiten, hinderten die aramäischen Christen Syriens und die koptischen Christen in Ägypten nicht an der Ausübung ihres Glaubens, hatten keinerlei Anlass, der byzantinischen Nationaldoktrin in irgendeiner Form Unterstützung zu gewähren, konnten an einem Gegensatz zwischen den christlichen orientalischen Völkern und Byzanz nur interessiert sein. Die Eroberung des nordafrikanischen und syrischen Raumes durch die Araber bedeutete eine Reorientalisierung dieser Regionen, die seit Alexander dem griechisch-abendländischen Kulturbereich angehört hatten.

Die Kultur des Islam entsteht

Der muslimische Pragmatismus führte dazu, dass die Eroberer in den unterworfenen Gebieten möglichst viel so beließen, wie sie es vorfanden. Sie versuchten nicht, bestehende Steuer- und Verwaltungssysteme durch andersgeartete zu ersetzen. Hier erwies sich, was eigentlich eine Schwäche war, als Stärke: Es gab kein arabisches Reich mit Institutionen und Verwaltungstradition, das expandierte – sondern ein arabisch-islamischer Staat war in seinen Strukturen erst im Entstehen; das ermöglichte – ja erforderte – größtmögliche Flexibilität und Bereitschaft, Bestehendes zu integrieren. Dies war von Anfang an so und sollte über Jahrhunderte wesentliches Konstituens des arabisch-islamischen Imperiums in seinen verschiedenen Manifestationsformen werden: Die Assimilierung und Integration unterschiedlichster Komponenten, die zu einem homogenen, organischen Ganzen verschmolzen. Dies gilt auch für die muslimische Kultur, deren Genese damals begann. In arabischer Sprache und im Zeichen des Islam entsteht in den folgenden Jahrhunderten eine Kultur, die wesenhaft synkretistisch ist, aber ihre eigene, genuine unverwechselbare Form und Gestalt annimmt. Sie besteht zwar aus Elementen unterschiedlichster Art, wird aus antiken römisch-hellenistischen Quellen ebenso gespeist wie aus altiranischen und semitischen – aber sie ist letztendlich eine originelle, unverkennbar neue

Kultur, keine Kopie oder Imitation von Vorbildern. In diesem Punkt unterschieden sich die Araber völlig von allen anderen Eroberern, die in höher entwickelte Kulturräume einbrachen und hochzivilisierte Reiche eroberten – das machte z.B. auch den großen Unterschied zu den Germanen aus: Die Germanen wurden nach ihrem Einbruch in die »Romania« schnell assimiliert, nahmen rasch die überlegene Kultur des Römischen Reiches an – die Araber jedoch gaben Anstoß zur Entstehung einer neuen Kultur und zwar unter arabischen Vorzeichen, in arabischer Sprache. Die Stärke der Araber war ihre Religion, die der gesamten Expansionsbewegung Kraft, Energie und Dauerhaftigkeit verlieh – aber ihr eben auch als ideologische Grundlage und einigendes kulturelles Band diente. Der Islam mit seinem umfassenden Geltungsanspruch durchdrang und beeinflusste alle Lebenssphären, verlieh der neuen Kultur ihr besonderes Gepräge.

Und der Staat gewordene Islam war nach wie vor die politische Grundlage des Riesenreiches, das am Ende des 7. Jahrhunderts – immer noch als ein Staat – von Zentralasien bis an den Atlantik reicht. Die Christen (und Juden) sind in dieser muslimischen Theokratie zwar geduldet, aber eben »Bürger zweiter Klasse«, auch sie werden großenteils nach und nach arabisiert.

Europa entsteht – »Abendland« versus »Morgenland«

Im Zuge der inneren Konflikte des arabisch-muslimischen Reiches um das Kalifat, die in der zweiten Hälfte des 7. Jahrhunderts die Form eines Bürgerkriegs annehmen, verschieben sich auch die geographischen Schwerpunkte. Als der Gouverneur Syriens, Mu'awiya, die erste islamische Dynastie – die der Omayaden (661-750) – begründet, wird Damaskus Hauptstadt und Sitz des muslimischen Kalifats. Es ist gleichsam symbolisch, dass der neue Mittelpunkt des muslimischen Staates näher ans Mittelmeer und in die neu eroberten Gebiete rückt.

Mit dem Vordringen der arabisch-muslimischen Eroberer an die Küsten des Mittelmeers beginnt auch für Europa eine neue Epoche: Europas Grenzen werden neu gezogen – Europa wird neu definiert – in Abgrenzung und im Gegensatz zur islamischen Welt. Mit dem arabischen Einbruch in die Mittelmeerwelt ist die Einheit dieser Welt zerbrochen, das Ende des »mare nostrum« gekommen. Bisher waren alle Küsten auf dieses Meer hin orientiert – bildete das Mittelmeer das Zentrum der Länder, die es umgeben. Alle mediterranen Länder sind von der römisch-griechischen Kultur geprägt. Im 7. Jahrhundert endet diese Einheit, das Mittelmeer verbindet künftig weniger als es trennt – der Norden des Mittelmeers wird zum christlichen Abendland, an seinen südlichen Küsten entsteht die islamische Welt. Zwar bleibt das Mittelmeer Medium von Handel und Verkehr zwischen den Kulturkreisen, andererseits bildet es auch den Schauplatz für Kriege und Auseinandersetzungen zwischen den beiden Religionen und Machtbereichen. Die Identität Europas, des Abendlandes, entsteht auch aus diesem Antagonismus heraus – der Gegensatz zwischen Islam und Christenheit wird zur prägenden kollektiven Erfahrung des christlichen Europa, aber auch der islamischen Welt, die Konflikte zwischen beiden Sphären werden wesentliche Komponenten der Geschichte beider Kulturkreise.

1937 erschien das Werk »Mahomet et Charlemagne« des belgischen Historikers Henri Pirenne. In diesem Buch werden spektakuläre Thesen aufgestellt und erläutert: Nicht durch die Völkerwanderung, den Einbruch barbarischer Völker in den Mittelmeerraum, sei die Einheit der Mittelmeerwelt zerstört und damit die Grenze gezogen worden zwischen Antike und Mittelalter. »Die mediterrane Einheit, die das Wesentliche dieser antiken Welt ausmachte, bleibt in all ihren Erscheinungsformen erhalten.«(Pirenne) Die wirtschaftliche und kulturelle Kontinuität sei nicht damals, sondern erst im 7. Jahrhundert durch die Araberinvasion beendet worden. »Die antike Tradition wird gebrochen, weil der Islam die alte Mittelmeereinheit zerstört hat.« (Pirenne) War das Mittelmeer bisher das Zentrum der umliegenden Länder, wird es jetzt zur Scheide zwischen »Abendland« und »Morgenland«. Die Bedeutung der europäischen Mittelmeerregionen sei zurückgegangen und so habe der Einbruch des Islam die Verlagerung der europäischen Schwerpunkte nach Norden, den Aufstieg der Karolinger ermöglicht. Die Pirenne-These gipfelt in der Behauptung: »Ohne den Islam hätte das Frankenreich womöglich niemals existiert, und Karl der Große wäre ohne Muhammad unvorstellbar.«

Pirennes Thesen haben eine lebhafte Diskussion entfacht und sind sowohl im Detail als auch insgesamt heftig kritisiert worden. Zahlreiche Forschungen haben nachgewiesen, dass die Pirenne-Theorien in ihrer ursprünglichen Form nicht aufrechterhalten werden können, sondern zumindest Einschränkungen und Korrekturen erfordern. Es ist jedoch Pirennes Verdienst, das Problem der Bedeutung, die Islam und Araber für die Entstehung des Abendlandes gehabt haben, erstmals in den Mittelpunkt der Aufmerksamkeit gerückt und eine Überprüfung der herkömmlichen Meinungen, ja des gesamten abendländischen Selbstverständnisses angeregt zu haben. Unbestreitbar fest steht auf jeden Fall: Seit dem Einbruch der Araber besteht ein Dualismus zwischen dem christlichen und dem muslimischen Bereich des Mittelmeers, das zur Grenze wird zwischen einem muslimisch-arabischen Kulturbereich und einer christlichen Sphäre. Fest steht auch, dass die Araber den Niedergang der oströmischen Macht auch in den Regionen beschleunigt haben, die sie Byzanz nicht entrissen. Die starke Belastung, die Byzanz durch den permanenten Land- und Seekrieg gegen die Araber tragen musste, bedeutete eine entscheidende Schwächung des Reiches und praktisch das Ende des Weltmachtanspruchs, der gesamtmediterranen Bedeutung von Byzanz. Byzanz konnte in der Defensivsituation, in die es durch den Angriff der Araber geraten war, keine wirksame Imperialpolitik im Mittelmeer mehr betreiben, musste nach und nach auf die Besitzungen im Zentral- und Westmittelmeer verzichten. Auf die »oströmische Phase« mit Großmacht-Ambitionen im gesamten Mittelmeerraum folgt die »byzantinische Phase«, in der sich die Kaiser am Bosporus auf die im Wesentlichen griechischen Bereiche ihrer Herrschaft zurückgeworfen sehen.

Drittes Kapitel
Die Araber in Europa: Al-Andalus und Italien

Für uns ist es heute selbstverständlich, dass südlich des Mittelmeeres die islamische Welt, der »Orient«, die Sphäre der arabisch-islamischen Kultur liegt. Ebenso eindeutig liegt Europa für uns nördlich des Mittelmeers. Diese Grenzziehung und Zuordnung geht auf die Veränderungen des 7. Jahrhunderts zurück, als die muslimischen Araber die Regionen Nordafrikas eroberten, die seitdem der islamischen Welt angehören. Bis dahin gehörten Nord- und Südufer des Mittelmeeres derselben griechisch-lateinischen Welt an. Für die vordringenden muslimischen Heere waren die Küsten des Maghreb, wie die Araber Nordafrika bis heute nennen, keine mentale Grenze, die Expansionsbewegung ging einfach weiter jenseits des Meeres. Als die arabische Herrschaft im Nordwesten Afrikas gesichert ist und die dort ansässigen Berber für den Islam gewonnen sind, beginnt an den Säulen des Herkules der muslimische Vorstoß auf die iberische Halbinsel – nur aus unserer heutigen Sicht setzt erst damit der Übergriff auf »Europa« ein. Als zu Beginn des 8. Jahrhunderts die ersten Muslime das Mittelmeer an seiner engsten Stelle überqueren, haben sie nur ein geographisches Hindernis überwunden – längst, schon am Anfang der arabischen Expansion, sind die Araber im antiken griechisch-lateinischen Kulturraum (also in »Europa«), den sie reduzieren und mehr und mehr einschränken – dessen Kultur sie aber auch teilweise aufnehmen und mit Elementen anderer Kulturen unter einem arabischen Firnis zu einer neuen Kultur verschmelzen. Bereits im Fastenmonat Ramadan des Jahres 710 landet ein erster Aufklärungstrupp unter dem Berber Tarif Ibn Malluk in Spanien. An ihn erinnert heute noch der südspanische Ort Tarifa. Die wenigen hundert Muslime trafen kaum auf Widerstand, kehrten aber mit Beute zurück und gaben damit Anstoß für eine größere Militärexpedition: 711 setzte der Berber Tarik Ibn Ziyad, ein freigelassener Sklave, von Ceuta nach Calpe über, der Felsen von Calpe trägt bis heute seinen Namen: Gibraltar = Dschabal Tarik, der Berg des Tarik. Mit seinen etwa 12 000 Soldaten gingen die Muslime in die Schlacht gegen die Westgoten, die damals die iberische Halbinsel beherrschten. Diese erste Schlacht am Rio Barbate, die die Muslime gegen eine doppelte Übermacht von Christen gewannen, war praktisch entscheidend: Der muslimischen Eroberung Spaniens war der Weg geebnet. Tariks Erfolg war so eindrucksvoll, dass er – gegen ausdrücklichen Befehl – die Eroberung des Landes fortsetzte und sogar – praktisch ohne Widerstand – die Hauptstadt Toledo einnehmen konnte. Mit frischen Truppen kam nun der Gouverneur Nordafrikas, Musa ibn Nusair, nach Spanien. Die Eroberung fast der gesamten Pyrenäenhalbinsel, die

»pérdida de España«, war innerhalb weniger Jahre abgeschlossen, obwohl Tarik und
Musa nach Damaskus zurückgerufen wurden, um dort vor dem Thron des Kalifen
Rechenschaft abzulegen über ihren Vorstoß nach Spanien. Die inneren Verhältnisse im spanischen Westgotenreich begünstigten den schnellen Erfolg der Muslime.
Seit dem frühen 5. Jahrhundert waren im Zuge der Völkerwanderung verschiedene
Wellen germanischer Eroberer bis nach Spanien vorgedrungen – Sueben und Wandalen zuerst, zuletzt Westgoten, die sich schließlich durchsetzten. Die Westgoten
schufen einen von Rom bzw. Byzanz unabhängigen Staat, der erstmals zur politischen Einigung der Pyrenäenhalbinsel führte. Als aber die Araber nach Spanien
kamen, trafen sie auf ein Land, das sich infolge des Todes seines Königs Wittiza
(710) inmitten von Thronfolgewirren befand und in keiner Weise vorbereitet war
auf die Abwehr einer Invasion. Die Gesellschaft im westgotisch beherrschten Spanien bestand – auch wenn die Beziehungen zwischen germanischer Oberschicht
und romanisierten »Einheimischen« dadurch, dass die Westgoten den Katholizismus
angenommen hatten, wesentlich besser geworden waren – aus einer Mehrheit kulturell romanisierter Iberer und einer dünnen westgotischen Oberschicht, die mit
dem hispano-romanischen Adel verschmolzen war. Für das Volk, vor allem die vielen Leibeigenen, bestand kein Grund, sich der arabischen Eroberung, die lediglich
einen Austausch der alten gegen die neuen Herrscher bedeutete, zu widersetzten.
Dazu kommt, dass vielleicht Teile des westgotischen Adels die Hilfe der Araber er-
baten – nicht ahnend, auf welch gefährliches Spiel sie sich da einließen. Ein großer
Teil Spaniens fiel friedlich – durch Vertragsschlüsse – in muslimische Hand, einzelne
Städte – besonders wo sich westgotische Adelige und Truppen versammelt hatten –
leisteten längeren Widerstand, wie z.B. Mérida.

Fast die gesamte iberische Halbinsel war um 716 in muslimischer Hand – bis auf
kleine Gebiete im Norden und Nordwesten. Von diesen christlichen Rückzugs-
gebieten und Widerstandsnestern aus begann die christliche Gegenreaktion, die
»Reconquista« schonzu einem Zeitpunkt, als die Muslime noch kaum ihre Position
konsolidiert hatten und dabei waren, den »Heiligen Krieg« weiter, nach Gallien
hinein, zu tragen.

Die Eroberer nennen das im Namen des Islam eingenommene Land »al-Andalus«,
eine entstellte Ableitung von »Vandalicia«, Land der Wandalen (Bezug nehmend auf
die Eroberer, die vor den Westgoten Spanien eingenommen hatte). Al-Andalus war
die Bezeichnung des muslimischen Machtbereichs auf der iberischen Halbinsel und
demnach wurde es auf geographische Räume unterschiedlicher Ausdehnung ange-
wandt. Der Name lebt fort im heutigen Andalucía als Bezeichnung der südlichsten
Region Spaniens zwischen Mittelmeer und Atlantik, derjenigen Landschaft, die am
längsten, also fast acht Jahrhunderte, der arabisch-islamischen Welt angehörte und
erst im Jahr 1492 in christliche Hände zurückfiel. 716 erscheint ‚al-Andalus‘ bereits
zum ersten Mal auf einer Münze, einem zweisprachigen Dinar. Neue Haupstadt
wird zunächst für kurze Zeit Sevilla, dann Córdoba.

Die iberische Halbinsel orientalisiert sich

Al-Andalus war die nordwestliche Provinz des omayadischen Reiches, das sich als arabisch-islamisches Imperium von den westlichen Grenzen Chinas bis an die Pyrenäen ausdehnte, aber schon die Eroberung von al-Andalus war nicht mehr allein eine »arabische« Leistung. Schon kann man »Islam« und »Araber« nicht mehr gleichsetzen. Berber – noch wenige Jahre zuvor erbitterte Gegner der arabisch-islamischen Truppen und Hindernis für die muslimische Expansion in Nordafrika – sind es vor allem, welche die Ausbreitung des Machtbereichs des Islam nördlich des Mittelmeers voranbringen. Von Anfang an gehörten Auseinandersetzungen zwischen Arabern und Berbern, aber auch zwischen Süd- und Nordarabern zu den Zügen der inneren Geschichte von al-Andalus. Schon früh war deshalb al-Andalus von innerer Instabilität gezeichnet und als 755 der Omayadenprinz Abd ar-Rahman in Spanien landete, hatte es in rascher Folge fast 20 Gouverneure nacheinander gegeben. Unter diesen Umständen ist es kein Wunder, dass die »Reconquista« sehr früh bereits erste Erfolge verbuchen kann: 718 gelang es Pelayo (Pelagius), dem Anführer der Asturier, den Muslimen in der Schlacht von Covadonga Einhalt zu gebieten. Alfons I. von Kantabrien, Pelayos Schwiegersohn, konnte 739-757 Asturien zur Basis machen für den christlichen Widerstand gegen die muslimische Herrschaft in Spanien. Letztendlich waren es Berberrevolten in Nordafrika, die dazu führten, dass die arabische Bevölkerung in al-Andalus gegen aufständische Berber verstärkt wurde. Zu Hilfe gerufene syrische Truppen setzten nach Spanien über und ließen sich nieder – doch blieb bezeichnenderweise ein Gegensatz zwischen ihnen und den alteingesessenen Arabern erhalten. Eine Hungersnot, die 750 im nördlichen al-Andalus herrschte, führte andererseits dazu, dass Gruppen von Berbern – die vor allem im kargeren Norden angesiedelt worden waren, während sich die Araber den angenehmeren milderen Süden Spaniens vorbehalten hatten – wieder nach Nordafrika zurückkehrten. Eine Bevökerungsgruppe von zunehmender Bedeutung waren die sogenannten Muwalladun, die Einheimischen, die zum Islam übertraten und sich arabisierten. Sie mussten sich von einem reinblütigen Araber adoptieren lassen, um im immer noch stark im Stammesdenken verwurzelten System von al-Andalus ihren Platz zu finden. Unser Wort »Mulatte« geht letztlich über das spanische »Muladí« auf »Muwalladun« zurück. Mehr und mehr arabische Einflüsse nehmen auch die vielen Christen in al-Andalus auf, die ihre Religion beibehielten, deren Lebensart und Kultur aber mehr und mehr arabisch wurden. Wie bereits erwähnt, gewährte der islamische Staat Christen (wie auch Juden) ein Existenzrecht im Dar al-Islam und das Recht, ihre Religion (wenn auch mit Einschränkungen – so durften in der Regel keine neuen Kirchen gebaut werden) auszuüben und ihre kirchliche Organisation selbst zu gestalten. In al-Andalus scheint – zumindest in der frühen Phase – sogar besondere Toleranz geherrscht zu haben. In dieser Atmosphäre wurde es den Christen im islamischen Spanien leicht, sich mit der bald sehr orientalisch-arabisch geprägten Gesellschaft, in der sie lebten, zu arrangieren und sich in sie problemlos zu integrieren. Der Reiz, den die arabisch-islamische Kultur auf sie ausübte, war beträchtlich. Sie konnten sich der Faszination dieses überlegenen Zivilisationsniveaus nicht entziehen und fügten sich freiwillig in ihr von der arabischen Kultur geprägtes Umfeld ein. Ihre Bezeichnung »Mozárabes«, zurückgehend auf das arabische »Musta´rib« (= arabisiert), weist auf diese Neigung zur Arabisierung hin. Dies wurde dadurch erleichtert, dass viele Mozaraber eine Tätigkeit in der Verwaltung ausübten und zahlreichen Christen auch die Möglichkeit offenstand, im kulturellen Leben von al-Andalus eine aktive Rolle zu spielen. Christliche Frauen neigten dazu, in der Öffentlichkeit einen Schleier zu tragen, christliche Männer lebten oft in Polygamie. Die Christen sprachen in al-Andalus in ihrer Mehrheit zwar einen romanischen Dialekt, viele jedoch – gerade die gebildeten Kreise – nahmen das Arabische als Zweitsprache an und waren in arabischer Sprache literarisch tätig. Viele legten sich arabische Namen zu. Es entstand eine Literatur im romanischen Dialekt, die aber in arabischer Schrift geschrieben wurde. Diese sogenannte Aljamiado-Literatur wurde auch von vielen Auswanderern aus al-Andalus in die christlichen Regionen der iberischen Halbinsel, aber ebenso von Muslimen gepflegt, die sich später in Nordafrika niederließen, nachdem sie infolge der Reconquista aus Spanien vertrieben worden waren. Die Christen in al-Andalus bildeten, trotz ihrer Arabisierung, eine scharf umrissene Gemeinschaft innerhalb der Gesellschaft, zahlten – wie die Nichtmuslime überall unter islamischer Herrschaft – besondere Steuern und hatten ihre speziellen Gerichte, in den Städten wohnten sie in eigenen Vierteln[2].

Zwar gab es wiederholt Revolten und Aufstände in al-Andalus, doch nahmen sie nur in einigen Fällen den Charakter christlicher Erhebungen gegen muslimische Herrschaft an, häufiger waren andere Konstellationen vor unterschiedlichstem Hintergrund: Nordaraber gegen Südaraber, spanische Neu-Muslime gegen Berber und Araber, materiell-machtpolitisch motivierte Aufstände ohne jegliche religiöse oder ethnische Komponente, rein kriminelles Banditentum. Seltsam mutet deshalb eine religiöse Bewegung an, die Mitte des 9. Jahrhunderts von der mozarabischen Gesellschaft ausging: Unter dem Eindruck der immer stärkeren Anpassung einer steigenden Anzahl von Christen an ihr arabisches Umfeld, der zunehmenden Übernahme arabischer Sprache und Lebensformen durch christliche Spanier, schien es einer Gruppe um den asketischen Priester Alvaro nötig, ein Fanal zu setzen. Bewusst, mit voller Absicht und in völliger Klarheit über die Konsequenzen, begannen diese Christen, den Islam und seine Propheten zu schmähen und zu verunglimpfen. Die Folgen solchen Handels waren absehbar: Das islamische Recht sieht hierfür die Todesstrafe vor. 44 Menschen suchten und fanden auf diese Art und Weise das Martyrium, darunter auch Frauen. Eulogius, Biograph des Alvaro und Bischof von Córdoba, erlitt selbst den Märtyrertod. Ein Konzil der Bischöfe von al-Andalus verurteilte die Bewegung ausdrücklich und verbot das mutwillige Erstreben des Märtyrertods. Es handelte sich hierbei um eine religiöse Psychose, die zeitlich und in ihrem Umfang begrenzt blieb. Von diesem Zwischenspiel abgesehen, war die Haltung der Christen in al-Andalus durchaus loyal, ihre Lage war erträglich, die Angleichung an arabisch-orientalische Lebens- und Kulturformen geschah ohne Zwang. Die Atmosphäre für die Christen verschlechterte sich in al-Andalus erst,

---

2 Mehr Details zur Alltagskultur im arabisch beherrschten Europa bei Charles-Emmanuel Dufourcq: La vie quotidienne dans l'Europe médiévale sous domination arabe, Paris 1978; zur Geschichte und Kultur von al-Andalus vgl. auch Klaus Herbers, Geschichte Spaniens im Mittelalter. Vom Westgotenreich bis zum Ende des 15. Jahrhunderts, Stuttgart 2006.

als die Reconquista größere und nachhaltigere Fortschritte machte und zur wirklichen Bedrohung für das islamische Spanien wurde. Und doch: Christliche Priester sollen in al-Andalus in ihre täglichen Gebete eine Formel eingeschlossen haben, die um Befreiung vom muslimischen Joch bat.

Auch die Juden des Landes, für die die islamische Herrschaft eine spürbare Verbesserung ihrer Lage bedeutete und welche die Araber von Anfang an unterstützt hatten, passten sich bald und freiwillig dem orientalischen Lebensstil an. Eine besondere Gattung von Nichtmuslimen in al-Andalus waren die sogenannten »Sakaliba«. Es handelte sich um Gefangene, die Byzantiner und Deutsche bei ihren Zügen ins östliche Europa unter dort ansässigen Slawenstämmen machten. Diese wurden nach al-Andalus verkauft, wo sie zum Islam bekehrt und zum unbedingten Gehorsam gegenüber dem Herrscher erzogen bzw. gedrillt wurden. An vielen Höfen in al-Andalus stellten sie die Leibgarde. Sie wurden – gerade am Omayadenhof – Garanten für Stabilität und Ordnung, ja, für das Fortbestehen der Dynastie selbst. So gelangten ihre Anführer in höchste Positionen. In der Epoche der Kleinstaaten konnten sogar kurzzeitig Sakaliba-Staaten enstehen. Letztendlich gingen die Sakaliba in der Bevölkerung von al-Andalus auf. Mönchsorden aus dem christlichen Teil Europas bemühten sich immer wieder, christliche Sklaven aus muslimischem Besitz freizukaufen, denn die Zahl der Sklaven, die in höchste Ämter aufstieg, blieb naturgemäß gering.

Die Omayaden von Cordoba – das islamische Spanien wird unabhängig

Das Jahr 750 markiert im islamischen Orient einen tiefen Einschnitt. Seit 661 herrschten die Omayaden nach dem Tod Alis, des Cousins des Propheten und Gatten seiner Tochter Fatima, von Damaskus aus über das gesamte islamische Reich. Die Unzufriedenheit wuchs, dass mit den Omayaden wieder die altarabische »Aristokratie« aus vorislamischer Zeit an Einfluss gewonnen hatte; Rufe wurden laut, welche das Kalifat für die Familie des Propheten reklamierten. Mitte des 8. Jahrhunderts war die Zeit reif für eine Revolution gegen diese »arabische« Dynastie; die Omayaden wurden, bis auf eine Ausnahme, alle getötet. Die Abbasiden-Dynastie – benannt nach Abbas, dem Onkel Muhammads – übernahm die Macht im Reich, dessen Charakter stärker islamisch geprägt wurde und in dem nichtarabische Einflüsse an Bedeutung gewannen. Der einzige Überlebende Omayade Abd ar-Rahman konnte sein Leben auf einer abenteuerlichen Flucht retten. Nach einer fünfjährigen Odyssee landete er 754 im spanischen Almuñecar. Es gelang ihm, Unzufriedene um sich zu scharen und schließlich im Jahr 756 die Macht in al-Andalus an sich zu reißen – die fast 300-jährige Periode der spanischen Omayaden begann. Mit der Machtübernahme durch den Omayaden Abd ar-Rahman wird al-Andalus zum ersten formell unabhängigen islamischen Staat, der sich bewusst und erklärtermaßen vom arabischen Weltreich, jetzt von der Dyanstie der Abbasiden beherrscht, loslöst und abgrenzt. Die politische Einheit der »Umma«, der Gemeinschaft der Gläubigen, existiert als solche jetzt nicht mehr. Zwar waren faktisch diejenigen

Teile des arabisch-islamischen Imperiums, die weiter entfernt lagen von der Metropole Damaskus (bis 750) bzw. Bagdad (seit 762), stets relativ unabhängig vom Kalifen gewesen, jetzt aber gab es eine ganz offene Loslösung der Omayaden auf spanischem Boden vom Abbasiden-Staat. Auch das unabhängige Emirat al-Andalus gehört unzweifelhaft der islamischen Welt, dem arabisch-muslimischen Kulturkreis an. Doch es entwickelt sich ein spezifisch spanischer, ein europäisch-arabischer Staat, der – obwohl muslimisch und arabisch geprägt und sogar ein herausragender Schwerpunkt arabisch-islamischer Kulturblüte – seinen ganz eigenen Charakter entwickeln wird, eine europäische Sondervariante der arabisch-islamischen Kultur – die ihrerseits einen wesentlichen Beitrag zur spanischen Identität leistete.

Spanien ist seit 711 das Feld, auf dem der Konflikt zwischen »christlichem Abendland« und »islamischem Orient« permanent ausgetragen wird und acht Jahrhunderte hindurch anhält. Gleichzeitig wird es hier auch zu intensivem Kulturaustausch zwischen islamischer und christlicher Kultur kommen. Aus diesem Wechsel von Gegen- und Miteinander wird »Spanien« entstehen, dessen Wesen und spezifischer Charakter ohne den muslimisch-christlichen Konflikt, aber auch ohne das Verschmelzen arabischer und europäischer Kultureinflüsse so nicht vorstellbar und verständlich wäre.

Der erste spanische Omayade muss sich bemühen, seinen Staat zu stabilisieren: Einerseits nach innen, wo Revolten die Tagesordnung sind und vom 8.-15. Jahrhundert fast ununterbrochen anhalten, andererseits nach außen, wo kriegerische Auseinandersetzungen mit dem christlichen Europa die Geschichte des Islam in Spanien bestimmen. Bereits Karl der Große fällt in Spanien ein: Sein Versuch, 778 Zaragoza einzunehmen, scheitert zwar – berühmt geworden ist die militärisch bedeutungslose Vernichtung der fränkischen Nachhut am Pass von Roncesvalles durch das Rolandslied – aber es gelingt den Franken, sich südlich der Pyrenäen zu behaupten, die sogenannte »spanische Mark« unter ihrer Kontrolle zu halten, 801 sogar den Muslimen Barcelona zu entreißen. Eine Anzahl christlicher Kleinstaaten entsteht aus einzelnen Widerstandsnestern im Norden Spaniens – die Keimzellen des späteren Königreichs Navarra, sowie des Königreichs Aragón am Oberlauf des gleichnamigen Flusses und dem wohl ältesten Protagonisten der Reconquista, Asturien.

Noch aber existieren sie im Schatten von al-Andalus, das unter den Omayaden zur Großmacht aufsteigt sowie eine kulturelle und wirtschaftliche Blüte erleben wird, die alles in den Schatten stellt, was das christliche Europa im Mittelalter erreicht hat. Die politische Entwicklung von al-Andalus steht im Wesentlichen – aber nicht ausschließlich – im Zeichen christlich-muslimischer Auseinandersetzungen, aber auch Zusammenarbeit zwischen Muslimen und Christen. An der Grenze des muslimischen zum christlichen Machtbereich der iberischen Halbinsel lagen sogenannte »Marken«, teilweise autonome Regionen, deren Existenz von den häufigen kriegerischen Auseinandersetzungen zwischen dem islamischen al-Andalus und den christlichen Ländern Nordspaniens geprägt war.

Eine Gefahr, die auch andere Länder Europas – z.B. das Frankenreich und England – heimgesucht hatte, traf die iberische Halbinsel in der Mitte des 9. Jahrhunderts: 844 landen die Normannen bei Lissabon, wenden sich dann nach Süden, nehmen Cádiz ein und fahren den Guadalquivir, den »großen Fluss«, hinauf. Ihre

Flotte soll 80 Schiffe umfasst haben. Dem haben die muslimischen Spanier nichts Gleichwertiges entgegenzusetzen. Die Normannen verwüsten Sevilla. Ein gegen sie mobilisiertes Heer kann sie schließlich vertreiben und einen Teil ihrer Flotte vernichten. Noch einmal landen die Normannen auf der Rückreise in Lissabon und an der Algarve. Dieser Normannenüberfall gab den Anstoß zum Bau einer Flotte in al-Andalus. In Sevilla entstand ein Kriegsarsenal, um künftig die Meere besser schützen zu können. Der Emir entsandte auch eine Gesandschaft zu den »Madschus«, wie die Leute aus dem Norden in al-Andalus genannt wurden. Dies hatte offenbar keine nachhaltige Wirkung, denn 859 erschienen die Normannen erneut vor Spanien. Zwei Schiffe konnten die Muslime kapern und umfangreiche Beute machen. Eine erneute Landung der Normannen in der Guadalquivir-Mündung konnte verhindert werden. Doch die Normannen gelangten ins Mittelmeer, nahmen Algeciras ein, verwüsteten die Balearen und fuhren schließlich den Ebro hinauf. Danach wandten sie sich nach Osten. Aber auf ihrer Rückreise erwartete sie die Flotte von al-Andalus, die den Nordmännern schwere Verluste beibrachte. Im Jahr 966 tauchen erneut Normannen in al-Andalus auf und 971 zerstören sie in Galizien das Heiligtum des Heiligen Jakob von Compostela.

Das Omayadenkalifat

Den Omayaden gelang es zwar, ihre Herrschaft zu sichern – dies aber oft auch um den Preis, regionale und lokale Interessen gelten zu lassen, autonome Herrschaftsformen immer wieder zu tolerieren und auf die Durchsetzung eines einheitlichen Zentralstaates zu verzichten. Ihren Zenit erreichte die omayadische Macht unter Abd ar-Rahman III. (912-961), der fast 50 Jahre auf dem Omayadenthron regierte. Er fand ein zerfallenes Reich vor, das er mit Energie wieder einte, um dann gegen die christlichen Staaten Spaniens vorzugehen: 920 schlägt Abd ar-Rahman III. die vereinten Heere von Navarra und Léon, 924 stößt er bis nach Pamplona, der Hauptstadt Navarras vor, die er zerstört. Als Höhepunkt omayadischer Selbstbehauptung proklamierte sich Abd ar-Rahman III. 929 zum Kalifen – was weder der erste unabhängige Omayade Abd ar-Rahman I. noch dessen Nachfolger gewagt hatten. Die Proklamation eines omayadischen Kalifats war weniger als Imponier-Geste gegenüber den christlich-spanischen Gegnern oder den Abbasiden von Bagdad gedacht, als vielmehr als ein Ausdruck des Machtanspruchs und der Gleichberechtigung gegenüber den schiitischen Fatimidenkalifen in Nordafrika, zu denen der spanische Omayadenstaat zunehmend in Gegensatz geriet. Der Maghreb – also Nordwestafrika – war die Region, in der die Ansprüche und Machtbereiche der beiden Großmächte – des fatimidischen Ägypten und des omayadischen al-Andalus – zusammenstießen. Abd ar-Rahman III. hatte also mehrere Fronten, an denen er sich behaupten musste. Über weite Teile Nordafrikas übte er ein Protektorat aus. Aus dieser Konstellation eines Mehrfrontenkrieges heraus ist der Rückschlag zu verstehen, der für al-Andalus 939 erfolgte, als König Ramiro von Léon und die Regentin von Navarra, Tota, bei Salamanca das Heer von al-Andalus fast vollständig vernichteten. Dieser vorübergehende Erfolg der Reconquista war zwar einerseits

bezeichnend – nie war die Macht von al-Andalus so gefestigt und eindeutig überlegen, dass nicht ein erfolgreicher christlicher Angriff oder Gegenschlag erfolgen
konnte – andererseits aber wenig nachhaltig: Der Höhepunkt der Machtentfaltung
von al-Andalus stand erst noch bevor: Weniger unter Abd ar-Rahmans III. Sohn
al-Hakams II., der nur von 961 bis 976 regierte, als vielmehr unter der Regentschaft
des »Hausmeier« oder »Hadschib« Muhammed ibn Abi Amir, dessen Rolle mit der
der merowingischen Hausmeier verglichen worden ist, erlebte al-Andalus eine letzte Periode außenpolitisch-militärischer Erfolge: 985 nahm er Barcelona ein, 988
Léon, dessen Befestigungen er zerstörte und 977 selbst Santiago de Compostela, das
Nationalheiligtum des christlichen Spanien mit dem Grab des Apostels Jakob – insgesamt soll er mindestens 50 Feldzüge durchgeführt haben. Er ging deshalb unter
seinem Ehrennamen al-Mansur, der Siegreiche, in die Geschichte ein. Doch schon
bald nach seinem Tod versank das muslimische Spanien in Anarchie, das omayadische Kalifat erlosch 1031.

Al-Andalus zwischen berberischen Reichen und Reconquista

Innere Unruhen und Bürgerkriege charaktisieren diese ersten Jahrzehnte des
11. Jahrhunderts in al-Andalus – die Zeit der Kleinstaaten – spanisch »reyes de
Taifas«, arabisch »muluk at-tawa´if« folgte. Diese Epoche war zwar kulturell äußerst fruchtbar und die zahlreichen Höfe und Hauptstädte der Kleinkönigreiche
von al-Andalus waren Anziehungspunkte für Dichter, Künstler und Gelehrte, aber
die politische Zersplitterung und die ständigen Rivalitäten der islamischen Duo-
dezfürsten schwächten die Position des Islam in Spanien – das Christentum war
eindeutig auf dem Vormarsch.
Nicht mehr muslimische Herrscher dominieren damals in Spanien, Alfons VI.
(1065/1072-1109) ist der Hauptdarsteller auf der spanischen Szene: Er einigt Léon
und Kastilien und fügt seinem Reich auch Galizien und Navarra hinzu. Immer
häufiger und immer tiefer dringen christliche Feldzüge nach al-Andalus vor – bis
nach Cádiz an die Antlantikküste. Alfons VII. (1126-1157) nennt sich »König der
Menschen beider Religionen« – offenbar ein Hinweis darauf, wie viele Muslime in
seinem Machtbereich leben. Gerade der christliche Vormarsch aber – schon scheint
das islamische Zeitalter in Spanien seinem Ende zuzugehen – führt zur Wende.
    In Afrika haben die Berber die Bühne der Weltgeschichte betreten. Jenseits der
Sahara ist auf der Grundlage einer puristisch-konservativen Ideologie ein berberisch
dominierter Staat entstanden. »Al-Murabitun« nennen sich die Glaubenskrieger;
die Träger der neuen Bewegung sind als »Almoraviden« in Europa bekannt geworden. Der Mittelpunkt des Reiches verschiebt sich – von seiner Basis im Raum des
heutigen Senegal – nach Norden: 1070 wird Marrakesch als Haupstadt des neuen
Staates gegründet – daraus ist der Name »Marokko« abgeleitet. Die Almoraviden
stoßen an die Mittelmeerküste vor. Muslimische Kleinkönige bitten die expandierende Macht um Beistand gegen die christliche Bedrohung, der sie sich mehr und
mehr ausgesetzt sehen. Al-Mu´tamid, Herrscher von Sevilla, soll Kritikern, die vor
den möglichen Folgen des Hilferufs an die Almoraviden gewarnt hatten, geant-

wortet haben, er wolle lieber Kameltreiber in Afrika als Schweinehirt in Kastilien sein. 1085 fällt Toledo Alfons VI. in die Hand; aber die Almoraviden folgen dem Hilferuf ihrer Glaubensbrüder auf spanischem Boden: 1086 schlagen sie Alfons VI. nahe Badajoz vernichtend. Damit hat die Reconquista einen schweren Rückschlag erlitten. Gleichzeitig aber ist das Ende der spanisch-islamischen Kleinstaaten gekommen. Al-Andalus wird unter almoravidischen Vorzeichen geeint. Die Muslime nehmen 1110 Zaragoza, 1115/1116 Barcelona ein. Aber diese Erfolge sind nur vorübergehend: 1118 fällt Zaragoza mit dem Ebro-Becken wieder in christliche Hand, ebenso 1119 die Festung Calatayud. Der Niedergang der almoravidischen Macht hat eingesetzt. 1125 gelingt Alfons I. von Aragon (1104-1134) ein spektakulärer Zug durch das östliche Andalusien, von dem er 14 000 Mozaraber (also arabisierte Christen) aus dem »Dar al Islam« mitnimmt, die er in seinem Land ansiedelt. Als Reaktion werden zahlreiche Mozaraber aus al-Andalus nach Marokko deportiert.

Mit dem Verfall der almoravidischen Kontrolle über al-Andalus entstehen dort wieder Kleinstaaten, die der christlichen Reconquista wenig entgegenzusetzen haben. Erneut geht jedoch von Nordafrika eine Gegenbewegung aus. Noch einmal sind es Berber, die – diesmal vom marokkanischen Atlasgebirge aus – eine religiöse Bewegung mit einem politisch-militärischen Machtapparat verbinden und ein Reich in Nordafrika begründen. Besonderen Wert legen sie auf die Einheit Gottes, der nicht mit Eigenschaften ausgestattet werden darf und keinem Vergleich mit anderen Wesen ausgesetzt werden kann, daher ihr Name »al-Muwahhidun«, den wir als »Almohaden« aufgenommen haben. Eine straff gegliederte hierarchische Organisationsstruktur macht die Effizienz der Almohaden aus. Sie erobern Marokko um die Mitte des 12. Jahrhunderts – schon werden sie in den Freitagspredigten in einigen Städten von al-Andalus – z.B. in Cádiz – genannt (und damit als politische Autorität anerkannt). Dorthin stoßen sie wenig später (1161) vor – wie ihre Vorgänger, die Almoraviden, fast 80 Jahre früher – und unterwerfen bis 1172 das gesamte islamische Spanien. Wie vor ihnen die Almoraviden erliegen auch die Almohaden bald dem Reiz und dem Zauber der Kultur von al-Andalus – die Almohadenzeit wird auch eine Periode kultureller Blüte.

Das almohadische Reich erstreckt sich bis östlich des heutigen Tunesien einerseits, andererseits bis tief in die iberische Halbinsel hinein; beide Grenzen sind auch militärische Fronten. Die christliche Bedrohung für al-Andalus ist ständig präsent: 1165 gelingt den Portugiesen die Einnahme Évoras. Aber 1195 schlagen die Almohaden Alfons VIII. bei Alarcos vernichtend. Doch die christliche Gegenreaktion lässt nicht lange auf sich warten. Dem Erzbischof von Toledo, Rodrigo Jiménez de Rada, gelingt die Bildung einer Koalition der spanischen Christen. Papst Innozenz III. kann dafür gewonnen werden, einen regelrechten Kreuzzug auszurufen. Am Fuß der Sierra Morena werden die Almohaden bei Las Navas de Tolosa im Jahr 1212 – keine 20 Jahre nach Alarcos – geschlagen. Mit dieser Schlacht ist das Schicksal des Islam in Spanien besiegelt. Die letzte – wenn auch besonders glänzende und immerhin fast 300 Jahre dauernde – Epoche in der Geschichte von al-Andalus hat begonnen. Die Einigung von Kastilien und León im Jahr 1230 verlieh der Reconquista entscheidende Impulse, denn sie führte das Machtpotential zusammen, das nun konsequent den Herrschaftsbereich des Islam auf der iberischen Halbinsel immer weiter einschränkte: 1236 fiel Córdoba – die Hauptstadt von al-Andalus – in christliche Hand, 1248 Sevilla. Granada wird Sitz der Nasridendynastie und letzte Hauptstadt von al-Andalus. Die Unabhängigkeit des letzten arabisch-islamischen Staates ist relativ und hat ihren Preis: 1246 erkennen die Nasriden Ferdinand III. (1217/30-1252) »den Heiligen« von Léon-Kastilien als Lehensherrn an. Sie sehen sich gezwungen, eine Schaukelpolitik zwischen Kastilien und dem nordafrikanischen Merinidenstaat, der die Herrschaft der Almohaden abgelöst hat, zu führen, denn es besteht durchaus eine merinidische Neigung zu Übergriffen auf die iberische Halbinsel. Dennoch gibt es keine Wiederholung einer afrikanischen Expansion nach Europa nach dem Muster der Almoraviden – und Almohadeneroberungen – folglich auch keinen Rückschlag mehr für die Reconquista. Übergriffe auf Europa bleiben Episode und Orte wie Algeciras werden von den Meriniden nur wenige Jahre gehalten. Immer wieder scheint für die spanischen Christen ein Endsieg in greifbare Nähe gerückt – doch kann sich der Nasridenstaat bemerkenswert lange behaupten: 1319 etwa werden die Kastilier praktisch unter den Mauern von Granada von dem Nasriden Ismail I. geschlagen. 1431 gelingt es den Muslimen, Johann II. von Kastilien (1406/19-1454) zu besiegen und Vorstöße in kastilisches Gebiet zu unternehmen. Das Ende von al-Andalus ist jedoch abzusehen, als Isabella von Kastilien (1474-1504) und Ferdinand von Aragón (1474-1516) 1469 heiraten. Die »reyes católicos« leiten die Endphase der Reconquista ein, innere Zwistigkeiten im Nasridenstaat und die Spezialkenntnise deutscher Artilleristen tragen zu ihrem Erfolg bei. Granada kapituliert am 2. Januar 1492. Acht Jahrhunderte islamischer Herrschaft auf der iberischen Halbinsel gehen zu Ende, ein wesentliches Kapitel der spanischen Geschichte, eine glanzvolle Epoche der Weltgeschichte sind abgeschlossen.

Al-Andalus und Europa

Wenn wir uns auf die Beziehungen zwischen islamischem und christlichem Spanien konzentriert haben, dann entsprechend ihrer herausragenden Bedeutung. Al-Andalus spielte aber durchaus auch eine Rolle im weiteren Koordinatennetz der europäischen Geschichte. Mit den meisten Staaten Europas und der Mittelmeerwelt unterhält al-Andalus Beziehungen in der einen oder anderen Form. In Córdoba gaben sich diplomatische Vertreter aus Frankreich und Byzanz, aus dem Heiligen Römischen Reich deutscher Nation und Italien die Türe in die Hand. Besonders naheliegend wäre zumindest seit Mitte des 8. Jahrhunderts, als ein Omayade die Herrschaft in al-Andalus übernahm, eine enge Kooperation zwischen dem omayadischen Spanien und Byzanz gegen den gemeinsamen Feind, das Abbasidenkalifat, gewesen. In Wirklichkeit gab es aber keine allzu intensive Zusammenarbeit zwischen Byzanz und Córdoba. Im 9. Jahrhundert unternahm der byzantinische Kaiser Theophilius einen diplomatischen Vorstoß. Eine byzantinische Gesandtschaft kam 839/849 an den Hof von Abd al-Rahman II. (822-852), überbrachte Geschenke und wollte ein omayadisch-byzantinisches Bündnis aushandeln – das wohl eher gegen die Aghlabiden in Tunis und ihre Mittelmeerexpansion gerichtet war als gegen

deren Oberherren, die Abbasiden. Die Bemühungen um ein Bündnis mit al-Andalus war Teil einer diplomatischen Großoffensive von Byzanz, denn gleichzeitig gingen Gesandtschaften nach Venedig und zum deutschen Kaiser Ludwig dem Frommen (813-840). Ein tatsächlich koordiniertes Zusammenwirken zwischen Byzanz
und Córdoba – oder gar eine umfassende Allianz – kam jedoch nicht zustande: Zu
groß waren die Entfernungen, zu schwierig Kommunikation und abgestimmtes
Handeln, zu divergierend letztlich im Detail die byzantinischen und andalusischen
Interessen. Zur damaligen Zeit verfügte der Emir in Córdoba noch nicht einmal
über eine Flotte.

Von Anfang an standen die Muslime in al-Andalus in ständigem Konflikt mit ihrem größten und mächtigsten Nachbarn, dem Frankenreich. Der Eroberungskrieg
der muslimischen Heere hatte ja nicht an den Pyrenäen geendet.

717/718 bereits fand der erste Vorstoß der Muslime auf das Gebiet jenseits der
Pyrenäen statt (erinnern wir uns: erst 711 waren die Muslime auf die iberische
Halbinsel gekommen). 720 wurde Septimanien, das Teil des Westgotenreiches
gewesen war, von den Muslimen eingenommen, Narbonne (Arbuna) wurde von
ihnen erobert und zu einer großen Festung ausgebaut. Ein muslimischer Angriff
auf Toulouse kurz darauf scheiterte jedoch. Die wichtigste Schlacht auf fränkischem Territorium, die zum Mythos geworden und als solcher in ihrer historischen
schen Bedeutung überbewertet worden ist, fand 732 zwischen Tours und Poitiers
statt, also tief im heutigen Frankreich, nicht weit von der Grabstätte des Heiligen
Martin, des Gallierapostels, weit nördlich von Bordeaux und nahe der Loire. Der
Erfolg von Karl Martell hat zwar die muslimische Periode nördlich der Pyrenäen
nicht wirklich beendet, jedoch gab es seither keine weitere entscheidende Expansion des Islam auf fränkischem Boden. Die Schlacht von Poitiers hat vor allem
symbolischen Wert gewonnen und ist zum Ereignis von welthistorischer Tragweite
hochstilisiert worden. Wäre die Schlacht von Tours und Poitiers anders ausgegan-
gen, würden heute Minarette das Stadtbild von Paris und London beherrschen,
haben ernstzunehmende Historiker in phantastischer Übertreibung gemutmaßt.
Der weitere Verlauf der Geschichte bestätigt dies nicht: So hinderte die Niederlage
von 732 die Muslime nicht, 734 Arles und Avignon einzunehmen, sowie neun
Jahre später sogar Lyon zu plündern. Bis 759 hielten sie Narbonne, ihre wichtigste
Festung auf französischem Boden, nachdem Karl Martell es Jahre zuvor bereits
vergeblich belagert hatte. Auch durch das Rhônetal stießen die Araber nach Norden bis Burgund vor und sogar den Großen St. Bernhard kontrollierten sie zeitweise, machten die südlichen Alpen unsicher und drangen bis nach St. Gallen in
der Schweiz vor. Diese Operationen wurden möglich durch die Festsetzung einer
Gruppe von Muslimen aus al-Andalus gegen Ende des 9. Jahrhunderts in Fraxinetum (La Garde Frainet), einem unzugänglichen Felsennest über der französischen
Mittelmeerküste bei Fréjus. Die Festung war aufgrund ihrer geographischen Lage
so uneinnehmbar, dass die Muslime sich Jahrzehnte dort behaupten konnten und
ihnen abenteuerliche Erfolge gelangen. Offiziell war der Stützpunkt Teil des Kalifats von Córdoba, aus Spanien erhielt er auch ständig neuen Zustrom. Am Fuß des
Felsennestes am Meer gab es einen Landeplatz, der die Bewohner von Fraxinetum autark machte. 931 stießen die Muslime von Fraxinetum bis nach Pavia vor
und wurden erst dort von den Langobarden geschlagen. Lange konnte sich keine

christliche Macht aufraffen, diesen Stachel aus dem Fleisch des Abendlandes zu ziehen, auch wenn es wiederholt Ansätze gegeben hat. In der zweiten Hälfte des 10. Jahrhunderts schien sich sogar kurzzeitig ein Bündnis des römisch-deutschen Kaiserreichs und des byzantinischen Kaiserreichs anzubahnen, um Fraxinetum auszuschalten. Auch muslimisch-christliche Aktionen waren geplant: Otto der Große (936-973) sandte bekanntlich eine diplomatische Mission zu Abd ar Rahman III. von al-Andalus – eines seiner Anliegen war die Beseitigung des »Räubernestes« von Fraxinetum. Erfolg war ihm jedoch nicht beschieden. Erst 973 gelang es dem Markgrafen der Provence, Wilhelm von Arles, zusammen mit dem Bischof Arduin von Turin, Fraxinetum zu erobern. Der letzte muslimische Stützpunkt in Frankreich war endgültig verschwunden.

Noch weitere abenteuerliche Unternehmungen im Mittelmeer-Raum gingen von al-Andalus aus: In einem Vorort von Córdoba kam es immer wieder zu Unruhen, die 814 ihren Höhepunkt erreichten, der Emir musste um sein Leben fürchten. Doch es gelang, den Aufstand niederzuschlagen. Die Repression der Revolte war drastisch: Der Vorort wurde dem Erdboden gleich gemacht, die Anführer wurden hingerichtet und die Bewohner des Vorortes ins Exil geschickt. Ein Teil dieser Auswanderer wandte sich nach Marokko und ließ sich in Fes nieder, der neuen Hauptstadt von Idris II., einem Nachkommen von Ali, dem Vetter des Propheten, der in Marokko Fuß gefasst hatte. Ein anderer Teil – etwa 15 000 Menschen – landeten nach einer Odyssee durchs Mittelmeer im ägyptischen Alexandria und bemächtigten sich der Stadt, bis es 827 endlich gelang sie zu vertreiben. Die Flüchtlinge wandten sich ins östliche Mittelmeer. Sie konnten Kreta, das noch zum byzantinischen Reich gehörte, einnehmen und sich dort niederlassen. Damit begann die erste islamische Periode der Insel unter einer unabhängigen Dynastie, die sich dort bildete und bis 961 hielt, als es den Byzantinern endlich gelang, Kreta nach vielen vergeblichen Versuchen zurückzuerobern.

Ein richtiggehendes kleines Mittelmeerimperium konnte in der ersten Hälfte des 11. Jahrhunderts – als al-Andalus in Kleinstaaten zerfallen war – »Mudschahid« von Denia in der Nähe von Alicante errichten. Er baute eine Flotte, eroberte 1013 die Balearen und konsolidierte seinen Besitz an Spaniens Küste – 1015 gewann er Kontrolle über Valencia und konnte 1025 sogar vorübergehend Córdoba besetzen. Sein eigentliches Interesse aber lag auf dem Mittelmeer: 1014/1015 stieß Mudschahid zur See nach Westen vor und eroberte mit einer Flotte von 120 Galeeren die Küsten der Insel Sardinien, deren Bewohner frühere islamische Angriffe erfolgreich abgewehrt hatten. Die italienischen Küstenstädte begriffen die Gefahr, die durch diese Situation entstanden war: Sardinien war nun die Basis für muslimische Angriffe auf das italienische Festland. Pisa und Genua verbündeten sich und vertrieben Mudschahid aus Sardinien. Doch die andalusischen Muslime kehrten zurück und setzten sich erneut auf Sardinien fest. Auch zur italienischen Küste stießen sie wieder vor, wo sie die Stadt Luni dem Erboden gleich machten. Angesichts dieser bedrohlichen Lage entstand eine italienische Allianz, für die auch der Papst Benedikt VIII. erfolgreich um Unterstützung warb. Nun wurde Mudschahid endgültig geschlagen (1016). Künftig wagte er sich nicht mehr in italienische Gewässer vor, vereinzelte Operationen gegen die französische Südküste blieben Episode.

Im Laufe des Fortschreitens der Reconquista waren – besonders seit dem Ende des 11. Jahrhunderts – mehr und mehr Muslime unter christliche Herrschaft geraten. Diese sogenannten »Mudéjares« lebten zunächst relativ unbehelligt, wenn auch als Bürger zweiter Klasse, in den christlichen Staaten der iberischen Halbinsel. Sie waren – schon aufgrund ihrer Zahl, aber auch wegen ihrer Fähig- und Fertigkeiten – ein wichtiger Wirtschaftsfaktor. Unter ihnen waren viele Kunsthandwerker und Baumeister, denen christliche Auftraggeber gerne Brot und Arbeit gaben. Auf diese muslimischen Gruppen ging der sogenannte Mudejarstil zurück, der gotische und arabische Elemente zu einer charakteristischen neuen Baukunst zusammenführte. Diese Stilrichtung überdauerte Jahrhunderte und strahlte auch auf andere Länder des südlichen Europas aus. Wichtigstes Baudenkmal dieser Stilrichtung stellt der Alcázar in Sevilla dar.

Die Mudéjares pflegten auch die (bereits erwähnte) »Aljamiado«-Literatur in romanischem Dialekt, aber in arabischer Schrift weiter.

Grundsätzlich änderte die Lage sich erst mit dem Schicksalsjahr 1492 und dem Ende des Nasridenstaates von Granada, als es keinerlei islamisches Machtpotential auf spanischem Boden mehr gab. Leicht diskriminierend klingt bereits die Bezeichnung »Moriscos«, die sich nun für die Mudéjares einzubürgern begann. Nach und nach wich die anfängliche Toleranz zunehmender Unduldsamkeit. Bei der Übergabe von Granada war den Muslimen Religionsfreiheit und Autonomie der Rechtspflege zugesagt worden. Die Kirche jedoch drängte darauf, keine »Häresie« im christlichen Spanien zu dulden. Schon bald kam es zu Massen- und Zwangsbekehrungen – viele Muslime aber praktizierten verborgen oder offen ihre Religion weiter, waren sie doch nicht aus Überzeugung zum Christentum übergetreten. Auf diese Weise setzten sie sich der Verfolgung durch die Inquisition aus. Arabische Bücher wurden verbrannt, Moriscos durften nicht in die spanischen Kolonien in der Neuen Welt. Es kam zu Morisco-Revolten (1499 und 1568), die Moriscos nahmen Kontakt zu England und den Türken auf und suchten Hilfe in Marokko – sie galten vielen Christen als »5. Kolonne« des feindlichen Auslands und wurden ins Landesinnere verbannt. Im 17. Jahrhundert mussten alle Assimilierungsversuche als gescheitert gelten. 1609/1614 kam es zur Ausweisung der letzten spanischen Muslime. Die für die damaligen Verhältnisse sehr hohe Zahl von 300 000 Menschen musste damals Spanien verlassen. So endet die Geschichte der spanischen Muslime mit einem bitteren Beigeschmack.

Die spanische Vertreibungspolitik, die – gerade im Vergleich zu der überwiegend toleranten Politik Christen gegenüber, die im islamischen al-Andalus die Regel gewesen war – als besonders düster und unangemessen erscheinen muss, wird nur im größeren historischen Kontext verständlich. Europa stand damals unter einem Trauma – der Türkengefahr – die als direkt und unmittelbar empfunden wurde. Vor diesem Hintergrund wird die Vertreibung der letzten Muslime aus Spanien zwar nicht entschuldbar, aber doch verständlich. Wir müssen uns in Erinnerung rufen, dass 1683 die Osmanen zum zweiten Mal Wien belagerten und eine Allianz mit Frankreich geschlossen hatten. Im Falle eines osmanischen Angriffes auf Spanien – vergessen wir nicht, dass die Osmanen auch eine Seemacht waren! – wäre es gefährlich gewesen, 300 000 potenzielle Kollaborateure auf spanischem Boden zu haben.

Ähnlich wie den Muslimen aber erging es den spanischen Juden. Auch sie wurden der Zwangskonversion unterzogen, dann als »Kryptojuden« von der Inquisition verfolgt und schließlich zur Emigration gezwungen. Viele von ihnen flohen in die islamische Welt und pflegen dort ihre Religion und ihre spanische Kultur und Sprache bis in unsere Tage.

Al-Andalus, also Spanien, war das Land, das die längste arabisch-muslimische Epoche erlebte (auch die osmanische Herrschaft in Südosteuropa umfasste eine kürzere Periode) und die nachhaltigsten Einflüsse aufnahm. Das zweite Land Europas, in dem sich der Islam und die Araber dauerhaft niederließen, war Italien.

Die Araber in Italien

Sizilien war schon sehr früh – Mitte des 7. Jahrhunderts – zum Ziel arabischer Überfälle geworden. Diese wurden später häufiger. Aber erst die Entstehung einer unabhängigen Regionalmacht im Mittelmeer – der Dynastie der Aghlabiden, die das heutige Tunesien und die angrenzenden Regionen seit 800 beherrschte und von den Abbasiden im fernen Bagdad faktisch unabhängig war – führte zu einer gezielten energischen muslimischen Italienpolitik von Nordafrika aus. 806 wurde die Insel Pantelleria eingenommen. Damals wurden Mönche, die man dort aufgegriffen hatte, in die Sklaverei geschickt. Karl der Große (768/800–814) selbst hat sich um ihre Freilassung bemüht. Mehrere arabische Überfälle auf Sardinien verliefen weniger erfolgreich. Aber Civitavecchia wurde 813 verheert, Lampedusa wurde überfallen (die daran beteiligten Schiffe wurden jedoch von byzantinischen Marineeinheiten verfolgt und vernichtet). 813 fiel vorübergehend selbst Ischia in arabische Hand. Zwischen Sizilien und den Aghlabiden aber hatte jahrelang ein Waffenstillstand funktioniert. Erst das unüberlegte Agieren eines aufständischen griechisch-byzantinischen Flottenführers löste einen aghlabidischen Angriff auf die Insel aus – ein malikitscher Kadi verstand es, diesem Unternehmen eine tiefe religiöse Signifikanz zu geben und für den Dschihad Begeisterung unter den nordafrikanischen Muslimen zu entfachen. 70 Galeeren, 10 000 Mann Infanterie und 700 Reiter brachen von Sousse nach Sizilien auf. Die Flotte landete Mitte Juni 827 in Mazara, im Südwesten der Insel, und schlug eine anrückende byzantinische Armee. Verhandlungsangebote der Griechen wurden ausgeschlagen. Die Muslime stießen bis Syrakus vor, dort aber wendete sich nach langem Hin und Her das Kriegsglück dramatisch: Die Araber mussten sich ins Innere Siziliens zurückziehen. Doch hatte dies den Fortschritt der Eroberung nur verzögert. Wenige Jahre später fällt Cefalù, 843 Messina. Erst 878 können die Muslime endlich das stark befestigte Syrakus erobern. Mit der Zerstörung Taorminas wird die arabisch-muslimische Eroberung Siziliens 902 abgeschlossen. Aber sogar das italienische Festland wird immer wieder und immer häufiger Ziel arabischer Überfälle und auch die Insel Malta wird 869 eingenommen – das heutige Maltesisch ist eine Sprache, die auf das Arabische zurückgeht. Die gesamte italienische Küste, teilweise auch das Hinterland, wird Ziel arabischer Überfälle: 838 wurden Tarent und Brindisi geplündert, 840 glückt den Muslimen die Einnahme von Bari – hierbei handelte es sich um mehr als einen Überfall: die größte griechische Hafenstadt Apuliens wird für 30 Jahre zum Sitz eines unabhängigen arabischen Emirats auf italienischem Boden. Erst Kaiser

Ludwig II. kann 871 Bari an der Spitze einer großen Allianz einnehmen – nicht zuletzt Ergebnis einer Kooperation des »deutschen« und des byzantinischen Kaisers (die allerdings nur von kurzer Dauer war). In diesen Jahren und Jahrzehnten sind die muslimischen Schiffe überall in Italien eine Bedrohung: 846 landen sie in der Tibermündung, rücken bis Rom vor und nehmen die Grabeskirchen der Apostel Petrus und Paulus vorübergehend in Besitz – die psychologische Wirkung dieser Aktion im Abendland war weit größer als ihre wirkliche Bedeutung. In der Adria gelangen die Muslime 875 bis Grado – in umittelbarer Nähe Venedigs, dessen Aufstieg zur Königin der Meere damals noch kaum begonnen hat (nachdem es den Venezianern gelungen war, die »Sarazenen« vor Tarent zu schlagen). Dabei profitieren die Muslime immer wieder von der Zerstrittenheit im christlichen Lager. Amalfi etwa oder Neapel gehen wiederholt Allianzen mit muslimischen Partnern ein – im Bemühen, ihre Unabhängigkeit von Byzanz einerseits und vom Frankenreich andererseits, die damals um die Herrschaft in Italien rivalisieren, zu wahren. 880 – neun Jahre nach der christlichen Rückeroberung von Bari – fällt auch Tarent wieder in die Hand der Christen, wenig später sind die Araber fast ganz aus Süditalien vertrieben. Die arabische Präsenz auf dem italienischen Festland ist also praktisch wieder auf einige wenige Stützpunkte (wie z.B. Agropoli südlich von Salerno) beschränkt, noch bevor die Eroberung Siziliens durch die Muslime ganz abgeschlossen ist, wenn es auch weiterhin ständig zu arabischen Überfällen auf das italienische Festland – so beispielsweise 999 auf Salerno – kommt. Damals erhält die christliche Seite erstmals Unterstützung von einem Trupp Normannen. Niemand konnte ahnen, dass diese ein halbes Jahrhundert später ganz Süditalien unterwerfen würden und später ihre Herrschaft über das damals noch fest in muslimischer Hand befindliche Sizilien ausdehnen würden. Der Aghlabidenherrscher Ibrahim II. kam selbst auf die Insel, um deren Eroberung zu vollenden, was ihm auch gelang. Doch starb er im Jahre der Einnahme Taorminas und wurde auf Sizilien beigesetzt. Die Dynastie der Aghlabiden überlebte den Tod Ibrahims II. nur um wenige Jahre: Ein Missionar der schiitischen Untergruppe der Ismailiten, Abu Abdallah asch-Schi'i, hatte unter den nordafrikanischen Berbern starken Rückhalt gefunden und eine schiitische Revolution im Maghreb ausgelöst, durch die in kurzer Zeit die Aghlabidendynastie hinweggefegt wurde. 909 übernahm Abu Abdallah die Herrschaft im Namen des zu erwartenden Mahdi und bereitete der Fatimidendynastie, die von ihrer ersten Machtbasis im Raum des heutigen Tunesien bald nach Osten expandierte, den Boden. Sizilien wurde Teil des fatimidischen Imperiums – jedoch nur für einige Jahre. Sizilien schlug sich demonstrativ auf die Seite der Abbasiden, gegen die die fatimidische Bewegung faktisch gerichtet war, da sie sich auf Kosten der Abbasiden entfaltete und ausdehnte. Die Fatimiden setzten jedoch ihre Herrschaft auf Sizilien gewaltsam durch – Sizilien wurde Operationsbasis für fatimidische Seeaktionen im Mittelmeer: Genua etwa wurde 934 und 935 überfallen. Doch blieb die Insel nicht auf Dauer unter unmittelbarer fatimidischer Kontrolle. Der fatimidische Gouverneur al-Hasan ibn Ali ibn-Abi-al-Husain al-Kalbi begründete auf Sizilien Mitte des 10. Jahrhunderts eine eigene, quasiunabhängige Dynastie. Unter der Kalbitendynastie, die Sizilien im Namen der Fatimiden regierte, erreichte das arabisch-islamische Sizilien seinen Höhepunkt. Luxus, Pracht und Überfluss schildern arabische Geographen aus dem Osten in ihren Beschreibungen der Insel.

150 Metzgereien und 300 Moscheen soll es damals in Palermo gegeben haben. In der relativ kurzen Zeit der kalbitischen Herrschaft – sie dauerte etwa ein Jahrhundert – hat auch die arabische Kultur tiefere Wurzeln geschlagen auf Sizilien. Aber die kalbitische Epoche bedeutete auch das Ende der Araberherrschaft auf Sizilien, das turbulent ist: Die neue, zur führenden Macht des Maghreb aufsteigende Dynastie der Ziriden, die westlich von Ägypten das Erbe der Fatimiden antritt, bemüht sich um Einfluss – gleichzeitig versucht Byzanz, durch eine Offensive Sizilien wieder seiner Kontrolle zu unterwerfen. Lokale Mächte wollen in diesem Kontext ihre eigenen Interessen realisieren.

Die Normannen nutzen das Chaos, um vom Festland aus, wo sie um die Mitte des 11. Jahrhunderts ihren eigenen Staat gegründet und konsequent ausgebaut haben, auf die Insel vorzustoßen. 1061 setzen sie erstmals nach Sizilien über – auf Bitten einer der muslimischen Parteien. Damit ist die Zukunft Siziliens vorbestimmt. Palermo fällt 1072 in normannische Hand, Syrakus 1085 und 1091 ist die normannische Eroberung Siziliens abgeschlossen. Auch Malta kann Normannenkönig Roger (1031-1101) damals den Muslimen entreissen und die Normannen können selbst nordafrikanische Küstenstädte besetzen. Die arabisch-islamische Herrschaft in Italien ist damit endgültig für immer vorüber – kurioserweise aber wird erst während der Normannenzeit die arabische Kultur eine besondere Blüte entfalten. Der tolerante Geist der Normannenherrschaft ermöglicht die Entstehung einer synkretistischen Kultur, in der arabisch-islamische Elemente eine Symbiose eingehen mit byzantinischen, römischen und normannischen. Die Normannen und auch ihre Führer mögen nicht sehr kultiviert gewesen sein – vielleicht haben sie gerade deshalb eine Offenheit und Unvoreingenommenheit gegenüber anderen Kulturen gehabt, die es ihnen erlaubte, Vieles auf Sizilien so zu belassen wie sie es vorfanden, Fremdes zu tolerieren und zu integrieren. Ebenso wie die Araber auf ihren Eroberungszügen im 7. und 8. Jahrhundert, so übernahmen die Normannen nun ihrerseits Institutionen und Personen ihrer Vorgänger, fühlten sich von der bestehenden Kulture der Mulime angezogen, ja fasziniert, beschäftigten muslimische Truppen und beließen Muslime selbst in Führungspositionen. Der Normannenhof in Palermo wirkte eher dem Orient als dem christlichen Europa zugehörig. Die Araber hatten den Anbau von Zuckerrohr, Dattelpalmen, Baumwolle, Oliven und Zitrusfrüchten in Sizilien eingeführt, was ebenso wie die vor ihnen und aus Byzanz nach Sizilien gebrachte Seidenproduktion im christlichen Europa noch unbekannt war. Diese blühenden Wirtschaftzweige wären – hätten die Normann kurzsichtigerweise die Muslime vertrieben – verkümmert. Auch die Verwaltung wäre ohne die sizilianischen Muslime kaum funktionsfähig geblieben. So war Toleranz gegenüber der vorgefundenen Kultur und den von ihr geprägten Einwohnern der Insel im ureigensten Interesse der neuen Herren. Künstler und Gelehrte – vor allem auch solche mit muslimisch-arabischem Hintergrund – prägten das geistige Leben im Sizilien der Normannenzeit. Herausragend ist unter diesen der Geograph al-Idrisi (1100-1165), der – aus Ceuta an der marokkanischen Mittelmeerküste stammend – am Hof von Roger II. (1095-1154) Mitte des 12. Jahrhunderts ein umfassendes geographisches Handbuch verfasste, das unter dem Namen seines Gönners und Auftraggebers als »Kitab Rudschar« *(Liber Rogeris)* benannt geworden ist. Es stellt eine Beschreibung der gesamten damals bekannten Welt dar und ist mit 70 Karten ausgestattet. Zu seinem Werk hat Idrisi auf einer Silberscheibe eine Weltkarte hergestellt. Bemerkenswert ist, dass dieses Werk zwar in einem Land Europas entstand, das von christlichen Königen beherrscht wurde, aber Jahrhunderte lang in keiner europäischen Sprache publiziert wurde, obwohl es einen geograpischen Kenntnisstand repräsentiert, der weit über dem des damaligen Abendlandes liegt. Wanderer zwischen Orient und Okzident war nicht nur Roger II., sondern vor allem auch sein Enkel, der Stauferkaiser Friedrich II. (1198-1250), der Beziehungen zu muslimischen Herrschern unterhielt, orientalischen Lebensstil pflegte und den Transfer von orientalischem Wissen nach Europa förderte. Zahlreiche exotische Tiere kamen durch Friedrich erstmals nach Europa – so beispielsweise eine Giraffe. Von Sultan Aschraf von Damaskus erhielt Friedrich ein Planetarium, in mathematischen und astronomischen, aber auch weltanschaulichen Fragen stand er im Austausch mit Gelehrten des Ostens. Sein besonderes Interesse galt der Falknerei, über die er sich arabische Werke übersetzen ließ. Als Hofastrologen hatte sich Friedrich II. einen jakobitischen Christen aus dem syrischen Antiochia und Michael Scotus an seinen Hof geholt. Michael Scotus – er gehörte zur berühmten Übersetzerschule von Toledo – brachte islamische Gelehrsamkeit von al-Andalus nach Sizilien, wo er Averroes (Ibn Ruschd) und seine Interpretationen von Aristoteles bekannt machte. Auf der Grundlage seiner orientalischen Quellen verfasst Friedrich selbst eine Abhandlung »über die Kunst, mit Vögeln zu jagen«. Friedrich gab Anstoß zur Einführung von ihm initiierter lateinischer Übersetzungen von arabischen wissenschaftlichen Werken an italienischen Universitäten – z.B. an der von Roger 1050 gegründeten Medizinhochschule von Salerno (wohl die erste Hochschule im christlichen Europa überhaupt) und der von ihm selbst gegründeten Universität von Neapel. Diese Tradition des Wissenstransfers vom Orient zum Okzident hat sowohl Friedrichs Sohn Manfred fortgesetzt als auch das Haus Anjou, das die Herrschaft in Süditalien von den Staufern übernahm. Unter Karl I. von Anjou (1266-1285) wurde gegen Ende des 13. Jahrhunderts das umfangreichste arabische Medizin-Kompendium des Mittelalters, das »Continens« des Rhazes (al-Razi), ins Lateinische übersetzt. Arabisch, Griechisch und Lateinisch wurden gleichermaßen und nebeneinander verwendet in gebildeten Kreisen Siziliens und Süditaliens. In dieser anregenden geistigen Atmosphäre entstanden auch Übersetzungen aus dem Griechischen ins Lateinische, so z.B. des Almagest, des astronomischen Hauptwerks des Ptolemäus.

Von der Symbiose orientalischer und europäischer Kulturelemente zeugt auch die Kunst jener Zeit. Gute Beispiele dafür sind die Palastkapelle von Roger II. in Palermo – wo wir byzantinische Mosaike und hölzerne Stalaktiten islamischen Stils nebeneinander finden. Auch die – ebenfalls von Roger II. geschaffenen – Paläste La Zira und La Cuba strahlen den Geist des Orients aus. Ebenso sind die Dome von Cefalù und Monreale eindrucksvolle Denkmäler normannisch-byzantinischarabischer Architektur, die uns noch heute die Leistungen dieser Mischkultur vor Augen führen. Ein besonderes Kuriosum, aber auch symbolhaft für die orientalischabendländischen Kulturkontakte, ist der wertvolle mit orientalischen Ornamenten versehene, 1134 für Roger II. gewebte und bestickte Prunkmantel, der durch die Erbschaft Eigentum des deutschen Kaiserhauses wurde – Friedrich II. hat ihn bei seiner Kaiserkrönung 1220 erstmals getragen – und bis 1806 als Krönungsmantel diente – er ist noch heute in der Schatzkammer der Wiener Hofburg zu besichtigen. Die Zeit war Kontakten zwischen christlich-abendländischer und islamischer

Kultur günstig und Italien war – neben Spanien – privilegierter Raum für geistigen Austausch und gegenseitige Befruchtung. Der Pisaner Fibonacci war es, der
nach langen Studienaufenthalten im Mittelmeerraum Erkenntnisse der arabischen
Mathematik im 13. Jahrhundert in seine Heimat brachte und uns als Erster mit
den »arabischen« Ziffern und ihrer Systematik – einschließlich des Gebrauchs der
Null – vertraut machte – den Wert einer Ziffer bestimmt ihre »Stelle« innerhalb
der Gesamtzahl: erst durch diese bei uns bis ins Mittelalter unbekannte Methodik
sind die heute bei uns gängigen Grundrechenarten praktikabel geworden, die etwa
mit den römischen Ziffern undurchführbar sind. Nur durch diese arabisch-indische
Systematik wurde die Entwicklung der modernen Mathematik möglich.

Spanien und Sizilien sind die einzigen Regionen Euopas, die lange genug der
arabisch-islamischen Welt angehörten, um dauerhaft von ihr geprägt zu werden.
Al-Andalus bildete über 700 Jahre einen Bestandteil des Orients – ungleich länger
als Sizilien oder gar das süditalienische Festland. Die islamisch-arabische Prägung
war somit in Spanien tiefergehend und intensiver als in Italien. Doch sowohl al-
Andalus als auch Süditalien/Sizilien erhielten in ihrer islamisch-arabischen Epoche
einen deutlichen Entwicklungsvorsprung vor dem mittelalterlichen Europa. Dem
Glanz, der wissenschaftlichen Blüte, der kulturell-wissenschaftlichen Strahlkraft des
islamischen Europa konnte das christliche Abendland nichts Gleichwertiges entge-
gensetzen. Sowohl Spanien als auch Italien waren fruchtbares Terrain für lebhaften
Austausch zwischen den Kulturkreisen, für die Vermittlung kultureller und wissenschaftlicher Elemente – von Textilornamenten über geographische Kenntnisse bis
hin zu mathematischen und astronomischen Methoden. Auffallend ist, dass dieser
kulturelle Transfer – auch wenn es sich dabei um einen kontinuierlichen Prozess
handelte – seine intensivste Form nach Ende der politisch-militärischen Herrschaft
der Muslime annahm.

Kulturtransfer zwischen Orient und Okzident

Am Normannenhof, bei den Staufern und im Süditalien des Hauses Anjou flossen
die Erkenntnisse der Muslime, sowie das von ihnen bewahrte, ausgebaute und wei-
terentwickelte Erbe der Antike in die abendländische Geisteswelt ein. In Spanien
war es das von Christen eroberte Toledo, das im 12. Jahrhundert zum Zentrum
umfangreicher Übersetzungsaktivitäten wurde, durch die sowohl arabische als auch
antike Werke, vor allem ins Lateinische aber auch ins Kastilische, das damals zur offiziellen Landessprache wurde, übertragen wurden. Alfons X. »der Weise« von Kastilien (1252-1284) sah es als sein persönliches Anliegen, Übersetzungen aus dem Arabischen und die Belebung des wissenschaftlichen Lebens generell zu fördern. Mit
dem Ende des 13. Jahrhunderts geht auch das Zeitalter der Übersetzungen aus dem
Arabischen zuende – wenn es auch vereinzelte Übersetzungen noch danach und bis
hinein in die Neuzeit gab. Herausragend war die Rolle der Juden in diesem Prozess des Wissenstransfers vom Morgen- zum Abendland. Juden hatten in al-Andalus
eine wichtige Rolle gespielt im Geistesleben wie in allen anderern Bereichen und
waren eng sowohl mit der arabischen als auch mit der lateinisch-abendländischen

Kultur verbunden – sie waren prädestiniert für eine Rolle als Kulturdolmetscher. Der Wissenstransfer setzte sich fort über Frankreich bis nach England und Deutschland. Cluny z. B. wurde zu einem Zentrum der Verbreitung arabisch-orientalischer Gelehrsamkeit. Petrus Venerabilis, der Abt von Cluny, gab die erste Übersetzung des Korans ins Lateinische in Auftrag. Doch darf man sich über die Motivation nicht im Unklaren sein: Gleichzeitig entstanden Schriften gegen den Islam. Mit anderen Worten: Man wollte den Gegner kennenlernen, um ihm wirkungsvoller entgegentreten zu können.

Mit dem Ende der politisch-militärischen Kontrolle von Teilen Italiens und Spaniens (Ende des 15. Jahrhunderts) durch Muslime war im Zentral- und Westmittelmeer die Trennlinie zwischen den Kulturkreisen scharf gezogen. Damals entsteht die definitive Grenze zwischen islamisch-arabischer Welt einerseits und Europa andererseits. Die Araber sind endgültig aus Europa verschwunden. Ganz anders ist die Situation im östllichen Mittelmeer und in Südosteuropa, der wir ein eigenes Kapitel widmen – hier war der Islam gerade damals auf dem Vormarsch. Die Araber haben dauerhafte Spuren in Europa hinterlassen, wesentliche Vorraussetzungen für die weitere Entwicklung Europas und seiner Identität geschaffen und im Abendland den Anstoß gegeben, sich erstmals mit einer anderen Kultur und Religion auseinanderzusetzen. Die Präsenz der Araber in Europa war dauerhaft konfliktträchtig, aber es gab nie einen »eisernen Vorhang« zwischen den Sphären der beiden Religionen, zwischen »Abendland« und »Morgenland«. Der religiös-weltanschaulich und machtpolitische Gegensatz verhinderte nicht, dass Brücken gebaut wurden, Handelsstrassen entstanden und vielfältiger, angeregter Kulturaustausch möglich wurde. Al-Andalus ist ein blühendes Land und gehört zu den am weitesten entwickelten Regionen Europas im Mittelalter. Die Bevölkerungsdichte war in Zeiten der höchsten wirtschaftlichen Entfaltung wohl so hoch wie heute. Córdoba ist damals eine Stadt mit Straßenbeleuchtung, welche über 300 Büchereien und 600 Moscheen verfügte, ein Weltstadt, deren Einwohnerzahl auf eine halbe Million geschätzt wurde und die den Vergleich mit Konstantinopel und Kairo nicht zu scheuen brauchte – in West- und Mitteleuropa gab es keine vergleichbare Stadt. Der Alphabetisierungsgrad in al-Andalus war wohl der höchste in ganz Europa. Hochschulen entstanden in al-Andalus z.B. in Córdoba, Sevilla, Malaga und Granada lange bevor derartige Einrichtungen – wie etwa die erste deutschsprachige Universität 1348 in Prag – im christlichen Abendland gegründet wurden. Die Palastbibliothek von Córdoba war mit ungefähr 400 000 Bänden die wichtigste und umfangreichste in ganz Europa (wenn wir die Zahl auch nicht unbedingt wörtlich zu nehmen brauchen). Córdoba ist von zeitgenössischen europäischen Autoren als das Athen seiner Epoche bezeichnet worden und zahlreiche Gelehrte aus dem islamischen Orient sind von europäischen Betrachtern kurzerhand nach al-Andalus transponiert worden – das ihnen eben als Hort von Weisheit und Gelehrsamkeit erschien. Die deutsche Dichterin Roswitha (Hrotsvit) von Gandersheim nannte Córdoba im 10. Jahrhundert das »Juwel der Welt«.

Zahlreiche Güter und Pflanzen, Techniken und Kenntnisse gelangten über das islamische Spanien nach Europa. Die Herstellung von Papier, ursprünglich in China erfunden und seit dem 5. Jahrhundert in Ostturkestan verbreitet, war bereits 757 in Samarkand bekannt – womöglich durch chinesische Kriegsgefangene. Zur Zeit der

Aghlabiden kam diese Technik nach Tunis, eventuell gelangte sie über Sizilien und al-Andalus, wo sie in der ersten Hälfte des 10. Jahrhunderts nachweisbar ist (auf Papier geschriebene Urkunden aus dieser Zeit werden bis heute in der Bibliothek von Leiden aufbewahrt), ins christliche Europa. Durch die Herstellung und Verwendung von Papier auf breiter Basis konnte eine weitere Verbreitung von Wissen erfolgen und eine größere Anzahl von Büchern in Umlauf gebracht werden – war es letztendlich erst möglich, dass die Erfindung des Buchdrucks ihre volle Wirksamkeit entfaltete und eine Massenproduktion von Büchern erfolgen konnte.

Die Muslime brachten das Schachspiel ebenso wie das Polospiel nach Europa, führten das Zuckerrohr ein und sorgten für eine weitere Verbreitung der Baumwolle (die wohl im Prinzip bereits bekannt war): Sie gelangte nach Italien und Frankreich im 12. Jahrhundert, nach Flandern im 13. Jahrhundert und nach Deutschland im 14. Jahrhundert. Durch die Araber kamen Spinat, Aubergine, Artischocke, Melone, Aprikose aber auch Reis und Feige sowie Safran nach Europa – auch diejenigen unter diesen Produkten, die in Europa bereits vorhanden gewesen sein mögen, haben durch die Araber und ihren systematischen Anbau weite Verbreitung gefunden.

Mit den Dingen kamen auch die Worte. Eine Vielzahl arabischer Worte findet sich im Spanischen bis heute angefangen von Toponymen (z. B. Guadalquivir = al-Wadi al-Kabir, der große Fluss, oder Gibraltar) über Bezeichnungen für Produkte und Funktionen (z.B. amirante = Admiral, azúcar = Zucker, atanores = Ofen) bis hin zu wissenschaftlichen Begriffen (z.B. alambique = Destillierkolben). Diese Wanderung arabischen Vokabulars hörte an den Pyrenäen nicht auf. In alle Sprachen Europas gelangten arabische Termini. Im Deutschen etwa finden wir Kattun, Alkohol, Admiral, Algebra, Ziffer, Tarif, Arsenal, Korvette, Alkali, Matratze, Kabel, kalfatern und Sofa – um nur einige Beispiele zu nennen.

Literarische und musikalische Einflüsse haben ebenfalls orientalische Elemente in die europäischen Literaturen gebracht. In al-Andalus waren lyrische Gattungen entstanden, wie etwa das Zadschal und die Muwaschaha, die aus dem Verschmelzen romanischer und arabischer Bestandteile entstanden sind, und die später einerseits in der arabischen Welt Verbreitung fanden, andererseits auch auf europäische Formen der Literatur, wie etwa den »villancico« in Spanien oder die Kunst der provensalischen Troubadoure und der Minnesänger prägend wirkten. Literarische Motive aus dem Orient haben ebenfalls den Weg nach Europa gefunden über al-Andalus. Bei Cervantes finden wir ebenso wie bei den Brüdern Grimm, bei Bocaccio und Shakespeare arabische Spuren, teilweise auch indische oder hebräische Motive, die lediglich in arabischem Gewand zu uns kamen. Musiker aus al-Andalus traten auch an christlichen spanischen Höfen auf, Tanzgruppen arabisch-islamischen Stils haben in ganz Europa Spuren hinterlassen, als »Moorish dance« etwa in England oder als Moriskentänzer in Deutschland – noch heute in Form historischer Figuren am Rathaus von München. Unsere »Laute« und unsere Gitarre sind ebenfalls arabisch-islamischer Herkunft: arabisch al-Ud, al-kitara. Vor allem aber gelangten naturwissenschaftliche und philosophische Kenntnisse aus dem Orient über Spanien in die Bibliotheken und Hochschulen des Abendlandes, bildeten hier die Grundlagen, auf denen eine weitere Entwicklung möglich wurde.

Ibn Ruschd (Averroes) aus Córdoba (1126-1198) war es, dem Europa tieferes Eindringen in die Philosophie der Antike verdankte – er hat dem Abendland Aristoteles übermittelt und in seiner Sichtweise interpretiert. Dabei hat er die Theologie dem scharfen Instrument des folgerichtigen philosophischen Denkens unterworfen, die religiöse Offenbarung auf den Prüfstein aristotelischer Logik gelegt. Kein Wunder, dass sich sein Denken in der islamischen Welt nicht durchsetzten konnte. Im christlichen Europa hat er dagegen – obwohl er auch hier auf Skepsis und Ablehnung traf – bleibende Wirkung entfaltet. Mit Averroes Augen – durch seine Kommentare – hat Thomas von Aquin Aristoteles gesehen.

Oft haben antike Schriften verschlungene Wege genommen. So wurden die Analytica posteriora des Aristoteles zunächst von Ishaq ibn Hunain (809-873), einem der bekanntesten Übersetzer des Orients, ins Syrische (Aramäische) übertragen, im 10. Jahrhundert dann erfolgte eine Übersetzung ins Arabische. Gerhard von Cremona hat sie schließlich im 12. Jahrhundert ins Lateinische übersetzt.

Ein gutes Beispiel für religionsübergreifende und interdisziplinäre Ansätze bietet ein arabisch geprägter Jude: Jüdisches und christliches Denken zu versöhnen und zu harmonisieren war das Bestreben des Maimonides, eines Juden aus Córdoba, der sein Werk großenteils arabisch schrieb und das erst ins Hebräische und Lateinische übersetzt wurde. Seiner Vorurteilslosigkeit – er war erklärter Gegner von Astrologie und Mystik – sind Erkenntnisse zu verdanken wie die Bedeutung der Hygiene in der Medizin oder die psychologische Erklärung prophetischer Visionen. Als Leibarzt des Sultans Saladin hat er solchen Ruhm erlangt, dass sein Grab in Tiberias noch heute ein Wallfahrtsort ist, an dem Kranke Heilung erhoffen. Der Staatsmann, Dichter und Arzt Ibn al-Chatib hat im nasridischen Spanien des 14. Jahrhunderts den ansteckenden Charakter der Pest erkannt, als diese im christlichen Abendland noch als Gottesstrafe betrachtet wurde – um ein Beispiel für die medizinischen Beiträge der islamischen Welt zu nennen.

Unter Erzbischof Raimund I. wird die Übersetzerschule von Toledo ins Leben gerufen, Michael Scotus gehört dieser an, bevor er an den Hof Friedrichs II. nach Sizilien ging. Fruchtbarster Übersetzer der Schule von Toledo jedoch war Gerhard von Cremona († 1187). Aristoteles und Averroes´ Aristoteles-Kommentare, Farghanis Version des »Almagest« von Ptolemäus, Euklids Elemente und Schriften von Galen und Hippokrates sind nur einige Beispiele der über 70 arabischen Werke, die in Toledo aus dem Arabischen übersetzt wurden.

Im Bereich von Kunst, Architektur und Handwerk waren in al-Andalus die orientalischen Traditionen lebendig und wurden weiterentwickelt. Berühmt waren die Klingen von Toledo. Eine besondere Spezialität im islamischen Spanien war die Töpferei – sie wurde in andere Regionen der islamischen Welt und nach Italien exportiert; in Holland und Deutschland fand man Imitate – diese Tradition lebt in Spanien bis heute fort, besonders in Kacheln und Fliesen. Islamisch-arabische Ornamente – auch kaligraphischer Art, waren beliebt im christlichen Europa. Wir haben zahlreiche Beispiele solcher Mudejar-Kunst aus den Jahrhunderten, die dem Ende der politischen Herrschaft des Islam in Spanien folgten (etwa ein Spielbrett mit Arabesken aus dem Spanien des 17. Jahrhunderts, heute im Metropolitan Museum of Modern Art, New York, oder der Holzschnitt »Der sechste Knoten« – eine typische Arabeske – von Albrecht Dürer im selben Museum). Bei kalligraphischer Or-

namentik war man sich im christlichen Abendland offenbar nicht bewusst, Schrift-
züge vor sich zu haben oder hatte zumindest keinerlei Verständnis ihrer Bedeutung.
Nur so ist es erklärlich, dass die islamische Sakralformel »Es gibt keinen Gott außer
Gott und Muhammad ist der Gesandte Gottes« sich auf dem Heiligenschein einer
Mariendarstellung findet. Berühmtheit erlangten auch Elfenbeinschnitzereien aus
al-Andalus. Die maurische Architektur hat ebenso auf die christlich-abendländische
eingewirkt: Hufeisenbögen und Gewölbeformen aus dem islamischen Spanien haben ebenso wie ornamentale Elemente den Charakter der abendländischen Architektur des Mittelalters mitgeprägt. Die romanische St. Andreas Kirche in Köln
etwa wird von Experten gerne als Beispiel für die Einwirkung arabisch-islamischer
Einflüsse auf die Architektur des Abendlandes genannt.

Al-Andalus hat uns in diesem Kapitel vor allem unter dem Aspekt seiner Mitt-
lerrolle zwischen Ost und West, seiner Brückenfunktion zwischen Abendland und
Morgenland interessiert. Das islamische Spanien hat jedoch auch wichtige Beiträge
für den arabisch-islamischen Kulturkreis geleistet: Genannt sei nur der Dichter und
Gelehrte Ibn Hazm (994-1064), der berühmt wurde wegen seines Werkes über die
Liebe (Tauq al-Hamama) oder seine bahnbrechende Studie über die verschiedenen
Religionen, in der manche einen Vorläufer der vergleichenden Religionswissen-
schaft sehen wollten. Auch Ibn Chaldun, zwar in Nordafrika geboren, aber einer
spanischen Familie entstammend, darf hier nicht fehlen. Er hat als Erster versucht,
Geschichte durch soziologische Gesetzmäßigkeiten zu erklären, und damit H. U.
Wehlers Forderung »Geschichte als historische Sozialwissenschaft« zu betreiben, um
Jahrhunderte vorweggenommen.

Viertes Kapitel
Das Mittelmeer: Handel und Krieg im Spannungsfeld europäisch-arabischer Beziehungen

Das 8. Jahrhundert ist die Zeit der Festigung der islamischen Präsenz im Mittelmeerraum. Weiterhin dehnt sich der Machtbereich des Islam auf Kosten des Christentums aus. Spektakulären Erfolgen der Araber – wie dem Übergreifen auf die iberische Halbinsel 711 und der fast vollständigen Eroberung Spaniens in wenigen Jahren – stehen Misserfolge, wie z.B. die vergeblichen Versuche Konstantinopel einzunehmen, gegenüber. Noch 630 hatte es so ausgesehen, als sei die Position des Byzantinischen Reiches in allen seinen Regionen rund um das Mittelmeer nach dem Sieg über die Sassaniden gesichert und stabil. Zu Beginn des 8. Jahrhunderts stellt sich die Situation völlig anders dar: Die Araber haben gänzlich unerwartet auf dem Mittelmeer die Offensive übernommen, haben sich dort als Seemacht etabliert und sind zu ebenbürtigen Gegnern von Byzanz auch zur See geworden. Schon unter dem omayadischen Kalifen Mu'awiya waren in den Arsenalen der syrisch-palästinensisch-libanesischen Küste und in Ägypten muslimische Flotten entstanden, bereits Mitte des 7. Jahrhunderts hatten die Muslime entscheidende Erfolge im Seekrieg gegen Byzanz erzielt, das seine südlichen Provinzen längst für immer verloren hatte und erstmals um seinen Bestand fürchten musste. Ein Grundmuster der islamisch-abendländischen Beziehungen kristallisierte sich damals heraus, das im Grunde bis heute Gültigkeit hat: Ständige Konflikte verhindern nicht Kooperation, Handelskontakte, geistig-kulturellen Austausch und die Übernahme von Lebensformen durch die eine oder andere Seite. Schärfste Gegensätze und Feindschaft wechseln ab mit enger Kooperation, existieren aber auch gleichzeitig nebeneinander. Die Realität qualifiziert die Pirenne-These: Die Einheit der Mittelmeerwelt ist zwar zerbrochen, das Mittelmeer wird zum Konfliktherd – doch Handel und Austausch bestehen in vielfältigen Formen fort.

Noch vor dem muslimischen Übergreifen auf die iberische Halbinsel kam es bereits im 7. Jahrhundert und dann wieder in den ersten Jahren des 8. Jahrhunderts zu Operationen gegen Sizilien: 704 landete eine muslimische See-Expedition an der Westküste der Insel, 705 wurde Syrakus geplündert. 710 erfolgt ein Überfall auf Sardinien. Etwa gleichzeitig fallen die Balearen vorübergehend unter muslimische Herrschaft. Diesen Ereignissen im zentralen und westlichen Mittelmeer käme wenig Bedeutung zu, würden sie nicht zeigen, dass die arabischen Flotteneinheiten relativ freie Hand hatten und ungestört operieren konnten. In der Tat hatte man in Byzanz in diesen ersten Jahren des 8. Jahrhunderts andere und schwerere Sorgen. Andererseits aber wird auch deutlich, dass damals den Muslimen in Ifrikiya (dem heutigen Tunesien) und dem westlichen Maghreb die Fähigkeit zu nachhaltigen, umfassenden, langfristigen, strategisch angelegten Operationen, die neue Eroberungen auf Dauer ermöglicht hätten, fehlte. Es bleibt bei Überfällen, Raubzügen und Überraschungsschlägen, die keine bleibende Wirkung hatten.

Ganz anders im Osten: Hier wurde ein erneuter Vorstoß der Muslime gegen Konstantinopel von langer Hand vorbereitet. Gleichzeitig traf man in Konstantinopel Gegenmaßnahmen und Vorbereitungen auf einen Defensivkrieg. Eine byzantinische Delegation am Hof des Omayadenkalifen Walid in Damaskus hatte den Geheimauftrag, sich nebenbei auch nach militärischen Rüstungsmaßnahmen auf muslimischem Territorium umzusehen. Byzanz war bereit, einen Präventivschlag zu führen – eine Revolte der Soldateska und der Sturz des Kaisers verhinderten dies jedoch. Die Omayaden konnten ihren Angriff also ungestört in Szene setzen und stießen zu Land 716 nach Kleinasien vor, gleichzeitig erschien ihre Flotte vor der kilikischen Küste. 717 erreichen sie die byzantinische Haupstadt – es schien um die Existenz des byzantinischen Reiches zu gehen. In Byzanz ist man vorbereitet. Dennoch muss das Erscheinen einer Flotte von 1 800 omayadischen Schiffen vor den Seemauern und das Vorrücken eines arabischen Heeres in Sichtweite der Stadt zu fast gleicher Zeit Eindruck gemacht haben. Eine lange Belagerung Konstantinopels begann, militärische Auseinandersetzungen fanden mehrfach statt, die Byzantiner konnten dabei – vor allem durch das »griechische Feuer«, eine Art Brandbombe – immer wieder Erfolge im Seekrieg verbuchen. Ein ungewöhnlich harter Winter tat ein Übriges. Auch das Eintreffen von Nachschub und Verstärkung aus Ägypten und Nordafrika im Frühjahr 718 führte nicht zu einer Wende im Kriegsglück. Nach einjähriger Belagerung zogen die Muslime im August 718 zu Land und zu Wasser ab, nachdem sie schwere Verluste erlitten hatten – nur ein kläglicher Rest der Flotte erreichte muslimische Häfen. Zum zweiten Mal seit der Belagerung 674-678 hatte Konstantinopel eine für die Existenz des Reiches lebensbedrohende Gefahr gemeistert. In Richtung Europa hatte der Islam damals im Osten wie im Westen zunächst die Grenzen seiner Expansion erreicht: Weder das Byzantinische Reich noch das Frankenreich erlag dem muslimisch-arabischen Ansturm. Kleinasien wurde von den Arabern nie wirklich erobert und nördlich der Pyrenäen konnte sich muslimische Herrschaft nur vorübergehend halten. Im zentralen Mittelmeer waren damals, im 8. Jahrhundert, auch keine entscheidenden Erfolge für die Araber möglich. Eroberungen in Italien gelingen erst im 9. Jahrhundert.

Der Misserfolg vor Konstantinopel 718 schränkte die muslimische Aktionsfähigkeit auf dem Mittelmeer deutlich ein. Eine byzantinische Flotte kann beispielsweise 720 den Hafen Tunis angreifen, einen wichtigen Flottenstützpunkt – so geschwächt ist die Position der Muslime im Mittelmeer.

In diesen Jahren haben muslimische Seeoperationen eher den Charakter von Überfällen und Raubzügen, sie sind mehr der Piraterie als planvoller gezielter Seekriegsführung zuzuordnen. Mit der Zeit aber nehmen sie an Umfang und Energie wieder zu. Sizilien ist Hauptziel der islamischen Seevorstöße, immer wieder wird die Insel heimgesucht. Auch Sardinien und die Inseln der Ägäis werden überfallen. Nie jedoch gelingen Eroberungen, die wirklich von Dauer sind. Anderseits kann auch die byzantinische Flotte das Mittelmeer nicht effizient kontrollieren und die Küsten des Reiches sichern – ganz zu schweigen von Versuchen, einen erfolgreichen

Gegenstoß zur See gegen muslimische Häfen zu führen. Ein ständiges Hin und Her kennzeichnet die Lage im Mittelmeer. Beide Seiten tragen immer wieder Attacken tief in den Machtbereich des Gegners hinein. Weder Byzantiner noch Araber jedoch können dabei entscheidende Vorteile erzielen. Größere strategische Aktionen sind selten. 747 wird eine ägyptische Flotte von der byzantinischen Marine in den Gewässern vor Zypern geschlagen. Bereits 740 war es Kaiser Leon III. (um 680-741) gelungen, auf dem Festland Arabereinfälle nach Kleinasien zurückzuschlagen.

Im Inneren des muslimischen Großreiches, das seit 661 von der Dynastie der Omayaden beherrscht wurde, bedeutet die Mitte des 8. Jahrhunderts einen Einschnitt. Der Omayadendynastie wird 750 ein Ende gesetzt, fast alle ihre Repräsentanten werden ermordet bis auf eine Ausnahme: Abd ar-Rahman, der sich nach Spanien durchschlägt und dort die Dynastie der spanischen Omayaden begründet (vgl. Kapitel 3, S. 33). Die neue Kalifen-Dynastie der Abbasiden verlegt ihre Hauptstadt von Damaskus nach Bagdad, das viel weiter vom Mittelmeer und vom christlichen Europa entfernt ist.

Okzident trifft Orient: Antikes Wissen in arabischer Sprache

Als abbasidische Hauptstadt wird Bagdad auch kulturelles Zentrum. Indische, iranische und hellenistische Einflüsse treffen hier zusammen. So, wie die Araber bei der Eroberung und Regierung des neuen islamischen Weltreichs pragmatisch und offen Fremdes aus dem Bereich von Verwaltung und Steuerwesen aufgenommen und assimiliert hatten, so waren sie auch mit vorurteilsloser Neugier an fremdem Wissen interessiert. Gegen Ende des 8. Jahrhunderts schon setzte eine rege Übersetzungstätigkeit ein, die auf Initiative des Kalifen zurückging. Das geistige Erbe der Antike floss so in den islamischen Kulturkreis ein. Innerhalb eines Jahrhunderts entstehen arabische Übersetzungen vieler wichtiger naturwissenschaftlicher und philosophischer Werke griechischer Autoren des Altertums. Christen, »Heiden« und Juden sind es vor allem, die als Übermittler grischischer Texte an die islamische Kultur fungieren. Ihre Verbundenheit mit beiden Kultursphären prädestiniert sie für diese Aufgabe. Meist wird nicht direkt aus dem Griechischen ins Arabische übersetzt. In der Regel erfolgt zunächst eine Übertragung aus dem Griechischen ins »Syrische« eine späte Form des Aramäischen und damals lingua franca der Christen im syrischen und mesopotamischen Raum (in dieser Sprache gab es nicht nur Übersetzungen aus dem Griechischen, sondern Jahrhunderte lang eine blühende Originalliteratur. Die Mittler zwischen griechisch-antikem Geistesgut und islamisch –arabischer Kultur entstammen dieser »syrischen« Welt, die noch lange im arabischsprachigen Umfeld fortbesteht – »syrische« Sprachinseln gibt es bis heute im Nahen Osten.). Danach wird der syrische Text ins Arabische übersetzt, wobei die beiden Arbeitsschritte oft von unterschiedlichen Personen übernommen werden. Schon in omayadischer Zeit hatte es antike Einflüsse auf die Kultur der Araber gegeben: Hellenistisch geschulte Baumeister wurden mit der Errichtung von Palästen beauftragt, die ganz natürlich von antiker Prägung waren – einen ausgebildeten arabisch-islamischen Baustil konnte es im ausgehenden 7. Jahrhundert bzw. beginnenden 8. Jahrhundert noch nicht geben. Denn es bedurfte einer gewissen Zeit, bis die Araber etabliert waren und die drängendsten Probleme gelöst hatten, bis sie sich für Texte interessieren konnten und es Kapazitäten gab, die Erschließung des antiken Bildungsgutes in Angriff zu nehmen.

In Bagdad war man sich der Bedeutung griechischer Wissenschaft durchaus bewusst. Die Aneignung und Erschließung antiken Bildungsgutes durch die Araber war kein beliebig-zufälliger Prozess, die Kalifen bemühten sich aktiv darum, an Originaltexte zu gelangen. Zwar gab es innerhalb des Kalifenreiches eine Reihe von Zentren hellenistischer Kultur wie Edessa, Antiochia, Harran und vor allem Alexandria, die alte griechische Kulturmetropole im Orient. Aber Abbasidenkalif al-Ma'mun (813–833) sandte auch Gesandschaften an den byzantinischen Hof mit dem Ziel, griechische Werke zu beschaffen. Al-Ma'muns Regierungszeit stellt einen Höhepunkt der Assimilierung griechischen Geistesguts durch den arabischen Kulturraum dar.

In al-Ma'muns Regierungszeit und in der Periode danach waren führende Übersetzer dieser geistigen Bewegung aktiv: Hunain ibn Ishak (809–873), im Westen bekannt geworden als Ioannitius, 809–873, war ein nestorianischer Christ aus al-Hira, der ursprünglich als Mediziner tätig war und bereits frühzeitig Forschungsreisen unternommen hatte, um in den Besitz griechischer Werke zu gelangen. Er wurde Mitarbeiter des Leibarztes von al-Ma'mun. Offenbar wurden seine Gelehrsamkeit und seine Sprach- und Literaturkenntnis bald erkannt, denn er wurde zum Leiter des »Bait al-Hikma«, des »Hauses der Weisheit«, ernannt, einer wissenschaftlichen Institution am Kalifenhof, die Bibliothek, Akademie und Übersetzungsdienst in einem war. Durch dieses Haus der Weisheit nahmen viele antike Werke ihren Weg in die arabische Welt. Hunain übertrug etwa 100 Schriften des (bereits erwähnten) Arztes Galen ins Syrische, 50 ins Arabische. Einige von Galens Schriften, die im griechischen Original nicht mehr vorhanden sind, sind nur in arabischer Übersetzung erhalten; dazu kamen zahlreiche Werke des Aristoteles. Hunains Sohn wurde Mitarbeiter seines Vaters und führte die Tradition der Übersetzerschule im Bait al-Hikma fort. Die späteren Übersetzer waren des Griechischen bereits nicht mehr mächtig und übersetzten allein auf der Grundlage syrischer Textversionen. Neuplatonische und aristotelische Texte konnten so zur Grundlage der arabischen Philosophie werden und die Voraussetzungen wurden geschaffen für die Übermittlung des antiken Aristotelismus – in der Version seiner arabischen Kommentatoren – ans Abendland. Der gesamte Nahe Osten, den die Araber eroberten, war hellenistisch geprägt, hatte die Texte der Antike aufgenommen und sie zum Bestandteil seines Bildungskanons gemacht. Auf dieser Basis war die aktive Übersetzugtätigkeit des 9. Jahrhunderts erklärlich. Natürlich war nicht die ganze Breite der antiken Kultur verfügbar, nur ein eingeschränktes Spektrum der altgriechischen Literatur fand den Weg ins Arabische – literarische Produktionen im engeren Sinn fehlten praktisch ganz. Im Mittelpunkt standen philosophische und medizinische sowie andere naturwissenschaftliche Texte. Zahlreiche Originalbeiträge arabischer Wissenschaftler und Philosophen sind ohne die antike Grundlage, die durch die Übersetzerschulen des 9. Jahrhunderts geschaffen wurde, nicht vorstellbar.

Das Ende der politischen Einheit: Dezentralisierung in der islamischen Welt seit dem 8. Jahrhundert

In der Abbasiden-Zeit wird eine Tendenz stärker, deren Anfänge in die Zeit des Omayaden Abd ar-Rahman fallen. In den Weiten des Reiches gibt es Unabhängigkeitsbestrebungen, können sich neue Staaten bilden, geht die Macht der Zentralregierung in Bagdad zurück. Diese Entstehung von unabhängigen Regionalstaaten in den Randgebieten des islamischen Reiches führt aber dazu, dass auch in diesen Regionen, gerade im Mittelmeergebiet, wieder entscheidende politische und militärische Aktionen vorangetrieben werden. Im Süden des Mittelmeeres liegen nicht mehr Randgebiete einer Großmacht, deren Zentrum weit entfernt liegt, sondern hier entstehen neue Mächte und Metropolen, deren Interesse und Energie auf die Mittelmeerwelt gerichtet sind und für die die Auseinandersetzungen mit dem christlichen Europa wieder in den Mittelpunkt rücken.

Stand das 8. Jahrhundert noch ganz im Zeichen des Misserfolgs der Muslime 717/718 vor Konstantinopel, so fokussierten im 9. Jahrhundert die nordafrikanischen Muslime ihr Potenzial wieder auf den Krieg gegen die christliche Welt, das Mittelmeer wurde erneut zum Schauplatz entschlossener muslimischer Vorstösse.

In Ifrikiya hat sich die Dynastie der Aghlabiden etabliert und einen blühenden Staat geschaffen, der expandiert: Italien ist vor allem Ziel der aghlabidischen Interessen. Die Eroberung Siziliens beginnt, muslimische Truppen greifen aufs Festland über und Teile der Appeninhalbinsel werden dem Islam unterworfen; regelrechte muslimische Staaten können dort entstehen und sich Jahrzehnte halten. Die gesamte italienische Küste wird zum Ziel muslimischer Angriffe und Überfälle – bis nach Rom und Venedig.

Im 9. Jahrhundert aber gerät auch Kreta erstmals in muslimische Hand (s.auch S. 40). Die kretischen Muslime – sie kommen, wie bereits erwähnt, aus al-Andalus – sind praktisch unabhängig. Mehr und mehr bilden sich islamische Herrschaftsbereiche heraus, die von Bagdad oder auch von Córdoba so gut wie unabhängig sind.

Harun ar-Raschid und Karl der Große

Das Byzantinische Reich ist derjenige Staat in Europa, der am dauerhaftesten und intensivsten mit der islamischen Welt in Kontakt steht. Achteinhalb Jahrhunderte eines fast permanenten Konfliktes zu Land und zu See mit wechselnden muslimischen Gegnern sind eine Konstante byzantinischer Geschichte. Aber auch das neue Kaiserreich im Norden, das Frankenreich, steht im Austausch und Krieg mit den Muslimen. Von den militärischen Konflikten zwischen Franken und Arabern in Frankreich und Spanien haben wir schon gehört, durch ihre Festsetzung an der katalanischen Küste und ihre territoriale Konsolidierung im nördlichen Spanien werden die Franken unmittelbare Nachbarn der Muslime von al-Andalus.

Der Kalif in Bagdad und der fränkische Kaiser wären eigentlich natürliche Bundesgenossen gewesen, eine Zusammenarbeit gegen Byzanz und al-Andalus bot sich an.

Beide Herrscher, der fränkische und der abbasidische, nehmen auch diplomatische Beziehungen miteinander auf, die man sich freilich nicht so regelmäßig und routiniert vorstellen darf wie sie es heute sind. Schon Frankenkönig Pippin (Kg. 751-768) hatte mit dem Kalifen in Bagdad Delegationen ausgetauscht – berühmt aber ist die Gesandtschaft geworden, die Karl der Große 801 in Norditalien aus der Abbasiden-Metropole empfing. Spektakulär war weniger das Ergebnis der Gesandschaft als vielmehr das Gastgeschenk, das Kalif Harun ar-Raschid (763-809) dem Frankenkaiser sandte: Der zu Ruhm gelangte Elefant Abu-l-Abbas kam zu Schiff nach Ligurien lange nach der eigentlichen Delegation, er lebte in Europa noch zehn Jahre. Wie den meisten Bündnisbemühungen und diplomatischen Kontakten zwischen weit entfernten Hauptstädten in dieser Epoche, war auch der Verbindung zwischen Harun ar-Raschid und Karl dem Großen keine bleibende Wirkung beschieden. Dass es wiederholt zwischen Frankenkaisern und Abbasidenkalifen zu Kontaktversuchen kam, zeigt immerhin, dass man nicht nur voneinander wusste, sondern auch gemeinsame Interessen sah, dass zumindest theoretisch ein abgestimmtes Handeln oder gar gemeinsames Agieren für sinnvoll gehalten wurde. Ein fränkisch-byzantinischer Interessengegensatz in Italien etwa entsprach der ständigen abbasidisch-byzantinischen Rivalität im Mittelmeer und hätte Substanz genug geboten für ein Bündnis. Andererseits war das Entstehen von Spannungen und Kontroversen zwischen Franken und Muslimen nur eine Frage der Zeit. Je mehr sich die fränkische Position in Italien konsolidieren würde, umso stärker stiegen die Chancen für eine muslimisch-fränkische Konfrontation.

Tatsächlich entsteht Anfang des 9. Jahrhunderts eine fränkische Flotte im Mittelmeer, um den häufigen Angriffen muslimischer Korsaren – vorwiegend aus al-Andalus – zu begegnen. Es gelingt ihr 807, einen muslimischen Angriff auf Korsika abzuwehren. Verheerende Überfälle auf Nizza und Civitavecchia wenige Jahre später jedoch kann sie nicht verhindern. Im Mittelpunkt der muslimisch-christlichen Auseinandersetzungen liegt im 9. Jahrhundert – neben der Pyrenäenhalbinsel – Italien. Die Appeninhalbinsel ist der Schauplatz komplexer Konstellationen und gegensätzlicher Bestrebungen. Hier stehen byzantinische gegen fränkische Interessen: Byzanz will seine italienischen Besitzungen behaupten oder wiedergewinnen, das Frankenreich will seine territoriale Basis in Italien ausbauen. Zwischen diesen beiden konkurrierenden Mächten versuchen die Langobarden, ihre Interessen und Besitzungen zu behaupten. Auch wenn das langobardische Königreich schon Mitte des 8. Jahrhunderts der fränkischen Expansion zum Opfer gefallen ist – in Süditalien halten sich noch lange langobardische Fürstentümer. Aufstrebende, mehr und mehr am Handel zwischen den verschiedenen Küsten und Häfen des Mittelmeeres partizipierende italienische Hafenstädte versuchen, ihre Unabhängigkeit zu bewahren und ihre eigenen Interessen zu verfolgen. Gleichzeitig arbeitet die muslimische Seite konsequent an der Unterwerfung Italiens. Die Uneinigkeit der Christen, deren widersprüchliche Interessen und Ziele, verhindern eine erfolgreiche Abwehr der Angriffe, die aus Nordafrika gegen das italienische Festland vorgetragen werden. Das 9. Jahrhundert wird das »islamische« in der italienischen Geschichte: Auf dem

Festland – wir haben es in Kapitel 3 (s. S. 42/43) gesehen – gelingt die Festsetzung des Islam, ja selbst die Gründung kleiner islamischer Staaten, die aber nur wenige Jahrzehnte überdauern und gegen Ende des 9. Jahrhunderts wieder verschwunden sind. Ganz anders verläuft die Entwicklung in Sizilien, wo die muslimische Eroberung langsam und trotz mancher Rückschläge schließlich erfolgreich voranschreitet. Immer wieder schließen Byzanz und die Aghlabiden Frieden – doch diese Friedenszeiten hielten oft nicht lange an. Sobald es den Aghlabiden opportun erscheint, brechen sie die Vereinbarungen und greifen christliche Ziele an; ebenso gehen Angriffe von al-Andalus aus. Systematisch wird so das muslimische Mittelmeernetz ausgebaut. Die zahlreichen Überfälle auch auf Orte an der nördlichen Mittelmeerküste zeigen die Reichweite der muslimischen Operationen: 848 zerstören die Muslime Marseille, die Camargue wird ein muslimischer Stützpunkt und Ausgangspunkt von Operationen in der Provence. Muslimische Marine-Einheiten dringen in die Adria ein, mehrere venezianische Flotten werden vernichtet. Muslimische Piraten terrorisieren die Ägäis. Einige griechische Inseln zahlen Tribut sowohl an Byzanz als auch an muslimische Mächte. Zahlreiche Inseln werden von ihren Bewohnern verlassen und veröden. Doch keine Macht ist wirklich eindeutig überlegen. Trotz wiederholter Erfolge sind die Aghlabiden vorläufig nicht in der Lage, Sizilien ganz zu unterwerfen. Auch wenn sie ihre Vorstöße weit ins Feindesland hineintragen, sind die Muslime auch nicht sicher vor christlichen Gegenschlägen – z. B. findet in den 830er Jahren eine byzantinische Flottenoperation an die syrische Küste statt. Auch die bedeutende ägyptische Hafenstadt Damiette wird von den Byzantinern angegriffen (852/853), ein erfolgreicher byzantinischer Überfall auf das ägyptische Flottenarsenal Tinnis folgt. 828 landen fränkische Truppen in Ifrikiya, erleiden dort jedoch schwere Verluste.

Immerhin sieht sich Ibrahim II. (875–902), der bedeutendste Aghlabidenherrscher, veranlasst, eine Kette von Wachtürmen entlang der von ihm beherrschten Küsten zu errichten.

Byzanz bemüht sich mit bewundernswerter Hartnäckigkeit und erstaunlicher Energie – angesichts der ständigen Angriffe, denen es über die Jahrhunderte hinweg ausgesetzt ist – um systematische Gegenmaßnahmen gegen die permanente muslimische Bedrohung. Es gelingt, die byzantinische Kontrolle über die Adria wiederherzustellen – Venedig hat dort einen wesentlichen Beitrag zur energischen Abwehr der Araber geleistet und dabei schwere Opfer und Verluste hingenommen. Im 9. Jahrhundert sah es zeitweise so aus, als sei Venedigs historische Rolle vorüber, bevor sie eigentlich begonnen hatte. Wenig deutet damals darauf hin, dass Venedig noch Jahrhunderte einer glanzvollen Geschichte vor sich hat. Byzanz geht auch diplomatisch in die Offensive. Gesandtschaften gehen zu Kaiser Ludwig dem Frommen (814–840) nach Ingelheim (839) und zu Kaiser Lothar (840–855) nach Trier (842). Eine abgestimmte fränkisch-byzantinische Aktion gegen das muslimische Bari ist einer der seltenen Fälle eines wirklichen Zusammenspiels. Bari wird zeitweise von Langobarden und Byzantinern gemeinsam verwaltet. Doch immer wieder unterstützen einzelne italienische Städte die muslimische Seite – vor allem Amalfi und Neapel sind für ihre Araberbündnisse berüchtigt; 879 schlagen die Byzantiner eine muslimische Flotte im Golf von Neapel. Papst Johannes VIII. fühlt sich deshalb zu energischen Maßnahmen veranlasst: Es verspricht jedem, der im Kampf

gegen die Ungläubigen fällt, den unmittelbaren Zugang zum Paradies – eine offen-
sichtliche Analogie zum islamischen Dschihad-Konzept. Gegen die Städte, die mit
Muslimen kooperieren, verhängt er den Kirchenbann.

Für Byzanz ist das zentrale Mittelmeer, sind Italien und Sizilien zwar ein wichtiger, aber eben nur ein Schauplatz des permanenten Konflikts mit dem Islam.
Während gegen Ende des 9. Jahrhunderts auf dem italienischen Festland Byzanz
entscheidende Erfolge erzielt und die Araberherrschaft in Kalabrien nach wenigen
Jahrzehnten für immer beenden kann – kleine, wenn auch äusserst unbequeme
und für Italien problematische arabische Stützpunkte, die meist mit der Hilfe
christlicher Alliierter entstanden sind oder gehalten werden können, sind hier
von nachrangiger Bedeutung – kommt es im Osten, also wesentlich näher am
Herzen des Byzantinischen Reiches, zu gefährlichen Entwicklungen: Syrische
und kilikische Flotteneinheiten bedrohen die byzantinischen Positionen in der
griechischen Inselwelt und fügen den Byzantinern 898 eine schwere Niederlage
zu. 901 nehmen die Muslime Lemnos ein, das ein wichtiger Marinestützpunkt für
sie wird. Gleichzeitg aber gelingt den Byzantinern eine Landung in Syrien, wo sie
ins Hinterland vordringen und zahlreiche Gefangene machen können. Die zunehmende Regionalisierung und Zersplitterung der islamischen Welt wird jetzt
spürbar: Einerseits gibt es keine wirkliche islamische Zentralgewalt mehr oder sie
ist zumindest sehr geschwächt. Die »Umma« ist keine Realität mehr, sondern nur
noch Fiktion, Ideal. Andererseits entstehen nicht minder gefährliche regionale
Großmächte. So hat es Byzanz nun mit mehreren Gegnern zu tun: In Sizilien und
Italien mit den Aghlabiden aus Ifrikiya. Im Osten aber einerseits mit den Abbasiden, die noch teilweise und zeitweise Syrien beherrschen – andererseits mit dem
quasi unabhängigen Ägypten unter den Dynastien der Ichschididen und Tuluni-
den. Doch wirken sich die Auseinandersetzungen der einzelnen muslimischen
Mächte untereinander entlastend für Byzanz aus, wenn auch nur vorübergehend.
Eine abbasidische Flotte unter dem Oberbefehl eines griechischen Renegaten
greift Anfang des 10. Jahrhunderts das griechische Festland an. Zunächst wird
Abydos, danach, im Juli 904, Saloniki, die zweitgrößte Stadt des byzantinischen
Reiches, eingenommen. Zahlreiche christliche Gefangene werden als Sklaven
nach Syrien verschleppt.

Eine schiitische Großmacht in Ägypten: Die Fatimiden als neue Gefahr für Europa

Das 10. Jahrhundert wird das Jahrhundert der Fatimiden, deren Aufstieg zur Großmacht und deren umfassender Anspruch auf Autorität und göttlich-legitimierte
Herrschaft eine besondere Qualität hat. Ein großer Unterschied besteht zwischen
Emiren an einer Aussengrenze der muslimischen Welt, die aufgrund ihrer Entfernung von der abbasidischen Metropole faktisch unabhängiger werden und dem
neuen, schiitisch-fatimidischen Kalifat, das in grundsätzlich-religiös-ideologischem
Widerspruch zur Abbasidendynastie steht und von charismatischen, religiös legiti-
mierten Herrschern geführt wird.

Aber die Mitte des 10. Jahrhunderts bedeutet auch für Europa einen Wendepunkt – eine Epoche byzantinischer Restauration zieht herauf. Byzanz kann sich – trotz vielfältiger Gefährdungen durch Bulgaren, Fatimiden, Abbasiden und regionale islamische Dynastien – nicht nur behaupten, sondern findet die Kraft zu einer erneuten Gegenoffensive und zu machtvoller Expansion im Osten. Im Westen dagegen – an der italienischen Front – verliert Byzanz an Boden und die italienische Szene hat nun immer weniger Bedeutung.

Bereits der Beginn des 10. Jahrhunderts steht im Zeichen energischer byzantinischer Aktionen. Nur wenige Jahre nach dem muslimischen Angriff auf die griechische Küste und das byzantinische Kernland erfolgt der Gegenstoß der christlichen Seite: Ein byzantinischer Seesieg in der Ägäis 908 wird ergänzt durch die Einnahme von Lattakia an der syrischen Küste (911), das aber nur vorübergehend gehalten werden kann. Der byzantinische Versuch, sich endlich Kretas zu bemächtigen, scheitert jedoch erneut und 912 werden byzantinische Marineeinheiten von einer syrischen Flotte geschlagen. Im Westen bereitet sich damals der Aufstieg der Fatimiden vor. Unter den Berbern Nordafrikas fällt die schiitische Propaganda auf fruchtbaren Boden. Ein Mahdi aus der Nachkommenschaft Muhammads und Alis, ein göttlich inspirierter Führer, kann mehr Charisma entfalten, stärker auf die Herzen der breiten Masse einwirken, als ein Emir, dessen Anspruch eher weltlich-profan ist. So haben die Aghlabiden den Fatimiden weltanschaulich-ideologisch wenig entgegenzusetzen. Ein fatimidisches Kalifat entsteht auf Kosten und an Stelle des Aghlabidenstaates. Von den Aghlabiden übernehmen die Fatimiden die Flotte und die Ansprüche auf Sizilien. Symbolisch ist die Errichtung einer neuen fatimidischen Hauptstadt »Mahdiya« – die im Gegensatz zur bisherigen Kapitale Kairuan am Meer liegt und die expansionistische Grundhaltung der fatimidischen Bewegung dokumentiert. Sizilien glaubt, gegenüber den neuen Herren Ifrikiyas seine Unabhängigkeit verteidigen zu können. Von Sizilien aus wird die fatimidische Flotte angegriffen und vernichtet; es folgt eine Landung auf dem nordafrikanischen Festland – die Stadt Sfax wird niedergebrannt. Ein erneuter sizilianischer Angriff auf die Fatimiden scheitert jedoch völlig – die Fatimiden haben sich endgültig etabliert.

Die Fatimiden übernehmen die Insel und disziplinieren sie mit Hilfe von Berbertruppen. Doch die fatimidischen Interessen – ebenso wie die früherer nordafrikanischer Mächte – gehen über Sizilien hinaus. Bald wird das süditalienische Festland angegriffen, 918 wird Reggio von den Muslimen eingenommen. Schon im Jahr darauf erfolgt der erste fatimidische Angriff auf Ägypten – diesmal noch erfolglos.

Byzanz sucht den Kontakt zu den Fatimiden, um Frieden in Italien zu haben. Zu diesem Zweck werden sogar Zahlungen an Mahdiya geleistet. Denn im Osten werden die Bulgaren zur ernsten Bedrohung für Byzanz. Zu Land und zur See greifen sie an und bemühen sich um eine Kooperation mit den muslimischen Gegnern der Byzantiner. Unmittelbar effizient werden solche Bündnispläne jedoch auch in diesem Fall kaum.

Die Fatimiden stoßen immer wieder im italienischen Raum vor – wann immer Byzanz seine Zahlungen nicht rechtzeitig leistet oder die Fatimiden nicht durch näherliegende Probleme – etwa charidschitische Unruhen in Nordafrika – gebunden sind. 928 etwa können sie das längst wieder in christlicher Hand befindliche

Tarent für kurze Zeit erobern, 935 gelingt ihnen eine Operation weit im Norden: Sie verwüsten Genua und verheeren die italienische Küste.

Aber auch die Fatimiden treffen immer wieder auf innere Schwierigkeiten: In Sizilien bestehen weiter partikularistische Tendenzen, denen die Fatimiden allerdings mit einem klugen Schachzug begegnen: Sie setzten eine kalbitische Dynastie als Regenten der Insel ein, die einerseits als lokale Autorität den Neigungen Siziliens mehr entspricht als eine direkte, als repressive Fremdherrschaft empfundene Regierung – andererseits Loyalität den Fatimiden gegenüber zeigt, die sie eingesetzt haben. Byzantinisch-fatimidische Konflikte flammen auf dem italienischen Festland immer wieder auf; die Byzantiner müssen der Errichtung einer Moschee in Reggio zustimmen. Doch auch an anderen Fronten haben sie dauernd mit den Arabern zu tun. Gegen Mitte des 10. Jahrhunderts scheitert erneut ein Versuch, die muslimische Kontrolle Kretas zu beenden. Eine byzantinische Gesandtschaft reist nach Córdoba: Möglicherweise ein Zeichen, dass man in Konstantinopel die Zeichen der Zeit erkannt und richtig gedeutet hat. Es bahnt sich nämlich ein größerer Konflikt zwischen den Fatimiden und den spanischen Omayaden an. Eine latente Konkurrenz zwischen beiden Mächten hatte bereits bestanden – charidschitische[3] Aufständische im Maghreb hatten sich schon um Hilfe an Córdoba gewandt. Im Maghreb verstärkte sich die Tendenz, angesichts der fatimidischen Expansionstendenzen, sich nach al-Andalus zu orientieren und die Autorität der Omayaden anzuerkennen, die die Ausdehnung fatimidisch-schiitischen Einflusses ins westliche Nordafrika naturgemäß als Bedrohung empfanden. Ein Marinezwischenfall in sizilianisch-tunesischen Gewässern war letztlich das auslösende Ereignis für den Ausbruch eines regelrechten Krieges. Nach der Kaperung eines fatimidischen Kurierschiffs durch omayadische Kräfte segelt 955 eine starke fatimidische Flotte nach Westen, greift das wichtigste Arsenal von al-Andus, Almería, an und verbrennt alle spanischen Schiffe, derer sie habhaft werden kann. Doch der Gegenschlag aus al-Andalus lässt nicht auf sich warten. Die Fatimiden sind mit der Vorbereitung einer neuen Italienoffensive befasst – so kann ein omayadischer Überfall auf Ifrikiya gelingen. In dieser Situation kommt ein Militärbündnis zwischen al-Andalus und Byzanz zustande, dessen Kaiser Kriegsschiffe nach Westen schickt. Im Rahmen dieser diplomatischen Verhandlungen – 950 bereitet man einer byzantinischen Delegation in al-Andalus einen aufsehenerregenden Empfang – erbitten die spanischen Muslime die Entsendung eines Übersetzers aus Konstantinopel, der antike Werke ins Arabische übertragen kann (vgl. Kapitel 3, S. 44–50). Aber Byzanz verhandelt auch mit den Fatimiden, die jedoch 956 das Angebot einer langfristigen Waffenruhe ablehnen.

956 kommt es dann zu einer fatimidischen Niederlage gegen eine vereinte Flotte byzantinischer und spanisch-omayadischer Einheiten und in der Folge zu einem byzantinisch-fatimidischen Frieden.

In Konstantinopel bereitet jetzt der junge Kaiser Romanos II. (959–963) eine umfassende Offensive vor. Schon Jahre zuvor hat Byzanz im Osten Erfolge ver-

---

3 Charidschiten: Eine religiöse Gemeinschaft, die aus ehemaligen Anhängern Alis entstand, welche sich von den Schiiten abspaltete, als Ali sich bereit erklärte, ein Schiedsgericht entscheiden zu lassen zwischen ihm und den Ansprüchen des omayadischen Prätendenten Mu'awiya in der Frühzeit des Islam

bucht. Als Antwort auf einen Westvorstoß des Emirs Saif ad-Daula aus der syrischen Regionaldynastie der Hamdaniden weit in byzantinisches Territorium hinein erweitern die Byzantiner ihren Besitz im Osten und greifen 956 den Hafen Tarsos an. Diese ersten byzantinischen Gewinne werden nun ausgebaut: 961 endlich gelingt der Versuch, Kreta den Muslimen zu entreißen – und damit einen Gefahrenherd für die griechische Ägäis nach langem auszuschalten. Kaiser Nikephoros Phokas (reg. 963-969) setzt die energische Politik seines Vorgängers fort: Zu Lande dringen byzantinische Armeen in Kilikien ostwärts vor. Freilich haben diese Erfolge im Osten ihren Preis: Erinnern wir uns, dass 962 Taormina auf Sizilien von den Muslimen erobert wird und damit das Ende der byzantinischen Herrschaft auf der Insel nahe ist: Der Eroberung des letzten byzantinischen Stützpunktes auf Sizilien, Ramette (964), folgt eine entscheidende Seeschlacht – von arabischen Quellen als »Schlacht der Vernichtung« gefeiert – Sizilien ist für Byzanz endgültig verloren, die fatimidische Dominanz auch zur See gesichert. Möglicherweise war es eine bewusste Entscheidung, im Osten die byzantinische Herrschaft zu konsolidieren und auszubauen, dafür die auf Dauer doch unhaltbare Position Sizilien zu opfern.

Im Osten begnügt sich der Kaiser nicht mit der Einnahme von Kreta, Tarsos und Zypern – byzantinische Heere stoßen bis in den Libanon und nach Palästina vor, erobern Aleppo und Antiochia und beherrschen damit die Endpunkte der Handelsstraßen, die vom persischen Golf nach Norden führen, Byzanz hat so die weitere Vermarktung der orientalischen Waren im Mittelmeer in der Hand. Baalbek im Bekaa-Tal, Damaskus, Nazareth und Akka werden später bei einer neuen Offensive eingenommen. Die libanesischen Häfen Beirut und Saida hält Byzanz, allzu exponierte Positionen, etwa in Palästina, werden wohlweislich wieder aufgegeben. Die Byzantiner waren bis Tiberias und Caesarea (976) vorgestoßen, wo jetzt die Fatimiden ihre Gegner sind, doch ihr eigentliches Ziel – Jerusalem – erreichten sie nicht mehr; der Tod des Kaisers verhindert dies. Die Fatimiden waren gleichzeitig ebenfalls mit der Ausdehnung ihres Imperiums beschäftigt und erreichten – nach erfolgreichen Vorstößen ins nordwestliche Afrika, wo der slawischstämmige General Dschauhar bis an den Atlantik vordringt – mit der Eroberung Ägyptens 969 den Höhepunkt ihrer Macht; sie gründen das heutige Kairo – al-Kahira »die Siegreiche« – und nehmen auch Syrien und Palästina ein. Doch immer wieder sind sie auch in Italien präsent, unternehmen umfangreiche Operationen auf dem Festland. In Italien tritt jetzt auch das Heilige Römische Reich Deutscher Nation als Hauptdarsteller stärker in Erscheinung – doch Kaiser Otto II. (973-983) muss den Ehrgeiz, seine Machtansprüche auch im Süden der Appeninhalbinsel zur Geltung zu bringen, mit einer schweren Niederlage 982 bei Cotrone gegen die sizilianischen Muslime bezahlen.

Aufschwung Europas

In diese Epoche fällt auch der Aufstieg der italienischen Handelsmetropolen, nicht zur Freude und gegen die Interessen der anderen Mächte. Byzanz verwarnt beispielsweise Venedig 971, da man die Lagunenstadt der Holzlieferungen an die Araber verdächtigt. Der Orienthandel läuft immer Gefahr, ambivalent zu sein, Handel

mit Muslimen wird vielfach als Kollaboration interpretiert. Besonders die Lieferung von Metall, Holz und Waffen – als kriegsrelevante Güter – in die islamische
Welt versucht Byzanz zu unterdrücken. Neben Venedig steigen in dieser Zeit auch
anderer Städte wie Pisa und Genua zu florierenden Handelszentren auf.
Am Ende des 10. Jahrhunderts aber finden wir die sizilianischen Muslime – wie
schon so oft – erneut in Italien. 988 wird Cosenza zerstört, 1000/1001 stehen die
Araber vor Benevent, Capua und Neapel, 1003 wieder vor Bari. 1004 wird Pisa
von Arabern aus Sizilien zerstört – doch gelingt den Pisanern ein Gegenschlag bei
Messina.
    So beginnt das 11. Jahrhundert ähnlich wie die vorausgegangenen Jahrhun-
derte: Muslimische Angriffe sind fast ständig und praktisch überall möglich –
Plünderungen, Beutezüge und selbst die Zerstörung ganzer Städte gehören zu
diesem Grundmuster. Noch wenig lässt ahnen, dass das beginnende Jahrhundert
eine Trendwende bringen wird. Schon deuten sich Entwicklungen an – auch
wenn deren Tragweite noch nicht abzusehen ist – die in wenigen Jahrzehnten die Verhältnisse im Mittelmeer tiefgreifend verändern werden. Neue künftige Protagonisten sind bereits auf der Bühne, auf der die arabisch-europäischen
Beziehungen sich ihrem dramatischen Höhepunkt im Mittelalter entgegenent-
wickeln: Die Normannen sind im Mittelmeer längst präsent: sind als Alliierte
der byzantinischen Armee gegen die Muslime zur Seite gestanden, wurden aber
in der Folge zu einem selbstständigen, im Laufe des 11. Jahrhunderts zum beherrschenden Machtfaktor in Süditalien und haben dort mit der Gründung ihres Staates die byzantinische Epoche auf der Appeninhalbinsel so gut wie ganz
beendet. 1071 fällt mit der normannischen Eroberung Baris die letzte byzantinische Bastion auf italienischem Boden. Die Hafenstädte Italiens, deren Handelsaktivitäten schon in den vergangenen Jahrzehnten und Jahrhunderten zugenommen haben, erleben einen Aufschwung und eine Zunahme ihrer Macht,
das Anwachsen des Handels im Mittelmeerraum kommt in erster Linie ihnen
zugute – der wirtschaftliche Aufschwung Europas profitiert einerseits von dieser Entwicklung, stimuliert sie andererseits auch (vgl. auch Kapitel 6, S. 78/79).
Von Italien aber gehen jetzt erfolgreiche militärische Operationen gegen die
islamische Welt aus: Korsika und Sardinien sind für immer für die muslimische
Welt verloren, Korsaren aus al-Andalus erleiden so entscheidende Rückschläge,
dass sie sich kaum mehr in italienische Gewässer vorwagen, Fraxinetum – lange Zeit muslimischer Stachel im christlichen Fleisch an der südfranzösischen
Küste – wird endlich von Christen erobert, die Normannen greifen auf Sizilien
über – 1061 schon nehmen sie, wie bereits erwähnt, Messina ein. Auf der ganzen
Front sind christliche Mächte auf dem Vormarsch, die Araber auf dem Rückzug
– erinnern wir uns an die byzantinischen Erfolge im syrischen Raum und an die
Erfolge der Reconquista in Spanien. Doch Byzanz wird in diesem 11. Jahrhundert als wichtigster Gegner des Islam abgelöst durch die Staaten im westlichen
Europa. Normannen, italienische Handelsstaaten und die aufsteigenden Mächte
des christlichen Spanien – unterstützt durch französische Ritter – stehen in
vorderster Front im Krieg gegen den Islam. Byzanz, gerade noch erfolgreich im
Osten, gerät im Zeichen einer neuen Entwicklung nun in Kleinasien eindeutig
in die Defensive. Noch im ersten Drittel des 11. Jahrhunderts hatten muslimi-

sche Seeoperationen in der Ägäis stattgefunden und waren an der energischen Gegenwehr der byzantinischen Marine gescheitert. Jetzt kommen aus dem Osten neue Gegner. An der kleinasiatischen Grenze des Byzantinischen Reiches tauchen die Seldschuken auf.

Die Türken in Kleinasien und die Hilal-Invasion in Nordafrika

Damit beginnt eine neue Phase in der Geschichte der Auseinandersetzung zwischen islamischem Orient und christlichem Abendland. Die Türken treten auf – sie werden das Schicksal von Byzanz innerhalb von vier Jahrhunderten besiegeln. Im Osten lösen sie die Araber – auch als wichtigste muslimische Gegner des Abendlandes – ab. Die seldschukischen Türken können 1071 einen entscheidenden militärischen Erfolg erringen: Mit ihrem Sieg über die Byzantiner bei Mantzikert ist Kleinasien dem Eindringen nomadischer und halbnomadischer turkstämmiger Gruppen geöffnet – nach und nach erfolgt die türkische Durchdringung von Kleinasien, seldschukische Vasallenstaaten bilden sich auf eben noch byzantinischem Territorium, die Grenze zwischen Islam und Christentum verschiebt sich im kleinasiatischen Raum weiter nach Westen. Iconium – Konya – wird erste Haupstadt der Türken in Anatolien, der Islam ist der Metropole am Bosporus wieder gefährlich nahe gekommen. Selbst im Inneren der islamischen Welt werden die vordringenden Türken die Landkarte und die Machtverhältnisse ändern.

Auch in Nordafrika finden tiefgreifende Veränderungen statt. Die Fatimiden konzentrieren sich zunehmend auf Ägypten, können die Kontrolle über den Maghreb nicht aufrechterhalten. Die westlichen Reichsteile entgleiten ihnen zunehmend, die Ziriden – eine neue nordafrikanische Dynastie – kehren zum sunnitischen Islam zurück und erkennen – wohl bewusst gegen die Fatimiden gerichtet und als Betonung ihrer Unabhängigkeit – die Oberhoheit der fernen und zu diesem Zeitpunkt in Nordwestafrika nicht mehr unmittelbaren Einfluss ausübenden Abbasiden an. Um die unbotmäßigen Vasallen im Maghreb zu bestrafen, setzen die Fatimiden den seit langem in Ägypten ansässigen und dort als störendes Element empfundenen Stamm der Banu Hilal zusammen mit Clans der Sulaim Mitte des 11. Jahrhunderts in Richtung Westen in Bewegung. Die Westwanderung dieser Nomaden stürzte Nordafrika ins Chaos und führte zu einem Zusammenbruch der Infrastruktur in weiten Teilen des Maghreb, der sich lange nicht von dieser Invasion erholte. Diese Invasion versetzte der fortbestehenden christlichen Tradition in Nordafrika einen entscheidenden Schlag. Um das Jahr 1000 hatte es noch 47 nordafrikanische Bistümer gegeben. Nur 50 Jahr später – nach der Hilal-Invasion – waren noch fünf davon übrig. Der bis dahin von Christen in Nordafrika noch gesprochene vulgärlateinische Dialekt ging angesichts dieser Arabisierungswelle stark zurück. In abgelegenen Gegenden – z.B. in der (im heutigen Tunesien gelegenen) Oase Gafsa – hielt er sich noch bis ins 12. Jahrhundert. Lateinische Inschriften auf christlichen Grabsteinen gab es nur bis ins 11. Jahrhundert. Wir können also davon ausgehen, dass im 12. Jahrhundert die Arabisierung und Islamisierung Nordafrikas – beschleunigt und intensiviert durch die Ausbreitung der Banu Hilal – weitestgehend ab-

geschlossen war. In Nordwestafrika gibt es – anders als beispielsweise in Ägypten
– heute keinerlei christliche Bevölkerungsteile mehr.

Die Almohaden versuchten ohne endgültigen Erfolg, im Westen die Nomaden
ihrem Herrschaftssystem einzugliedern. Durch solche inneren Schwierigkeiten waren die Fatimiden nicht mehr in der Lage, sich auf eine Auseinandersetzung mit
den christlichen Mächten zu konzentrieren und deren zunehmendes Ausgreifen
einzudämmen. Als die Normannen Sizilien einnehmen, kommt keine Hilfe aus
dem fatimidischen Ägypten, die nordafrikanischen Ziriden und Hammadiden können Sizilien zunächst zwar (wenn auch keine entscheidende) Unterstützung leisten,
geraten dann aber in die Wirren der Hilal-Invasion. 1090 ist die normannische Eroberung Siziliens abgeschlossen – ein weiterer Erfolg der umfassenden christlichen
Gegenbewegung im Mittelmeerraum.

Die chaotische Entwicklung in Nordafrika – nur ganz im Westen wirken die
Almorawiden als stabilisierender Faktor – lässt den Handel in und mit dem Maghreb zurückgehen, allerdings geht er mehr und mehr in christliche Hände über.
Aber Gold aus Westafrika – bisher auf mehreren parallelen Routen von Süden nach
Norden gelangt – kommt nur noch auf der westlichsten Route über Sidschilmasa
und den almoravidischenn Machtbereich in die Mittelmeer-Region. Der almo-
ravidische Golddinar wird auf längere Zeit hinaus wichtigstes Zahlungsmittel im
westmediterranen Raum.

Das 11. Jahrhundert bringt mit dem Rückgang der muslimischen Macht zur See
eine Zunahme des Verkehrs christlicherseits. Mehr und mehr christliche Pilger rei-
sen ins Heilige Land, die italienischen Handelsstaaten unterhalten Niederlassungen
im Orient – so etwa Amalfi in Antiochia; die Alpenpässe und das Rhônetal werden
bedeutender als Nord-Süd-Verbindungen.

Hauptschauplatz der arabisch-europäischen Beziehungen im Mittelalter war
zwar der Mittelmeerraum im weitesten Sinn. Doch auch östlich des Mittelmeers
entwickeln sich lebhafte Handelsbeziehungen. Bevor die Normannen ins Mittelmeer gelangen und dort mit den Muslimen zusammenstoßen, haben sie sich bereits,
von den Küsten der Ostsee kommend, zwischen der Mitte des 7. und der Mitte
des 9. Jahrhunderts in den weiten Räumen des heutigen Russland und der Ukra-
ine ausgebreitet. Unter dem Namen Rus oder auch Waräger tragen sie, zusammen
mit den dort ansässigen Slawen, zur Entstehung etwa des Staates um Kiew bei. Auf
den großen russischen Strömen gelangen sie nach Süden. Teilweise unter Vermittlung der turkstämmigen Chasaren und Wolgabulgaren treten sie im Bereich des
Schwarzen und des Kaspischen Meeres in Kontakt zu den Byzantinern und auch
zur islamischen Welt. Pelze, Bernstein, Wachs, Honig und – Sklaven – liefern die
Waräger – andererseits werden im Norden, in der Region zur Ostsee, zahlreiche
Münzen verschiedener Jahrhunderte aus der islamischen Welt und orientalische
Schmuckstücke gefunden, die im Zuge dieses Austauschs von den islamischen Han-
delspartnern der Waräger kamen und bis nach Skandinavien gelangten.

Der Aufschwung des christlichen Handels und der Rückgang der militärischen
Macht der islamischen Welt, die zunehmende Initiative, die auch im militärischen
Bereich der Westen übernimmt – dies alles sind Symptome einer Entwicklung, zu
der auch die päpstliche Legitimierung und Unterstützung von Glaubenskriegen
gegen die muslimische Welt gehört. Der Boden ist für die Kreuzzüge bereitet.

Fünftes Kapitel
»Die bewaffnete Wallfahrt gen Jerusalem«:
Die Kreuzzüge

Der Titel dieses Kapitels allein weist bereits daraufhin, dass wir uns der arabisch-europäischen Geschichte jetzt ganz bewusst aus einem mehr europäischen Blickwinkel nähern. Die »Kreuzzüge« sind ein europäischer Begriff (der sich auch erst viel später entwickelt hat) und ein vorwiegend europäisches Thema – für uns Europäer sind sie eine besondere, herausgehobene Epoche der arabisch-europäischen Geschichte, für die muslimische Seite nur eine Phase der Beziehungen zwischen beiden Kulturkreisen, nur eine Periode des permanenten Konflikts. Die Kreuzzüge bedeuten nicht einen Neuanfang, sondern den Höhepunkt von Entwicklungen, die längst begonnen haben, die wir schon das ganze 11. Jahrhundert über in Europa beobachten und auf die wir auch schon hingewiesen haben.

Bereits seit Mitte des 11. Jahrhunderts ist das christliche Abendland in der Offensive gegen die islamische Welt, sind die Araber immer mehr und fast im ganzen Mittelmeerbereich auf dem Rückzug. In den Jahrhunderten des islamischen Vordringens hatte der Krieg gegen die Araber auch auf europäischer Seite zunehmend eine religiöse Komponente gewonnen, die die Päpste ihm auch mehr und mehr ganz bewusst verliehen hatten, indem sie den Krieg gegen die Ungläubigen als religiös verdienstvoll herausgestellt, den Kirchenbann gegen christliche Verbündete der Muslime verhängt und Ablässe und Sündenvergebung in Aussicht gestellt hatten für die Teilnahme am Krieg gegen den Islam. Gleichzeitig hatte der Handel im Mittelmeer einen Aufschwung genommen, hatten weite Teile Europas eine wirtschaftliche Blüte erlebt. Auf der anderen Seite hatte sich für Byzanz abseits vom Mittelmeer an der Landgrenze im Osten eine bedrohliche Situation entwickelt. Aus dem zentralasiatischen Raum waren Turkvölker in den Bereich des Islam eingedrungen, waren islamisiert worden und nach Westen gewandert. Die turkstämmigen Seldschuken gewannen zunehmend Einfluss im Osten der arabischen Welt, erlangten 1055 die Herrschaft über Bagdad und damit Kontrolle über das Abbasidenkalifat. Sie stießen in den syrischen Raum vor, wurden zu den neuen muslimischen Gegnern der Byzantiner und seit ihrem Vordringen in den kleinasiatischen Raum – wir haben die Schlacht von Mantzikert (1071) bereits erwähnt (s.S. 63) – eine direkte Bedrohung für Byzanz. In dieser bedrohlich erscheinenden Lage richtete 1095 der byzantinische Kaiser Alexius Comnenus an den Papst in Rom einen dringenden Hilferuf. Möglicherweise sah Papst Urban II. hier eine besondere Chance, das Schisma zwischen Ost- und Westkirche – erst 1054 war die Trennung endgültig geworden – zu überwinden.

»Deus le volt«

Papst Urbans II. (um 1035–1099) Rede von 1095 in Clermont gilt als das die Bewegung der Kreuzzüge auslösendes Ereignis. In ihr rief er die Gläubigen zu einer Pilgerfahrt zum Heiligen Grab nach Jerusalem auf, das »Heilige Land« sollte den Muslimen entrissen werden. »Deus le volt« – »Gott will es« lief als Parole der Kreuzzugsbewegung durch ganz Europa. Der Funke zündet – das ganze Abendland wird ergriffen von Kreuzzugsbegeisterung – weite Kreise aller sozialer Schichten werden erfasst von jener kollektiven Emphase, sind bereit, zur Pilgerfahrt ins Heilige Land aufzubrechen.

Eine flammende Rede allein, der Aufruf eines Papstes für sich, reichen nicht aus, eine Bewegung wie die der Kreuzzüge – sozusagen eine Massenbewegung unter religiösen Vorzeichen – auzulösen, ganze Heere zu mobilisieren, einen gesamten Kontinent in Bewegung zu setzen. Dies gelingt nur, wenn zündende Appelle, eingängige Parolen und ideologische Konzepte auf einen fruchtbaren Boden fallen. Und im Europa des ausgehenden 11. Jahrhunderts ist alles bereit für einen religiös motivierten Aufbruch. Viele Adelige sehen damals keine wirkliche Perspektive in ihrem traditionnellen Umfeld, sehnen sich nach Ruhm, Ehre, Prestige, aber auch nach materiellen Reichtümern, nach einem Territorium, das ihnen im eng gewordenen Europa kaum erreichbar erscheint. Auch zahlreiche Menschen bescheidener Herkunft sehen in einer Pilgerfahrt ins Heilige Land die Chance für ein besseres Leben. Gleichzeitig geben auch religiöse Motive einen wichtigen Impuls. Schon Anfang des 11. Jahrhunderts hatten antichristliche Maßnahmen des Fatimidenkalifen al-Hakim das christliche Abendland erbittert – dieser hatte beispielsweise 1008 die Grabeskirche einreißen lassen, um nur die einschneidendste seiner Maßnahmen zu nennen. Durch Papst Urbans Rede wird in Europa vielen wieder deutlich bewusst, dass der Kontinent an seiner gesamten Südflanke ständigen Konfrontationen mit den ‚Ungläubigen' ausgesetzt ist, dass das Heilige Land und Jerusalem der Herrschaft der Gegner des Christentums unterworfen sind – dass trotz wichtiger Erfolge der spanischen Reconquista und der Konsolidierung der christlichen Position im Mittelmeer die Muslime nach wie vor eine unmittelbare Gefahr darstellen für das christliche Europa. Die Kreuzzüge werden zum ersten entschiedenen Gegenstoß des christlichen Abendlandes seit der islamischen Eroberungswelle im 7. Jahrhundert (die »Reconquista« ist ein langer, wechselhafter, mühsamer Prozess, kein Gegenstoß).

1097 brachen möglicherweise bis zu 150 000 Menschen – keineswegs alle Krieger im Zeichen des Kreuzes, sondern eine bunt gemischte Schar – zum ersten Kreuzzug auf. In Kleinasien erfolgt der erste Zusammenstoß mit dem Islam: Nicaea – das spätere und heutige Iznik, die Stadt der Konzile – können die Kreuzfahrer den Seldschuken entreißen, einen weiteren Sieg erringen sie bei Dorylaeum (Eskişehir) und verschaffen dem Byzantinischen Reich wieder etwas Luft. Der Weg in den syrischen Raum ist jetzt offen. Dort ist die Landkarte fragmentiert – verschiedene seldschukische Fürstentümer koexistieren hier, Macht- und Einflussbereiche flukturieren, der Großraum ist gekennzeichnet durch seldschukisch-fatimidische Rivalität. Wie jedesmal wenn Ägypten Großmacht war, versuchen seine Herrscher, das syrische Vorfeld – für das Niltal auch von wirtschaftlicher Bedeutung – zu kontrollieren. Jerusalem wechselt angesichts des seldschukischen Expandierens im fruchtbaren »Halbmond« öfters den Besitzer: 1070 wird es von den Seldschuken eingenommen, fünf Jahre darauf widerfährt dieses Schicksal auch Damaskus. 1098 jedoch erobern die Fatimiden Jerusalem zurück. Dieses Szenario begünstigt das Vordringen der abendländischen Christen – die Muslime treten ihnen nicht geeint gegenüber, scheinen die Gefahr in ihrem vollen Ausmaß gar nicht zu erkennen. So gelingen den Kreuzfahrern erfolgreiche Vorstöße: 1098 nehmen sie Edessa (al-Ruha') ein – hier entsteht der erste Kreuzfahrerstaat in der Levante, die Grafschaft Edessa. Noch im gleichen Jahr fällt auch Antiochia aus seldschukischem Besitz in die Hand der europäischen Heere, es wird Hauptstadt des zweiten Kreuzfahrer-staates. Doch die »bewaffnete Pilgerfahrt« bewegt sich weiter voran gen Jerusalem – jetzt unterstützt durch einheimische Christen: Die maronitischen Christen aus dem Libanongebirge leisten den abendländischen Glaubensbrüdern Unterstützung durch die Stellung von Führern und Freiwilligen. Mag diese maronitische Hilfe für die Kreuzfahrer auch nur symbolisch gewesen sein, sie ist zum Mythos geworden und hat als wesentliches Element maronitischer Identität und Selbstperzeption eine politische Rolle bis in die Gegenwart hinein gespielt, ist zum Symbol für die ma-ronitische Bindung an den (christlichen) Westen geworden.

1099 stellt aus abendländischer Sicht einen Höhepunkt dar: Den Christen gelingt die Eroberung Jerusalems. Die Einnahme dieser Heiligen Stadt ist ein wichtiges Ziel der Kreuzzugsbewegung – die heiligen Stätten der christlichen Religion sind den Muslimen entrissen und wieder in christlicher Hand. Doch im Zuge der christlichen Besetzung der Stadt richteten die Kreuzfahrer ein Massaker an der nicht-christlichen Bevölkerung der Stadt an – ein Vorgang, der im Nahen Osten, wo die relativ prob-lemlose Koexistenz jüdischer und christlicher Bevölkerungsgruppen mit den herr-schenden Muslimen die Regel war, traumatisch wirkte und auf Dauer eine Kluft schuf zwischen Kreuzfahrern und Muslimen. Nun entstand der dritte und wichtigs-te Kreuzfahrerstaat, das Königreich Jerusalem, das sich von Ayla (Akaba) am Roten Meer bis Beirut, der heutigen Hauptstadt des Libanon, ausdehnte und sogar Gebiete östlich des Jordan umfasste. Für viele Pilger war nun das eigentliche Ziel ihres Unter-nehmens erreicht, sie kehrten nach Europa zurück. Aber die Epoche der Kreuzzüge befand sich eigentlich noch ganz am Anfang. Die Staaten der Kreuzfahrer organisier-ten und konsolidierten sich und auch die militärischen Eroberungen gingen weiter, wobei auch die italienischen Handelsstaaten eine zunehmende Rolle spielten, Genua etwa eroberte 1101 Arsuf und Caesarea. Für die Italiener bedeuteten die Kreuzzü-ge eine unvergleichliche wirtschaftliche Chance, sie bauten ihre Handelsaktivitäten aus und sicherten sich Positionen und Rechte in der Staatenwelt der Kreuzfahrer; sie verdienten vor allem am Transport von Menschen und Gütern zwischen Europa und Outremer (wie die Gesamtheit der »lateinischen« Staaten im »Heiligen Land« genannt wurde), der ja an Umfang stark zugenommen hatte.

1101 begann im Zuge der Bemühung um vollständige Kontrolle der Küste die Belagerung von Tripolis (im heutigen Nordlibanon) durch die Kreuzfahrer. Das alte Byblos an der libanesischen Küste konnte 1104 eingenommen werden – wie-der mit Unterstützung der Genuesen. Erst 1109 fällt Tripolis endlich in christliche Hand – die Grafschaft gleichen Namens entsteht. Beirut wird von den Christen 1110 erobert, im selben Jahr auch die weiter südlich gelegene Hafenstadt Sidon.

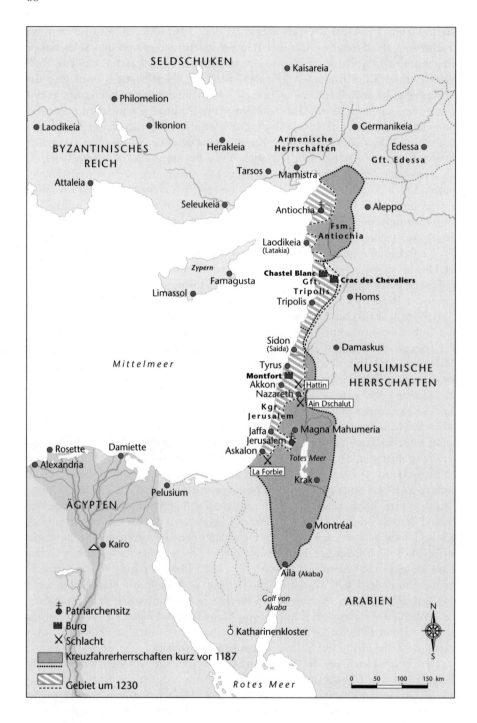

Karte 2: Die Kreuzfahrerstaaten Mitte des 13. Jahrhunderts

An der levantinischen Küste bleiben zunächst nur zwei Häfen unter muslimischer Kontrolle:Tyros (im heutigen Südlibanon) und Askalon an der südpalästinensischen Küste sollten sich noch Jahrzehnte gegen die christlichen Angriffe halten – Tyros fällt 1124 und Askalon erst 1153.

Die Kreuzfahrerwelt bildet einen Fremdkörper, eine europäische Insel im islamisch-arabischen Ozean. Prinzipiell kamen die Kreuzzugteilnehmer aus ganz Europa, die wichtigste Rolle spielten unter ihnen aber Franzosen und Normannen. Edessa beispielsweise und Jerusalem waren burgundisch geprägt, Antiochia wurde normannisch kontrolliert und Tripolis war eine provençalische Grafschaft.

So sehr die Kreuzzüge in ihrer Grundtendenz auch antiislamisch gewesen sein mögen, sobald sich die Christen im Heiligen Land niedergelassen hatten, nahmen sie zahlreiche Elemente der Lebensart ihres orientalischen Umfeldes an. Nicht, dass sie sich arabisiert oder gar islamisiert hätten oder tiefer in die arabisch-islamische Kultur eingedrungen wären – aber in Kleidung, Alltagsgewohnheiten, Verhalten und Geschmack passten sie sich gerne an den orientalischen Lebensstil an. Heiraten zwischen Europäern und einheimischen (christlichen) Frauen wurden üblich – die daraus hervorgegangenen Nachkommen wurden »poulains« genannt.Vielfach entstanden sogar freundschaftliche Beziehungen zwischen Muslimen und Christen – wobei diese freilich oft ein Ergebnis von Opportunität und günstigen Umständen waren, wie die zahlreichen Zweckbündnisse zwischen Muslimen und Christen in den zahllosen Konflikten der zwei Jahrhunderte der Kreuzzugsära.

Die muslimische Seite nahm die Kreuzzüge nicht als distinkte, herausgehobene historische Periode oder als spezifisches geistes- und kulturgeschichtliches Phänomen wahr. Die »Kreuzzüge« waren als solche eine Erscheinung der europäischen Geschichte.Von Europa aus wurden sie definiert, hier lagen die sozialen, wirtschaftlichen und religiösen Voraussetzungen, aus abendländischer Sicht waren sie als Befreiung heiliger Stätten der christlichen Religion formuliert worden. Aus muslimischer Perspektive waren die Kreuzzüge lediglich eine Fortsetzung der jahrhundertelangen militärischen Auseinandersetzungen zwischen beiden Seiten, lediglich eine weitere Etappe der byzantinischen Offensive des 10. Jahrhunderts. Zunächst hat man auf muslimischer Seite offensichtlich die »Franken« nur als Hilfstruppen oder Söldner der »Romäer«, also Byzantiner, gesehen – die Kreuzzüge als ein byzantinisches Unternehmen nach bekanntem Muster missverstanden. Die Kreuzzüge erscheinen zwar in den üblichen Annalen, Herrscherbiographien, in einer viel beachteten Autobiographie[4], in den traditionellen Werken der allgemeinen arabischen Historiographie, aber als besondere Erscheinung eigener Art kommen sie nicht zu ihrem Recht. Den Kreuzrittern bescheinigt man arabischerseits zwar militärische Qualitäten, hielt sie aber, was Ethik, Ehrgefühl und Kultiviertheit anging, für subaltern.

In der Levante – in einem geographischen Raum, der von der Südosttürkei über Syrien, Libanon bis nach Israel, Palästina und Jordanien reicht – entsteht eine eigen-

---

4 Sie liegt in deutscher Übersetzung vor: Gernot Rotter (Hg.): Ein Leben im Kampf gegen die Kreuzritterheere,Tübingen 1978 (Bibliothek arabischer Klassiker); weitere Quellen zu den Kreuzzügen aus arabischer Perspektive bei Francesco Gabrieli (Hg.): Die Kreuzzüge aus arabischer Sicht, Zürich/München 1973

artige europäische, aber orientalisch eingefärbte Staatenwelt. Weit ins Landesinnere hinein reicht der Machtbereich der Kreuzfahrerstaaten jedoch nicht. Damaskus
etwa oder Aleppo gehörten nie zum Herrschaftsbereich der europäischen Christen.
So bleiben die Kreuzzüge geographisch eine Randerscheinung. Ihr primäres Ziel,
ihr »offizieller Zweck«, die Einnahme Jerusalems und die Wiedererlangung christlicher Kontrolle über die heiligen Stätten der Christenheit, haben sie erreicht und für
eine begrenzte Zeit gesichert. Eine Annäherung zwischen Islam und Christentum,
einen »Dialog der Kulturen« haben sie nicht bewirkt – im Gegenteil. Die Bewegung
entstand aus einem Antagonismus, aus langen feindlichen Beziehungen zwischen
beiden Religionen heraus, von ihr bessere Beziehungen zwischen beiden Kulturen
zu erwarten, wäre illusorisch und ahistorisch. Auf europäischer Seite müssen wir
immer auch bedenken, dass neben den in den Vordergrund gerückten Motiven religiöser Art viele andere Gründe maßgeblich waren für den Aufbruch in den Orient
– von den gesellschaftlichen Verhältnissen in Europa am Ende des 11. Jahrhunderts
bis hin zu den Handelsinteressen, die europäische Staaten im östlichen Mittelmeer
hatten. So hielt der Schwung, der den 1. Kreuzzug zum Erfolg geführt hatte, nicht
lange – die meisten wichtigen (wenn auch nicht alle!) Eroberungen und die Gründung aller vier Kreuzfahrerstaaten fallen in die ersten eineinhalb Jahrzehnte dieser
zwei Jahrhunderte umfassenden Epoche – diese für die Kreuzritter erfolgreiche
Anfangsphase sollte sich so nie mehr wiederholen.

Die Wallfahrten ins Heilige Land zogen sich fast permanent hin, waren nicht,
wie die historische Periodisierung vermuten lässt, einzelne, scharf abgrenzbare und
zählbare Unternehmen. Wenn heute also in der Regel sieben Kreuzzüge gezählt
werden, geschieht dies vor allem aus dem Bestreben heraus, den Gesamtzeitraum
vom Ende des 11. bis zum Ende des 13. Jahrhunderts zu periodisieren und zu
gliedern, eine gewisse Strukturierung des oft verwirrenden und chaotischen chro-
nologischen Ablaufs zu erreichen und historische Einschnitte und Marksteine hervorzuheben. Ein derartiger Einschnitt war die Eroberung von Edessa (al-Ruha')
durch den Emir von Aleppo, Imad ad-Din Zangi im Jahr 1144. Der Begründer der
Dynastie der Zangiden setzte das Signal für eine Trendwende: Der erste Kreuzfahrerstaat verschwand nach einem halben Jahrhundert wieder von der Landkarte
– Edessa, eine wichtige Etappe an der Route von Mesopotamien ans Mittelmeer
war wieder in muslimischer Hand. Der Verlust der Grafschaft Edessa gibt in Europa
den Anstoß zum »Zweiten Kreuzzug«. Mit der Dynastie der Zangiden, zurückgehend auf einen türkischen Militärsklaven in seldschukischen Diensten, begann die
energische systematische Gegenbewegung der muslimischen Seite; die Kreuzfahrer
geraten angesichts dieses Dschihad immer häufiger in die Defensive.

Unter dem deutschen Kaiser Konrad III. (+1152) und dem französischen König
Ludwig VII. (1137-1180) zieht der Zweite Kreuzzug in den Orient (1147-1149).
Schnelle Erfolge jedoch, ähnlich wie der erste Kreuzzug, werden diesmal nicht
erzielt. Eine Belagerung von Damaskus scheitert kläglich. Im Gegensatz dazu baut
Nur ad-Din, Sohn des Begründers der Zangidendynastie, seinen Staat aus – er ist
es, der 1154 Damaskus einnimmt; auch schließt er die Eroberung der restlichen
Territorien der Grafschaft Edessa ab und greift Antiochia an. Doch bleiben die
Kreuzfahrer nicht ganz ohne Erfolge – zwar ist die Zeit, in der sie – nicht zuletzt
auch aufgrund des Überraschungsmoments – schnelle terrritoriale Gewinne er-

zielen und in kürzester Zeit in ehemals muslimischem Land eigene Staaten gründen konnten, endgültig vorbei, doch hat die Endphase, in der das Verschwinden
der Kreuzfahrer aus der Levante abzusehen ist, damals noch keineswegs begonnen.
Balduin III. von Jerusalem (1143-1163) gelingt 1153 sogar endlich die Einnahme
des lange von den Muslimen gehaltenen Askalon, der wichtigsten fatimidischen
Position an der südpalästinensischen Mittelmeerküste und einer der bedeutenden
fatimidischen Vorposten im asiatischen Bereich, den sie zur Absicherung ihres ägyptischen Machtbereichs benötigen. Ein Einmarsch der Kreuzfahrer ins eigentliche
Ägypten kann nur durch hohe Tributversprechungen abgewendet werden. Doch
hat der Niedergang der Fatimiden längst begonnen. In dieser Zeit denken bereits
Kreuzfahrer und Byzantiner über eine gemeinsame Besetzung des Landes am Nil
nach. Dieser Verfall fatimidischer Macht schafft die Verhältnisse, die den Aufstieg
eines der herausragendsten Protagonisten nicht nur des Heiligen Krieges gegen die
»Franken«, sondern auch der gesamten islamischen Geschichte ermöglichen. Aus
dem Umfeld des Zangiden Nur ad-Din wird der Kurde Schirkuh nach Ägypten
entsandt – die Zangiden sind vorausschauend darum bemüht, angesichts des abseh-
baren Endes des Fatimidenregimes, in Ägypten Fuß zu fassen und hier die Kontrolle
zu übernehmen. Dies scheint umso nötiger, als 1162 König Amalrich von Jerusalem
bereits einen militärischen Vorstoß ins Nildelta unternommen hatte. Immer wieder kommt es zu militärischen Eingriffen des Königreichs Jerusalem in Ägypten,
wo es zunächst eine Festsetzung der Zangiden verhindern kann. Diesen gelingt es
schließlich jedoch sich zu behaupten. Schirkuh erlangt die Position eines Wesirs des
letzten Fatimidensultans, stirbt aber schon bald, sein Neffe und Nachfolger Salah
ad-Din ibn Ayyub (1169-1193), auch für das Abendland unter dem Namen Saladin einer der angesehensten Herrscher der islamischen Welt – auf gleicher Ebene
mit Harun ar-Raschid und Süleyman dem Prächtigen – übernimmt seine Stelle.
1138 im irakischen Takrit geboren (nicht umsonst verlegte der irakische Präsident
Saddam Husain seinen Geburtsort nach Takrit, obwohl er in einem unbedeutenden
Nest in der Umgegend geboren wurde), verbindet er sein Schicksal mit dem seines
Onkels und schafft so die Voraussetzung für seinen Aufstieg. 1169 wird er Wesir und
leitet die Rückkehr Ägyptens zum sunnitischen Islam ein; er lässt 1171 schon wieder den Abbasidenkalifen im Freitagsgebet nennen – ein wichtiges Signal für die
politische Orientierung eines Landes im islamischen Kulturkreis. Im gleichen Jahr
stirbt der letzte Fatimidenkalif. Die Fatimidenherrschaft und damit die schiitische
Epoche der ägyptischen Geschichte sind abgeschlossen. Saladin hat jetzt die Macht
im Land am Nil. Von seinen Auftraggebern in Syrien macht er sich unabhängig. Als
Nur ad-Din stirbt, erklärt Saladin die Unabhängigkeit Ägyptens. Bald jedoch greift
er nach Syrien über, baut sich ein Reich auf. Im Auftrag einer syrischen Dynastie
zur Sicherung von deren Macht nach Ägypten gekommen, ist er es nun, der von
Ägypten aus ein Imperium unter der Einbeziehung des Zangidenstaates schafft.
Er arrondiert sein Territorium, gliedert ihm den Hedschas und den Jemen sowie
Nubien an, die Sicherung der Regionen am Roten Meer ist vorrangig um auch
den Handel zu kontrollieren. Saladin ist nun auch Hauptgegner der Kreuzfahrer.
Zum ersten Mal tritt diesen eine Macht entgegen, die praktisch alle umliegenden
Länder vereint – Saladins Herrschaftsbereich erstreckt sich von Ägypten bis in den
nordmesopotamischen Raum. Saladin erhält auch die offizielle Ernennung durch

den abbasidischen Kalifen – damit ist seine Herrschaft legalisiert und für seine muslimischen Untertanen mit besonderer Autorität ausgestattet.

Aus den letzten Jahrzehnten der Fatimidenherrschaft und den Jahren vor dem Ersten Kreuzzug stammt eine religiöse historische Erscheinung ganz eigener Art, die kulturhistorisch im Schiitentum verwurzelt ist, aber in ihren Auswirkungen sowohl Muslime als auch Kreuzfahrer betraf. Nach dem Tode des Fatimidenkalifen al-Mustansir wurde der Thronfolger Nizar zugunsten eines anderen Prinzen verdrängt. Nizar versuchte, sich die Thronfolge gewaltsam zu sichern, wurde dabei aber getötet. Diese Verletzung der fatimidischen Imamatslehre war ein Bruch geheiligter schiitischer Grundsätze und führte – wie dies auch in anderen Fällen geschehen war – zu einem Schisma. Die Anhänger Nizars hofften auf die Rückkehr ihres »verborgenen« Imams – im Schiitentum spielt die Vorstellung von einem – zumindest zeitweise – entrückten, abwesenden Imam ein wichtige Rolle. Sie bildeten eine eigene fatimidische »Sekte« und waren gezwungen, auch um der Verfolgung durch den herrschenden Zweig der Fatimiden zu entgehen, in den Untergund zu gehen. Die Burg Alamut im Iran, südlich des Kaspischen Meers gelegen, wurde Zentrum der Bewegung, die einen Führer in Hassan-i-Sabbah fand, der als Propagandist und Missionar die Wiederkehr Nizars vorhersagte. Er machte die Gemeinschaft zu einer terroristischen verschworenen Geheimsekte, deren Anhänger Mordanschläge auf Vertreter etablierter Regime – sunnitischer, fatimidischer oder christlicher – verübten. Der seldschukische Wesir Nizam al-Mulk (1092), der Fatimidenkalif al-Amir (1130) und der König von Jerusalem, Konrad von Montferrat (1192) wurden beispielsweise von diesen Sektierern ermordet. Damals kam der Begriff »fida'iyyun«, »die sich Opfernden« auf – dieser gelangt im 20. Jahrhundert als terminus technicus zunächst für palästinensische Attentäter, die ohne Rücksicht auf ihr eigenes Leben Anschläge verübten, zu uns (z.B. in der Form »Fedayin«). Gerüchte waren im Umlauf, die nizaritischen Attentäter übten ihre Terroroperationen unter dem Einfluss von Rauschgift, insbesondere Haschisch aus. Hieraus entstand die Bezeichnung »Haschaschun«, Haschischraucher, woraus sich das italienischer »Assassini« ergab – daher der Name »Assassinen«, mit dem die Sekte bis heute bezeichnet wird. Der Begriff nahm seinen Weg in andere Sprachen Europas, wo assassin (englisch, französisch) bzw. asesino (spanisch) auch heute noch als gängige Vokabel für (Meuchel-) Mörder im Gebrauch ist. Schon im mittelalterlichen Europa waren die Assassinen bekannt durch die Berichte des Asienreisenden Marco Polo; in der Moderne hat sich Karl May von dieser geheimnisvollen Gemeinschaft inspirieren lassen.

Solange Saladin sein Reich ausbaut und seine muslimischen Konkurrenten ausschaltet, hält er sich durch eine Reihe von Friedensschlüssen mit den Franken den Rücken frei. Dass er diesen Krieg gegen Glaubensbrüder dem Krieg gegen Ungläubige vorzog, wurde legitimiert mit der Notwendigkeit, erst die erforderliche Machtbasis zu schaffen als Voraussetzung für einen erfolgreichen Dschihad. Doch die Kreuzfahrer selbst geben den Anlass für den Beginn des Heiligen Krieges: Von Karak im heutigen Jordanien aus unternimmt 1187 Rainald von Châtillon einen Überfall auf eine muslimische Karawane. Der König von Jerusalem, Guy de Lusignan, verweigert die Genugtuung für diesen Bruch eines Waffenstillstandes. So kommt es zum Krieg zwischen den Kreuzfahrern und Saladin – die Christen erleiden am 4. Juli 1187 eine entscheidende Niederlage – ihre Heerführer geraten in Gefangeschaft. Saladin ist jetzt Herr von fast ganz Palästina, erobert zahlreiche Städte, nimmt den größten Teil des Königreichs Jerusalem ein. Die Stadt selbst fällt im Oktober 1187 in muslimische Hand. Seine persönliche Freiheit erkauft sich der König von Jerusalem durch die Aufgabe des Hafens Askalon. Die Muslime setzen ihre Eroberungen im Jahr 1188 fort – Karak östlich des Jordantals wird den Christen entrissen. Das Königreich Jerusalem aber überlebt – wenn auch ohne die Stadt Jerusalem selbst; es findet sogar die Kraft zu einer Offensive gegen die Hafenstadt Tyros (im heutigen Südlibanon) – um die ein langer intensiver Konflikt entbrennt.

Diese Entwicklung gab der Kreuzzugsbewegung in Europa neuen Auftrieb – die wichtigsten europäischen Herrscher brachen ins Morgenland auf zum Dritten Kreuzzug. Als Erster gelangt Kaiser Friedrich Barbarossa (1152-1190) in den Orient – kommt aber bereits in Kleinasien um. 1191 jedoch landen der französische König Philipp II. August (1180-1223) und der englische König Richard Löwenherz (1189-1199) im Heiligen Land. Diese Verstärkung erlaubt der christlichen Seite endlich die Einnahme von Akkon am 12. Juli 1191. Akkon wird zur Hauptstadt des Königreichs Jerusalem. Der französische König reist nach Europa zurück, Richard Löwenherz übernimmt nun die Führung der Christen gegen die Muslime. Saladin und Richard Löwenherz gelangen zu einer Verhandlungslösung, die wohl der Interessenlage beider Herrscher entsprach. Am 2.9.1192 kommt ein Vertrag zustande, der Saladin das Binnenland und einige wichtige Häfen überlässt, während ein großer Teil der Küste den Kreuzfahrern zugesprochen wird. Christlichen Pilgern wird freier Zugang zu den heiligen Städten in Jerusalem zugesagt.

Der Frieden wird länger halten als je zu erwarten war. Saladin zieht sich nach Damaskus zurück, dort stirbt er nach kurzer Krankheit im März 1193. In Orient und Okzident lebt seine Erinnerung bis heute in romantischer Verklärung fort – als Führer im Dschihad gegen die Franken, als weiser, großzügiger, toleranter Herrscher und fairer Partner oder Gegner. Der Waffenstillstand wird ihn Jahrzehnte überdauern. Er sichert den Kreuzfahrern ein ungefährdetes Fortbestehen ihrer Besitzungen und gibt der von Saladin begründeten Ayyubidendynastie die Möglichkeit, ihre Macht zu festigen und ihr Reich auszubauen. Der 4. Kreuzzug bricht zwar auf, erreicht aber nie den syrischen Raum, sondern wendet sich 1204 unerwartet gegen Byzanz. Doch Papst Innozenz III. (1198-1216) setzt seine Kreuzzugspropaganda unermüdlich fort.

Neue christliche Aktionen hatten eine veränderte Stoßrichtung: 1218 wurde Ägypten das Ziel der Kreuzfahrer – Damiette an der Mündung des östlichen Nilarms wird erobert und soll zum Ausgangspunkt für weitere Vorstöße werden. Saladins Bruder, al-Kamil, macht den Christen großzügige Angebote – umfangreiche Gebiete in Palästina sollen sie zurück erhalten, wenn sie Ägypten verlassen.

Doch auf christlicher Seite sieht man jetzt eine Chance, ganz Ägypten zu erobern, die Kontrolle über den einträglichen Asienhandel zu gewinnen, vielleicht sogar den Islam ganz zu vernichten – mindestens aber wichtige (ehemals christliche) Länder seinem Machtbereich zu entreißen. Diese allzu ehrgeizigen Pläne sind aber angesichts der energischen ayyubidischen Gegenmaßnahmen – Flutung des Nildeltas und Aufgebot einer eindrucksvollen Armee (auch aus Kontingenten der syrischen und mesopotamischen Ayyubiden) – zum Scheitern verurteilt. 1221 müssen die Franken ihre Pläne aufgeben und Ägypten verlassen.

Neue Entwicklungen in Europa werden auch Auswirkungen auf die orientalische Szene haben. Friedrich II. (1198-1250), Enkel Friedrich Barbarossas, gerät in Europa in eine zunehmend schwierige Lage; sein Verhältnis zum Heiligen Stuhl ist gespannt, denn noch immer hat er sein Gelöbnis, einen Kreuzzug zu unternehmen, nicht eingelöst; deshalb hat der Papst den Kirchenbann gegen ihn verhängt. Ein neuer Kreuzzug – wenn auch nur halbherzig unternommen – scheint unvermeidlich und wird vorbereitet. Schon im Vorfeld kommt es zu Verhandlungen mit dem ägyptischen Ayyubidenherrscher. Kaiser Friedrich II. landet 1228 in Akkon – doch auch ihm ist weniger an militärischen Auseinandersetzungen gelegen als an einem in Europa vorzeigbaren Prestigeerfolg. Auch die Ayyubiden sind mehr an der Regelung ihres Verhältnisses untereinander – mehrere Ayyubiden-Herrscher haben ihre jeweils eigenen Gebiete, über die sie regieren – interessiert als an einem weiteren Krieg gegen die Franken.

Es kommt demzufolge zu einem Friedensschluss in Jaffa (1229), der vor allem einen Kompromiss bezüglich Jerusalems beinhaltet. Die Stadt als solche wird den »Franken« zurückgegeben – lediglich der Tempelplatz mit dem Felsendom und der al-Aksa-Moschee bleibt unter muslimischer Kontrolle; die islamische Gemeinde der Stadt behält ihre Rechtsautonomie unter einem Kadi. Auch einige weitere Städte – wie Bethlehem, Nazareth oder Sidon (am Mittelmeer) – werden den Franken überlassen. Dass sich Friedrich II. realistischerweise und im Sinne einer friedlichen Lösung damit zufrieden gibt, trägt ihm heftige Kritik von Seiten der Kirche ein. 1229 wird er zum König von Jerusalem gekrönt, im folgenden Jahr kann er seinen Frieden mit dem Papst machen, der Kirchenbann wird aufgehoben. Zeit seines Lebens aber stand er aufgrund seines offenen und unabhängigen Geistes und seiner geistigen und kulturellen Interessen, die ihn auch in Kontakt zur arabischen Welt brachten, im Gegensatz zur Kirche. Heute wird er als seiner Zeit voraus und als Wegbereiter der Renaissance beurteilt, der frühzeitig den geistigen und zivilisatorischen Vorsprung der islamischen Welt erkannte.

Der Geist Friedrichs II. konnte sich unter den Kreuzfahrern nicht durchsetzen. Als 1239 der von ihm geschlossene Waffenstillstand ablief, bemühte man sich nicht um eine Fortsetzung des friedlichen Nebeneinander. Neue Kreuzfahrer kommen ins Heilige Land, sie erhalten neue Konzessionen der muslimischen Seite, die noch über das hinausgehen, was Friedrich II. erhalten hatte. Uneinigkeit unter den Muslimen kommt den Kreuzfahrern zugute.

Drohende Wolken ziehen damals jedoch am syrischen Himmel auf. Vor der mongolischen Eroberungswelle, die damals den Osten der islamischen Welt überrollt, kommen aus dem westlichen Zentralasien versprengte Truppen nach Syrien und werden hier Teil des Puzzles aus unterschiedlichen Machthabern. Den Franken und ihren muslimischen Verbündeten bringen sie 1244 eine entscheidende Niederlage bei – Jerusalem wird wieder – und nun endgültig – muslimisch. Der Ayyubidenherrscher as-Salih Ayyub unternimmt energische Schritte, um wieder ein geeintes Ayyubidenreich zu errichten. Dabei geraten auch die Kreuzfahrer in Bedrängnis, sie müssen Tiberias und andere Orte aufgeben. Doch unter dem französischen König Ludwig IX. kommt der Sechste Kreuzzug in den Nahen Osten. Die Kreuzfahrer greifen Ägypten an, besetzen 1249 Damiette und ziehen dann nach Süden – doch König Ludwig IX. wird gefangen genommen und wieder scheitert die geplante Eroberung Ägyptens, das 1250 in die Hände turkstämmiger Militärsklaven, der

Mamluken, fällt. Ihre Herrschaft beginnt am Nil und macht Ägypten wieder zu einer Großmacht. Sie sind es, die dem Vordringen der Mongolen Einhalt gebieten. 1258 hatte Dschingis Khans Enkel Hülägü Bagdad erobert und den letzten Abbasidenkalifen getötet, die Dynastie war damit ausgelöscht, eine Epoche ging zuende. Die Unterwerfung des gesamten Nahen Ostens unter mongolische Herrschaft schien bevorzustehen. Selbst der Islam als solcher schien gefährdet: Die Mongolen ernennen einen christlichen armenischen König zum Regenten über Syrien und ziehen, begleitet von Bohemund IV., Prinz von Tripolis und Antiochia in Damaskus ein. Doch die Trendwende steht unmittelbar bevor.

Am 3. September 1260 schlägt Mamlukensultan Kutuz bei Ayn Dschalut in der Gegend um Nazareth das gefürchtete Mongolenheer. Der Mamlukenstaat beherrscht jetzt als neue Hegemonialmacht den Nahen Osten – das Ende der Kreuzfahrerherrschaft bzw. des Fortbestehens ihrer Reste ist absehbar. Im Abendland und auch in Outremer entwickelt man kühne Ideen von einem mongolisch-christlichen Bündnis – dass es hierzu Ansatzpunkte gegeben hat, haben wir ja bereits gesehen – die Mongolen neigten zur Zusammenarbeit mit den Christen. Doch scheitern entsprechende Versuche (zwischen Prinz Edward von England, Sohn Heinrichs III., und dem Nachfolger Hülägüs, Abaka, im Jahr 1271).

Die Mamluken ihrerseits setzten die tolerante, gemäßigte und zurückhaltende Christenpolitik von Saladin und seinen Nachfolgern al-Adil und al-Kamil nicht fort, sondern gingen entschieden gegen die Kreuzfahrer vor. Im Mai 1291 nahmen die Mamluken nach wochenlanger Belagerung St. Jean d´Acre (Akkon) ein, das lange als Hauptstadt des Königreiches Jerusalem gedient hatte. Von der gotischen Kathedrale der Stadt wurde ein Portal nach Kairo gebracht und befindet sich dort bis heute an einer Madrasa (Schule) in der Altstadt der ägyptischen Metropole. Sehr schnell fielen alle verbliebenen Besitzungen der Kreuzfahrer an die Mamluken. Nur eine kleine bedeutungslose Insel (Arwad vor Tartus) blieb noch einige Jahre in christlichem Besitz.

Die Kreuzzüge, darauf haben wir schon zu Beginn des Kapitels hingewiesen, hatten zahlreiche Aspekte. Ihre vielfältigen Ursachen lagen einerseits in den gesellschaftlichen und ökonomischen Verhältnissen innerhalb Europas, andererseits lagen sie auch in den Beziehungen zwischen christlicher und islamischer Welt, in den wirtschaftlichen Verflechtungen Europas und des Nahen Orients sowie in den religiösen Bindungen Europas an Jerusalem und Palästina sowie in dem religiösen Gegensatz zwischen Islam und Christentum.

Im größeren welthistorischen Rahmen waren die Kreuzzüge das erste Ausgreifen Europas seit der Antike. Erstmals bemüht sich Europa, nachdem es lange in der Defensive gewesen war, aus dem eingeengten Raum, der ihm angesichts des ständigen muslimischen Drucks auf all seine Grenzen vom Atlantik im Westen bis Kleinasien im Osten bleibt, auszubrechen, seine Grenzen auszudehnen, seinen Machtbereich und seine Wirtschaftsaktivitäten auszuweiten. In einem etwas anderen Kontext geschieht dies ja auch auf der iberischen Halbinsel, wo es von Portugal aus parallel zur Reconquista zu ersten Atlantikfahrten und Unternehmungen in Richtung afrikanischer Nordwestküste kommt. Noch hat die europäische Expansion nicht begonnen, noch hat der Aufbruch zu den großen Entdeckungen nicht eingesetzt – doch die Kreuzzüge stehen im Vorfeld dieser Entwicklung.

Nicht zufällig spielen die Handelsstaaten Italiens und Spaniens eine besondere Rolle bei den Kreuzzügen – sie machen sie erst möglich, da ihre Flotten wichtige Transportfunktionen übernehmen, profitieren aber auch durch eine Ausweitung ihres Handels von der europäischen Expansion in die Levante. Sie waren es auch vor allem, die immer wieder zu Angriffen auf Ägypten drängten, wofür es wenig religiöse, aber dafür viele politisch-militärische, vor allem aber ökonomische Gründe gab – dort lagen die von den Muslimen hermetisch abgeriegelten Naht- und Verbindungsstellen zum Roten Meer und damit zum Asien- und Afrikahandel.

Die Kreuzzüge haben allerdings weit weniger als die islamische Kulturepoche auf der iberischen Halbinsel oder die arabisch-islamische Periode in Sizilien der Transmission kultureller Einflüsse gedient. Die Kreuzfahrer haben in den – zugegebenermaßen schmalen – Regionen, in denen sie sich länger halten konnten, wenige Spuren hinterlassen. Umgekehrt haben sie in der Zeit, in der sie in der Levante Staaten unterhielten, auch nicht viel von der dortigen Kultur aufgenommen, sich kaum auf die Reize und Lockungen der orientalischen Zivilisation eingelassen – sieht man einmal von der vorübergehenden Übernahme bequemer Elemente der Lebensweise und Alltagskultur ab.

Einige europäische Gelehrte reisten in den Jahrhunderten der Kreuzzugszeit – eventuell wegen der verbesserten Möglichkeiten hierzu – in die Levante. Abelard von Bath (1080-1160), der astronomische und geometrische Werke aus dem Arabischen übersetzt hat, besuchte im 12. Jahrhundert Antiochia und Tarsos. Der bereits erwähnte Fibonacci (Kapitel 3, S. 46), der auch in Kontakt mit Friedrich II. stand, bereiste ebenfalls Ägypten und Syrien im 13. Jahrhundert. Der Pisaner Stephan von Antiochia übersetzte medizinische Werke orientalischer Autoren in Antiochia in der ersten Hälfte des 12. Jahrhunderts. Der Gelehrte Philipp von Tripolis fand 1247 in Antiochia ein arabisches Werk magischer Natur, Sirr al-Asrar, das in lateinischer Übersetzung als pseudo-aristotelisches Werk eine wichtige Rolle im europäischen Okkultismus spielen sollte.

Ebenfalls übernahm man Brieftauben als Nachrichtenübermittler, da militärisch nützlich, im mittelalterlichen Europa von den Arabern. Eventuell haben Bauten der Kreuzfahrer im Orient als Vorbilder für orientalische Bauwerke gedient. Bis heute können Kreuzfahrerburgen, aber auch die eindrucksvollen Bauwerke der muslimischen Seite (Saladin!), die damals entstanden, im Nahen Osten besichtigt werden.

Ein Nachspiel der Kreuzzüge war die Festsetzung der Dynastie der Lusignan, die zuletzt Könige von Jerusalem gestellt hatte, auf Zypern, das von nun an christlich-europäischer Vorposten in der Levante war. Als die Mamluken längst die letzte Spur von Kreuzfahrerherrschaft getilgt hatte, versuchte Peter von Lusignan, seinen Anspruch auf das Königreich Jerusalem geltend zu machen. Er unternahm Überfälle auf mamlukische Küstenstädte, 1365 landete er sogar in Alexandria. Seine Unternehmungen führten nicht zum gewünschten Erfolg, aber als Nebenwirkung zu einer Verschlechterung der Lage der italienischen Kaufleute in der Levante, die in einem zunehmend christenfeindlichen Umfeld mehr und mehr Einbußen hinnehmen mussten. 1426 schließlich eroberten die Mamluken Zypern – eine ihrer ganz wenigen Seeoperationen – und machten seinen christlichen König zu ihrem Vasallen.

Sechstes Kapitel
Europas große Entdeckungen und die Araber

Columbus (?1451-1506), Vasco da Gama (um 1469-1524), Bartolomeo Diaz (um 1450-1500) – mit diesen Namen ist die europäische Expansion verbunden, ihnen verdankt Europa die großen Entdeckungen des späten 15. Jahrhunderts. Mit der Umsegelung Afrikas, der Entdeckung des Seewegs nach Indien in der Folge sowie der Erschließung eines Weges nach Westen über den Atlantik, die zur zufälligen und unbeabsichtigten Entdeckung eines neuen Kontinents, Amerikas, führten, leiten die großen Seefahrer die Europäisierung der Erde ein, schaffen die Voraussetzung für das Kolonialzeitalter und die Entwicklung des Welthandels unter europäischer Ägide.

Was hat all dies aber mit den Arabern und ihren Beziehungen zum Abendland zu tun? Der skizzierte historische Prozess ist hervorgegangen aus der geopolitischen Situation des islamisch-christlichen Gegensatzes, der über Jahrhunderte hinweg die Geschichte Europas, Afrikas, West- und Zentralasiens determiniert hat.

Der »Nahe Osten« – eine Bezeichnung, die uns immer vor Augen hält, dass wir diesen Raum aus »westlicher«, also europäischer Perspektive betrachten – war schon seit jeher Nahtstelle zwischen den Kontinenten und Drehscheibe des interkontinentalen Fernhandels. Hier liegen die Landengen zwischen Mittelmeer und Indischem Ozean, er verbindet Europa mit Asien und Afrika. Die Araber spielten eine wichtige Rolle an den Verbindungswegen, die vom Roten Meer und vom Persischen Golf in den Mittelmeerraum führten, sie haben die westlichen Endpunkte der Seerouten aus Süd- und Ostasien in der Hand. Sie kontrollierten Karawanenwege, die von Südarabien ans Mittelmeer führten. Deshalb konzentrierte sich das Interesse der Großmächte auch auf diese Regionen und früh gerieten die Araber in die Großmächterivalitäten um den einträglichen Fernhandel (vgl. Kapitel 1, S. 15).

Mit der Ausbreitung des Islam kam im 7. Jahrhundert die gesamte Südküste des Mittelmeers unter arabische Kontrolle, gelangten die Araber in den Besitz nicht aller, aber doch der meisten Landverbindungen, über die Waren afrikanischer und asiatischer Provenienz nach Eruopa kommen konnten. Der Aufstieg des Islam hatte zunächst zwei wesentliche Auswirkungen auf die Hauptverkehrswege: Die beiden großen Arterien des internationalen Verkehrs, diejenige durch das Rote Meer und die durch den Persischen Golf, gerieten mit der Entstehung des Kalifenreichs unter die Kontrolle einer einizigen politischen Macht. Die heiligen Stätten des Islam am Ostufer des Roten Meeres bildeten einen ständigen Anziehungspunkt und ein Zentrum für Verkehr und Handel. Waren sie eine Konstante, die seit dem 7. Jahrhundert die Entwicklung der Region um das Rote Meer begünstigte und seine Bedeutung auf Dauer sicherte, gab es andererseits durchaus auch variable Größen. Wenn nach dem Einbruch der Araber in die mediterrane Welt ein Rückgang des Handels zu verzeichnen war, dann weniger deshalb, weil die Araber ihn eingeschränkt oder unterbunden hätten, sondern mehr aufgrund der byzantinischen Monopolpolitik. Byzanz war es, das einen Handelskrieg gegen die Araber eröffnete. Vier wichtige Handelswaren verschwinden so vorübergehend aus dem westlichen Europa: Gold, Papyrus, Seide, orientalische Gewürze.

Aber es waren nicht die Araber, die den Zustrom von Gold nach (West-) Europa unterbanden. Schon vor der arabischen Invasion hatten in Europa Silbermünzen den Platz von Goldmünzen eingenommen, da aufgrund der einseitigen europäischen Importe von Luxuswaren die europäischen Goldreserven erschöpft waren.

Die Verlagerung der Hauptstadt des Kalifenreiches – mit dem Übergang der Macht von der Omayaden- zur Abbasidendynastie in der Mitte des 8. Jahrhunderts – von Damaskus ins Zweistromland nach Bagdad, begünstigte zweifellos die Rolle des Persischen Golfes als Verkehrsader, führte zu einer Intensivierung des Handels in diesem Bereich. Dagegen trug die Entstehung einer islamischen Groß-macht in Ägypten (der Fatimiden 969) seit dem 10. Jahrhundert zum Aufstieg der Route durch das Rote Meer bei. Sind dies aber noch regionale, sozusagen direkte Einflussfaktoren, so bedeutet bereits das im Mittelalter zunehmende Interesse Europas an asiatischen Waren, der steigende Bedarf vor allem an Pfeffer und anderen Gewürzen und die damit verbundene Stimulierung des Handels zwischen Asien und Europa eine interkontinentale Verflechtung von Ursachen und Wirkungen. Im 10. Jahrhundert kommt es zu einem regelrechten Wirtschaftsaufschwung in Europa. Zu einem Teil verdankt Europa diese Belebung seines Handels den Impulsen durch die islamische Welt, die jetzt einen Wirtschaftsraum bildet, der sich von Zentral-asien bis zum Atlantik, von der iberischen Halbinsel bis nach Nubien erstreckt. Die orientalischen Märkte bieten auch Chancen für Europas Handel, regen den euro-päischen Export an. Europa liefert Sklaven, Holz, Eisen und Waffen aus Stahl, aber auch Pech für den Schiffsbau und Pelze. Im Orient können mehr Waren abgesetzt und höhere Preise erzielt werden als innerhalb des Okzidents, Gold gelangt wieder nach Europa. Die Kreuzzüge bewirken eine weitere Wirtschaftsstimulierung, die besonders den italienischen Handelsstädten zugute kommt. Mehr und mehr gelingt es ihnen, Niederlassungen in der Levante zu gründen: Amalfi hat schon 996 ein Büro im Arsenal von Kairo. Seit 1061 verfügt die Stadt über ein Kloster und ein Krankenhaus in Jerusalem. Im 12. Jahrhundert haben die Pisaner einen »fondaco« in Alexandria. Auch gibt es seit dem 12. Jahrhundert Handelsverträge zwischen Staaten des christlichen Abendlandes und orientalischen Herrschern. Venedig ist zunehmend im Orient präsent, aber auch Marseille, das Zentrum des Orienthan-dels aus vorislamischer Zeit. Mit wachsender Zunahme des Handelsvolumens im Europahandel stieg auch die Abhängigkeit der verschiedenen Verkehrswege und ihrer Einzugsgebiete von der Orientierung der europäischen Kaufleute. Die Bevor-zugung des einen Wegs implizierte zwangsläufig eine Benachteiligung des anderen. In Europa war man sich – theoretisch – dieser Abhängigkeit der islamischen Welt von europäischen Märkten durchaus im Klaren. Aber es war eine gegenseitige Abhängigkeit: Stellte für die islamischen Staaten der Zwischenhandel eine ökonomische Notwendigkeit und Quelle beträchtlichen Reichtums dar, so war Europa für seinen Bedarf an asiatischen und afrikanischen Produkten auf eben diese Länder, welche die Schlüssel zu den Routen nach Osten und Süden in den Händen hielten, angewiesen. So wird verständlich, warum päpstlichen Versuchen, einen christlichen Boykott der islamischen Länder im Nahen Osten zu erreichen, der Erfolg meist versagt blieb. Trotz aller ideologischen Gegensätze zwischen Islam und Christenheit waren gemeinsame wirtschaftliche Interessen oft stärker. Einem völligen Embargo am nächsten kam man im Abendland 1291, als die Ägypter dabei waren, den letzten Kreuzfahrerstaat auszulöschen. Die Existenz eines europäischen Brückenkopfes in der Levante hatte so evidente Vorteile, dass ein europäischer Konsens sich anzubahnen schien. Selbst in den italienischen Handelsstaaten, den unmittelbaren Nutznießern des Orienthandels, war die Meinung geteilt. In Genua, z. B., gab es neben der Tendenz, wie gehabt mit Ägypten Handel zu treiben, eine Strömung, die die offene Konfrontation mit Ägypten empfahl und und in diesem Zusammenhang weitgespannte Pläne entwickelte: Im Zusammenwirken mit den mongolischen Ilkhaniden, die Iran beherrschten, sollten genuesische Galeeren am Bab el-Mandeb stationiert werden und den gesamten ägyptischen Asienhandel unterbinden.

Landrouten versus Seerouten

Wenn auch solche Projekte – wie viele Pläne, die zu großzügig angelegt waren für die eingeschränkten Kommunikationsmöglichkeiten der damaligen Zeit – nicht verwirklicht wurden, so kam es in Verbindung mit dem Krieg und Embargo gegen das mamlukische Ägypten zu einer anderen folgenschweren Entwicklung, zur zeitweiligen Verschiebung des Schwerpunktes der europäischen Handelsverbindung zu Asien. Denn der Höhepunkt des Konflikts mit Ägypten, die damit einhergehende Verschärfung des religiösen Gegensatzes zwischen christlichem Abend- und islamischem Morgenland und in der Folge eine konsequentere Durchsetzung des Embargos im Orienthandel fielen zusammen mit einem Prozess in Innerasien, der es naheliegend erscheinen ließ, die Überlandwege für den Ost-West-Handel zu nutzen. In der ersten Hälfte des 14. Jahrhunderts hatten sich zwischen China im Osten und der Schwarzmeerküste im Westen vier mongolische Reiche stabilisiert. Innerasien wurde zu einem Raum, in dem Frieden und geordnete Verhältnisse herrschten. Diese »Pax Mongolica« schuf ein bisher ungekanntes Maß an Sicherheit auf den Karawanenstraßen zwischen Ostasien und Westeuropa. Sie führte dazu, dass der Landweg mehr und mehr an Attraktivität gewann. Der Florentiner Kaufmann Pegolotti schrieb, der Weg nach China sei völlig gefahrlos, zahlreiche Europäer waren unterwegs. Bezeichnend ist, dass zwischen 1323 und 1345 Venedig nicht die üblichen Schiffskonvois nach Ägypten schickte – der Ost-West-Warenstrom floss über Karawanenwege, die legendäre Seidenstraße.
Die Mongolen ermutigten die Benutzung der Landwege durch Christen. Die mongolische Expansion im asiatischen Raum erfolgte vielfach in Auseinandersetzungen mit dem Islam, dem die Mongolenherrscher deshalb feindlich gegenüberstanden.

Das christliche Europa erschien ihnen deswegen als natürlicher Verbündeter, ein Zusammenwirken lag auf der Hand. 1342 wurde der Missionsbischof Giovanni Marignolli sogar vom Großkhan empfangen.

Doch ging diese für Europa positive Phase, die den Handel durch das Rote Meer und den Persischen Golf aus europäischer Sicht nebensächlich werden ließ, noch vor der Mitte des 14. Jahrhunderts zuende. Die Mongolen-Staaten verfielen in Anarchie, die staatliche Ordnung brach vielerorts zusammen, im Westen kam es zu Ausschreitungen gegen Europäer; die westasiatischen Mongolen erlagen dem kulturellen Einfluss des Islam, den sie zunächst bekämpft hatten; sie waren nicht länger christenfreundlich. Selbst in China wurde ein Muslim Leiter der Behörde, der die Beziehungen zu christlichen Klerikern oblag – ein Ereignis, das in drastischer Weise die Entwicklung symbolisiert. Schließlich wurden die Mongolen in China 1368 durch die einheimische Ming-Dynastie abgelöst, deren erster Herrscher eine fremdenfeindliche und dem Fernhandel wenig günstige Politik betrieb. Kurz: Der Landweg nach Asien war nicht mehr praktikabel – ein starkes Ansteigen der Gewürz- und Seidenpreise war, wie der Chronist Giovanni Villani 1343 notiert, die Folge. Der Seeweg über den Indischen Ozean (und damit auch das Rote Meer und den Persischen Golf) gewann seine alte Bedeutung zurück.

Zwar hatte die Ming-Dynastie in China zu Beginn ihrer Machtübernahme wenig Neigung zu überseeischen Unternehmen gezeigt, doch änderte sich dies in der ersten Hälfte des 15. Jahrhunderts, in der die chinesische Seefahrt eine Blütezeit erlebt und China eine aktive Westpolitik betreibt. Chinesische Flotten gelangen bis an die afrikanische Ostküste, legen drei Mal in Aden an, kommen – wie uns der chinesische Chronist Ma-Huan überliefert – bis in die Häfen des Roten Meeres und sogar nach Mekka. Im Gegensatz zu früheren Kontakten zwischen China und dem westlichen Indischen Ozean sind diese chinesischen Westfahrten, die ja – aus chinesischer Perspektive – auch Entdeckungen sind, nicht nur historisch eindeutig greifbar, sondern haben nachweislich Gesandtschaftscharakter, sind dadurch auch mehr als bloße Kuriositäten, sondern Ausdruck einer dynamischen chinesischen Überseepolitik. So kann es beispielsweise kaum ein Zufall gewesen sein, dass der Leiter der chinesischen See-Expedition, der Groß-Eunuch Tscheng Hwo, ein chinesischer Muslim war. Diese Tatsache ist ein aussagekräftiges Indiz für den politischen Auftrag der chinesischen Gesandtschaft. Doch war insgesamt die Periode energischer chinesischer Westpolitik zu kurz, um kühne Hypothesen zu rechtfertigen. Es ist aber verlockend, sich die Frage zu stellen, wie wohl die weitere geschichtliche Entwicklung verlaufen wäre, hätte China seine Expansionspolitik – nur Jahrzehnte vor dem portugiesischen Vorstoß in diesen Raum – fortgesetzt und ausgebaut.

Faktisch blieben jedoch Chinas Seefahrten ins Rote Meer ein Intermezzo. Entscheidend für die Region wurden Einwirkungen aus dem Westen. Die Entdeckung des Seewegs nach Indien durch die Portugiesen war nicht nur für die weitere historische Entwicklung des Roten Meeres und des Persischen Golfes ausschlaggebend, sondern hatte weltgeschichtliche Bedeutung.

Auf der iberischen Halbinsel war die Auseinandersetzung zwischen Islam und Christentum, war die Reconquista Ausgangspunkt für weiter geplante Unternehmungen und Entdeckungen sowie Eroberungen im Westen. Der Nordwesten Afrikas war für die Christen der jungen iberischen Staaten zunäct Anreiz und Ziel, erste Station beim Vorstoß in unbekannte Weiten. Die Energien, die in die Reconquista gegangen waren und ihr Schwung gegeben hatte, wurden jetzt auf Ziele im Maghreb gelenkt.

Das aus der Reconquista hervorgegangene Königreich Portugal unternimmt 1415 eine Expedition gegen die nordmarokkanische Küste, besetzt Ceuta (bis heute eine spanische Besitzung). Genuesische Kaufleute hatten das Unternehmen unterstützt und erhielten nun entsprechende Handelsvorteile. Weniger erfolgreich verlief 1437 eine entsprechende Expedition gegen Tanger. Anreiz war das Streben nach Zugang zu den Goldquellen Westafrikas (4. Kapitel, S. 64) und zu den Reichtümern Asiens. Portugal setzte seine Eroberungen fort, stieß in bislang kaum bekannte Regionen vor und erschloss dabei die Westküste Afrikas. Andere iberische Staaten folgten: Kastilien–Aragon besetzte 1478 die Kanarischen Inseln. Der Weg ist bereitet für die Entdeckung des Indienseewegs und Amerikas.

Die Handelsstraßen durch das Rote Meer und den Persischen Golf nach der Entdeckung des Indien-Seeweges

Mit dem Vordringen der Portugiesen in den Indischen Ozean nach der Entdeckung des Seewegs nach Indien 1498 gewann Europa direkten Zugang zu Asien, die islamische Welt verlor ihre Monopolstellung. Auch dieser welthistorische Vorgang war ein Produkt arabisch-europäischen Zusammenwirkens: Vom ostafrikanischen Malindi aus gelangte Vasco da Gama mit Hilfe eines arabischen Lotsen nach Indien. Ein weiterer entscheidender Schritt zur weltweiten europäischen Vorherrschaft war getan. Die Portugiesen waren in erster Linie bemüht, die Handelsströme umzuleiten – der Seeweg nach Indien sollte die einzige Handelsverbindung werden; damit sollte die portugiesische Kontrolle über den europäisch-asiatischen Handel gefestigt, die traditionellen Verkehrswege sollten gesperrt werden. Dementsprechend sicherten sich die Portugiesen schon früh entscheidende strategische Positionen: Die Insel Sokotra, deren Besitz den Zugang zum Roten Meer in portugiesische Hand bringen soll, wird 1507 eingenommen. Etwa zur gleichen Zeit beginnen die portugiesischen Bemühungen um die Insel Hormuz, die am Eingang zum Persischen Golf eine der Schlüsselpositionen des internationalen Handels innehatte.

Portugals Anstrengungen, den Verkehr über die alten Routen zu unterbinden, bleiben jedoch erfolglos. Allenfalls wird der Handelsstrom durchs Rote Meer durch die portugiesische Offensive zeitweise gestört. Auf die Dauer musste das portugiesische Bestreben, den gesamten Verkehr zwischen Asien und Europa in die Hand zu bekommen, zum Scheitern verurteilt sein.

Um die Mitte des 16. Jahrhunderts kam es gar zu einer Renaissance der Rote-Meer-Route. Hatte Venedig etwa aus Alexandria vor der Entdeckung des Indienseewegs pro Jahr im Durchschnitt 1 115 000 Pfund Pfeffer bezogen, so lag 1560–64 der Jahresdurchschnitt deutlich über 1 300 000. Im Jahr 1561 war Pfeffer in so großer Menge vorhanden, dass in Italien das Gerücht aufkam, der portugiesische Vizekönig in Indien revoltiere gegen das Mutterland und verschiffe folglich die indischen Gewürze auf der traditionellen Route.

Insgesamt lagen in der zweiten Hälfte des 16. Jahrhunderts die Gewürzmengen –
und Gewürze waren die bei weitem wichtigste Ware im euro-asiatischen Warenver-
kehr – die über das Rote Meer ins Mittelmeer gelangten, über denen des 15. Jahrhunderts. Die Quantitäten, die Portugal einführte, entsprachen in etwa denen, die
über das Rote Meer und Alexandria nach Europa transportiert wurden.

Bereits 1540 drückten die Gewürze, die Antwerpen über die Levante erreichten,
die dortigen Preise und stellten somit eine ernsthafte Konkurrenz für die portugiesischen Gewürze dar.

Die Gründe für das Fortbestehen der Verbindung durch das Rote Meer und
den Persischen Golf sind vielfältig: Zunächst gelang es den Portugiesen nicht, den
Zugang zum Roten Meer zu sperren. Ein Blick auf die Karte macht deutlich, dass
der Besitz Sokrotas dazu nicht ausreichend war. Portugals Präsenz im Indischen
Ozean genügte nicht, um eine wirksame Kontrolle des gesamten Seeverkehrs zu
ermöglichen. Zwar war es den Portugiesen gelungen, kurzfristig die traditionellen
Handelsrouten zu stören, einen Überraschungseffekt auszunutzen; es gelang jedoch
nicht, seit jeher eingespielte Kontakte und Handelsbeziehungen, gegenseitige wirtschaftliche Abhängigkeiten und gewachsene Marktbedingungen einfach zunichte
zu machen und kurzfristig durch die »Verordnung« eines neuen Weges für den
europäisch-asiatischen Handel zu ersetzen.

Beigetragen zum Fortleben der »arabischen« Handelsstraßen durchs Rote Meer
und den Persischen Golf haben auch »regionale« wirtschaftliche Bedürfnisse: Neben dem Fernhandel zwischen Asien und Europa wird der Handel zwischen den
Anrainerstaaten des Indischen Ozeans leicht vergessen: So bezog Indien Opium
aus Ägypten ebenso wie Pferde. Korallen und Safran importierte Indien aus dem
Mittelmeerraum. Das Rote Meer lieferte für den asiatischen Bedarf roten Farbstoff
(Krapp). Man vermutet weiter, dass die Waren, welche über den Seeweg und Lissabon nach Europa kamen, wegen der längeren Transportzeit von geringerer Qualität
waren. Möglicherweise waren angesichts der portugiesischen Bedrohung die orientalischen Kaufleute und ihre venezianischen Abnehmer bereit, höhere Preise zu
bezahlen und eine verringerte Gewinnspanne in Kauf zu nehmen. Die Portugiesen
dagegen übertrieben vielleicht ihre Politik des Preisdrückens. So behielten trotz des
spektakulären Erfolgs der Portugiesen die alten Handelswege über die arabischen
Häfen zunächst ihre Bedeutung.

Portugals Streben nach einem Monopol im europäischen Asienhandel

Portugal wollte im Indischen Ozean ein Handelsimperium errichten, kein kolo-
niales Territorialreich. Sein Ziel war nicht die Beherrschung ausgedehnter Gebiete
und zahlreicher Menschen. Notwendige Folge davon war, dass Portugal Geopoli-
tik im großen Stil betrieb: Erforderlich war angesichts der fehlenden territorialen
Basis die Sicherung strategischer Positionen. Neben Malakka im Osten waren im
Westen Hormuz (am Eingang zum Persischen Golf) und Aden (am Eingang zum
Roten Meer) die Schlüsselpositionen im Ost-West-Handel – ihre Kontrolle war

unerlässlich für Portugals Ziele. Aber selbst die Errichtung eines Stützpunktnetzes (im Laufe des 16. Jahrhunderts wurden zwischen Afrikas Ostküste und Japan etwa 40 befestigte Niederlassungen errichtet) war innerhalb Portugals umstritten. Kaum zweifelhaft sein konnte jedoch die Unerlässlichkeit einer Kontrolle des Bab el-Mandeb, des Zugangs zum Roten Meer, der wichtigsten Handelsstraße zwischen dem Nahen Osten und Europa einerseits und dem gesamten Süd- und Ostasiatischen Raums andererseits.

Der wiederholte Versuch, Aden einzunehmen, führte aber nicht zum Erfolg. Ebenso hatten die portugiesischen Vorstöße ins Rote Meer langfristig keine Wirkung, blieben Episode. Die Portugiesen mussten also eine breite Palette politisch-diplomatischer Methoden zum Einsatz bringen, um ihr Ziel – das Monopol im Europa-Asien-Handel – zu erreichen. Zunächst lag für Portugal – vor dem Hintergrund der jahrhundertelangen Erfahrung des christlich-muslimischen Konflikts – eine antimuslimische Politik nahe, wurde doch der Handel durchs Rote Meer und den Persischen Golf vor allem von muslimischen Kaufleuten und zwangsläufig über islamische Staaten abgewickelt. Von Anfang an hatte man in Portugal die Instrumentalisierung des muslimisch-christlichen Gegensatzes als Mittel der Asienpolitik gesehen: Bereits als die São Gabriel mit Vasco de Gama von der Entdeckungsfahrt nach Indien zurückkehrte, sah König Manuel die endgültige Vernichtung der »Moren« mit Hilfe der »Indischen Christen« – wie man die Hindus missinterpretierte – in greifbare Nähe gerückt. Pedro Alvares Cabral, der im März 1500 von Lissabon nach Indien aufbrach, hatte den Auftrag, den Herrscher von Calicut an der Westküste Indiens aufzufordern, alle Muslime aus seinem Machtbereich zu verbannen.

Albuquerque (1462-1515), der nach dem erfolglosen Versuch von 1513, Aden einzunehmen, ins Rote Meer vorstieß, beabsichtigte, Dschidda zu erobern und dann die heiligen Stätten des Islam einzunehmen. Wenn das Projekt auch fehlschlug, so ist doch bezeichnend, welche Bedeutung man einem entscheidenden Schlag gegen den Islam beimaß.

Die Kriegsführung gegen Muslime war portugiesischerseits denn auch von besonderer Härte gekennzeichnet: Bei der Eroberung Goas duch Albuquerque 1510 gab es ein Massaker unter den Muslimen, an dem sich allerdings auch die Hindu-Bevölkerung beteiligte.

Tatsächlich war die Ausschaltung der Träger des Handels auf den alten Wegen und damit der Konkurrenzrouten für den »portugiesischen« Seeweg um die Südspitze Afrikas automatisch gegen muslimische Interessen und gegen Muslime gerichtet – Hindus, Chinesen und anderen Bewohnern Süd- und Ostasiens dagegen konnte es im Prinzip gleichgültig sein, mit wem sie Handel trieben, an wen sie ihre Waren verkauften. Neben Bemühungen, die muslimischen Kaufleute im Indischen Ozean zu verdrängen, standen politische Anregungen, die beiden großen muslimischen Mächte im Bereich des Roten Meeres und des Persischen Golfes, das expandierende Osmanenreich und den schiitischen Safawidenstaat in Iran, gegeneinander auszuspielen.

Nachdem die Osmanen 1517 dem Mamlukenreich den Todesstoß versetzt und sowohl Syrien als auch Ägypten ihrem Imperium angegliedert hatten, sah Portugal die dringende Notwendigkeit, gegen eine weitere Südexpansion der Türken Maßnahmen zu ergreifen. Aus der damaligen portugiesischen Perspektive muss sich

das osmanische Ausgreifen nach Süden in der Tat bedrohlich ausgenommen haben:
Die riesigen Ressourcen an Menschen und Material, die gewaltige Kriegsmaschinerie des Osmanischen Reiches, die ungebrochene Energie, mit der es seit über
zwei Jahrhunderten in alle Richtungen expandierte, die schrittweise Ausdehnung
auf Kosten des christlichen Europa – all dem hatte Portugal wenig mehr als seine
nautische Überlegenheit entgegenzusetzen. Was lag näher, als eine Zusammenarbeit
mit dem Hauptgegner der Osmanen: Die iranischen Safawiden und die Osmanen
trennte nicht mehr nur ein machtpolitischer Gegensatz – es bestand auch ein starker
ideologischer Konflikt zwischen dem lange etablierten sunnitischen Osmanenreich
und dem noch in revolutionärer Gärung befindlichen schiitischen Safawidenstaat,
der sich erst an der Wende vom 15. zum 16. Jahrhundert in Iran durchgesetzt hatte:
Schon hatten sozialreligiöse Unruhen schiitischer Färbung auf das osmanische Ost-
anatolien übergegriffen.

Die Safawiden betrachteten ihrerseits die Portugiesen als natürliche Bundes-
genossen. Es kam folgerichtig zu iranisch-portugiesischen Kontakten, der reiche
Kleinstaat Hormuz versuchte dabei eine Schaukelpolitik zwischen den beiden
Mächten. Portugal setzte auch bei seiner Bündnispolitik mit den Safawiden wieder
auf die religiöse Karte. Albuquerque legte dem Safawidenschah nahe, die heiligen
Stätten des Islam einzunehmen: Ein kaum verschleierter Versuch, safawidische Hilfe
zu mobilisieren bei dem Bemühen, in den Raum des Roten Meeres einzudringen.
Dabei war für die Portugiesen stets eindeutig klar, dass die Safawiden für sie ledig-
lich ein machtpolitisches Werkzeug darstellten, das sich seiner Funktion gar nicht
bewusst war. Immerhin ging man so weit, an die Safawiden Waffen zu liefern und
Techniker nach Iran zu schicken, die dort Waffenmanufakturen errichteten.

Der andere Partner der Portugiesen im nördlichen Indischen Ozean war dem
Abendland längst ein Begriff: Das ganze Mittelalter hindurch hatte Europa vom
Erzpriester Johannes geträumt, einem christlichen Herrscher, den man im Süden
oder Osten vermutete und auf dessen Hilfe bei künftigen Unternehmungen in
diese Richtung gerechnet wurde.

Erste Kontakte mit Äthiopien, noch vor der Entdeckung des Indien-Seewegs,
ließen solche Vorstellungen schärfere Konturen gewinnen. Die christlichen Könige Äthiopiens entsprachen der Idee vom Erzpriester Johannes. Aus religiösen und
geographischen Gründen bestehende Spannungen zu muslimischen Nachbarn und
Äthiopiens Position am Roten Meer legten eine Zusammenarbeit mit Portugal
nahe. Zunächst wurde 1494 eine portugiesische Gesandtschaft unter Pero de Co-
vilhão kühl empfangen – möglicherweise aus Rücksichtnahme auf das muslimische
Ägypten. Die vollkommene Niederlage der Mamlukenflotte bei Diu im Jahre 1508
und die damit verbundene Schwächung der Position Ägyptens zugunsten Portugals war möglicherweise der Grund für eine Hinwendung Äthiopiens zu Portugal
schon im Jahr darauf. Der Austausch von Gesandtschaften war mit zahlreichen Be-
hinderungen und Verzögerungen verbunden. Es kam zu Verhandlungen über die
Errichtung einer Festung am Bab el-Mandeb, greifbare Resultate gab es jedoch
nicht. Aber die Kontakte rissen nicht ab. Und 1541 kam es zu einer portugiesischen
Militärexpedition, als Äthiopien von muslimischen Gegnern aus dem somalischen
Raum bedrängt wurde. Trotz ihrer geringen Zahl hatten die Portugiesen – wohl
aufgrund ihrer waffentechnischen Überlegenheit – entscheidende Erfolge gegen

die Somalis, deren Offensive gestoppt werden konnte. Wenn die – durch weite Entfernungen und zahlreiche praktische Schwierigkeiten behinderte – portugiesisch-äthiopische Zusammenarbeit die Verwirklichung der portugiesischen Pläne und Ziele auch nicht ermöglichte, so hat vielleicht die portugiesische Hilfsaktion das Überleben des christlichen Staates in Äthiopien sichergestellt.

Den umfangreichen und vielfältigen Maßnahmen und Projekten Portugals im Süden der traditionellen Handelswege stand eine portugiesische Levantepolitik im Norden dieser Verkehrswege gegenüber, welche dieselben Ziele verfolgte: Die Ausschaltung aller Konkurrenz-Routen zum Indien-Seeweg, der unbestritten in portugiesischer Hand war, die Durchsetzung des portugiesischen Monopols.

So sehr man sich in Portugal der Tatsache bewusst war, dass der portugiesische Machtanspruch vor allem für Venedig eine schwere Schädigung, wenn nicht eine existentielle Bedrohung bedeutete, legte man in Lissabon auf korrekte, ja gute Beziehungen zur Serenissima Wert. Auch Venedig pflegte noch nach Entdeckung des Indien-Seewegs gute Beziehungen zu Portugal trotz (oder gerade wegen) der gegensätzlichen Interessen.

Als der venezianische Botschafter Domenico Pisani 1501 König Manuel (1469-1521) zur Entdeckung Brasiliens beglückwünschte, nutzte der König das Gespräch dazu, die Serenissima aufzufordern, die Handelsverbindungen zu Alexandria aufzugeben und Gewürze künftig in Lissabon zu verkaufen. Solches Ansinnen musste für Venedig eine schwer erträgliche Zumutung bedeuten, hatte es doch Jahrhunderte hindurch unter schweren Mühen und Opfern seine dominierende Rolle im Levante-Handel erkämpft und gesichert. Dennoch wiederholte Lissabon seinen Vorschlag, König Johann II. (1455-1495) verband ihn 1522 mit dem Angebot der Zollfreiheit für die Venezianer. Gleichzeitig war Portugal immer bemüht, seine asiatischen Waren ins Mittelmeer zu liefern, um so den Levante-Handel zu schädigen.

Venedig seinerseits verzichtete nicht darauf, Portugal anlässlich eines Krieges mit den Osmanen 1501 um Hilfe zu bitten, die auch durch die Entsendung eines portugiesischen Flottenkontingentes gewährt wurde.

Mit der Renaissance der Handelsroute durch das Rote Meer zeigten sich auf portugiesischer Seite nervöse Reaktionen. Der portugiesische Botschafter beim Heiligen Stuhl, Lourenço Pires de Távora, sah die Gefahr für die portugiesische Stellung im Handel mit Asien in den 1560er Jahren für so ernst an, dass er den Vorschlag machte, Gewürze in der Levante von den Türken zu kaufen. Spanische Quellen bestätigen solche portugiesischen Bemühungen.

Für Portugal war es stets von besonderer Wichtigkeit, gut informiert zu sein über das, was in der Levante vor sich ging. Die Berichte von in Syrien und Ägypten stationierten Agenten fließen gelegentlich in die diplomatische Korrespondenz ein. Sein Ziel, ein Handelsmonopol zu verwirklichen, konnte Portugal trotz seiner großen Anstrengungen nie erreichen. Das Rote Meer behielt seine herausragende internationale Bedeutung.

Die islamische Welt und der Seeweg nach Indien
– das Osmanische Reich und Portugal

Die islamischen Staaten im östlichen Mittelmeer wurden von der Entdeckung des Indien-Seewegs durch Vasco da Gama besonders hart und direkt betroffen: Sie verloren das Monopol im Asienhandel, das bisher nicht nur ein wichtiger ökonomischer Faktor gewesen war, sondern auch strategische Bedeutung gehabt hatte. Die arabischen Regionen des Nahen Ostens, Ägypten und Syrien, wo die Endpunkte der Handelswege ins südliche und östliche Asien lagen, an deren Mittelmeerküsten die europäischen Kaufleute die asiatischen Waren übernahmen, mussten in erster Linie für ihren Handel fürchten. Bereits die Mamluken hatten die Bedrohung erkannt und noch wenige Jahre vor ihrem Untergang energische Maßnahmen gegen die Portugiesen getroffen: 1508 schlugen mamlukische Flotteneinheiten gemeinsam mit indischen Verbündeten eine portugiesische Flotte, wurden aber ihrerseits 1509 besiegt. Noch zu Beginn des 16. Jahrhunderts unternahmen die Mamluken einen Südvorstoß in Richtung Jemen. Dass das Osmanische Reich gerade damals (1517) Syrien und Ägypten einnahm und damit dem Mamlukenstaat ein Ende bereitete (nachdem die Osmanen nur wenige Jahre zuvor noch die Mamluken gegen die Portugiesen unsützt hatten), hatte sicher zahlreiche Gründe – als einen davon hat man die von Süden drohende portugiesische Gefahr sehen wollen. Dafür spricht, dass die Türken nur wenige Jahre nach der Eroberung Ägyptens daran gingen, einen Kanal zwischen Nil und Rotem Meer zu bauen. Portugal begnügte sich ja nicht mit dem Bemühen, den Handel im Indischen Ozean auf neue Wege zu leiten, sondern unternahm zur Ausschaltung der alten Routen mehrfach militärische Expeditionen ins Rote Meer. Die Osmanen gingen daran, ihre Südflanke auszubauen und sich ein Netz strategischer Positionen im Indischen Ozean zu sichern. Maskat wird von ihnen eingenommen, 1538 erobern sie Aden, im Zuge des Konflikts mit den iranischen Safawiden stoßen sie auch an den Persischen Golf vor, 1546 wird die Hafenstadt Basra osmanisch, das heutige Eritrea an der südlichen Ostküste des Roten Meeres, wird osmanische Provinz. Nun waren alle nordwestlichen Endpunkte der alten Handelsstraßen im Indischen Ozean in osmanischer Hand, die Auseinandersetzungen um den Asien-Handel wurden zum osmanisch-portugiesischen Konflikt. Es gibt damals Stimmen im Osmanischen Reich, die eine entschiedene Politik im Indischen Ozean fordern, genau die gegebenen Möglichkeiten analysieren und ein erfolgreiches Vorgehen gegen die Portugiesen durchaus für möglich halten. Die Osmanen unternahmen auch Operationen im Indischen Ozean gegen Portugal, ohne jedoch den gewünschten Erfolg. In der Regel blieben osmanische Vorstöße in den offenen Indischen Ozean genauso wie portugiesische Militärexpeditionen in das Rote Meer erfolglos.

Eine Art Abgrenzung der Machtbereiche zeichnete sich ab und in der Folge eine Form des Kompromisses: Die Portugiesen sind nicht mehr aus dem Indischen Ozean zu verdrängen und haben hier die Vorherrschaft, wenn nicht die vollständige Kontrolle. Die Osmanen dagegen beherrschen das Rote Meer, das ein »muslimischer See« bleibt, von dem Portugal praktisch ausgeschlossen ist. Im Persischen Golf arrangiert man sich – beide Seiten sind hier präsent, die Übergänge sind fließend, hier besteht Spielraum. Um die Mitte des Jahrhunderts bahnt sich eine portugie-sisch-osmanische Verständigung über den Handel im Persischen Golf an.

Während Portugal die Anrainer des Indischen Ozeans gegen die Handelsbezie-hungen mit muslimischen Partnern beeinflussen wollte, betrieben die muslimi-schen Mächte genau die entgegengesetzte Politik: Der Mamluken-Sultan schickte 1501 eine Gesandtschaft zum Samorim, dem Herrscher von Calicut, um ihn dazu zu bewegen, keine christlichen Schiffe mehr landen zu lassen. Ebenso versuchten die Mamluken, in Europa entsprechenden Einfluss duch unverhohlene Drohungen auszuüben: So wurde der Franziskaner Fra Mauro nach Venedig und Rom ge-schickt mit der Warnung, man werde das heilige Grab und die heiligen Stätten der Christenheit zerstören, sollten sich die Portugiesen nicht zurückziehen.

Hatten solche diplomatischen Maßnahmen nicht die gewünschte Wirkung, so kam doch in der Realpolitik muslimische Solidarität – freilich in Verbindung mit handfesten ökonomischen Interessen – zum Tragen und hatte konkrete Ergebnisse: Im Norden Sumatras, also unweit der Straße von Malakka, des strategischen Nadel-öhrs schlechthin zwischen Indischem Ozean und Ostasien, wurde zu Beginn des 16. Jahrhunderts das Sultanat Atjeh zum gefährlichsten Gegner Portugals und spielte eine zentrale Rolle im muslimischen Gewürzhandel, hatte also eine entscheidende Bedeutung für das Fortleben der Handelsroute durch das Rote Meer. Nach den Worten des zeitgenössischen Chronisten Fernão Lopes de Castanheda war Atjeh weit besser mit Artillerie ausgerüstet als die portugiesische Festung Malakka. Hier zeigten sich Schwächen der portugiesischen Konzeption und Grenzen der por-tugiesischen Macht. Wo ein entschiedener Gegner auftrat, der vor Ort über eine territoriale Basis und Ressourcen verfügte und sie mit Ortskenntnis und nautischen Fähigkeiten verband, ergaben sich für Portugal und sein relativ schwaches militäri-sches Potential ernste Schwierigkeiten.

1534 fangen die Portugiesen erstmals Schiffe aus Atjeh nahe des Bab el-Mandeb ab und in der Folge kommt es immer wieder zu Seegefechten im nordwestlichen Indischen Ozean. Der portugiesische König Johann III. (1502–1554) beklagt sich in einem Brief vom 8. März 1546 an den Gouverneur von Goa über die deutliche Be-lebung des Gewürzhandels im Roten Meer. Gleichzeitig weist der Gouverneur alle Schiffe an, die durch die Straße von Malakka segeln, im Konvoi zu fahren aufgrund der Bedrohung durch Atjeh. Es war naheliegend, dass es zu Kontakten zwischen dem Sultanat Atjeh und dem Osmanischen Reich kam – eine Verbindung, von der die Portugiesen wohl wussten. Es scheint, dass die Gesandtschaft aus Sumatra nicht nur wertvolle Geschenke an den Bosporus brachte, sondern für den Fall einer Vertreibung der Portugiesen aus Malakka reiche Handelsgewinne in Aussicht stell-te. Umfangreiche Handelsbeziehungen waren offensichtlich auch ohne Vertreibung der Portugiesen – ein doch zu ehrgeiziges Ziel – möglich. Der portugiesische Be-amte Jorge de Lemos schätzte die Lieferung von Waren, vor allem Gewürzen, aus Atjeh ins Rote Meer auf 30 000 bis 40 000 quintals. Wenn solche Schätzungen auch übertrieben gewesen sein mögen – wie vielleicht die Behauptung, dass durch die Pfeffermenge, die Atjeh ins Rote Meer lieferte, der Pfefferpreis in Flandern sank – und wohl den Zweck hatten, der portugiesischen Krone die Gefahr, die von dem kleinen Staat in Nordsumatra ausging, in dramatischer Weise vor Augen zu führen, so hat doch mit Sicherheit die aggressive und energische Politik des Sultans wesentlich dazu beigetragen, den Handel nicht ganz aus muslimischer Hand zu geben und die »arabische« Route durchs Rote Meer am Leben zu halten.

Die Gesandtschaft aus Atjeh nach Istanbul hatte konkrete Folgen: Der osmanische Sultan schickte eine Flotte von 20 Schiffen, von denen freilich nur zwei mit türkischen Soldaten, vor allem Kanonieren, die man erbeten hatte, Geschützen und Technikern 1566/67 nach Atjeh gelangten (der Rest der Flotte wurde im Jemen festgehalten).

Ein abgestimmtes Vorgehen auf militärischem Gebiet, gemeinsame planvolle Operationen der Herrscher in Istanbul und auf Sumatra hat es zwar nicht gegeben, aber immerhin wurde der Kontakt aufrechterhalten; die Handelsbeziehungen konnten nicht nur fortgesetzt, sondern belebt werden.

Die Auseinandersetzung im Indischen Ozean um die Handelsverbindungen und Verkehrswege führte zu keiner Entscheidung. Aber mit der Entdeckung des Indienseewegs war Portugal zweifellos ein großer Durchbruch gelungen, war ein altes abendländisches Ziel erreicht zuungunsten der islamischen Welt.

Venedig und das Rote Meer

Doch nicht nur die islamische Welt war von der Nachricht über die Entdeckung des Indien-Seewegs erschüttert. Auch in Europa war die Freude über dieses Ereignis keineswegs allgemein. In Venedig etwa, das die besten Beziehungen in die Levante hatte und Europas Hauptlieferant nicht nur für Gewürze, sondern für alle Waren des Ostens war, löste die Nachricht blankes Entsetzen aus. Eine wahre »Katastrophentheorie« entsteht und malt in düsteren Farben die Folgen der Entdeckung des Indienseewegs aus. Panikreaktionen waren die Folge: Im November 1501 etwa, stieg in Venedig der Gewürzpreis dramatisch: Eine bestimme Menge Pfeffer z.B. von 75 auf 95 Dukaten, eine Quantität Gewürznelken von 9 auf 13 Dukaten. Verständlich war der Schrecken durchaus: Der Levantehandel war nicht nur die Grundlage von Glanz und Wohlstand Venedigs, sondern eine seiner wichtigsten Existenzbedingungen. Es ging nicht nur um die Verteidigung des Reichtums, sondern ums Überleben. Sofort ergriff man in der Lagunenstadt Maßnahmen: Eine Kommission von 15 Notablen wurde eingesetzt, die eine Strategie entwickeln sollte, um Portugals Schiffe aus dem Indischen Ozean zu vertreiben. Ein Botschafter wurde an den Mamlukenhof nach Kairo entsandt; er sollte nicht nur die Mamluken zu Aktionen gegen Portugal ermuntern, sondern auch praktisch-unmittelbar Erleichterungen erwirken: Ägypten möge seine Abgaben senken, damit die »venezianischen« Gewürze auf dem europäischen Markt gegenüber den »portugiesischen« wettbewerbsfähig bleiben. Auch der Plan, Rotes Meer und Mittelmeer durch einen Kanal zu verbinden, wird 1504 in Venedig erörtert.

Venedigs Bürger sollten Anreize bekommen, sich möglichst im Levantehandel zu engagieren: Bisher hatte eine begrenzte Anzahl von Galeeren das Monopol für den Orienthandel gehabt; diese waren jedes Jahr per Versteigerung verpachtet worden. Nun – 1514 – öffnete Venedig den Levantehandel allen Bürgern und schaffte Importzölle ab. Gleichzeitig wurden strukturpolitische Maßnahmen mit langfristiger

Wirkung ergriffen, um wirtschaftliche Alternativen zum Fernhandel zu entwickeln. Die venezianische Textilindustrie nahm einen starken Aufschwung in der ersten Hälfte des 16. Jahrhunderts – in einem Zeitraum von 15 Jahren wurde eine Zunahme der Produktion von 200% registriert.

Heiß umstritten war innerhalb Venedigs die Politik, die gegenüber Portugal verfolgt werden sollte: Wie schon erwähnt, wurden zunächst offensichtlich korrekte, ja gute Beziehungen gepflegt. Im Frühjahr 1502 jedoch wurde der venezianische Botschafter Pasquaglio aus Lissabon abberufen und die diplomatischen Beziehungen eingefroren. Andererseits hat Venedig im ersten Drittel des 16. Jahrhunderts Versuche unternommen, sich mit den Portugiesen zu arrangieren. Venedig bat etwa, Schiffe nach Lissabon schicken zu dürfen, und erhielt die Erlaubnis 1521. Sechs Jahre später bestand in Venedig die Absicht, das Monopol für das gesamte Gewürzaufkommen, das in der »Casa de India« in Lissabon zum Verkauf angeboten wurde, zu erwerben. Aus diesem Vorhaben wurde zwar nichts, doch zeigt es, wie weit das stolze Venedig zu gehen bereit war.

Wenn die Kontakte zwischen Venedig und den »arabischen« Häfen auch seit der Wende zum 16. Jahrhundert zurückgegangen sein mögen und jahrzehntelang weniger Waren als gewöhnlich über die traditionnellen Wege von Asien in den Mittelmeerraum und nach Europa gelangten, so zeigte die Rennaissance des Handels im Roten Meer und im Mittelmeer, die dann um die Jahrhundertwende einsetzte, dass es sich dabei um eine vorübergehende Störung handelte. Es ist naheliegend, ja geradezu verführerisch, diese Störung im Levantehandel auf den überraschenden Einbruch der Portugiesen und den Schock, der dadurch ausgelöst wurde, zurückzuführen. Und tatsächlich ist es unbestreitbar, dass dieses einschneidende Ereignis zunächst auch schwerwiegende Auswirkungen auf die alten Handelswege, die durch die arabische Welt nach Europa führten, hatte. Man darf jedoch nicht der Versuchung verfallen, gerade die venezianische Geschichte eindimensional zu sehen und monokausal zu interpretieren. Denn es gab gewichtige andere Gründe, die um die Wende vom 15. zum 16. Jahrhundert und die Jahrzehnte danach den Levantehandel stark beeinträchtigten. So machte um die Jahrhundertwende ein türkisch-venezianischer Krieg im östlichen Mittelmeer Handelsfahrten besonders schwierig und risikoreich. Wenig später sieht sich Venedig – nicht einiziger aber wichtigster Träger des Asienhandels auf den herkömmlichen Routen – mit einer der schwersten Bedrohungen im Lauf seiner Geschichte konfrontiert: Die Liga von Cambrai ensteht 1508 und vereinigt Venedigs mächtigste Feinde: Frankreich, das Habsburgerreich, der Papst und die italienischen Klein- und Mittelstaaten bedrohten die Existenz der Löwenrepublik; 1509 sang ganz Europa Venedigs Totenmesse. In solchen für die Existenz Venedigs bedrohlichen Situationen konnte es kaum erstaunen, dass keine intensiven Beziehungen zum Orient gepflegt werden konnten. Wie wichtig der Levantehandel auch gewesen sein mag, angesichts einer so unmittelbaren Bedrohung musste er in den Hintergrund treten.

Wenn auch Venedig und ganz Europa von der Entdeckung des neuen Indienseewegs betroffen waren: Zu Beginn des 16. Jahrhunderts beginnt man sich in Mitteleuropa umzuorientieren, als die Gewürze in Venedig knapp werden oder gar nicht mehr erhältlich sind: Die süddeutschen Handelshäuser Vöhlin und Welser wenden sich 1503 dem portugiesischen Gewürzmarkt zu, die »Magna Societas«

von Ravensburg kauft seit 1507 in Antwerpen »portugiesische« Gewürze. Wiener Kaufleute beklagen 1512/13, auf dem Markt von Venedig nicht ausreichend Pfeffer bekommen zu können und bitten um die Genehmigung des Kaisers für Einfuhren aus Antwerpen, Frankfurt und Nürnberg.

Aber selbst in der ersten Hälfte des 16. Jahrhunderts gibt es Anzeichen dafür, dass auch über die Levante-Verbindungen noch Waren aus dem Osten flossen – wenn auch vielleicht weniger als zuvor. Ein Florentiner Geschäftsmann berichtet in einem Brief vom 10.08.1512, dass drei venezianische und fünf französische Schiffe vor Alexandria liegen; ein Anzeichen, dass es eher eine Verlagerung des Handels von Venedig auf seine Konkurrenten gab als ein völliges Erliegen des Verkehrs auf den herkömmlichen Routen. Vielsagend ist auch, dass 1510 ein Schiff direkt Gewürze von Alexandria nach Flandern brachte.

Dass gerade fünf französische Schiffe 1512 vor Alexandria lagen, passt sehr gut in den historischen Kontext: Das 16. Jahrhundert ist das Jahrhundert einer intensivierten Orientpolitik Frankreichs, die in der Allianz zwischen »Halbmond und Lilie« ihren Höhepunkt fand, als Osmanen und Franzosen sich gegen den gemeinsamen Feind Habsburg zusammenschlossen. Franz I. lehnte kurzerhand die portugiesischen Angebote ab und zog es vor, Pfeffer und andere Gewürze über seine türkischen Verbündeten zu beziehen; schließlich versuchte man, Frankreich mit einer »iberischen« Pfefferblockade zu treffen.

Mit der Mitte des 16. Jahrhunderts kam es endgültig zu einer Renaissance der alten Handelsrouten, so dass mit einiger Bitterkeit der portugiesische Botschafter in Rom schrieb, es gebe soviel Pfeffer in den türkischen Häfen, dass es kein Wunder sei, dass so wenig nach Lissabon gelange. Man soll in Portugal selbst den Plan gefasst haben, sich mit den Türken zu verständigen und von ihnen aus der Levante Gewürze zu beziehen. In der Praxis jedoch spielte es sich so ein, dass auf beiden Wegen – über den Seeweg nach Lissabon sowie über die osmanischen Häfen und das Mittelmeer – Gewürze nach Europa kommen; die beiden Routen machen sich gegenseitig Konkurrenz, schliessen einander aber nicht aus. Ein zuverlässiges Indiz dafür, dass der Levantehandel im Aufwind war, stellte die Präsenz von Vertretern der großen deutschen Handelshäuser in den Handelszentren des Osmanischen Reiches dar.

Den Portugiesen gelang es zwar nicht, die alten Verkehrsverbindungen auszuschalten. Dennoch bedeutete ihr Vordringen in den Indischen Ozean den Anfang vom Ende. Der endgültige Niedergang des Roten Meeres als interkontinentale Route kam mit den Niederländern und Briten, die im 17. und 18. Jahrhundert die Portugiesen im Osten ablösten. Die Holländer versuchten, wie vor ihnen die Portugiesen, im Roten Meer Fuß zu fassen: Die holländische Handelsgesellschaft VOC (Vereenigde Oost—Indische Compagnie) begann mit dem Jemen zu handeln und gründete eine Niederlassung in der Hafenstadt Mocha. Doch blieben Handelsumfang und Gewinne begrenzt. Eineinhalb Jahrhunderte niederländische Jemen-Politik bieb ohne langfristig wirksames Ereignis, die holländische Präsenz im Jemen ein Zwischenspiel.

Wenn auch das Rote Meer seine Rolle im Welthandel im 17. Jahrhundert verlor, so konnte es sich doch – oder gerade deshalb – europäischem Einfluss verschließen, blieb ein »muslimischer See«. Wie sehr die Bedeutung des Roten Meeres für den

Handel zurückging, lässt sich an der Tatsache ablesen, dass selbst die Osmanen dazu übergingen, ihren Gewürzbedarf in Holland zu decken.

Liegt der Bezug zwischen arabisch-muslimischen Interessen und dem Vordringen der Euopäer in den Indischen Ozean und nach Süd- und Ostasien noch auf der Hand, so ist der Zusammenhang zwischen den Arabern und der Entdeckung Amerikas weniger offensichtlich. Und doch gehört die Westfahrt des Columbus in den gleichen historischen Kontext. Auch Columbus wollte nichts anderes als das Monopol der islamischen Welt, da es offenbar nicht zu brechen war, umgehen. Er hatte vor, den Osten, also Asien, auf einem Westweg zu erreichen. Ein solches Vorhaben konnte nur entstehen in der spezifischen Situation eines Europa, das, eingeengt durch die islamische Welt und abgeschnitten von direktem Zugang zu den Waren und Märkten im Süden und Osten, sich befreien und auf neuen Wegen seine Abriegelung umgehen musste.

Columbus und der Islam

Columbus ist der Bannenträger des christlichen Abendlandes par excellence. Er verkörpert – wie nur wenige Persönlichkeiten der Geschichte – Europa. Er war es, der den Anstoß gab zu einer Ausdehnung des europäischen Kulturkreises weit nach Westen, der durch seine Entdeckung zu einer immer intensiveren Verflechtung der Kontinente beitrug, zur »mentalen Okkupation der Erde durch die Europäer« (E. Schmitt), sodass aus verschiedenen weitgehend isolierten Weltregionen eine einzige, europäisch bestimmt Welt wurde. Deshalb wurde er zum Heros, zum Monument, als eine eurozentrische Geschichtsrezeption noch selbstverständlich war, ja gar nicht als solche empfunden wurde; deshalb wandelte Columbus sich später, als man gegenüber Europa kritischer und Europa selbstkritischer wurde, zum Sündenbock, zum Antihelden, zur Verkörperung all des Schlechten, das Europa – infolge von Columbus' Entdeckung – wirklich oder vermeintlich – ausgelöst und zu verantworten hatte, sodass manche Historiker es für angemessen hielten, sich bereits im Titel ihrer Arbeiten von ihm zu distanzieren. Dieser – im Positiven wie im Negativen – zutiefst europäisch-abendländische Columbus ist jedoch nur vorstellbar im Kontext eines sich im Konflikt mit der islamischen Welt befindlichen Europa. Columbus ist – so wie er dachte und handelte – eine ganz typische Gestalt dieses jahrhundertealten welthistorischen Gegensatzes zwischen Orient und Okzident, der als Leitmotiv die Geschichte von Abendland und Morgenland durchzieht und vom 8. bis zum 20. Jahrhundert eine der Konstanten der Weltgeschichte darstellt.

Columbus wird in eine Welt hineingeboren, die ganz von der christlich-islamischen Konfrontation geprägt ist: Im Mittelmeerraum des 15. Jahrhunderts ist dieser Konflikt beherrschendes Thema. Krieg und Frieden spielen sich im Koordinatennetz islamisch-christlicher Beziehungen ab. Zahlreiche italienische Städte hängen durch ihren Handel direkt von der Entwicklung dieser Beziehungen ab. Besonders Columbus' Heimatstadt Genua ist mit dem islamischen Orient verbunden, verdankt Glanz und Größe dem Orient-Handel. In der kosmopolitischen Atmosphäre einer Hafen- und Handelsstadt, die von ihren Wirtschaftsbeziehungen zum Orient lebt, wächst Columbus auf. Die Lockungen des Orients, seine Reichtümer und Luxuswaren sind hier allgegenwärtig sichtbar und greifbar. Reiz und Faszination eines märchenhaften Orients sind hier unmittelbare Erfahrung. Genua ist im ganzen Mittelmeerraum präsent, unterhält ein Netz von Kolonien und Niederlassungen, das sich bis in die Schwarzmeerregion in unmittelbarer Nähe des osmanischen Machtbereichs erstreckt. Doch die Beziehungen zwischen christlicher Welt und Orient sind durchaus ambivalent. Zwar gelangen über den islamischen Orient all die begehrten und gewinnbringenden Luxuswaren aus Asien nach Europa, zwar ist dieser Orienthandel Grundlage für Macht und Glanz von strahlenden Metropolen wie Genua und Venedig. Aber gleichzeitig ist es die islamische Welt, die wie ein Riegel Europa abschließt von den Ursprungsländern, aus denen die wertvollen exotischen Produkte stammen; der Machtbereich des Islam hindert das Abendland am direkten Kontakt mit Indien, China, Japan. Und der friedliche Handelsverkehr zwischen christlicher und islamischer Welt kann schnell und unerwartet zu Krieg umschlagen: Genuas sowohl als auch Venedigs Politik gegenüber den islamischen Staaten – in erster Linie gegenüber den ägyptischen Mamluken und den türkischen Osmanen – ist geprägt von dieser ständigen Gratwanderung zwischen Handel und offenem Konflikt: Die Zeit des Columbus' wird im östlichen Mittelmeer bestimmt von der Ausdehnung des Osmanischen Reiches, das in alle Richtungen expandiert: Zwei Jahre nach Columbus' Geburt, 1453, fällt Konstantinopel. Das Ende des Byzantinischen Reiches, der Verlust des Zweiten Roms für die Christenheit bedeutet eine tiefe Zäsur im abendländischen Bewusstsein und macht in Europa die Gefahr, die vom Osmanischen Reich ausgeht, schockierend deutlich: Die türkische Bedrohung wird zum Trauma für Europa. Auf dem Balkan geht der türkische Vorstoß nach Norden zu Land weiter und wenige Jahre nach dem Fall Konstantinopels wird Serbien Teil des Osmanenreiches. 1475 verliert Genua seine östlichen Vorposten auf der Krim, Venedig muss Stützpunkte in Griechenland und Albanien aufgeben. Die Türken beschränken sich nicht auf die Einnahme italienischer Besitzungen im Orient, sondern stoßen 1480 bei Otranto auch auf das italienische Festland selbst vor. Zu diesem Zeitpunkt hat Columbus längst seine italienische Heimat verlassen.

Auf der iberischen Halbinsel ist der Islam und die Auseinandersetzung mit ihm auch allgegenwärtig – allerdings in anderem Zusammenhang und unter umgekehrten Vorzeichen (s. auch S. 41). Hier geht die siebenhundertjährige Epoche islamischer Herrschaft ihrem Ende zu; das Ende des letzten islamischen Staates auf iberischem Boden ist abzusehen, die christliche Seite ist in der Offensive. Die Reconquista ist die dominierende kollektive Erfahrung im Spanien des 15. Jahrhunderts. Ein anderer Aufbruch hat ebenfalls längst begonnen im Iberien, in das Columbus kommt: Das Ausgreifen über das Meer, der Vorstoß in unbekannte Fernen, zu atlantischen Inseln und entlang der Westküste Afrikas nach Süden.

Vor diesem zweifachen italienisch-iberischen Hintergrund – und nur vor ihm – wird die Genese von Columbus' Motiven für seine Entdeckungsfahrt möglich, die ihn schließlich zu einem unbekannten Kontinent führte. Ist Columbus' gesamte Erfahrungswelt, ja das kollektive Bewusstsein ganz Europas, nachhaltig vom Gegensatz Christentum – Islam beeinflusst, und Columbus' Projekt nur aus ihm verständlich und erklärlich, so sind auch seine Ziele und Motive, das, was er mit seiner Atlantiküberquerung bezweckt, nur aus dem Kontext dieses Gegensatzes heraus begreiflich und nachvollziehbar. Columbus wollte auf dem Westweg in die – auf der Ostroute durch den Islam versperrten und somit unerreichbaren – Regionen des südlichen und östlichen Asien gelangen. Dies allein – Ausschaltung des islamischen Monopols, Umgehung der unüberwindlichen Hindernisse auf dem Weg nach Osten durch Wahl des Westweges – wäre bereits ein glänzender Erfolg gewesen, der Weltruhm gebracht hätte, ein bedeutender Schlag gegen den Islam und Quelle großen Reichtums für Europa, eine Großtat für einen Bannerträger des Christentums. Aber Columbus' eigentliches Ziel lag viel näher. Zwar wollte er im Fernen Osten in der Tat Kontakt zum Großkhan aufnehmen und an die sprichwörtlichen Reichtümer Asiens kommen. Doch war dies für ihn kein Selbstzweck, sondern nur ein Mittel zur Verwirklichung seines eigentlichen Ziels: der Befreiung der heiligen Stätten der Christenheit, Jerusalems, von muslimischer Herrschaft. Diesem Ziel sollten die Reichtümer, auf die er in Asien hoffte, dienen. So weit gespannt, so kühn und weltweit dimensioniert die Projekte von Columbus auch gewesen sein mögen, sie ließen sich immer wieder auf die Größenordnung des islamisch-christlichen Gegensatzes reduzieren; hier liegen ihre geistigen Wurzeln, hier haben sie ihre Finalität; auf Ziele in diesem Bereich laufen seine interkontinentalen Unternehmungen letzendlich hinaus. Zwar waren Beweggründe, Absichten und Ziele von Columbus im Laufe der Zeit gewissen Variationen unterworfen und wurden in seinen späteren Lebensjahren zunehmend in einen eschatologischen Zusammenhang gerückt; doch durchzieht die Gewinnung orientalischer Reichtümer zur Finanzierung eines Kreuzzuges mit dem Ziel, Jerusalem vom Islam zu befreien und für die Christenheit zurückzugewinnen, Columbus' Leben und Schriften wie ein roter Faden. Das Bordbuch der ersten Reise beginnt bereits mit Angriffen auf den Islam und hebt hervor, dass die katholischen Könige »Feinde der Sekte des Mohammed« seien.

Das 15. Jahrhundert stand stark unter dem Eindruck der Türkenfurcht und ist voll von Kreuzzugsplänen, die durchaus ernst gemeint waren. Gerade am Hof der katholischen Könige waren sie verbreitet. Und hier waren ja die Projekte des Columbus' auf fruchtbaren Boden gefallen, den sicher auch die bis ins Ende des 13. Jahrhunderts zurückreichende aragonische Tradition einer Schutzpolitik der heiligen Stätten in Palästina aufbereitet hatte. Selbst das Projekt der Wiedereroberung Jerusalems durch einen König von Aragón wurde zu einem zentralen Element eines »mesianismo oficial« der Krone von Aragón. Es war kein zufälliges Zusammentreffen der Kreuzzugsbegeisterung eines einzelnen Schwärmers mit einer religiös gefärbten Nationalideologie in Aragón, sondern beide sind aus einer entsprechenden Zeitstimmung erklärlich, sind eingebettet in einen weiteren Sinnzusammenhang. Eine im iberischen Raum weit verbreitete millenaristische Strömung, die besonders auch in franziskanischem Milieu wirkte, dem Columbus ja nahe stand, wies Spanien im Rahmen chiliastisch-eschatologischer Erwartungen eine besondere Rolle zu: Von Spanien aus sollte angesichts des nahen Weltendes eine Einigung des Erdkreises unter christlichen Vorzeichen erfolgen, sollten die Ungläubigen geschlagen, würde Jerusalem zurückerobert, die ganze Welt christlich werden. Geschichte und Heilsgeschichte schienen so eins zu werden: Die Eroberung Granadas, die Vertreibung der Juden aus Spanien und sein Aufbruch zu seiner großen Entdeckungsreise fallen für Columbus im Prolog zum Bordbuch zeitlich und örtlich in Granada im Januar 1492 zusammen, was – obwohl faktisch unzutreffend – für Columbus jedoch aus

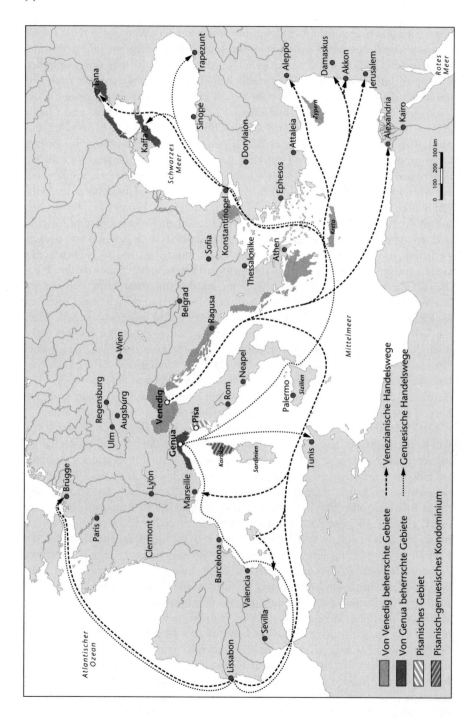

Karte 3: Die wichtigsten Seeverbindungen Venedigs und Genuas im Spätmittelalter

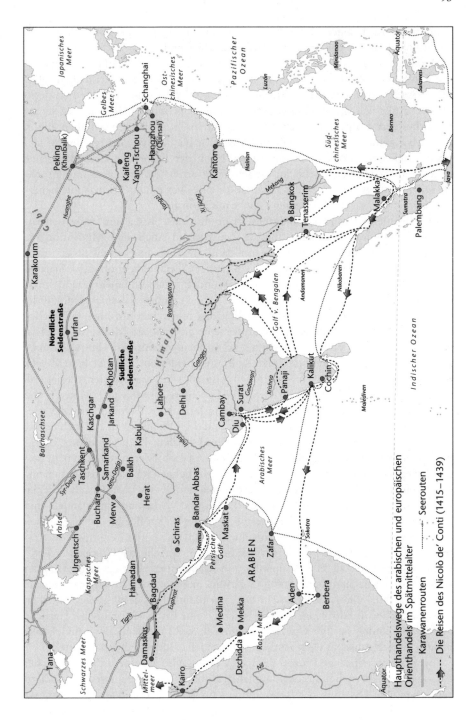

Karte 4: Orientalische Handelswege im Mittelalter

dem Sinnkontext folgerichtig erscheint. Die drei Ereignisse weisen den Weg zum weltweiten Triumph des Kreuzes anlässlich des Weltendes.

Besonders interessant in unserem Zusammenhang ist eine überlieferte Legende mit konkretem Islambezug: Im Zuge der Wiederherstellung der christlichen Ökumene werden vom vereinigten Spanien aus christliche Inseln im Westen entdeckt werden. Anlässlich der muslimischen Eroberung der iberischen Halbinsel sei im 8. Jahrhundert ein portugiesischer Bischof auf Inseln im Westen geflohen, die er unsichtbar gemacht habe. Sie würden unsichtbar bleiben bis ganz Spanien wieder im Zeichen des Christentums vereint sei. Nach der Eroberung Granadas könne man die »verzauberten Inseln« im Westen leicht erreichen. Eine vom muslimisch-christlichen Gegensatz beeinflusste Variation eines bekannten Themas mit sicherlich suggestiver Wirkung auf einen Geist wie Columbus.

Im Allgemeinen werden Columbus' Pläne durchaus als real und realistisch anerkannt, zumindest aber als ins Bild der Zeit passend. Auch seine Motivation, die Reichtümer des Ostens zu gewinnen, um damit die Befreiung Jerusalems zu finanzieren, wird gemeinhin als authentische akzeptiert. Gerade diese obsessive Hartnäckigkeit, mit der er an diesem Projekt festhält und die mehr und mehr religiös-mystische Gedankenwelt, in die er das Jerusalem-Projekt einbaut, lassen es glaubwürdig erscheinen und machen es unwahrscheinlich, dass es sich hier um einen vorgeschobenen Grund handelte, mit dem Columbus seine eigentlichen Motive verschleiern wollte. Aber selbst – oder gerade dann – wenn man annehmen wollte, Columbus' Westfahrt sei nur aus Geltungs- und Ruhmsucht oder aus Habgier zum Zweck persönlicher Bereicherung unternommen worden, wäre das Jerusalem-Projekt als public-relations-Effekt signifikant. Es würde bedeuten, dass von allen Motiven und Begründungen für sein Projekt die Befreiung Jerusalems Columbus als die wirkungsvollste, die den katholischen Königen und der Öffentlichkeit einleuchtendste erschien. Mit anderen Worten: Gerade mit dem Jerusalem-Kreuzzug hätte Columbus geglaubt, Unterstützung für sein Unternehmen mobilisieren zu können. In beiden Fällen, als zugkräftiger Vorwand oder als wirkliches Ziel, bleibt das Jerusalem-Motiv ein untrügliches Anzeichen für die Bedeutung des islamisch-christlichen Gegensatzes im Kontext von Columbus' Leben und Wirken und im Handeln und Denken seiner Zeit. Auch auf der ersten Reise selbst fallen Bezüge zur islamischen Welt auf: Columbus wird begleitet von einem Dolmetscher, der Kenntnisse des Arabischen und »Chaldäischen« (einer neuaramäischen Sprache, die Gruppen orientalischer Christen vor allem als Literatur- und Kirchensprache pflegten, aber immer weniger aktiv sprachen) hatte. Sollte Columbus angenommen haben, man spreche in Indien, China und Japan Arabisch? Dies war natürlich keineswegs der Fall. Aber: Die praktischen Erfahrungen Europas reichten nur bis in die arabisch-islamische Welt. Dort fanden sie ihre Grenze. Es fand sich wohl niemand, der ausreichende praktische Kenntnisse in einer »östlicheren« Sprache als der arabischen hatte.

Der jahrhundertelange Prozess der Reconquista wird allgemein als wesentlicher Faktor, der die iberischen Entdeckungsfahrten mit auslöste und ihren Verlauf prägte, angesehen. Die Dynamik der Reconquista kam der Expansionsbewegung zugute, verlieh ihr den nötigen Schwung und ermutigte sicher viele, sich an Entdeckungsfahrten zu beteiligen. Die Reconquista war die Erfahrung schlechthin, die man in Spanien und Portugal mit einem anderen Kulturkreis hatte, sie bestimmt somit ganz von selbst die Art des Umgangs mit »Anderen«. Hieraus ergibt sich folgerichtig, dass es auch das Modell der Reconquista war, welches das Verhalten der Entdecker in der Neuen Welt mit prägte und ihre Einstellung gegenüber den Bewohnern dieser Neuen Welt. Die Versklavung und die schlechte Behandlung der Indios war also auch eine Folge daraus, dass die Entdecker und Kolonisatoren aus der Tradition eines Glaubenskrieges kamen (die Reconquista war immer auch Glaubenskrieg – selbst wenn machtpolitische Motive und wirtschaftliche Interessen in den Vordergrund traten).

Nur wenige Jahre nach Columbus' Landung auf einem neuen, unbekannten Kontinent entdeckte Vasco da Gama 1498 den Seeweg nach Indien, nachdem Bartolomeo Diaz bereits die Voraussetzungen hierfür geschaffen hatte durch die Umsegelung der Südspitze Afrikas. Damit war eine direkte Verbindung zwischen Europa und Asien hergestellt; das Monopol der islamischen Welt war zwar nicht gebrochen, aber dafür umgangen. Ganz kurz vor Vasco da Gamas Erfolg schlägt auch Columbus, einmal von seinem Plan einer Westfahrt zur Entdeckung des Ostens abweichend, vor, den Islam im Rücken anzugreifen – einen Kreuzzug gegen Mekka – und eine Handelsfahrt zum indischen Hafen Kalikut zum Gewürzeinkauf zu unternehmen (1497).

Die Entdeckungen von Columbus und Vasco da Gama bedeuten den Anfang von Entwicklungen, deren Tragweite damals noch nicht in vollem Ausmaß erkannt werden konnte: Es war der Beginn europäischer Weltherrschaft (wobei es nebensächlich für unsere Thematik ist, dass später die amerikanische Variante der europäischen Kultur die Führung übernahm), aber auch das Zusammenwachsen der Kontinente zu einer Welt mit einer gemeinsamen Weltgeschichte. War Europa mit diesen Entdeckungen auf dem Weg zu weltweiter Dominanz, materiellem Reichtum und zu einem deutlichen Entwicklungsvorsprung vor allen anderen Kulturkreisen, so waren die Auswirkungen dieser Entdeckungen für die islamische Welt eindeutig negativ. Ohne die großen Entdeckungen monokausal als *den* Grund schlechthin für den Niedergang der islamischen Welt zu sehen, sind sie doch zweifellos einer der Faktoren, die zu diesem Niedergang beigetragen haben. Allerdings war dies ein sehr langfristiger Prozess. Zunächst änderte sich im muslimisch-christlichen Verhältnis wenig. Selbst das Volumen des Handels auf den alten nahöstlichen Routen nahm durch die Entdeckung des Indienseewegs anfangs keineswegs ab. Aber Europa hatte sich aus der Blockade durch den Islam befreit, der Sperr-Riegel der sich von Zentralasien über das Schwarze Meer und den Balkan durch die gesamte Mittelmeerregion bis zur Atlantikregion erstreckte, war umgangen; der Weg zur Gewinnung neuer Ressourcen war offen, neue Handelsströme konnten entstehen. Noch aber war der Islam im Osten auf dem Vormarsch: Die Expansion des Osmanischen Reiches im Mittelmeer und in Südosteuropa erreichte erst nach Columbus' und Vasco da Gamas Entdeckungen ihren Höhepunkt; das ganze 16. und 17. Jahrhundert hindurch war die Konfrontation mit dem Islam noch eines der zentralen Themen europäischer Geschichte – und sogar noch Karl V. hegte Kreuzzugspläne. Aber diese Konfrontation hatte ihre Ausschließlichkeit, ihren obsessiven Charakter verloren, die Perspektiven Europas hatten sich geweitet, der Blick des Abendlandes war nicht mehr wie unter Hypnose auf die islamische Welt fixiert.

Wenn Columbus in seinem Denken und Handeln auch durch eine vom Gegensatz Orient-Okzident stark beeinflusste Welt mit geprägt wurde, so erlaubt dies nicht den Schluss, Columbus hätte für die islamische Welt ein besonders positives Interesse gehabt. Zwar betonte Columbus ausdrücklich, die Kenntnisse, die ihm bei seinen Entdeckungen zweckdienlich gewesen seien, habe er auch von Juden und Mauren (= Muslimen) erhalten; dies bedeutet jedoch lediglich, dass er offen war für alle Quellen, aus denen er Informationen erhielt, die seinem Projekt dienen konnten. Für ihn war der Islam lediglich eine »Negativ«-Größe, kein Gegenstand näherer geistiger Auseinandersetzung.

Im Jahr 1492 fallen zwei welthistorische Ereignisse zusammen: Das Ende des letzten arabisch-islamischen Staates auf iberischem Boden und die Entdeckung Amerikas; der symbolische Charakter dieser Koinzidenz entging auch Columbus nicht. Die Befreiung vom Islam als militärischer Bedrohung, als übermächtigem politischem Machtfaktor, als Fessel und Barriere, fiel zusammen mit dem Aufbruch eines gleichsam sich emanzipierenden Abendlandes zu neuen Horizonten.

Siebtes Kapitel
Machtwechsel in der islamischen Welt
Die Türken als neue Hauptgegner des Abendlandes
(14. bis 19. Jahrhundert)

Die Seldschuken in Kleinasien – Schicksalsjahr 1071

Das Jahr 1071 markiert einen welthistorischen Einschnitt. In diesem Jahr – wir haben es bereits erwähnt (s. S. 63) – schlagen die seldschukischen Türken die Byzantiner entscheidend bei Mantzikert im Osten Kleinasiens. Von diesem Zeitpunkt an setzt ein ständiger Zustrom von türkischen Bevölkerungsgruppen nach Kleinasien ein, das weniger unmittelbar erobert als vielmehr nach und nach von den Türken durchdrungen wird. Dieser Vorgang dauert Jahre und Jahrzehnte, ist aber unaufhaltsam und irreversibel. Einerseits wird so ein historischer Prozess eingeleitet, der mit der völligen Vernichtung des Byzantinischen Reiches vier Jahrhunderte später endet, andererseits symbolisiert diese Entwicklung auch eine Trendwende innerhalb der islamischen Welt. Die Hauptrolle im Machtbereich des Islam spielen die Araber bis zu diesem Zeitpunkt. Sie haben die unbestrittene Vorherrschaft im muslimischen Lager. Viele der eroberten Gebiete werden arabisiert, zahlreiche Muslime, aber auch Nichtmuslime, nehmen die arabische Sprache an. Die neue islamische Kultur entsteht unter arabischen Vorzeichen, benutzt die arabische Sprache und Schrift. Iran aber nimmt die arabische Sprache nicht an. Ebenso widerstehen die Türken der Arabisierung, obwohl sie den Islam annehmen. Die Türken werden nun in der islamischen Welt zur Führungsmacht und sie werden an der Wende vom Mittelalter zur Neuzeit die Hauptrolle in der Auseinandersetzung mit dem Abendland übernehmen. Während im Westen, in al-Andalus, die Reconquista an Macht und Dynamik gewinnt und dadurch Spanien – trotz wiederholter islamischer Gegenschläge – langfristig mehr und mehr christlich wird, ist der Islam im Osten, im Konflikt mit Byzanz, unter türkischer Führung eindeutig erneut in der Offensive. Noch ist die Expansion des Islam in Richtung Europa nicht abgeschlossen, sondern erfährt neue Impulse. Gerade als die Epoche der Kreuzzüge im syrischen Raum und in Ägypten zuende geht, haben die türkischen Glaubenskrieger in Kleinasien zunehmend Erfolg.

Eine neue islamische Großmacht – das Osmanische Reich

Unter den türkischen Fürstentümern, die im östlichen Vorfeld des byzantinischen Machtbereichs in Anatolien entstehen, nimmt eines unter seinem Herrscher Osman I. (um 1258/59-1326) um 1300 eine Sonderrolle ein. Osmans Kleinstaat wird zur Keimzelle und er selbst zum Namenspatron einer Großmacht und ihrer Dynastie, die vom Ende des 13. bis zum Beginn des 20. Jahrhunderts herrschen sollte. Das Osmanische Reich beginnt damals zu entstehen in einer Region, in die die Araber nie vorgestoßen waren. Mehr und mehr dehnt sich der türkische Kleinstaat aus, vor allem auf Kosten von Byzanz, aber auch von anderen muslimisch-türkischen Kleinstaaten. Das Byzantinische Reich schrumpft, wird zunehmend vom ständig wachsenden osmanischen Territorium eingeschlossen. Bald setzen die Osmanen über die Dardanellen (1345) und haben damit Fuß gefasst in »Europa« – nach heutiger geographischer Definition. Doch alter griechischer Kulturraum christlicher Prägung ist schon seit dem 11. Jahrhundert in Kleinasien unter muslimische Kontrolle geraten – der Kernraum der heutigen Türkei wird in dieser Zeit muslimisch und türkisch.

Die Türken dringen im Balkan unaufhaltsam vor. 1365 nehmen sie Adrianopel ein, das unter dem Namen Edirne osmanische Hauptstadt wird. 1389 findet die historische Schlacht auf dem Amselfeld statt, die bis heute im Kosovo fortwirkt, wo eine tiefe Kluft Muslime und Christen noch immer trennt. Der osmanische Sieg über die Serben besiegelt das Schicksal des Balkan. Eine Art Kreuzzug soll den türkischen Vormarsch aufhalten. Doch die Osmanen schlagen 1396 die vereinigte christliche Armee unter König Sigismund von Ungarn bei Nikopolis in Bulgarien. Anfang des 15. Jahrhunderts aber scheint der Bestand des Osmanischen Reiches seinerseits gefährdet. Tamerlan – Herrscher über ein turkmongolisches Reich in Mittelasien – greift die Osmanen von Osten aus an und schlägt sie bei Ankara. Doch vom christlichen Europa wird das darauf folgende Chaos nicht genutzt, das Osmanische Reich erholt und konsolidiert sich.

Während das 15. Jahrhundert im Westen die abschließende Phase der Reconquista und die völlige Vertreibung des Islam aus Spanien sowie portugiesische Vorstöße nach Nordafrika bringt, erreicht im östlichen Mittelmeer die osmanische Machtentfaltung einen ersten Höhepunkt: Konstantinopel wird von den Osmanen belagert und am 29. Mai 1453 erobert. Eine Epoche geht zuende. Das Zweite Rom, das Bollwerk des Christentums gegen den Islam, ist gefallen. Was den Arabern trotz wiederholter Versuche nie gelungen war, hatten die Türken im Zeichen des Islam vollendet. Reste des Byzantinischen Reiches, das acht Jahrhunderte lang entschlossen dem Islam widerstanden hatte, überlebten die Katastrophe um einige Jahre, bis das Reich dann ganz unterging. Dies war ein schwerer Schlag nicht nur für die griechisch-orthodoxe Kirche, sondern verfehlte auch nicht einen tiefen Eindruck auf ganz Europa. Jetzt wurde man sich des Ernstes der Lage bewusst, die »Christenheit« schien in Gefahr. Doch die Expansion des Osmanenreichs geht weiter; sie wird erst im folgenden Jahrhundert ihren Höhepunkt erreichen und für ganz Europa bedrohliche Ausmaße annehmen. Bereits im 15. Jahrhundert gerät der Türkenstaat in immer stärkeren Gegensatz zu den italienischen Handelsstaaten, deren Territorialbesitz im Ostmittelmeerraum nach und nach durch osmanische Erobe-

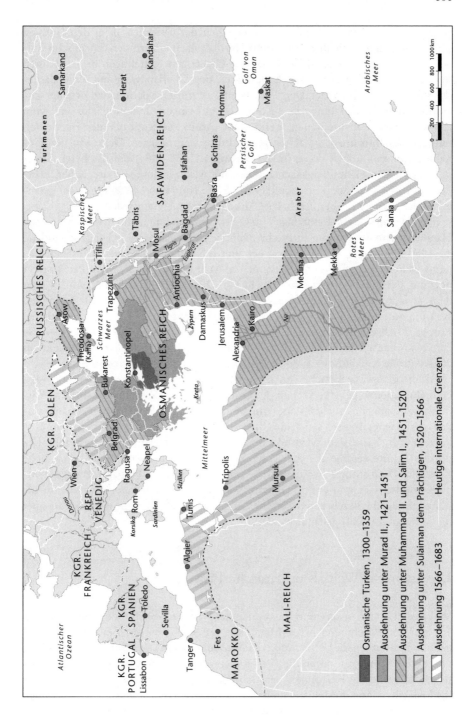

Karte 5: Das Osmanische Reich zur Zeit seiner größten Ausdehnung

rungen reduziert wird. Venedig ist Hauptgegner der Osmanen, da es den Großteil des europäischen Orienthandels kontrolliert. Zunächst hatte der osmanische Sultan die Präsenz der großen Konkurrentin Genuas im Mittelmeer an den Küsten des Schwarzen Meeres, an den Endpunkten der Überlandwege aus Zentralasien, der »Seidenstraße«, beendet. Den Türken ging es zunächst darum, den orientalisch-europäischen Handel unter ihre Kontrolle zu bringen und möglichst viel vom Zwischenhandel zu profitieren, wenn nicht darum, die Kontrolle des Handels als militärisches Instrument im Krieg gegen Europa einzusetzen. Denn mit der Einnahme Konstantinopels durch Sultan Mehmed (1432-1481) den Eroberer, der es zu seiner neuen Hauptstadt machte, waren die weit gespannten strategischen Pläne der Osmanen keineswegs erschöpft. Nur wenige Jahre und Jahrzehnte später gelangen ihnen weitere Eroberungen: Die Türken waren nicht zufrieden damit, genuesische und venezianische Besitzungen im Orient einzunehmen und so das europäische Handelsnetz in der Levante einzuschränken, sie griffen auch das italienische Festland an: 1480 okkupieren sie, wie schon erwähnt (s. S. 92), die süditalienische Stadt Otranto, weitere Truppen werden entsandt, um nach Italien überzusetzen. Panik bricht dort aus, der Papst bereitet seine Flucht vor. Doch der Tod Sultan Mehmeds setzt dem geplanten Unternehmen ein vorzeitiges Ende. Aber auch nach Mehmeds Tod geht die osmanische Expansionspolitik weiter – nicht nur in Richtung christliches Europa. Auch die muslimischen Nachbarstaaten im Osten werden angegriffen, So kam es immer wieder zu Auseinandersetzungen mit den ägyptischen Mamluken um die Kontrolle Kilikiens (im südöstlichen anatolischen Grenzbereich zu Syrien)

Als die glanzvolle Epoche von al-Andalus mit der christlichen Eroberung 1492 endgültig zuende geht, versuchen die Osmanen im Balkanraum weiter nach Norden vorzudringen – zunächst aber ohne entscheidenden Erfolg. Die Aufmerksamkeit des Sultans musste sich zunächst nach Osten richten, wo neben dem Kokurrenten in Kairo, dem Mamlukenstaat, eine weiter Gefahr in Iran entsteht: Das dortige Schiitenregime der Safawiden wird bedrohlich auch für die osmanische Kontrolle Ostanatoliens, wo das Schiitentum als subversive Propaganda auf fruchtbaren Boden fällt und antiosmanische Stimmung schüren kann. Doch kann die iranische Gefahr durch einen entscheidenden Sieg der Türken bei Caldiran über die Safawiden (1514) gebannt werden.

Die arabische Welt als osmanische Provinz

Viel bedeutender in unserem Zusammenhang ist der Vorstoß, den die Osmanen 1516 in den Machtbereich der Mamluken unternehmen. Im Zeitraum 1516/17 gelingt den Türken die Vernichtung des Mamlukenstaates – nachdem sie noch kurz vorher die Mamluken gegen die Portugiesen im Indischen Ozean unterstützt hatten. Damit sind die Kernländer der arabischen Welt – Ägypten und Syrien sowie die heiligen Stätten in Mekka – unter osmanische Herrschaft geraten. Jetzt gelingen von dieser verbreiterten Basis aus auch entscheidende Erfolge gegen europäische Gegner: 1522 kann endlich Rhodos von den Johannitern erobert werden, 1526 wird durch die Schlacht von Mohacs Ungarn zum Vasallenstaat der Osmanen. 1529 stehen die Türken erstmals vor Wien. Die Belagerung Wiens scheitert – doch sie hat Europa die türkische Gefahr erneut deutlich vor Augen geführt. Diese ist umso konkreter und bedrohlicher, als die Osmanen ein Bündnis mit dem »allerchristlichsten König« (»le roi très chrétien«) von Frankreich geschlossen haben. Franz I. sieht diese Allianz zwischen Halbmond und Lilie als wirksames Instrument in seinem Konflikt mit den Habsburgern, der seine gesamte Regierungszeit wie ein roter Faden durchzogen hat. Zwar ist die Kooperation zwischen Osmanen und Franzosen die spektakulärste ihrer Art, doch sind die Osmanen Jahrhunderte hindurch ein wichtiger Mitspieler innerhalb der europäischen Diplomatie – immer wieder gibt es muslimisch-christliche Allianzen, die den Osmanen die Uneinigkeit des »christlichen Abendlandes« vor Augen führten. In der ersten Hälfte des 16. Jahrhunderts sind die Osmanen zur interkontinentalen Großmacht geworden. Ihr Reich erstreckt sich von der Donau bis in die libysche Wüste; die Ostküsten des Mittelmeeres, die Gestade des Schwarzen Meeres, die Mündung des Nils und das Rote Meer gehören zum Osmanischen Reich ebenso wie die Küsten des Persischen Golfes und Mesopotamien. Die arabische Welt wird zur osmanischen Provinz.

Wie Damaskus und Bagdad zuvor verliert nun auch Kairo seine Rolle als Hauptstadt und Metropole. Der neue Mittelpunkt der muslimischen Welt liegt am Bosporus. Die osmanische Hauptstadt Istanbul wird zum Anziehungspunkt für Künstler, Dichter und Gelehrte – sie entwickelt sich auch zur kulturellen Metropole. Im Osmanischen Reich ist auch eine Kultur eigener Art entstanden, die sich in Architektur, Literatur und allen Bereichen der Kunst entfaltete. Es war eine Kultur, die aus der Verschmelzung türkischer mit persischen und arabischen Elementen entstand, zu denen aber auch christliche Einflüsse kamen (Sultan Mehmed der Eroberer lässt sich vom italienischen Maler Gentile Bellini porträtieren). Symbolisch für diesen synkretischen Charakter der osmanischen Hochkultur wurde die osmanische Sprache. Sie wurde in arabischer Schrift geschrieben und verband sowohl im Wortschatz als auch in der Grammatik persische mit arabischen und türkischen Komponenten, wodurch sie einen literarisch-künstlichen Charakter erhielt. Dichter der Osmanenzeit verfassten ihre Werke oft in Farsi (Persisch), Sprache der Theologen blieb auch im Osmanenreich das Arabische. So behielten die Araber, ihre Sprache und Kultur weiterhin Einfluss, doch traten die arabischen bzw. arabisierten Regionen der islamischen Welt in ihrer Bedeutung in den Hintergrund.

Nordwestafrika zwischen Türken und Europäern.
Korsaren und Handelsschiffe im westlichen Mittelmeer

Der Maghreb jedoch wurde zum Zankapfel zwischen Osmanen und Habsburgern. Schon im 15. Jahrhundert hatten sich die Türken mit den Problemen der Muslime im Westen konfrontiert gesehen. Die Nasriden von Granada richteten 1487 – also nur wenige Jahre vor dem Untergang des letzten muslimischen Staates auf iberischem Boden – einen Hilferuf an den osmanischen Sultan. Dieser entsandte den Korsaren Kemal Re'is in spanische Gewässer, wo er mehrfach die Küste überfiel, letzlich aber den Gang der Geschichte nicht aufhalten konnte. Im Gegenteil, die

Spanier begannen, da sie den Islam von der iberischen Halbinsel vertrieben hatten, nun ihrerseits mit der Expansion nach Nordafrika (1497). Doch gleichzeitig interessieren sich Korsaren aus dem östlichen Mittelmeer für den Maghreb. 1512/13 kam eine Gruppe von ihnen unter Führerschaft der Gebrüder Barbarossa von der Insel Mytilene ins westliche Mittelmeer. Die Emire der im heutigen Tunesien herrschenden Hafsiden-Dynastie gestatteten ihnen die Nutzung der Insel Djerba als Basis. Bald zeige sich, dass dieser Stützpunkt zu weit entfernt war von den eigentlichen Zielen der Seeräuber und dass man für erfolgreiche Angriffe auf spanische Positionen – von denen es auch bereits in Nordafrika einige gab – einen Hafen weiter westwärts benötigte. Vom osmanischen Sultan erhielten die Gebrüder Barbarossa militärische Unterstützung – so wurden ihre Unternehmungen sozusagen im Namen der »Hohen Pforte«, der osmanischen Regierung, durchgeführt. Sie konnten sich 1515 in Algier festsetzen, doch gelang es ihnen erst 1529, die Spanier von Peñon, eine der Stadt vorgelagerten Insel, zu vertreiben. Unter den Stämmen Algeriens konnten die Korsaren ihre Herrschaft durchsetzen, doch gelang ihnen die Einnahme der spanisch beherrschten Häfen an der Mittelmeerküste nicht.

1533 schickte Sultan Süleyman Chair ad-Din Barbarossa mit dem Titel eines osmanischen Großadmirals an der Spitze einer neuen Flotte wieder nach Nordafrika, wo er die Dynastie der Hafsiden und ihren Staat osmanischer Herrschaft unterwarf und Tunis zu seinem Stützpunkt machte. In Europa war man durch diese Ausdehnung osmanischer Macht beunruhigt. Kaiser Karl V. (1500-1558) entsandte eine Flotte, deren Übermacht die Korsaren weichen mussten. Tunis fiel – mit habsburgischer Hilfe – an die Hafsiden zurück. La Goulette erhielt eine spanische Garnison. Dies zeigt, dass das primäre Ziel Karls V. nicht Eroberung war, sondern die Eindämmung der osmanischen Gefahr und vor allem des Korsarentums. Eine weitere Ausdehnung des osmanischen Aktionsradius', der vielleicht sogar Spanien gefährlich werden konnte, sollte verhindert werden.

Die Osmanen ihrerseits waren nicht gewillt, den Westen der muslimischen Welt aufzugeben. 1541 schlugen sie einen spanischen Angriff auf Algier zurück. Der Maghreb wird zur Arena des Konflikts zwischen Osmanen und Spaniern – aber auch die Portugiesen und sogar England werden hier aktiv und im heutigen Marokko tritt ein neuer lokaler Machtfaktor, die Scherifendynastie der Sa'dier auf (Scherifen sind wirkliche oder angebliche Nachkommen des Propheten Muhammad). Die Bemühungen der Türken, auch Marokko ihrem Imperium anzugliedern, sind letztlich nicht von Erfolg gekrönt.

Gegen Mitte des 16. Jahrhunderts lehnen die Sa'dier das Ansinnen der Osmanen ab, sich osmanischer Oberhoheit zu unterstellen. Die Beziehungen werden daraufhin feindselig, die im heutigen Westalgerien gelegene Stadt Tlemcen wechselt mehrfach den Besitzer. Den Türken gelingt 1553 die Eroberung der marokkanischen Stadt Fes – der westlichste Punkt ihrer Expansion ist damit erreicht; im Jahr darauf verlieren sie Fes wieder. Doch auch gegen Spanien operieren Korsaren im osmanischen Auftrag weiter. Marokkanische Bemühungen um eine Koalition mit Spanien gegen die Osmanen wird von spanischer Seite nicht ernst genommen. So erobern die türkischen Flotteneinheiten Mostaganem (im heutigen Algerien) von den Spaniern, überfallen Menorca und erbeuten 150 spanische Galeeren. Osmanische Schiffe besiegen 1560 eine spanische Flotte unter Andrea Doria vor Djerba.

Aber auch Spanien gelingen erfolgreiche Aktionen – so schlug es 1565 einen osmanischen Angriff auf Malta zurück. Gegen die Türken kommen christlich-muslimische Bündnisse zustande: Die Hafsiden in Tunis arbeiten mit Spanien gegen den gemeinsamen osmanischen Feind zusammen.

Eine weitere Komplizierung und Verschärfung entsteht durch eine innerspanische Entwicklung. Die relativ hohe Zahl zwangschristianisierter Muslime in Spanien, der Moriscos, bildet für Spanien ein zunehmendes Gefahrenpotenzial. Noch keine 100 Jahre liegt das Ende des letzten muslimischen Staates auf iberischem Boden zurück – und die seither gegen die in Spanien verbliebenen Muslime eingesetzten Druck- und Zwangsmittel haben wenig dazu beigetragen, sie zu loyalen Untertanen zu machen. Die Taufe aller Muslime, die in Spanien verblieben waren, hatte das Problem eher noch verschärft. Gerade durch die Zwangskonversion nahm das Misstrauen gegenüber den ehemaligen Anhängern des Islam zu und die Inquisition hatte sie in Kollektivverdacht, weiterhin den Islam zu praktizieren. Doch war dies viel mehr als ein religiös-kirchliches Problem: Im Kontext des großen christlich-muslimischen Gegensatzes, des im 16. Jahrhundert sehr aktuellen spanisch-osmanischen Konflikts, kam der Gefahr, dass 250 000 potenzielle Kryptomuslime in Spanien zu einer fünften Kolonne werden könnten, unmittelbare politisch-militärische Relevanz zu.

Viele Moriscos wurden innerhalb Spaniens aus dem Süden in den Norden umgesiedelt – wodurch die bis dahin florierende südspanische Wirtschaft geschädigt wurde: Die Seidenindustrie Granadas erlebte in der Mitte des 16. Jahrhunderts ihren Niedergang. Doch bestanden weiterhin Kontakte zwischen den spanischen Moriscos und Nordafrika, sogar Gelder flossen von Spanien in den Maghreb. Die Lage spitzte sich zu und 1567 kam es zu einem Aufstand der spanischen Muslime. Die Kräfte der Osmanen waren damals durch die Einnahme Zyperns und die Festigung ihrer Position im östlichen Mittelmeer stark gebunden und so konnten sie die Gunst der Stunde nicht nutzen. Nur mit begrenzten Einzelaktionen unterstützten sie den Aufstand ihrer Glaubensbrüder in Spanien. Ein türkisches Landungsunternehmen mit nur einigen Hundert Infanteristen konnte das Scheitern der Morisco-Revolte nicht mehr verhindern.

Doch dies bedeutete nicht, dass die Osmanen alle Ambitionen im Westen bereits aufgegeben hatten. So fand 1569 ein türkischer Überfall auf Lanzarote statt – dies verdeutlichte, dass selbst die Kanarischen Inseln und damit der Atlantik nicht außerhalb der Reichweite türkischer Schiffe lagen und dass auch die spanischen Atlantikverbindungen durchaus verletzlich waren.

Ebenfalls 1569 besetzten türkische Korsareneinheiten das hafsidische Tunis, das bisher für europäische Interessen keine Gefahr dargestellt hatte. Angesichts dieser bedrohlichen Entwicklung war Spanien zu einem energischen Gegenschlag entschlossen, wie er nur durch eine gemeinsame Aktion der christlichen Mächte möglich schien. Spanien bildete mit dem Papst und Venedig die »Heilige Liga«, deren Flotte 1571 bei Lepanto der osmanischen Flotte eine vernichtende Niederlage zufügte. Zwar war die Schlacht von Lepanto ein wesentlicher Einschnitt in der muslimisch-christlichen Auseinandersetzung im Mittelmeer, gelang es doch in der Folge von Lepanto 1573 die türkischen Korsaren aus Tunis zu vertreiben. Doch es zeigte sich bald, dass das Osmanische Reich über fast unerschöpfliche Ressourcen verfügte und

den Verlust seiner Flotte bald ausgeglichen hatte. 1574 bereits tauchte im zentralen
Mittelmeer eine neue türkische Flotte auf, die Tunis einnahm und der Hafsiden-
Dynastie ein Ende setzte. Tunis blieb osmanisch. 1576 gelang es sogar, einem Thronprätendenten osmanischer Wahl zur Herrschaft über Marokko zu verhelfen. Spanien
ist damals in Europa gebunden und greift nicht in Nordafrika ein. Portugal jedoch
versucht erneut, Marokko zu erobern. König Sebastian von Portugal (1554-1578)
wird jedoch in der Schlacht von al-Kasr al-Kabir entscheidend geschlagen und verliert sein Leben – Portugal fällt an Spanien, Marokko bleibt unabhängig.

Marokko im 16. Jahrhundert – Unabhängigkeit zwischen Osmanen, Spaniern und Portugiesen

Marokko ist im 16. Jahrhundert fast der einzige Teil der arabischen Welt – sieht
man etwa vom Inneren der arabischen Halbinsel ab – der sich direkter osmanischer
Kontrolle weitgehend und der Eingliederung ins Osmanische Reich völlig entziehen kann. Gleichzeitig wehrte sich der äußerste arabische Westen erfolgreich gegen
europäische Versuche, hier Fuß zu fassen. Zwar gelang es den iberischen Staaten
immer wieder, Stützpunkte und Häfen an der marokkanischen Mittelmeer- und
Atlantikküste zu erobern, teilweise auch, sie auf Dauer zu halten. Doch weiter gingen die europäischen Erfolge nicht. Vielmehr hatte Marokko unter der Sa'dier-Dy-
nastie Erfolg bei seinem Versuch, die Interessen der verschiedenen konkurrierenden
Mächte gegeneinander auszuspielen und für eigene Ziele zu instrumentalisieren;
dabei kam es sogar zu einer Expansionspolitik ins Innere Westafrikas.

Der Sa'dier al-Mansur (1578-1603) unterstellt sich zwar nominell dem Sultan in
Istanbul und zahlt auch Tribut, wird aber dafür von Korsarenüberfällen verschont.
Diese nominelle Abhängigkeit von der »Hohen Pforte« hindert Marokko nicht,
eine durchaus eigenständige Außenpolitik zu führen: So werden Beziehungen zu
England aufgenommen, wo 1584 eine »Barbary Company« gegründet wurde. Diese
Gesellschaft richtete eine Vertretung in Marrakesch ein.

Doch erfüllten sich die marokkanischen Hoffnungen auf englische Holzlieferungen für den Bau einer Flotte nicht. Vor dem Sieg über die spanische Armada (1588)
konnte England nicht liefern, danach trat die Bedeutung einer Zusammenarbeit
mit den nordafrikanischen Gegnern Spaniens zurück, es bestand keine Notwendigkeit mehr, die Sa'dier zu unterstützen. Gegen Ende des 16. Jahrhunderts intensivierten die Marokkaner auch ihre Westafrikapolitik. Von Interesse war hier für
Marokko, einen Anteil an den Einkünften aus den Salzvorkommen von Taghaza an
der Transsahara-Route zu erhalten. Es gelang, eine Teilung der dort erzielten Steu-
ereinnahmen mit dem afrikanischen Songhay-Staat zu erzielen. Salz, Stoffe, Leder
und Metallwaren konnten weiter im Süden, in Audaghost, Timbuktu und Walata
gegen Gold eingetauscht werden. Konkurrenten der Nordafrikaner waren dabei
die Portugiesen, die über den westafrikanischen Hafen Elmina im Tauschhandel
Gold erwarben. Im Zuge einer groß angelegten Invasion des Sahara–Raums 1591
konnten die Marokkaner zwar große Beute machen und das Songhay-Reich desta-
bilisieren, eine dauerhafte Festsetzung gelang jedoch nicht.

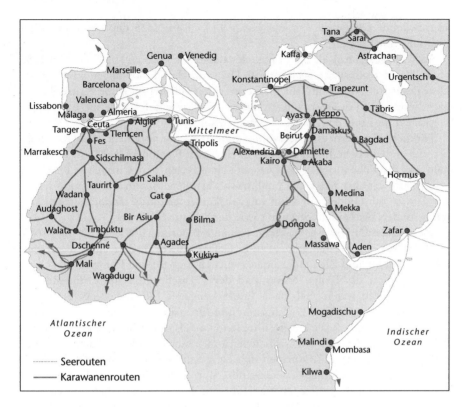

Karte 6: Die Handelswelt westlich von Hormuz im Spätmittelalter

Spanien versuchte gegen Ende des 16. Jahrhunderts, das marokkanische Regime durch Unterstützung eines Thronprätendenten zu stürzen, blieb jedoch erfolglos.

Kühnstes Projekt dieser Phase europäisch-arabischer Kooperation an der Wende vom 16. zum 17. Jahrhundert war das Vorhaben einer gemeinsamen britisch-marokkanischen Übersee-Unternehmung auf Kosten Spaniens, das jedoch – wie so manches für die damaligen Möglichkeiten zu ehrgeizige Vorhaben – zum Scheitern verurteilt war. Zu einem echten Zusammenwirken Marokkos und Englands gegen spanische Interessen in Amerika ist es nie gekommen.

Osmanische Herrschaft im arabischen Maschrek und der Europahandel (16./17. Jahrhundert)

Die osmanische Oberhoheit über den äußersten muslimischen Westen war zeitlich limitiert und eher nominell-symbolischer Natur. In den anderen arabischen Ländern, die dem Sultan am Bosporus gehörten, war die osmanische Herrschaft teilweise auch zeitlich begrenzt: Der Jemen beispielsweise und die nördlich an ihn anschließende Landschaft Asir war nun von 1538 bis 1635 direkter osmanischer Kontrolle unterworfen.

Auch die Region al-Hasa im Osten der arabischen Halbinsel blieb nur von 1552 bis 1670 unter osmanischer Herrschaft. Die türkischen Eroberungen an der West-küste des Roten Meeres im Jahr 1555 erstreckten sich zeitweise über Eritrea hinaus nach Süden bis zum Horn von Afrika (bis 1578). Vielfach wurde die osmanische Herrschaft im Laufe der Zeit auch innerlich ausgehöhlt:

Türkische Gouverneure oder Militärkommandanten, aber auch lokale Machtha-ber und einheimische Eliten konnten in einzelnen Regionen die Macht überneh-men und die Zugehörigkeit zum Osmanischen Reich war in manchen Teilen der arabischen Welt eher fiktiv. Die muslimisch-christliche Auseinandersetzung wurde seit dem 16. Jahrhundert vor allem von den Türken geführt – ihre Schauplätze wa-ren besonders der Mittelmeerraum sowie der Südosten Europas.

Spektakulärste Ereignisse waren die beiden Belagerungen Wiens 1529 und 1683, als vielen das »Abendland« tatsächlich in Gefahr schien. Doch auch in dieser Zeit gab es Konflikte und Zusammenarbeit zwischen Arabern und Europäern.

Die Region des Roten Meers und der Persische Golf sowie die südliche Mittelmeerküste waren auch nach Entdeckung des Indienseeweges durch die Portugiesen ein wichtiger Durchgangsraum für asiatische Waren. Die durch die europäischen Entdecker etablierten neuen Handelsrouten hatten die alten Han-delsverbindungen durch die arabischen Länder nicht obsolet gemacht (vgl. Ka-pitel 6, S. 81/82). Als die Osmanen sich diese Schlüsselregionen des Welthandels anfangs des 16. Jahrhunderts unterwarfen, war es der König von Hormuz, des kleinen, reichen Königreichs am Nadelöhr zum Persischen Golf, der als Erster die Zeichen der Zeit erkannte. Bereits beim Sieg der Osmanen über die Safawiden 1514 tauschte er das Protektorat der Perser gegen die osmanische Schutzherrschaft ein. Die Osmanen gaben sich nicht der Illusion hin, vom Persischen Golf oder vom Roten Meer aus die Europäer wieder aus dem Indischen Ozean verdrängen zu können. Es ging ihnen lediglich darum, das Rote Meer und den Persichen Golf gegen ein Eindringen der Europäer zu verteidigen und die traditionellen Handelswege, deren Endpunkte jetzt im osmanischen Machtbereich lagen, so gut wie möglich zu schützen. Nicht im Indischen Ozean, sondern im Mittelmeer lag der Interessenschwerpunkt der Osmanen. Doch war es ihnen bewusst, dass die Mittelmeer-Handelsinteressen im Indischen Ozean verteidigt werden mussten. Es musste verhindert werden, dass die Warenströme von Asien nach Westen nur noch um die Südspitze Afrikas über Lissabon und andere westeuropäische Häfen flossen und die Handelsströme durch Rotes Meer und Persischen Golf völlig ver-siegten. Syrien und Ägypten und ihre Handelsmetropolen wie Kairo oder Aleppo profitierten weiter vom Interkontinentalhandel von Asien über die Levante nach Europa, und noch bis zum Ausgang des 17. Jahrhunderts sorgten diese Handels-ströme für Reichtum und Glanz im arabischen Nahen Osten. In Kairo und Alep-po gab es Ausländerkolonien, die den Handel mit Europa in Schwung hielten. Neben asiatischen Waren wurden auch die lokalen Produkte wie z.B. Baumwolle und Tabak gehandelt. Ein neues Produkt kam im 16. Jahrhundert im arabischen Teil des Türkenstaates auf und fand rasch im gesamten osmanischen Raum und von dort aus auch in Europa Verbreitung: Der Kaffee. Nach der jemenitischen

Hafenstadt al-Mocha ist der Mokka benannt. In Jemen hatte der Absud aus den Kaffeebohnen zuerst Verbreitung gefunden, nachdem er dorthin – wahrscheinlich im 14. Jahrhundert – aus Äthiopien, seinem eigentlichen Ursprungsland, gekommen war. Im Großraum des Osmanischen Reiches verbreitete er sich im 16. Jahrhundert – trotz erheblicher religiöser und medizinischer Widerstände. Ins Abendland gelangte er durch die Venezianer. Erste Kaffeehäuser gab es in Venedig (1640), Marseille (1654) und London (1662). Der Kaffee wurde zur wichtigen Handelsware und brachte große Gewinne ein – ähnlich wie zuvor die asiatischen Gewürze.

Mit schwindender Macht des Osmanenstaates und nachlassendem Einfluss der Zentralregierung in den arabischen Reichsteilen konnte dort zunehmend europäischer Einfluss zur Geltung kommen. Herausragend war das Beispiel des Drusenfürsten Fachr ad-Din, der zu Beginn des 17. Jahrhunderts einen praktisch unabhängigen Staat schuf. Dessen Basis bildete das Libanongebirge, welches als natürliche Festung mit Zugang zum Mittelmeer prädestiniert war für Autonomiebestrebungen. Sein Machtbereich erstreckte sich vom Hafen Latakia an der nordsyrischen Küste bis nach Palästina und ins Ostjordangebiet. Ökonomische Grundlage des »großlibanesichen« Staates war die Seidenproduktion, verbunden mit dem Handel über das Mittelmeer.

Fachr ad-Din setzte damals bereits auf Kooperation mit Europa. Seine Partner waren Frankreich und vor allem Italien. Seit 1608 unterhielt er ein Bündnis mit den Medici, die ihm sogar zeitweise Asyl in der Toscana gewährten. Im 17. Jahrhundert verfügte jedoch der osmanische Zentralstaat noch über immense Ressourcen und ein beachtliches Machtpotenzial. Eine so eklatante Herausforderung wie die des libanesischen Fürsten – noch dazu in Zusammenarbeit mit dem christlichen Europa – konnte Istanbul nicht tolerieren: Der »Staat« Fachr ad Dins wurde zerschlagen, er selbst 1635 in Istanbul hingerichtet. Damals war noch nicht der Zeitpunkt gekommen für eine energische europäische Intervention, im Gegenteil: Die zweite Belagerung Wiens durch osmanische Heere stand zu dieser Zeit erst bevor.

Auch andere Autonomiebestrebungen im arabischen Raum gab es immer wieder im Zusammenhang mit Europa-Kontakten, so etwa in Ägypten im 18. Jahrhundert; häufig im Irak, wo alle Machthaber den Handelsstrom vom Persischen Golf in den Mittelmeerraum in Gang zu halten bestrebt waren, ebenso im Aleppo des 17. Jahrhunderts und im Palästina des 18. Jahrhunderts, wo 1772 Dhahir Omar von Akkon aus vorübergehend seine Autonomie in Zusammenarbeit mit russischen Marineeinheiten behauptete.

Der Orient scheint seit dem 17. Jahrhundert in Stagnation zu verfallen und sogar einen Niedergang zu erleben. Dies ist eine Sichtweise, die sich aus dem großen, welthistorischen Gesamtkontext ergibt. Seit dem Ende des 15. Jahrhunderts haben die europäischen Entdeckungen und in der Folge die Expansion und das weltweite Ausgreifen der europäischen Kolonialmächte eine Dynamik entfaltet, für die es in der bisherigen Geschichte keine wirkliche Parallele gibt. Vor diesem Hintergrund musste sich die Entwicklung des Nahen Ostens eher verhalten ausnehmen – zumal der Orient angesichts des Entstehens neuer weltweiter Verkehrswege und Imperien – nicht plötzlich, aber nach und nach – zu einem Nebenschauplatz der Geschichte und des Welthandels wurde, dessen Knotenpunkt er lange gewesen war.

Die arabisch-europäischen Beziehungen werden im 19. Jahrhundert neue Dimensionen entfalten. Bis dahin stehen die türkischen Osmanen im Vordergrund des europäischen Interesses – als unmittelbare Bedrohung aber sieht man die Türken seit dem 18. Jahrhundert immer weniger. Der Höhepunkt ihrer Macht ist überschritten, ihr Machtbereich in Südosteuropa schrumpft stetig. Im 19. Jahrhundert sinkt das Osmanische Reich vom Subjekt zum Objekt herab – in Europa charakterisiert man diese Situation, in der eine scharfe Konkurrenz der europäischen Großmächte um Einfluss auf den verfallenden Osmanenstaat entsteht und bereits seine Aufteilung vorweggenommen zu werden scheint, als die »Orientalische Frage«. Die Beziehungen zu den arabischen Regionen Vorderasiens und Nordafrika werden in dieser Epoche für Europa wieder von erstrangiger Bedeutung.

Gegen Ende des 16. Jahrhunderts rücken der islamische und der christliche Machtblock im westlichen Mittelmeer auseinander, der Konflikt zwischen Nord- und Südufer verliert an Intensität und Bedeutung. Hauptschauplatz muslimisch-christlicher Konfrontation bleibt das östliche Mittelmeer. Die Ausschließlichkeit des Gegensatzes zwischen Morgen- und Abendland ist aber nicht mehr gegeben. In Europa gewinnt der Krieg zwischen Katholiken und Protestanten an Bedeutung und die Auseinandersetzungen zwischen den großen europäischen Staaten nimmt weltweite Dimension an – es geht jetzt um die Rivalität der entstehenden Weltmächte. Mehr und mehr gerät der Nahe Osten an den Rand dieser Entwicklungen (wie bereits in Kapitel 6, S. 77 ff. gezeigt), Europa gewinnt zunehmend einen technisch-zivilisatorischen Vorsprung. Im westlichen Nordafrika verliert die direkte osmanische Herrschaft seit dem Ende des 16. Jahrhunderts an Kraft. Eine nordafrikanische Eigenentwicklung, wenngleich auch im größeren osmanischen Kontext oder in Verbindung mit ihm, setzt ein.

Marokko zwischen Osmanen und Europäern (16.– 20. Jahrhundert)

Eine Sonderrolle spielt Marokko im Rahmen der Geschichte des Maghreb – hier ist der osmanische Einfluss seit jeher am schwächsten. Der Scherifendynastie war es jedenfalls möglich, eine eigenständige Außenpolitik zu führen. Die guten Beziehungen zu England, wenn auch politisch weniger unmittelbar relevant, wurden vor allem im Handelsbereich fortgesetzt.

Stoffe aus England wurden eingetauscht gegen Gold, Zucker und Leder. Nach der Katastrophe der spanischen Armada im Ärmelkanal kommt es 1589 zu einem spanisch-marokkanischen Nichtangriffspakt, Phillip II. (1527-1598) gibt Positionen an Marokko zurück. Aber nach dem Tod des bedeutendsten Scherifen-Herrschers al-Mansur nützt Spanien die einsetzenden Wirren, um Larache (1610) und Ma'mura zu okkupieren.

Auch eine andere Entwicklung wird durch das Chaos in Marokko seit dem Niedergang der Scherifen und bevor sich die neue Alawi-Dynastie endgültig durchgesetzt hat, begünstigt. Philipp III. (1578-1621) macht sich daran, die noch verbliebenen etwa 275 000 Moriscos endgültig aus Spanien zu vertreiben. Nur 25 000

Moriscos werden in Spanien bleiben und in der Bevölkerung aufgehen. Ein großer Teil der Auswanderer gelangte in das geographisch nächstgelegene muslimische Land – Marokko. Spanien dürfte die Auswanderung in diese Richtung gefördert haben, stellten doch das Osmanenreich und seine »Barbaresken«-Ableger in Tunesien und Algerien die eigentliche Gefahrenquellen dar und nicht Marokko, das im Gegenteil immer wieder Objekt spanischer Begehrlichkeiten und Angriffe wurde.

Ein Teil der Morisco-Emigranten ließ sich in Salé in unmittelbarer Nähe von Rabat am Atlantik nieder und gründete eine regelrechte Seeräuber-Republik. Erst nach drei Jahrzehnten kam diese unter die Kontrolle der neuen Alawi-Dynastie, die allerdings das Korsarentum nicht unterband, sondern unterstützte, war es doch eine wichtige Einnahmequelle. Erst im 19. Jahrhundert musste auch in Marokko unter europäischem Druck das Korsarentum abgeschafft werden. Zunächst führte die Festigung der Alawi-Dynastie zu einer Schwächung der europäischen Präsenz in Marokko: Marokko erobert 1681 al-Ma'mura, 1689 Larache und Tanger 1684 von den Engländern zurück – die es 1622 als Brautgabe von Katharina an Karl II. erhalten hatten – sowie Arzila 1691 – teilweise unter Einsatz von Renegatentruppen.

Doch auf die Dauer kann das Vordringen des europäischen Einflusses nicht aufgehalten werden. Nie gelang es den Marokkanern, alle europäischen Niederlassungen einzunehmen und langfristig führt das 18. Jahrhundert zu immer stärkerem europäischem Zugriff. Dazu trägt der Frieden mit Spanien 1775 ebenso bei wie das Handelsabkommen mit Frankreich 1767. Auch die Beziehungen zu den Engländern werden intensiver. Im 19. Jahrhundert bringt die Algerien-Invasion Frankreichs Marokko noch näher an Europa. Der marokkanische Versuch, sich bei dieser Gelegenheit der westalgerischen Stadt Tlemcen zu bemächtigen (1830/32), führte unvermeidlich zum Konflikt mit Frankreich und zur marokkanischen Niederlage bei Isly (1844). 1830 bereits hatte sich Marokko weitgehend dem europäischen Handel geöffnet, dies wurde noch unterstrichen durch ein Wirtschaftsabkommen mit England 1856. Ein Krieg mit Spanien 1859/60 endete mit einer Niederlage für Marokko und verstärkte die Abhängigkeit des Landes von Frankreich. Spanien nutzt seinen Sieg aus zur Festigung seiner Position in Marokko – Ifni und Rio de Oro werden spanische Kolonien und bleiben es bis ins 20. Jahrhundert. Das Land wird mehr und mehr von ausländischen Einflüssen durchdrungen, die marokkanische Regierung beginnt, ihre Truppen europäisch trainieren und ausrüsten zu lassen. Zahlreiche Marokkaner werden – so wie viele osmanische Untertanen zur gleichen Zeit – Protégés ausländischer Mächte. 1880 bringt die Konferenz von Madrid eine weitere Internationalisierung des Marokko-Problems. Der europäische Wettbewerb um Einfluss auf und in Marokko intensiviert sich. Spanien, Frankreich, England und jetzt auch Deutschland verstärken ihr wirtschaftliches Engagement im äußersten Westen Nordafrikas. Innere Spannungen zwischen den besser entwickelten Regionen und den noch archaischen ländlichen Gebieten verschärfen sich – ein Konflikt zwischen Traditionalismus und Moderne bahnt sich im Marokko des ausgehenden 19. Jahrhunderts an. Ein Bürgerkrieg bricht schließlich aus, der eindeutig xenophobe Züge trägt. Eine französische Intervention scheint bevorzustehen. Da beschließt Deutschland, einen Gegenakzent zu setzen: Die erste Marokkokrise bricht aus, als Kaiser Wilhelm II. 1905 Tanger besucht, um die deutschen Interessen in Marokko zu betonen. Eine internationale Marokko-Konferenz wird 1906 ins südspanische

Algeciras (der Name arabischen Ursprungs bedeutet »die Insel«) einberufen. Ergebnis war die Bekräftigung der Unabhängigkeit Marokkos und das Prinzip der Gleichrangigkeit aller Mächte im Wettbewerb um Marokko, das so unter eine Art internationaler Vormundschaft geriet. Frankreich und Spanien behielten aber doch eine Sonderrolle im Land. Faktisch kam es zu immer stärkerer französischer Einmischung, gleichzeitig nahmen innere Unruhen zu. Französische und spanische Truppen kamen, durchaus auf Bitten des Herrschers, ins Land. Die zweite Marokkokrise war die Folge – Deutschland sandte 1911 das Kanonenboot Panther nach Agadir (»Panthersprung«). Ein Kompromiss wurde geschlossen, der Frankreichs Position in Marokko bestätigte, aber dafür Deutschland im Kongo Konzessionen machte. So war der Weg frei für ein französisches Protektorat über Marokko – ein entsprechender Vertrag wurde 1912 unterzeichnet. Marokko war aber erst 1934 vollkommen in französischer Hand. Mit Marokko war das dritte der nordafrikanischen Länder schließlich unter französische Kontrolle gekommen. Von der westlichen libyschen Wüste bis zum Atlantik war der Maghreb nun in französischer Hand.

Algerien (16. Jahrhundert bis 1830)

Gegen spanische und marokkanische Interessen festigten die Türken seit dem 16. Jahrhundert ihre Position in Algerien und bauen Tlemcen zu ihrem Militär- und Verwaltungszentrum aus. Die territoriale Basis der Osmanen wird ausgeweitet, doch Fes kann – wie erwähnt (s. S. 104) – nur kurz gehalten werden. Marokko wird nicht zum Teil des Osmanenreichs. Bougie, im Osten Algeriens, kann den Spaniern, in deren Hand es bis dahin war, 1555 entrissen werden. Eine spanische Belagerung von Mostaganem scheitert 1558, doch können die Spanier Oran und Mers el-Kebir halten.

Mit der Eingliederung Algeriens ins osmanische Staatssystem kamen auch Janitscharen, osmanische Elitetruppen, ins Land, um dort die Zentralgewalt zu repräsentieren. So blieb Algerien kein reiner »Korsarenstaat«, im Gegenteil, es gab dauernde Konflikte zwischen Korsaren und Janitscharen. In der osmanischen Frühzeit waren die östlichen Regionen des Maghreb – Tunesien und Tripolitanien – unter der Autorität des algerischen »Gouverneurs«, wurden aber ab 1574 eigene Provinzen. Für Europa war das türkische Algerien keine wirkliche Gefahr, wie es die Türken und ihre Armee Jahrhunderte lang gewesen waren (wir erinnern uns: 1683 hatten sie zum zweiten Mal Wien belagert), aber sie stellten eine ständige Bedrohung der europäischen Handelsschifffahrt dar. Seeräuberei war die Hauptaktivität des osmanischen Algerien und einträchtiger Wirtschaftszweig, eine Quelle des Reichtums für viele. Sklaven waren eines der wichtigsten »Handelsgüter« im Korsarenstaat der »Deys« (wie die quasi unabhängigen Regenten des Landes genannt wurden), der zwar immer unabhängiger von Konstantinopel wurde, aber nominell weiter Teil des Osmanenreichs blieb. Als Galeerensklaven wurden die von den Korsaren gemachten Gefangenen oft eingesetzt – aber das Schicksal der Sklaven im christlichen Europa war keineswegs besser. Vielfach, wenn es die Herkunft der Gefangenen aussichtsreich erscheinen ließ, versuchte man, Lösegeld für sie zu erpressen. Einige christliche Orden – der Heilige Vinzenz von Paul steht hier für viele andere – bemühten sich darum, christliche Sklaven freizukaufen oder ihre Lebensbedingungen vor Ort zu erleichtern. In der Mitte des 17. Jahrhunderts befanden sich über 25 000 Sklaven in Algerien. Durch das Korsarentum wurden wiederholt Konflikte mit europäischen Mächten heraufbeschworen. Englische Marineeinheiten beschossen Algier 1622, 1655 und 1672. Die Franzosen bombardierten die Stadt 1661, 1665, 1682 und 1683. Ein französischer Versuch jedoch, den Hafen Djidjelli einzunehmen, scheiterte. Ebenso blieb das französische Bemühen, Mitte des 17. Jahrhunderts einen Kreuzzug gegen die Korsaren zustande zu bringen, erfolglos. So kam es 1689 zu einem Abkommen zwischen Algier und Paris, das erfreuliche Handelsbeziehungen einleitete. Französische Handelsniederlassungen entstanden am Südufer des Mittelmeers und Franzosen erhielten Konzessionen zum Korallenfischen vor der algerischen Küste. Aus solchen Anfängen, die ins 16. Jahrhundert zurückreichen, entstand schließlich die französische Compagnie d'Afrique. Auch Spanier, Holländer, Engländer und andere Europäer beteiligten sich am Handel mit Algerien. Eine Mittlerrolle spielten dabei oft Juden aus Algier oder Italien (Livorno). Die Beziehungen waren dabei eine Gratwanderung zwischen Handel und Seeräuberei, zwischen Krieg und Frieden. Keine europäische Macht konnte sich jedoch aufraffen, dem Störfaktor, den die nordafrikanischen Korsaren darstellten, ein dezidiertes Ende zu setzen – dies geschah erst im 19. Jahrhundert. Im 18. Jahrhundert zeigte sich eine Verstetigung der Entwicklung – eine Art algerischer Staat entstand und ersetzte die bis dahin vorherrschende Anarchie. Mehr und mehr kam es zu vertraglichen Arrangements mit europäischen Staaten. Einige Kleinere zahlten sogar Tribute, um ihre Schiffe vor Korsarenüberfällen schützen. Doch immer wieder kam es auch zu militärischen Auseinandersetzungen, in denen deutlich wurde, dass man die Deys von Algier nicht einfach als bloße Piraten abtun konnte. Ein großangelegtes Landeunternehmen, das Spanien 1775 mit über 340 Schiffen und über 20 000 Mann in Angriff nahm, scheiterte kläglich. Und 1792 verloren die Spanier endgültig Oran – somit gab es keine europäischen Besitzungen mehr im algerischen Küstenbereich.

Die algerischen Deys entwickelten sich zu den mächtigsten Herrschern Nordafrikas, die ihren Nachbarn, Marokko und Tunesien, deutlich militärisch überlegen war.

Gegen Ende des 18. Jahrhunderts aber sank der Stern der algerischen Korsaren, die Einwohnerzahl der Stadt Algier nahm ab und die Zahl der in Algerien gehaltenen Sklaven – einst ein wichtiger Wirtschaftsfaktor – ging auf 1000 im Jahr 1788 zurück. Die militärischen Kapazitäten schrumpften, die Verbindungen zur Levante und damit die Rekrutierung militärischer Nachwuchskräfte nahmen ab. Zunehmende Instabilität war die Folge, Revolte folgte auf Revolte, mystische islamische Orden gewannen an Bedeutung.

Ausländische Interventionen erfolgten häufiger: Amerikanische und britische Marineeinheiten übten Druck aus und erzwangen Vereinbarungen sowie 1816 die Abschaffung der Sklaverei. Seit dieser Zeit gab es auch kaum noch Piraterie – die algerische Flotte war 1816 zerstört worden, 1827 verfügte sie gerade noch über 10 Schiffe. So war der ehemalige Korsaren-»Staat« der Deys von Algier am Vorabend der französischen Invasion nur noch ein Schatten seiner selbst.

Ein Konflikt über die Bezahlung von algerischen Getreidelieferungen nach Frankreich wurde zum auslösenden Moment für die französische Militäroperation von 1830, die zu Okkupation ganz Algeriens führte. Der eigentliche Grund für dieses Unternehmen waren innenpolitische Probleme Frankreichs. Mit einem außenpolitischen, patriotischen Erfolg wollte die Monarchie einen Prestigeerfolg erzielen und ihren Bestand sichern. Ein wirkliches Interesse an einer dauerhaften Festsetzung in Algerien hatten allenfalls einige Geschäftskreise – vor allem in Marseille.

1830 landeten 37000 französische Soldaten bei Algier, das Ende der türkischen Epoche in Algerien war gekommen, das Drama des französischen Algerien nahm seinen Lauf.

Tunesien (16. Jahrhundert – 1881)

Im östlichen Maghreb hatten die traditionellen lokalen Mächte im 16. Jahrhundert weitgehend ihren Einfluss verloren, die Hafsiden konnten gerade noch Tunis halten. Chaos und politische Fragmentierung kennzeichnen die Region, zahlreiche Häfen wurden Ausgangspunkt von Piratenoperationen. Neben muslimischen machten auch christliche Korsaren die Meere unsicher, so okkupierte der spanische Korsar Pedro Navarro 1510 Tripolis, bevor er 1511 vor Djerba geschlagen wurde. Anlässlich der permanenten spanischen Bedrohung wurden Korsarenbrüder, die alle den Beinamen »Barbarossa« trugen, aus der griechischen Inselwelt zu Hilfe gerufen und begründeten die osmanische Periode im Maghreb. Von den Hafsiden erhielten sie die Insel Djerba als Operationsbasis.

Als Algerien längst türkisch war, begann erst die Einnahme des Landes, das etwa dem heutigen Tunesien entspricht, durch die Osmanen. Die praktisch schon weitgehend entmachteten Hafsiden, die der Anarchie in ihrem Land nichts mehr entgegen zu setzen hatten, konnten die Türken nicht aufhalten. Chair ad-Din Barbarossa, Korsar unter der Protektion des Sultans in Konstantinopel, eroberte Bizerta, La Goulette und am 18. August 1534 schließlich Tunis. Doch der entmachtete Hafsidenherrscher Mulai Hasan wandte sich um Hilfe an Spanien und Karl V. sandte eine Flotte, die La Goulette einnahm und im Juli 1535 auch Tunis. Der Besitz der Stadt Tunis war besonders wichtig für Spanien, da es von hier aus die Straße von Sizilien kontrollieren und die Seeverbindung zwischen Istanbul und Algier unterbinden konnte. Aber Nordafrika war lediglich ein Nebenschauplatz für Karl V., eine wirkliche Eroberung der Region war nicht ein vorrangiges Ziel seiner Politik. Man beschränkte sich darauf, die entmachteten Hafsiden wieder einzusetzen und La Goulette mit einer Garnison zu belegen. Ifrikiya wurde zu einem Spielball der Großmachtinteressen. Tunesien war für einige Zeit ein Zankapfel zwischen Spaniern und Türken, wobei die Hafsiden nur Marionetten waren. Der türkische Korsar Turghud, den der Sultan zum Gouverneur von Tripolis (im heutigen Libyen) ernannt hatte, konzentrierte sich nun auf Tunesien. Djerba wurde eingenommen, dann Gafsa in Südtunesien und im Januar 1558 Kairuan. Zwar gelang es einer maltesisch-neapolitanischen Flotte, vorübergehend Djerba zu besetzen. Von dort aus versuchte man, gegen Tripolis vorzugehen – doch die Christen wurden von einer osmanischen Flotte bald darauf geschlagen. Djerba geriet jetzt wieder in türkische Hand. 1569 nahmen die Türken erneut Tunis ein. Allein La Goulette blieb weiterhin in spanischer Hand. Aber nach dem entscheidenden Sieg von Lepanto (1571) eroberte Don Juan d'Austria (1547-1578), der Bruder von Phillip II., ein weiteres Mal Tunis, um die Hafsiden erneut einzusetzen. Doch die endgültige türkische Eroberung war nicht mehr aufzuhalten, wurde nur verzögert. 1574 wurde Ifrikiya (Tunesien) endgültig türkische Provinz unter einem Gouverneur, nachdem die Osmanen den Verlust ihrer Flotte bei Lepanto schnell ausgeglichen hatten. Entscheidend war erneut die Konzentration der Spanier auf vorrangige Probleme andernorts. So kam es 1581 zu einem spanisch-osmanischen Frieden. Fast die ganze nordafrikanische Küste wurde osmanisch, Marokko blieb unabhängig und Spanien behielt in Nordafrika lediglich Melilla, Mers el-Kebir und Oran. Auch Tunis war jetzt ein Korsarenhafen und tunesische Schiffe beteiligten sich an osmanischen Kriegen gegen das christliche Europa. Viele der Anfang des 17. Jahrhunderts aus Spanien vertriebenen Muslime ließen sich in Tunesien nieder und gaben dem Land entscheidende wirtschaftliche Impulse – so in der Textilherstellung und der Produktion von Fayencewaren, die bis heute als landestypisch – auch bei europäischen Touristen – gelten.

In Tunesien und auch in der Flotte der dortigen Deys waren zahlreiche Renegaten aus dem christlichen Europa und konnten hohe Positionen erlangen. Ein Engländer reformierte zu Beginn des 17. Jahrhunderts die tunesische Flotte.

Seeräuberei und Handel gingen in Tunis, wie in den anderen Korsarenstaaten auch, Hand in Hand. Zahlreiche europäische Kaufleute befanden sich im Land und ebenso wurden europäische Konsulate eröffnet. Im 18. Jahrhundert ließ sich die französische Compagnie d'Afrique in Tunesien nieder und übernahm eine französische Faktorei am Cap Nègre, die französische Geschäftsleute dort seit dem 17. Jahrhundert unterhalten hatten.

Im 19. Jahrhundert begannen sich im Raum des heutigen Tunesien Anzeichen wenn nicht einer nationalen Identität so doch einer Eigenstaatlichkeit zu zeigen. Unter Husain b. Ali, dem Gründer der Dynastie der Hussainiden, erlebte das Land eine Zeit relativer Ruhe und Kontinuität, der Konsolidierung und des materiellen Aufschwungs – der sich in reger Bautätigkeit ausdrückte. Husains Nachfolger führten gegenüber der Hohen Pforte und den europäischen Mächten eine selbstbewusste und unabhängige Außenpolitik. Man behauptete sich 1770 gegen französische, 1784/86 gegen venezianische Einmischungsversuche. Gegenüber kleineren Mächten betrieb Tunis einen Korsarenkrieg auf kleiner Flamme oder erhob schutzgeldartige Tribute. 1819 aber zwangen die Mächte des Aachener Kongresses (1818) Tunesien zur Aufgabe der halbstaatlichen Piraterie.

Zu Anfang des 19. Jahrhunderts war Tunesien ein weitgehend arabisches Land – in Kultur und Sprache, auch wenn türkische Elemente durchaus noch eine Rolle spielten. Tunesien war unweigerlich auf dem Weg zu einem arabisch geprägten Nationalstaat, obwohl einige symbolische Verbindungen zum Osmanenreich aufrecht erhalten wurden. Auch leisteten tunesische Einheiten militärische Dienste für die türkische Zentralregierung – die beispielsweise zur Zerstörung der tunesischen Flotte in der Schlacht von Navarino (gegen eine britisch-französisch-russische Seestreitmacht) im Jahr 1826 führte. Wie auch in anderen Regionen des Maghreb wurde die ökonomische Durchdringung Tunesiens ab 1830 immer stärker: Europäische Mächte und Kaufleute spielten eine zunehmende Rolle im tunesischen Außenhandel (Öl, Textilien).

Mit der französischen Okkupation Algeriens geriet auch Tunesien unter Druck und
in den Mittelpunkt der Großmachtrivalitäten. Je mehr Frankreich sich Tunesien
annäherte, bemühte sich England, die Bindungen des Landes ans Osmanenreich
neu zu beleben, um Frankreichs Einfluss entgegenzuwirken. Modernisierungs-
bemühungen und fehlgeleitete Reformen führten das Land in eine Schulden-
krise. Doch wurde eine Verfassung verkündet, die Sklaverei abgeschafft und die
Verwaltung neu strukturiert. Das Los der jüdischen Minderheit besserte sich; eine
konsultative Versammlung – Vorläufer des Parlaments – wurde ins Leben gerufen.
Während Großbritannien die Reformen begrüßte, standen Italien und Frankreich
ihnen ablehnend gegenüber. Der wachsende Finanzbedarf führte Tunesien immer
tiefer in die finanzielle Abhängigkeit von europäischen Geldgebern. Innere Unruhen, steigende Kreditaufnahme und der innere und äußere Druck bildeten einen
Teufelskreis: 1869 zwang der Staatsbankrott Tunesien, sich einer Internationalen
Finanzkommission zu unterstellen. Auf dem Berliner Kongress (1878) wurden die
Weichen gestellt für eine Übernahme Tunesiens durch Frankreich. Zwar folgten
noch einige Streitigkeiten zwischen Frankreich und Italien (das auch Ambitionen
in Nordafrika hatte und geographisch Tunesien am nächsten lag), doch 1881 lieferte
ein Grenzzwischenfall den Vorwand für eine französische Militärintervention, die
dann zum Abschluss eines tunesisch-französischen Abkommens über die Errichtung eines französischen Protektorats führte.

Libyen (16.-20. Jahrhundert)

Auch die östlichsten Regionen des Maghreb zwischen Ägypten und dem verblas-
senden, zerfallenden Machtbereich der Hafsiden lagen seit dem 16. Jahrhundert
im Spannungsfeld osmanischer und spanischer Imperialinteressen. 1510 besetzten
die Spanier Tripolis (wie bereits erwähnt), allerdings ohne eine Ausdehnung ihrer
Herrschaft zu versuchen. Im Gegenteil – angesichts ihres Misserfolgs in Djerba,
auf den wir schon hingewiesen haben (s. S. 114), übergaben sie die Stadt – so weit
im Osten gelegen und also nur mit Mühe zu halten und zu verteidigen – 1530
den Johannitern – etwa gleichzeitig mit Malta, das neuer Hauptsitz des von den
Osmanen aus Rhodos vertriebenen Ordens wurde. Doch auch den Johannitern
sollte die Verteidigung ihres nordafrikanischen Brückenkopfes gegen die Osmanen nicht lange gelingen: 1551 wurde Tripolis türkisch und Ausgangspunkt für
die Unterwerfung des Hinterlandes. Wie Tunis und Algier wurde auch Tripolis ein aktiver Korsarenhafen und bald auch Zentrum eines Korsarenstaates. Die
Vorstöße ins Landesinnere von Tripolis (in den Fezzan) aus und die Ausdehnung
der Herrschaft nach Osten (in die Cyrenaika) bereiteten die Entstehung des libyschen Staates vor. Die Hohe Pforte setzte hier – Tripolis lag weit genug im Osten
– immer wieder – und nachhaltiger als etwa in Tunesien oder Algerien – ihren
Machtanspruch durch. Europa interessierte sich auch für Tripolis und schon seit
dem ersten Drittel des 17. Jahrhunderts gab es einen französischen Konsul dort.
Dies hinderte die Korsaren von Tripolis aber nicht, ihre Raubzüge auszudehnen
und sogar die Küsten Italiens und Spaniens heimzusuchen. Spannungen mit eu-

ropäischen Staaten waren die unvermeidliche Folge – der französische Konsul wurde 1632 vertrieben.

Gleichzeitig fand man in Tripolis genügend Energie und Freiraum, um die Herrschaft im Süden und Osten (Benghazi) auszubauen und zu festigen. Und bald schon bemühten sich Europäer wieder darum, in der Handels- und Seeräuberstadt Fuß zu fassen. Selbst England war an einem Abkommen mit Tripolis interessiert und etablierte dort einen Konsul. Und für die osmanische Zentralregierung waren die Marine-Einheiten der libyschen Korsaren immerhin so wichtig, dass sie herangezogen wurden zum osmanischen Ansturm auf Kreta. Für die christliche Seefahrt im Mittelmeer waren die Seeräuber aus Tripolis ähnlich gefährlich wie die aus den tunesischen, algerischen und marokkanischen Häfen – dies zeigen die militärischen Operationen, die immer wieder von europäischen Flotten gegen die Stadt unternommen wurden: Etwa die monatelange Belagerung von Tripolis durch britische Schiffe 1675/76, französische Angriffe auf die Korsaren, nachdem diese französische Schiffe überfallen und den französischen Konsul in Larnaca bei einer ihrer Operationen im Ostmittelmeer misshandelt hatten. Bis nach Istanbul hatten diese Zwischenfälle diplomatische Auswirkungen. Immer wieder kam es zur Unterzeichnung von Verträgen und Abkommen, ohne dass diese von den Korsaren von Tripolis dauerhaft eingehalten worden wären. Es gab jedoch mehr und mehr innere Unruhen in Libyen, bis 1711 eine regelrechte Korsaren-Dynastie, die der Karamanli, für über 100 Jahre die Macht im Lande übernahm, bevor die Osmanen 1835 wieder ihre direkte Kontrolle über die nordafrikanische Provinz herstellten, wobei es Jahre dauerte, bis die abgelegenen Regionen wieder unterworfen waren. In dieser letzten Phase osmanischer Herrschaft entstand eine mystische Bruderschaft, die Sanusiya, deren politische Wirkung sich zwar damals schon zeigte, aber erst im 20. Jahrhundert zu vollständiger Entfaltung gelangte. Wie Marokko geriet auch Libyen erst im 20. Jahrhundert unter europäische Kolonialherrschaft.

Seehandel, Seekrieg und Piraterie kennzeichnen diese Jahrhunderte zwischen dem osmanischen Vordringen in den nordafrikanischen Raum im 16. Jahrhundert und der Übernahme der Region durch europäische Mächte im 19./20. Jahrhundert. Handel und Seeräuberei sind unterschiedliche Aspekte desselben Phänomens, verschiedene Formen des Warenaustauschs – sie ergänzen einander, schließen einander nicht aus. Bereits in den Jahrhunderten zuvor war Kleinkrieg im Mittelmeer eine Dauererscheinung, das Mittelmeer war seit der Antike und das gesamte Mittelalter hindurch Schauplatz von Seekrieg und Seehandel, die parallel verliefen. Seeräuberei fand ständig statt, auch in Zeiten tiefsten Friedens; sie war mit den Kommunikationstechniken und den militärischen Instrumenten vergangener Zeiten nicht zu kontrollieren oder gar zu unterbinden. Dass die nordafrikanischen Provinzen des Osmanenreiches zu »Korsarenstaaten« wurden, deren Haupteinkommensquelle die Piraterie war, war kein Zeichen türkischer Stärke, sondern eher Anzeichen für den Niedergangsprozess, der bald nach der osmanischen Blütezeit einsetzte.

Zu wirklichen neuen Eroberungen waren die Türken im Mittelmeer seit Lepanto nur noch punktuell und ganz im Osten, also nahe den eigenen Ressourcenquellen, in der Lage – denken wir beispielsweise an Kreta. Im Westen gelang den Osmanen eine weitere Expansion nicht – das Türkenreich hatte seine Maximalausdehnung längst erreicht, es konnte nicht alle Grenzen gleichzeitig wirksam sichern oder gar weiter vorschieben. Anders als noch im 16. Jahrhundert lagen die Schwerpunkte des türkischen Interesses nicht mehr im Mittelmeer: Die Osmanen konzentrierten sich auf die Auseinandersetzung mit Europa im Norden und Nordosten – auf den Krieg mit Habsburg (Zweite Belagerung Wiens 1683) und mit dem neuen, immer gefährlicheren Gegner Russland. Im östlichen Mittelmeer spielte der Krieg mit Venedig weiterhin eine wichtige Rolle. Die hier gelegenen Ziele waren für Istanbul von unmittelbarer Bedeutung, nicht die westlichen Provinzen im Maghreb, die man weitgehend ihrer Selbstständigkeit überließ, wo man aber durchaus noch dann und wann eingriff und allzu unabhängige Machthaber absetzte oder gar hinrichtete. Diese arabischen Regionen Nordafrikas standen unter Fremdherrschaft – Nicht-Araber, Korsaren und Janitscharen, unter denen sich zahlreiche Renegaten befanden, gaben hier den Ton an. Die einheimische Bevölkerung spielte nur eine Nebenrolle, wurde oft nur als störendes, Unruhe stiftendes Element wahrgenommen. Eine Ausnahme bildete das husaindische Tunesien, das mehr und mehr ein arabischer Staat wurde. Marokko spielte ohnehin eine Sonderrolle – das Land konnte seine Unabhängigkeit bis ins 20. Jahrhundert bewahren, direkter osmanischer Herrschaft unterstand es nie, auch die türkische Einnahme von Fes blieb Episode.

So war das Korsarentum im Maghreb eine gute Einkommensquelle, ein wichtiger Wirtschaftsfaktor, aber keineswegs ein Machtinstrument. Es gab zwar immer wieder militärische »Strafexpeditionen« gegen die nordafrikanischen Korsarenstaaten von Europa aus, aber keine konzentrierte umfassende Operation, die den Störfaktor, den die nordafrikanische Seeräuberei zweifellos darstellte, auf Dauer ausgeschaltet hätte – dazu wäre eine territoriale Okkupation und regelrechte Unterwerfung Nordafrikas nötig gewesen, deren Aufwand in keinem Verhältnis zum Nutzen gestanden wäre. Die europäischen Interessenschwerpunkte befanden sich nicht mehr im Mittelmeer, sondern hatten sich – mit dem Entstehen weltumspannender Kolonialreiche – auf die Weltmeere verlagert, das Mittelmeer geriet mehr und mehr in den Windschatten einer Entwicklung, die man damals noch nicht als »Globalisierung« bezeichnete.

Achtes Kapitel
Imperialismus und Kolonialismus
– die arabische Welt unter europäischer Kontrolle
(19./20. Jahrhundert)

Napoleon in Ägypten

Längst sind die Tage vorbei, in denen die Araber Europa bedrohten, in Italien und Frankreich standen und ein weiteres Vordringen des Islam nur eine Frage der Zeit zu sein schien; und auch die direkte osmanische Gefahr, die selbst Mitteleuropa zum islamisch-christlichen Schlachtfeld werden ließ, ist verblasst, als 1798 der erste europäische Übergriff auf die Kernländer der arabischen Welt seit den Kreuzzügen beginnt. Das Jahr der Ägypten-Expedition von Napoleon Bonaparte hat symbolische Bedeutung. Es markiert einen ersten Höhepunkt der sich immer spürbarer zugunsten des Westens verschiebenden zivilisatorisch-kulturellen, politischen und militärischen Entwicklung. Mehr und mehr war der »Orient« unter Druck geraten, war sogar zum Gegenstand militärischer Angriffe Europas geworden. Der »kranke Mann am Bosporus« konnte den europäischen Vormarsch nicht aufhalten, die ohnmächtige, unmündige arabische Welt hatte ihm noch weniger entgegenzusetzen. Der französische Ägyptenfeldzug leitet eine Phase in der Geschichte der arabischen Länder ein, die von zunehmender Einmischung Europas geprägt ist und gipfelt in der Übernahme direkter europäischer Kontrolle über den größten Teil der arabischen Welt. Nach und nach werden die Araber Teil des weltumspannenden europäischen Kolonialsystems.

Als 1798 Napoleon Bonaparte (1769-1821) Ägypten eroberte, kam dies nicht völlig überraschend. Schon vorher hatte es in Ägypten eine zunehmende Rivalität zwischen England und Frankreich um Einfluss und Macht gegeben und im Land war so eine antichristliche Stimmung aufgekommen, europäische Kaufleute waren inhaftiert, Christen und Juden schikaniert worden. Für Frankreich war es wichtig, einen Schlag gegen britische Interessen zu führen, die geopolitisch bedeutsamen Regionen am Übergang zwischen Mittelmeer und Rotem Meer zu kontrollieren und sich möglicherweise auch einen Ausgangspunkt zu sichern für einen weiteren Vorstoß in Richtung Indien. Die Briten konnten nicht ohne Gegenreaktion die Übernahme einer strategisch so wichtigen Position, wie Ägypten es war, durch Frankreich akzeptieren. So lag es auf der Hand, dass Briten und Osmanen zusammen gegen Frankreich kooperierten. Den Franzosen war es zwar gelungen, Ägypten militärisch rasch zu unterwerfen, aber ihr Vorstoß nach Syrien (1799) scheiterte bereits unter den Mauern von Akkon, dessen Gouverneur einer Belagerung standhielt. Bonaparte selbst setzte sich per Schiff nach Frankreich ab, als klar wurde, dass es zu einer osmanisch britischen Seeblockade kommen würde. Diese verstärkte den Druck auf die Franzosen und 1801 kam es zu ihrer endgültigen Niederlage. Das Abenteuer einer französischen Militärexpedition in den Orient war endgültig gescheitert und vom militärisch-politischen Standpunkt aus ein völliger Misserfolg. Doch in vielfacher Hinsicht war der Ägypten-Feldzug signifikant. Zum ersten Mal hatte eine europäische Macht eines der Kernländer der islamischen Welt ihrer Herrschaft unterworfen. Hier handelte es sich nicht um ein Randgebiet des Osmanischen Reiches, um keinen vereinzelten christlichen Angriff auf einen abgelegenen Korsarenhafen, sondern um die Okkupation eines seit fast 13 Jahrhunderten muslimischen Landes, das nicht nur geographisch die Mitte der arabischen Welt darstellte..

Ein Schock – Verunsicherung führt zum Aufbruch

Für die muslimische Welt – nicht nur für die Ägypter – bedeutete diese französische Besetzung des Landes einen Schock: Sie führte ihr die eigene Schwäche und Verletzlichkeit drastisch vor Augen, machte den Entwicklungsvorsprung, den Europa gewonnen hatte, mit einem Schlag klar. Wie wenig realistisch man in Ägypten die Situation einschätzte, wird deutlich aus der Reaktion auf das Bevorstehen eines Angriffes: Man werde »die Franken« niederreiten. Nach dem französischen Sieg musste man sich Rechenschaft geben darüber, dass es eine andere Welt gab als die eigene, mit der man sich auseinanderzusetzen hatte, deren Errungenschaften jetzt mehr denn ja auch im Orient präsent waren und die man annehmen oder adaptieren musste, wollte man der neuen Herausforderung Stand halten. Zahlreiche Neuerungen und Methoden, die die Franzosen einführten, sahen die Ägypter mit Staunen oder Missbilligung – aber sie mussten sich damit befassen, wurden in ihrem Selbstverständnis und ihrem Weltbild erschüttert, waren gezwungen sich einzugestehen, dass sie kein realistisches Bild von Europa hatten.

Frankreich führte in Ägypten Konsultativversammlungen ein, sprach von repräsentativen Regierungsformen und der Gleichheit aller Menschen; die Besatzer führten Infrastrukturmaßnahmen durch und Verwaltungsverbesserungen ein. Zahlreiche Wissenschaftler begleiteten die französischen Truppen und machten sich, in Ägypten im Institut d'Egypte organisiert, an eine systematische wissenschaftliche Erfassung aller Aspekte Ägyptens – teilweise durchaus auch unter praktischen Gesichtspunkten: Geographie und Ressourcen des Landes wurden erforscht und genaue Karten erstellt. Naturwissenschaftliche Laboratorien wurden eingerichtet. Zu den wichtigsten Neuerungen gehörte die Etablierung einer arabischen Drucker-Presse (die man aus dem Vatikan herbeigebracht hatte) und das regelmäßige Erscheinen von im Land gemachten Zeitungen. All dies verfehlte nicht seinen Eindruck auf die Ägypter. Die neuen Methoden und Ansätze, Konzepte und Ideen, Einrichtungen und Techniken wurden von der Mehrheit der Bevölkerung wohl nicht vollständig verstanden oder richtig eingeordnet, doch gab es in Ägypten durchaus Menschen, die davon berührt wurden, sich damit auseinandersetzten und die Herausforderung begriffen. Europa wirkte verunsichernd und provozierend, aber auch anregend.

Freilich gab es ebenso reines Unverständnis und simple Ablehnung: Konservative islamische Kreise sahen in naturwissenschaftlichen Experimenten Magie und Teufelswerk. Doch insgesamt hatte die Ägyptenexpedition dem Orient neue Perspektiven gezeigt und seinen Horizont geweitet, erste Anstöße für eine Modernisierung gegeben. Verunsicherung war entstanden, aber es war eine Verunsicherung, von der auch positive Impulse ausgingen.

Auch politisch-militärisch hatte Frankreichs Ägyptenfeldzug den Weg bereitet für Erneuerung und Fortschritt. Denn nach Abzug der französischen Truppen kehrte Ägypten nicht wirklich unter osmanische Herrschaft zurück.

Muhammad Ali – Gründer des modernen Ägypten

Im damaligen Chaos gelang es einem Offizier albanischer Herkunft, die Macht in Ägypten an sich zu reißen: Muhammad Ali (1769-1849) gilt heute als Gründer des modernen Ägypten. Er war – angesichts der französischen Okkupation des Landes am Nil – überzeugt davon, dass der Orient vom Okzident lernen musste, um sich zu behaupten und seine Defizite und seine Rückständigkeit zu überwinden. Napoleons Feldzug hatte Muhammad Ali und noch viele andere im Nahen Osten aufgerüttelt. Der osmanische Sultan hielt es für das Beste, die Gegebenheiten zu akzeptieren und Muhammad Ali als eine Art Gouverneur anzuerkennen. Damit war eine Dynastie an die Macht gekommen, die Ägypten bis 1952 beherrschen sollte. Muhammad Ali baute »sein« Land planmäßig und systematisch auf und aus: eine Armee, die zu ihren besten Zeiten, Mitte der 1830er Jahre, eine der größten weltweit war (mit fast 160 000 Mann); eine staatliche Wirtschaft, eine verbesserte Infrastruktur und eine effizientere Verwaltung. Muhammad Ali ging es darum, einen unabhängigen, leistungsfähigen Staat zu gründen, möglichst eine regionale Großmacht zu schaffen. Ein arabischer Nationalist war er aber keineswegs. Es war mehr oder weniger ein Zufall, dass Ägypten sein Aktionsfeld wurde und er gerade dieses zum ersten arabischen Staat machte, der sich aus dem Osmanischen Reich herauslöste. Muhammad Ali sah es als unerlässlich an, tragfähige Verwaltungsstrukturen und eine schlagkräftige Armee durch eine leistungsfähige Wirtschaft abzusichern. Vorraussetzung für eine erfolgreiche Reformpolitik erschien Muhammad Ali die Ausschaltung der Gegner von Modernisierung und Veränderung. So kam es 1811 zu einem »Mamlukenmassaker«, durch das die Vertreter der »alten Ordnung« vernichtet wurden. Nun ging der neue Herrscher daran, eine Armee nach europäischem Vorbild aufzubauen und durch französische Instrukteure ausbilden zu lassen – zunächst sollte es eine Armee aus Sudanesen werden, dann aber wurden vor allem ägyptische Bauern zwangsrekrutiert, wodurch eine Art »Nationalarmee« entstand. Am einschneidendsten waren die Veränderungen, die Muhammad Ali im Wirtschaftsbereich einführte, Er verstaatlichte alles Land und verbesserte die landwirtschaftliche Infrastruktur durch Ausbau des Bewässerungssystems und des Wegenetzes, wodurch in der Folge eine Ausweitung der landwirtschaftlichen Nutzfläche möglich wurde. Weizen, Zuckerrohr und Reis wurden angebaut und ausgeführt. Geradezu revolutionär war die Einführung des Anbaus der langfaserigen Baumwolle in Ägypten 1821/22, die bald zum wichtigsten Wirtschaftsfaktor am Nil wurde und zum Hauptexportartikel. Während des amerikanischen Bürgerkriegs gab es geradezu einen Baumwollboom in Ägypten. Fast die gesamte Wirtschaft wurde verstaatlicht, oft gegen den – in einem Land mit alter Handwerks- und Handelstradition nur zu verständlichen – Widerstand der Betroffenen. Freilich war Ägypten weiterhin – bei aller erfolgreichen Exportpolitik – auf Einfuhren angewiesen: Holz, Kohle, Eisen, Kupfer und Farbstoffe mussten ebenso wie Maschinen aus Europa importiert werden. In Europa, das Vorbild in vielem wurde, rekrutierte man Techniker, doch wurden auch Fachschulen im Land gegründet, wo – meist unter französischer Leitung – einheimische Fachkräfte ausgebildet wurden. Zum »merkantilistischen« System von Muhammad Ali gehörte auch die Gründung staatlicher Fabriken, in denen sogar Frauen und Kinder zur Zwangsarbeit herangezogen wurden. Neben Textilbetrieben gab es Waffen- und Munitionsmanufakturen, eine Werft in Alexandria, Zuckerraffinerien, eine Druckerei und Reisschälereien. Dabei übersah Muhammad Ali auch nicht die Notwendigkeit, neue Eliten heranzubilden. 1826 wurde eine erste Studentenmission nach Europa entsandt zur Absolvierung eines akademischen Hochschulstudiums. Frankreich war das Vorzugsziel ägyptischer Studenten.

Muhammad Alis Politik hatte auch unmittelbare Bedeutung für Europa: Wie die Gesamtwirtschaft so verstaatlichte er auch den Außenhandel Ägyptens – dies bedeutete faktisch die Außerkraftsetzung der »Kapitulationen«, der Handelsprivilegien, welche die europäischen Mächte im Osmanischen Reich genossen.

Noch viel stärker berührte seine Großmachtpolitik die Interessen Europas. Frankreich war das europäische Land, das am ehesten bereit war, Muhammad Alis neue, ungewohnte Rolle zu akzeptieren. In Paris hielt man es für vorteilhaft, sich mit der aufsteigenden Macht im Nahen Osten zu verbinden und damit die eigene Machtposition zu sichern. Ganz im Gegenteil dazu sahen die anderen europäischen Mächte, allen voran England, in Muhammad Ali einen Störfaktor, der den Status quo gefährdete, neue Machtverhältnisse schuf und den Einfluss der europäischen Staaten auf diese Weise reduzierte. Vor allem eine Verflechtung ägyptischer mit französischen Interessen schien den anderen Mächten bedrohlich. Ein schwaches Osmanenreich zogen England und die anderen Mächte einem starken Ägypten, das unter französischen Einfluss stand, vor.

Die Lage spitzte sich zu angesichts der ägyptischen »Außenpolitik« : Zunächst einmal agierte der ägyptische Gouverneur im Auftrag und auch im Interesse des Sultans in Konstantinopel. Die Niederwerfung der aggressiven puristisch-konservativen Sekte der Wahhabiten auf der arabischen Halbinsel durch Ägypten geschah im Auftrag Konstantinopels, trug zugleich aber zur Festigung der ägyptischen Position im Roten Meer bei (1811). Es folgte die ägyptische Eroberung des Sudan (1820/23). Auf Anordnung des Sultans beteiligte sich Muhammad Ali auch an der Niederwerfung der griechischen Unabhängigkeitsbewegung: Hier erfuhr er jedoch erstmals die Grenzen seiner Macht und seiner Möglichkeiten; er musste erkennen, dass Europa nicht gewillt war, seine weitere Expansion ohne weiteres zu dulden: 1827 wurde die über 80 Schiffe umfassende ägyptische Flotte bei Navarino in Griechenland vernichtet – Griechenland erlangte seine Unabhängigkeit. Für den ägyptischen Herrscher, im Grunde immer noch osmanischer »Vizekönig«, war dies ein herber Rückschlag. Doch der Höhepunkt ägyptischer Selbstbehauptung und

Unabhängigkeitspolitik stand erst noch bevor: 1831 bedeutete der ägyptische Vorstoß nach Syrien eine offene Rebellion gegen die Autorität des Sultans. Die ägyptische Armee okkupierte den gesamten syrischen Raum und rückte nach Anatolien vor. Dort kam es zur Konfrontation mit der osmanischen Armee, die bei Konya 1832 vernichtend geschlagen wurde. Erstmals waren die neuen Machtverhältnisse auch militärisch völlig klar geworden. Das Ende des Osmanenreiches schien unmittelbar bevor zu stehen. Für die ägyptische Armee schien der Weg nach Konstantinopel offen zu liegen. Der militärische Führer des vorrückenden ägyptischen Armee, Muhammad Alis Sohn Ibrahim, votierte für einen Angriff auf die türkische Kapitale, doch sein Vater vermied diesen politischen Fehler – der unweigerlich ein sofortiges Eingreifen Europas und ein schnelles Ende der Herrschaft Muhammad Alis bedeutet hätte. Kilikien aber sowie Syrien mit dem Libanon-Gebiet und Palästina blieben vorläufig in ägyptischer Hand. Die ägyptische Herrschaft hatte im syrischen Raum zweierlei Hauptergebnisse: Auf der einen Seite wurde im Libanongebirge das friedliche Miteinander der Religionsgemeinschaften, auf dem bisher die Autonomie dieser Religion beruht hatte, empfindlich und auf Dauer gestört – zur Durchsetzung ihrer Herrschaft brachten die Ägypter Drusen und Maroniten, die wichtigsten Gruppen im »Dschabal Lubnan«, gegeneinander auf und störten das prekäre Gleichgewicht. Damals wurden Konflikte entfesselt, die im Grunde bis heute andauern. Auf der anderen Seite verfolgte Muhammad Ali – wie zuvor bereits in Ägypten – eine Politik der Gleichstellung von Muslimen und Nichtmuslimen im syrischen Raum, mit der er die ägyptische Herrschaft in Europa als fortschrittlich und liberal akzeptabel machen wollte. Besonders Frankreich sah seine Kooperation mit Ägypten durch diese christenfreundliche Politik bestätigt und den eigenen Einfluss, der auf langen Beziehungen gerade zur maronitischen Gemeinschaft (einer mit Rom unierten christlichen Bevölkerungsgruppe) beruhte, gestärkt. Als Gegengewicht gegen Frankreich, Schutzmacht der Maroniten, begann England, die Drusen zu protegieren. In ganz Syrien wurde das Gefüge der Konfessionen durch die ägyptische Herrschaft verändert, entstanden Spannungen, kündigten sich tiefgreifende Veränderungen an. Syrien wurde in der Zeit der ägyptischen Okkupation auch mehr und mehr europäischer Durchdringung geöffnet – noch mehr Missionare und Kaufleute kamen ins Land, ebenso europäische Waren. Gleichzeitig wurden gewisse einheimische Wirtschaftszweige – so die libanesische Seidenproduktion (vorwiegend in maronitischer Hand) – durch europäischen Bedarf stimuliert. Europas zunehmend fühlbare Präsenz stärkte das Selbstbewusstsein der Christen im Land, die am meisten vom wachsenden wirtschaftlichen Engagement Europas in der Levante profitierten und zu deren Gunsten die europäischen Konsuln Einfluss nahmen. Doch die repressive ägyptische Herrschaft hatte gerade im an Unabhängigkeit gewohnten Libanon auf Dauer verheerende Folgen. Denn selbst die Christen waren nicht mehr bereit, die ägyptische Repression (so gab es z. B. Zwangsrekrutierungen) zu ertragen und erhoben sich mit den anderen Bevölkerungsgruppen gegen sie. Osmanen und europäische Mächte (England, Russland, Preußen und Österreich) nutzten die Gunst der Stunde und setzten der ägyptischen Besetzung Syriens durch eine militärische Intervention ein Ende. Ägypten war nämlich zu erfolgreich geworden: 1839 hatten ägyptische Truppen ein osmanisches Heer geschlagen, das Syrien zurückerobern sollte. Muhammad Ali musste sich auf Ägypten beschränken, abrüsten und sein Handelsmonopol aufgeben – die wirtschaftliche »Europäisierung« des Landes am Nil stand bevor. Die ägyptischen Großmachtpläne waren endgültig gescheitert. Doch es hatte sich gezeigt, dass es eine Alternative zum Osmanischen Reich gab, dass die arabischen Teile des Türkenstaates mehr waren als unbedeutende Provinzen, dass hier Potenzial vorhanden und ein Neuanfang möglich war. Gleichzeitig hatte erstmals »Europa« in einem arabischen Land als Vorbild gedient, als Modell für Erneuerung und Überwindung von 'Rückständigkeit'.

Zwar war der Albaner Muhammad Ali nicht als Verfechter eines arabischen oder ägyptischen Nationalismus angetreten – Ägypter wurden im Gegenteil in seinem System diskriminiert; aber ein arabisches Land war Ausgangspunkt von Erneuerung und Veränderung geworden, aus einem arabischen Land heraus war das osmanische System in Frage gestellt und erschüttert worden. Gleichzeitig hatte diese Selbstbehauptung des Orients auch zu intensiverem Engagement der europäischen Mächte im Nahen Osten geführt und ihre Rolle in diesem Raum gestärkt. Die Ideen der Französischen Revolution freilich, ein neues Verständnis von Staat und Regierung, mehr Rechte für das Volk und einen Umsturz bestehender Machtverhältnisse hatte die französische Expedition nicht nach Ägypten gebracht. Um Modernisierung im technischen, nicht im gesellschaftlichen Sinn ging es Muhammad Ali. Seine Herrschaftsform war und blieb despotisch und repressiv.

Indirekter Imperialismus – Ägypten auf dem Weg in die Abhängigkeit von Europa (19. Jahrhundert)

Auch nach Muhammad Ali blieb Ägypten im Fokus europäischen Interesses. Seine Nachfolger – nominell weiterhin Untertanen der Hohen Pforte aber faktisch unabhängig – setzten ebenso auf Modernisierung. Im Gegensatz zu Muhammad Ali jedoch forcierten sie nicht Staatsmonopole und Zentralverwaltungswirtschaft. Unter den Khediven (Titel ursprünglich persischer Herkunft, den seit der Mitte des 19. Jahrhunderts die ägyptischen Herrscher trugen) Said (1854-1863) und Ismail (1863-1879) setzte vielmehr eine Periode europäischer wirtschaftlicher Durchdringung ein. Beide Herrscher wollten Anschluss an Europa finden, Ägypten »zivilisieren«, ihr Land letztendlich zu einem Teil Europas machen. So kam es zu einem zunehmenden europäischen Engagement in Ägypten. Das Land wurde mehr und mehr in den Weltmarkt integriert, europäische Kaufleute und mit ihnen europäische Produkte kamen an den Nil. Einheimische Handwerker und Händler wurden geschwächt, denn die Rechte und Privilegien der Europäer wurden durch die »Kapitulationen«, die das Osmanenreich den europäischen Staaten gewährt hatte (und die Muhammad Ali nur zeitweise hatte außer Kraft setzen können), ausgebaut und gestärkt. Andererseits führte der Anschluss an den Weltmarkt auch zu einer Stimulierung ägyptischer Exporte: Die Baumwollausfuhr nahm stetig zu, die Anbaufläche wurde vervielfacht und zur Zeit des amerikanischen Bürgerkriegs, als die Baumwollproduktion der Südstaaten der USA auf dem Weltmarkt fehlte, erreichte die ägyptische Baumwollproduktion Spitzenwerte. Doch auch der kulturelle Einfluss

Europas nahm zu, ein reges kulturelles Leben europäischer Prägung entfaltete sich in Europa unter lebhafter Teilnahme einheimischer Eliten. Ismail ermöglichte es vor allem katholischen Orden aus Frankreich, in Ägypten tätig zu werden und setzte damit die Politik von Muhammad Ali fort.

Europäische Investoren kamen nach Ägypten – ganz im Geiste einer Modernisierung, die mit Europäisierung gleichgesetzt wurde – und im Einverständnis mit den Khediven. Der gesamte Nahe Osten rückte in den Fokus europäischer Investoren und Kaufleute. Das spektakulärste Projekt, das exemplarisch die kombinierte Auswirkung europäischer politischer und wirtschaftlicher Interessen deutlich machte, war der Bau des Suezkanals. Muhammad Ali hat dieses Projekt aus gutem Grund abgelehnt. Er sah, dass Ägypten durch eine derartige strategische Wasserstraße zu sehr in Abhängigkeit von auswärtigen Mächten geraten würde und erkannte wohl auch die ökonomischen Konsequenzen. Schon um die Mitte des 19. Jahrhunderts war es zum Bau von Eisenbahnlinien in Ägypten gekommen. Doch die große, dominierende Idee blieb der Bau einer Wasserstraße vom Mittelmeer zum Roten Meer am Isthmus von Suez, wo Afrika über die Sinai-Halbinsel mit Asien verbunden war. Der französische Unternehmer Ferdinand de Lesseps war es, der die Vision zur Wirklichkeit werden ließ. Da sein Versuch, zunächst in Europa Aktien zur Finanzierung seines Kanalbauprojekts zu verkaufen, scheiterte, wandte er sich an den Khediven Ismail, dem er – mit offizieller französischer Unterstützung – 44% der Anteile seiner Suezkanalgesellschaft aufschwatzte. Dieses finanzielle Engagement war Ägypten nur möglich durch die Aufnahme von Schulden – für Ägypten begann damals eine Periode katastrophaler Verschuldung, die sich wie eine Spirale nach oben entwickelte und schließlich das Land in totale Abhängigkeit von Europa führte. Dies freilich sah Ismail nicht ab: Er hoffte, durch Kredite seine eigene Position stärken und Ägypten so entwickeln zu können, dass er im Laufe der Zeit eine Großmachtposition erlangen und, beim bevorstehenden Zusammenbruch des Osmanischen Reiches, sein europäisiertes Reich bis an den Bosporus ausdehnen könnte. 1859 wurde der Bau des Suezkanals begonnen – unter äußerst ungünstigen Bedingungen, die sich die unerfahrene ägyptische Führung hatte aufdrängen lassen: So mussten zeitweise bis zu 25 000 ägyptische Zwangsarbeiter den Kanal graben – zu einer Zeit als deren Arbeitskraft im Baumwollboom benötigt worden wäre. 1869 wurde der Kanal eröffnet – in Anwesenheit der französischen Kaiserin Eugénie.

Die Existenz des Kanals erhöhte die politische Brisanz der Lage Ägyptens, gleichzeitig wurde die Schuldenlast immer drückender: So verkaufte Ägypten 1875 seine Suezkanalaktien an England. 1876 wurde das Land einer anglo-französischen Zwangsschuldenverwaltung unterstellt – Ägypten musste seine Zahlungsunfähigkeit erklären. Eine Enquêtekommission unter europäischer Regie wurde eingesetzt, um Missstände zu untersuchen; 1878 kam es in der Folge zur Bildung einer neuen Regierung, der ein Engländer als Finanzminister angehörte und ein Franzose als Minister für öffentliche Arbeiten. Ägypten stand endgültig unter europäischer Kuratel und Ismails völlige Entmachtung war nur noch eine Frage der Zeit: 1879 wurde er abgesetzt und ins Exil geschickt.

»Ägypten den Ägyptern!«

Die zunehmende europäische Gängelung und Einflussnahme schürte mehr und mehr Unzufriedenheit im ägyptischen Volk. Die Fremdbestimmung wurde deutlich empfunden und löste Gefühle aus, die – mit allen Vorbehalten und Einschränkungen – als »nationalistisch« bezeichnet werden können. Eine Art ägyptischer »Nationalbewegung« entstand. Zwar hatte Ismail 1866 eine Delegiertenkammer geschaffen, die seine Herrschaft legitimieren und ihn als ernstzunehmenden, gleichrangigen Partner Europas ausweisen sollte – doch die geringen Möglichkeiten dieser Versammlung waren augenfällig. Auch die Öffnung für den »Fortschritt«, die Ismail favorisierte, führte immer deutlicher zu einer wachsenden Abhängigkeit von Europa und wurde so auch im Land perzipiert. Eine ägyptische Handels- und Finanzbourgeoisie war entstanden, die vor allem aus Europäern und Levantinern sowie Angehörigen von Minderheiten – Griechen, Armenier, Juden etc. – bestand. So war die Zeit reif für einen nationalägyptischen Aufstand unter dem Offizier Ahmad Urabi (1841-1911), der 1881/82 ausbrach. In diesen beiden Jahren gewannen Urabi und die Bewegung, die er anführte, gegen den neuen Khediven Tawfik eine zunehmende Machtposition. Urabis Stärke beruhte nicht zuletzt auf der Anhängerschaft, die er beim Militär, gerade bei den zahlreichen Soldaten besaß, die wie er selbst, aus Fellachen-Kreisen stammten. Durch seine ständigen Drohungen mit militärischen Maßnahmen konnte er sich zeitweise sogar das Amt des Kriegsministers sichern, blieb jedoch grundsätzlich in scharfem Gegensatz zum regierenden Khediven. Ägypten befand sich in einem chaotischen Zustand: Auf der einen Seite ein Khedive, der immer weniger Macht hatte, eine heterogene Nationalbewegung, die immer energischer Beteiligung an der Macht und Einschränkung europäischer Einflüsse forderte sowie eine osmanische Zentralregierung, welche die Wirren nutzen wollte, um Ägypten wieder unter direkte Kontrolle zubringen. Urabi und seine »Nationalisten« argumentierten national und arabisch – Ägypten müsse der ausländischen Kontrolle entzogen werden und dürfe nicht »Ungläubigen« ausgesetzt bleiben. Gleichzeitig richtete sich die Bewegung gegen die turko-tscherkessische Elite, die in Ägypten – vor allem in der Armee – immer noch tonangebend war. Was zunächst eine der persönlichen Unzufriedenheit und den unerfüllten Ambitionen des ägyptischen Offiziers Urabi entsprungene Revolte gewesen war, wurde zur nationalägyptischen Revolution. Es kam zu Ausschreitungen und Zusammenstößen. Die Presse schürte die fremdenfeindliche Stimmung im Land. Die Parole »Ägypten den Ägyptern!« wurde zur Losung der Nationalisten und richtete sich nicht nur gegen die zunehmende Kontrolle, die von den europäischen Mächten ausgeübt wurde, sondern auch gegen die landesfremden Eliten in Armee und Regierung, die den Aufstieg »echter« Ägypter verhinderte. In ihrem Namen wurde eine parlamentarische Vertretung gefordert und eine wirkliche konstitutionelle Ordnung eingeklagt. Europäische Marineeinheiten kreuzten im Mittelmeer vor Alexandria, als die Lage sich zuspitzte. Doch letztlich waren es allein die Briten, die im September 1882 in Ägypten landeten. Frankreich zog sich, als Englands militärisches Eingreifen feststand, zurück – war es doch durch die Einnahme Tunesiens völlig absorbiert.

Die moderne Forschung hat die traditionelle Erklärung, England habe durch die Ägypteninvasion den Suezkanal und damit seine strategische Indienverbindung

sichern und vor den ägyptischen Nationalisten schützen wollen, kritisch hinter-
fragt. Es sei den Briten vor allem darum gegangen, die Interessen der europäischen
Finanziers, Geschäftemacher und Spekulanten zu schützen und eine weitere »Ausbeutung« Ägyptens durch die europäische Kontrolle seiner Wirtschaft und seiner
Finanzen sicherzustellen. Möglicherweise spielte beides eine Rolle. Dass die ägyptischen Nationalisten bis 1882 die britischen Interessen am Suezkanal unangetastet
gelassen hatten, konnte einerseits daran liegen, dass sie noch nicht in der Lage
waren, gegen diese vorzugehen und andere Prioritäten hatten. Andererseits liegt die
Annahme durchaus nahe, dass die Urabi-Bewegung, wenn sie erst einmal fest im
Sattel saß, auch eine Übernahme des Kanals planen würde, denn die Einschränkung
der europäischen Rolle in Ägypten war eines ihrer wichtigsten Ziele. Die britische
Einnahme Ägyptens gelang schnell und war durch die ägyptische Niederlage bei
Tell al-Kabir am 13. September 1882 endgültig. Die Urabi-Bewegung brach in sich
zusammen. Ägypten geriet unter britische Kontrolle – über 70 Jahre sollten britische Soldaten im Land bleiben und auf seine Entwicklung entscheidenden Einfluss
nehmen.

Syrien, Libanon, Palästina und die arabische Halbinsel als Schauplatz europäischer Rivalität (19. Jahrhundert)

Wie in vielen anderen Regionen der arabischen Welt kam auch im »fruchtbaren
Halbmond« der europäische Einfluss im 19. Jahrhundert immer stärker zur Geltung – wobei auch dieser Raum noch Teil des Osmanischen Reiches war und die
osmanische Regierung immer wieder versuchte, ihre Position zu behaupten und
ihre Macht auch erfolgreich durchzusetzen. Der Raum zwischen Kilikien und der
Sinai-Halbinsel, also Großsyrien, war seit jeher eine Region der islamischen Welt,
in der die europäische Präsenz besonders intensiv war und die Verbindungen zum
Abendland eine lange Tradition haben. Hier lagen End- und Knotenpunkte von
Handelsstraßen, die vom Persischen Golf und Südarabien Waren an die Mittelmeerküste brachten; hier erstreckten sich bergige Regionen in Küstennähe, in welchen
sich Minderheiten niedergelassen hatten und eine relative Autonomie behaupten
konnten. Die christlichen unter ihnen – so die libanesischen Maroniten – sahen
die Möglichkeit, von hier aus ihre Kontakte zum christlichen Europa, vor allem
zur römischen Kirche und zu Italien und Frankreich zu pflegen und mit deren
Hilfe eine gewisse Eigenständigkeit zu bewahren. Die Ära ägyptischer Okkupation (1831-1840) öffnete den syrischen Raum in besonderem Maße europäischer
Durchdringung. Dadurch, dass Syrien zum Schauplatz des osmanisch-ägyptischen
Konflikts wurde, fokussierte sich auch das Interesse der europäischen Mächte noch
mehr als bisher auf diese Region. Europäische Kaufleute und Missionare kamen
zunehmend nach Syrien, Schiffe aus den Mittelmeerhäfen und sogar aus England
legten an den Docks von Beirut, Tripolis und Latakia an. Im Libanongebirge störte
die ägyptische Herrschaft die prekäre Koexistenz der Religionsgemeinschaften –
die delikate Balance zwischen Drusen und Maroniten geriet aus den Fugen. Die
Ägypter spielten die beiden Bevölkerungsgruppen gegeneinander aus und nach

dem Abzug der ägyptischen Truppen versuchten die Osmanen, durch energische Kontrolle die Ordnung im Gebirge wieder herzustellen.

Frankreichs traditionell enge Verbundenheit mit den Christen der Levante, speziell mit den Maroniten des Libanon, die ja den römischen Papst anerkannten, gewann unter den speziellen Bedingungen der »Orientalischen Frage« neue Intensität und besondere politische Relevanz. Das französische Maronitenprotektorat wurde zum Hebel politischer Einflussnahme, zu einem wesentlichen Faktor im Gefüge der Konfessionsgemeinschaften des syrischen Raums. Von britischer Seite wurde versucht, diesem französischen Übergewicht auf gleicher Ebene zu begegnen. Da es nur sehr langsam gelang, eine protestantische Gemeinde im Osmanischen Reich aufzubauen, setzte England nun auf den Schutz der drusischen Bevölkerungsgruppe im Libanon, um dem französischen Einfluss entgegenzuwirken. Europäische Interessenpolitik und die gegensätzlichen Aspirationen der unterschiedlichen Religionsgemeinschaften waren im Syrien des 19. Jahrhunderts zunehmend eng verflochten. Die ägyptische Okkupation kam unter Aufständen der syrischen Bevölkerung zu ihrem Ende. Letztendlich hatte das repressive Regime der Ägypter alle Bevölkerungsteile aufgebracht, auch die Maroniten des Libanon, auf deren Hilfe die Ägypter sich hatten anfangs stützen können: Das setzte die Rolle Frankreichs einer Zerreißprobe aus, das zwischen seinen traditionellen Freunden, den Maroniten, und seinem ägyptischen Alliierten in ein gefährliches Spannungsfeld geriet. Die europäischen Alliierten setzten der ägyptischen Herrschaft in Syrien ein Ende und versetzten damit dem französischen Einfluss einen empfindlichen Schlag, von dem Frankreich sich angesichts seiner tiefen historischen Bindungen zu den orientalischen Christen aber bald erholte. Im Libanon erwies sich direkte osmanische Herrschaft nicht als die geeignete Lösung. Unter europäischer Ägide – denn kein Verwaltungsvorgang von einiger Bedeutung im syrischen Raum ging mehr ohne die Einmischung der europäischen Mächte vor sich – wurde das Verwaltungssystem des Libanon reformiert. Das Libanongebirge wurde in je eine autonome drusische und maronitische Region aufgegliedert. Diese Neuregelung ging einerseits von falschen Voraussetzungen aus, schuf andererseits Verhältnisse, die Krisen produzierten, berücksichtigte aber gewisse bestehende Probleme überhaupt nicht.

Die Neuordnung verstärkte weiter die konfessionelle Polarisierung im Libanongebirge, da die Vorstellung von einem maronitischen und einem drusischen Siedlungsgebiet im Libanon reine Fiktion war; die meisten Regionen waren konfessionell gemischt. Diese Problematik wurde durch eine weitere Perfektionierung des »Konfessionalismus«, der Aufteilung aller öffentlichen Funktionen und Ämter gemäß den unterschiedlichen Konfessionen, angegangen – wodurch konfessionelle Gräben vertieft und Gegensätze zwischen den Religionsgemeinschaften zementiert wurden. Die Einmischung der europäischen Mächte zugunsten ihrer Protégés wirkte als Katalysator. Einerseits wurden ganze Religionsgemeinschaften – so die Orthodoxen von Russland, die Maroniten von Frankreich usw. – politisch unterstützt, andererseits wurden auch Einzelpersonen, Angehörige dieser nichtmuslimischen Minderheiten, als Schützlinge der europäischen Konsuln in der Levante, gegen die osmanische Behörden in Schutz genommen. Immer größer wurde die Zahl der einheimischen Christen, die unter der Protektion europäischer Konsulate standen und so praktisch quasidiplomatischen Status erlangten, Privilegierte in der syrischen

Gesellschaft wurden. Die europäische Wirtschaft griff nach dem Nahen Osten, lieferte Industrieprodukte in den Orient, stimulierte aber auch durch ihre Bedürfnisse und ihre Nachfrage – wie erwähnt (s. S. 123) – einzelne Wirtschaftszweige, wie die Seidenherstellung, die bald zur wichtigsten Einkommensquelle für die Libanesen wurde und vor allem in den Händen von Christen lag. Dass eine wesentliche Ursache für die Konflikte im sozialen System und nicht primär im konfessionellen Bereich lag, dass es im Libanon zunehmend zu einer Krise der traditionellen Feudalordnung kam, wurde aufgrund der nicht zuletzt europäischen Fixierung auf eine »konfessionelle« Perzeption nicht ausreichend berücksichtigt.

Die Spannungen im Libanongebirge seit der Zeit der ägyptischen Besatzung flammten immer wieder auf, führten zu diplomatischen und konsularischen Interventionen der Vertreter europäischer Staaten und das Klima im syrischen Raum wurde immer gereizter. Ende der 1850er Jahre entluden sich die Gegensätze zwischen Muslimen und Nichtmuslimen im Ausbruch von Gewalt in Nablus (Palästina) und Dschidda (heutiges Saudi-Arabien). Im Libanongebiet kann man 1860 von einem Bürgerkrieg sprechen – in Damaskus fand ein regelrechtes Christenmassaker statt.

Frankreich reagierte mit der Entsendung eines Expeditionscorps – 6 000 Mann landeten im Sommer 1860 in Beirut, als die Unruhen praktisch schon abgeflaut oder von den Osmanen erstickt worden waren. Hatten osmanische Behörden zunächst tatenlos zugesehen, griffen sie umso energischer durch, als eine europäische Intervention absehbar wurde und die französische Militärexpedition konkrete Formen annahm. Französische Landung und harte osmanische Repression müssen wie ein Schock gewirkt haben: Für Jahrzehnte kam es nicht mehr zu größeren Auseinandersetzungen zwischen Muslimen und Nichtmuslimen, eine Zeit relativer Ruhe und sogar Prosperität kam für die Levante. 1860 hatten in Frankreich zahlreiche Stimmen gefordert, die entsandten Truppen sollten nicht nur zur Wiederherstellung der Ruhe im Einvernehmen mit den Behörden des Sultans beitragen, sondern die Chance nutzen, um die Maroniten vom »muslimischen Joch« zu befreien und den Libanon zu besetzen. In der Situation der Orientalischen Frage freilich waren solche Vorstellungen nicht realistisch; die Rivalität der europäischen Mächte sicherte – vorerst noch – die territoriale Integrität des Osmanischen Reiches im Mittelmeerraum.

Auch auf der arabischen Halbinsel machte Europa im 19. Jahrhundert seine Interessen geltend. Hier war es vor allem England, das wichtige Positionen und Verbindungslinien im Rahmen seines Kolonialsystems in Afrika und Asien – besonders im Hinblick auf eine Sicherung des Indienwegs und des Vorfeldes Indiens – frühzeitig sicherte. Die britische East India Company besetzte Aden 1839, das strategisch positionierte Handelszentrum, das seit dem Mittelalter Drehscheibe des interkontinentalen Handels war. Allein die Tatsache, dass Aden administrativ Britisch-Indien angegliedert war, zeigt, unter welchem Aspekt der Hafen für das British Empire von Bedeutung war. Erst 1937 wurde Aden administrativ von Indien gelöst und zu einer eigenen Kronkolonie. Ende des 19. Jahrhunderts, Anfang des 20. Jahrhunderts wurden die Stämme des südarabischen Raumes durch Protektoratsverträge an England gebunden. Auch an der sogenannten »Piratenküste«, den Stränden der heutigen Vereinigten Arabischen Emirate, versuchten die Briten früh Fuß zu fassen, um eine

Beeinträchtigung der Handelsschifffahrt durch Seeräuberei zu vermeiden und die Verbindung zwischen Persisch-arabischem Golf und Indischem Ozean zu sichern. Seit 1820 entstanden Verträge zwischen den anglo-indischen Behörden und den Scheichs der »Piratenküste«. 1853 band ein Abkommen über dauerhaften Frieden die Region noch enger ans Empire. 1891 wurde ein Vertrag mit dem Sultan von Maskat und Oman geschlossen. Der 1899 mit dem Scheich von Kuwait abgeschlossene Protektionsvertrag war gegen das deutsch-osmanische Projekt gerichtet, die Bagdadbahn bis an den Persischen Golf zu verlängern – und dadurch nicht nur die osmanischen Ansprüche zu unterstreichen, sondern auch eine Art deutschen Einflussbereichs zu schaffen. Erst im Ersten Weltkrieg kommt es zu Protektoratsverträgen zwischen Bahrain und Qatar einerseits sowie England andererseits. Dies waren die ersten direkten Interventionen, die Teile der arabischen Welt östlich von Ägypten förmlich an einen europäischen Staat banden – solche waren nur in Randgebieten des Osmanischen Reiches möglich. Den Briten ging es hier keineswegs um territorialen Besitz, sondern – wie erwähnt – um die Sicherung strategischer Positionen und Wege im Vorfeld Indiens.

Europäischer Einfluss und die orientalischen Christen

Seit jeher gab es Beziehungen der römischen Kirche zum Orient, bemühten sich die Päpste um Kontakte zu den orientalischen Christen. Durch römische Missionsaktivitäten entstanden »katholische«, mit Rom unierte Parallelkirchen im Nahen Osten, wie z.B. die griechisch-katholische oder die koptisch-katholische Kirche. Besondere politische Relevanz erhielt diese Entwicklung aber erst im Zusammenhang mit der »Orientalischen Frage« im 19. Jahrhundert. Die interkonfessionellen Spannungen, die 1860 im Libanon und in Damaskus ihren Höhepunkt in Gewaltausbrüchen fanden, geben Anlass für einen Blick auf die Lage der Nichtmuslime im sich verändernden Nahen Osten: Jahrhunderte hindurch hatten Christen und Juden in der islamischen Welt in einem Gesellschafts- und Rechtssystem gelebt, das religiös motiviert und begründet war – also in einer Rechtsordnung, die eine andere Religion, der Islam, vorgegeben hatte. Darin hatten sie zwar durchaus ihren Platz und gewisse Rechte – aber eben einen untergeordneten, keinesfalls gleichberechtigten Status. In einem per Definition islamischen Staat konnten Nichtmuslime keine »Vollbürger« sein. Die »Umma«, die Gemeinschaft der Gläubigen, war Träger des islamischen Staates – die nichtmuslimischen Gruppen existierten abseits davon. Als im Nahen Osten der europäische Einfluss immer stärker wurde und auch politische Konzeptionen aus dem Westen bekannt wurden, kam auch die Position der Dhimmis, der jüdischen und christlichen »Untertanen«, denn »Bürger« im eigentlichen Sinn waren sie ja nicht (ganz abgesehen davon, dass dieser europäische Begriff im Kontext des islamischen Staates ohnehin problematisch ist), auf den Prüfstand.

Als Erster hatte Muhammad Ali die Lage der Kopten, der ägyptischen Christen, verbessert. Damit hatte er sich als »moderner« Herrscher profiliert und ein positives Signal nach Europa- besonders an seinen Alliierten Frankreich, die traditionelle Schutzmacht der orientalischen Christen, gesandt. Er hatte sich aber auch in einer

Zeit, in der seine Reformen nicht auf einhellige Zustimmung trafen, eine besonders effiziente Bevölkerungsgruppe Ägyptens verpflichtet. Auch in Syrien hatten die Ägypter sich christenfreundlich verhalten und sich dadurch deren Unterstützung gesichert.

Die Forderung nach Gleichheit aller Menschen – ungeachtet ihrer Religions- oder Volkszugehörigkeit – wurde aus Europa »importiert«. Die europäischen Mächte trugen diese Idee an die Hohe Pforte heran, die orientalischen Christen gewannen an Selbstbewusstsein. Gerade im syrischen Raum aber begann auch ihr faktischer Aufstieg. Schon seit dem Mittelalter war es immer wieder zur Zusammenarbeit zwischen Europa und orientalischen Christen gekommen – nie aber hatte diese so intensive Formen angenommen wie im 19. Jahrhundert. Die europäischen Missionare, die in der Levante Schulen eröffneten, rekrutierten ihre Schülerschaft fast ausschließlich unter den Christen des Landes. Europäische Kaufleute und Firmen machten sich für ihre Geschäftsoperationen im Orient die Dienste einheimischer Christen zunutze. Tendenziell profitierten Christen eher von der europäischen Durchdringung der Levante, Muslime hatten häufig unter den Nachteilen zu leiden. Europäische Konsulate öffneten in den großen Städten des Osmanischen Reiches, setzten sich für die Interessen ihrer Schützlinge ein und sorgten so für zunehmendes Unbehagen unter der muslimischen Mehrheit. Besonders im Libanon, wo die Maroniten die Bevölkerungsmehrheit bildeten, wurde christliche Selbstbehauptung in Verbindung mit wachsendem französischem Einfluss besonders stark empfunden. Dies alles vollzog sich im Kontext osmanischer Reformen, die auch rechtlich die Nichtmuslime den Muslimen allmählich gleichstellten. Die übertriebene Einflussnahme und Anmaßung von Konsuln christlicher Mächte, die nicht allein darauf abzielte, die verbesserte Rechtsstellung der Nicht-Muslime durchzusetzen, sondern Vorrechte für Christen einforderten und auch immer wieder versuchten, Christen dem Zugriff der lokalen Gerichte und Behörden zu entziehen, verschärfte die Spannungen zwischen Muslimen und Minderheiten, bis es zu den skizzierten Gewaltausbrüchen Mitte des 19. Jahrhunderts kam. Bis heute ist die Interessenverbindung zwischen Europa und orientalischen Christen fester Bestandteil des Geflechts von Verschwörungstheorien im Nahen Osten, aber es bestehen auch tatsächlich besonders gute Beziehungen zwischen arabischen Christen und Europa.

Der Gesamtkontext: Das Osmanische Reich zwischen Niedergang und Reform im Zeitalter der Orientalischen Frage

Bevor wir uns mit der die Endphase der osmanischen Herrschaft in der arabischen Welt und dann der Übernahme direkter europäischer Kontrolle über die meisten arabischen Länder beschäftigen, wollen wir kurz die Entwicklung des Osmanischen Reiches, das im 19. Jahrhundert noch immer die Rahmenbedingungen für die arabischen Regionen Vorderasiens und Nordafrikas mitbestimmte, und den Einfluss, den Europa darauf nahm, näher betrachten.

Im späten 18. Jahrhundert bereits wird offensichtlich, dass die Rückschläge an den europäischen Fronten Symptome eines Niederganges des selbstbewussten Osmanenreiches sind. Die Erkenntnis, dass die militärischen Misserfolge Anzeichen für strukturelle Probleme und nicht zufällig sind, ist vereinzelt vorhanden, aber noch nicht allgemein verbreitet. Reformbedarf wird deutlich – doch sieht man ihn einseitig im militärischen Bereich. Sultan Selim III. (1762-1808) scheitert an seiner Entschlossenheit, Reformen anzugehen – er wird 1807 von konservativen Kräften zur Abdankung gezwungen. Doch hatte er Keime setzen können für künftige Modernisierungsansätze: In den von ihm gegründeten Militärakademien und den in europäischen Hauptstädten eingerichteten Botschaften gewannen kleine Gruppen von Reformern die Überzeugung, eine grundsätzliche Reform des Osmanenreiches sei nötig. Zwar war die Notwendigkeit von Neuerungen trotz der Absetzung Selims deutlich geworden, doch entstand ein Spannungsfeld zwischen denen, die in der Rückkehr zu den Werten und Methoden des »goldenen Zeitalters« der Osmanen das Patentkonzept sahen, und denen, die grundlegende Veränderungen im Sinne einer Anpassung an eine sich wandelnde Welt für unabwendbar hielten. Signalwirkung hatte der Aufbruch der arabischen Welt: Energischer als dies in Konstantinopel möglich war, hatte der Gouverneur Ägyptens, Muhammad Ali, Reformen in Angriff genommen. Er handelte – als Albaner – nicht im Sinne eines arabischen Nationalismus, sondern rein pragmatisch, weitgehend ohne politische Ideologie. Ihm ging es darum, eine unabhängige, regionale Großmacht zu schaffen und sich vom maroden Reich der Osmanen unabhängig zu machen. Dass ihm dies durch seine radikalen Maßnahmen erstaunlich gut und schnell gelang, war ein Schock für die osmanische Führung. Muhammad Ali wurde zum Vorbild für den Osmanenstaat. Sultan Mahmud II. (1785-1839) belebte 1826 eine bereits von Sultan Selim III. geschaffene »moderne« Militäreinheit neu und machte sie zur Hauptstütze seiner Macht. Als sich eine Revolte der Janitscharen – seit Jahrhunderten Elitetruppen des Reiches – abzeichnete, setzte er die neuen, modern bewaffneten und ihm ergebenen Verbände rigoros ein und ließ sie die Janitscharen niedermetzeln. Das Kernstück der osmanischen Armee, das über Jahrhunderte die Macht des türkischen Reiches symbolisiert und die osmanischen Eroberungen auf drei Kontinenten vorangebracht hatte, zuletzt aber nur noch ein Hindernis auf dem Weg in die Moderne gewesen war, existierte nicht mehr. Der Weg für Reformen war frei: Vor allem stand die Neubildung einer modernen schlagkräftigen Truppe im Vordergrund. Die Türken warben fünf preußische Offiziere als Instrukteure für die neuen Einheiten an. Kadetten, aber auch zivile Studenten, wurden zur Ausbildung nach Europa geschickt. Eine Akademie für Militärärzte wurde 1827 gegründet, eine Militärakademie nach französischem Modell entstand 1834. In diesen Einrichtungen lehrten europäische Lehrer in französischer Sprache. Die Beherrschung europäischer Sprachen war die Voraussetzung für Zugang zu modernem Wissen. Deshalb wurde 1833 ein Sprachinstitut ins Leben gerufen, das Übersetzer und Dolmetscher auszubilden hatte. Dieses Institut und der osmanische Diplomatische Dienst wurden zur Keimzelle für Reformernachwuchs, der nach und nach für eine Umgestaltung der Zentralverwaltung nach europäischem Vorbild sorgte.

Im Jahr 1839 wurde durch das Reformedikt Hatt-i scherif von Gülhane eine neue Reformperiode eingeleitet: Es wurde unmittelbar vor der Vertreibung der

Ägypter aus Syrien durch Europa verkündet – als an Europa gerichtetes Signal für die Reformfähigkeit des Reiches. Die europäischen Großmächte sollten überzeugt werden, dass das Osmanische Reich eine Zukunft haben werde und es sich lohnte, seinen Bestand zu sichern. Die Niederlage der türkischen Armee gegen Ägypten machte Konstantinopel von einer europäischen Intervention abhängig, dafür war ein offizieller osmanischer Reformakt unerlässlich. Damals wurde erstmals das Prinzip der Gleichheit aller osmanischer Untertanen vor dem Gesetz festgeschrieben – ein revolutionärer Akt im Osmanischen Reich. Dieser Gleichheitsgrundsatz war eines der Hauptthemen im weiteren Reformprozess der folgenden Jahrzehnte, gab aber auch Anstoß zu Spannungen und Konflikten, wie wir geschildert haben. Die Epoche osmanischer Reformen – der Tanzimat – setzte ein.

So, wie das erste osmanische Reformedikt aus einer Krise, der militärischen Niederlage gegen das abtrünnige Ägypten, hervorgegangen war, entstand unter europäischem Druck das zweite osmanische Reformkonzept von 1856 – eine Art allgemeiner Menschenrechtserklärung – im Zusammenhang mit dem Krimkrieg, den die Osmanen gegen Russland zu führen hatten. Die anderen europäischen Mächte – England, Frankreich, Österreich und Preußen – bewahrten die Osmanen vor dem völligen Zusammenbruch und zeigten, dass das »Konzert der Mächte« nicht bereit war, einer einzigen Macht – in diesem Fall Russland – eine dominierende Position bei der Kontrolle von strategisch wichtigen Regionen zu gestatten. Das Grundprinzip war mehr denn je die Bewahrung eines schwachen Türkenstaates vor der Aufteilung; der dahinsiechende »Kranke Mann am Bosporus« fiel völlig der kollektiven Gängelung durch die europäischen Großmächte anheim – dafür war das geschwächte Reich vor dem endgültigen Zerfall bewahrt und zu Reformen verpflichtet worden. Durch Unterstützung des Osmanischen Reiches gegen Russland und den glimpflichen Pariser Frieden (1856) wurde ein neuer Reformimpuls gegeben: Einen Höhepunkt stellte die »konstitutionelle Phase« 1876-78 dar, als erstmals eine Verfassung im Osmanischen Reich in Kraft war. Ein modernes Rechts- und Schulsystem entstand – parallel zum traditionellen, Grund und Boden wurden privatisiert. Gleichzeitig aber zeichnete sich eine Entwicklung ab, die analog zu der in Ägypten verlief: Erneuerung und Reform erforderten Geld. 1854-1877 waren 16 Auslandsanleihen aufgenommen worden, der Türkenstaat geriet ebenso wie das quasi unabhängige Ägypten etwa zur gleichen Zeit in die Schuldenfalle. 1877/78 gab es eine kurze erste parlamentarische Periode, bevor wieder eine autokratische Phase folgte. Eigentlich hatte dies auf die arabischen Teile des Osmanenreiches keine tiefgreifende Auswirkung mehr – sie waren größtenteils nur mehr nominell Teile des Reiches: 1881 geriet Tunesien, 1882 Ägypten unter europäische Herrschaft. Der mesopotamisch-syrische Raum aber blieb weiterhin nominell osmanisch und erlebte dabei sogar einen wirtschaftlichen Aufschwung. Ganz allgemein nimmt der osmanische Außenhandel – gerade mit England – deutlich zu. Vor allem landwirtschaftliche Produkte aus dem Türkenreich gelangten zunehmend auf den Weltmarkt, die Folge war eine Ausweitung der landwirtschaftlichen Nutzfläche.

Dennoch wurde das Schuldenproblem immer drückender, entwickelte sich zur größten Belastung für das Osmanenreich. Zuletzt war der Bankrott (1875) abzusehen, als Auslandsanleihen nur mehr aufgenommen wurden, um die völlige Zahlungsunfähigkeit hinauszuschieben. Die europäischen Mächte waren (im Gegensatz zu Ägypten und Tunesien) nicht bereit, den Gläubigern durch direktes Eingreifen zu ihrem Recht zu verhelfen.

Eine Besetzung oder Aufteilung des Osmanischen Reiches kam – gemäß den Gesetzmäßigkeiten der Orientalischen Frage – nicht in Frage. Erst 1881 wurde eine Regelung der osmanischen Schuldenfrage erreicht. Die europäisch kontrollierte Schuldenverwaltung, die eingerichtet wurde, hatte einen starken Einfluss auf die weitere Finanz- und Wirtschaftspolitik des Osmanenreiches. Für die arabischen Regionen des Reiches bedeutete der Druck, die Staatsschulden zurückzuzahlen, eine zunehmende Steuerlast – wobei die erhobenen Steuern natürlich nicht der Ursprungsregion zugute kamen. Eine starke Belastung für die arabischen Provinzen stellten vor allem aber auch die türkischen Kriege dar: 100 000 bis 150 000 Syrer sollen anlässlich des russisch-türkischen Krieges 1877/78 eingezogen worden sein. Der vom großsyrischen Raum geleistete Zoll an Gefallenen war beträchtlich.

Durch die Einrichtung einer europäisch kontrollierten Schuldenverwaltung und durch das immer stärker werdende europäische wirtschaftliche Engagement wurde die Entwicklung der Wirtschaft im ganzen Osmanenreich noch mehr durch auswärtige Bedürfnisse und Interessen beeinflusst. Europa kam jetzt direkt an die Bodenschätze im Osmanenreich und begann, den Ausbau des osmanischen Eisenbahnnetzes in Angriff zu nehmen. Die Landwirtschaft war ebenso durch die wachsende Abhängigkeit vom Ausland geprägt: Sie entwickelte sich exportorientiert und erreichte deutliche Produktionssteigerungen. Ein Teil der osmanischen Wirtschaftsproduktion und der Ausfuhren stand unter direkter Aufsicht der Schuldenverwaltung, wichtige Einnahmequellen – so das Salz- und Tabakmonopol sowie die Seidensteuer – wurden verpfändet. Die zunehmende Vereinnahmung der osmanischen Wirtschaft durch das Ausland trug bei zur Entstehung nationalistischer Tendenzen im späten 19. Jahrhundert. Die patriotische Bewegung der »Jungtürken« entstand. Jungtürkische Bemühungen, die osmanische Wirtschaft wieder in die eigene Hand zu bekommen, kamen im beginnenden 20. Jahrhundert angesichts des Ersten Weltkriegs zu spät.

Wenn die bereits erwähnte konstitutionelle und parlamentarische Phase unter Sultan Abdülhamid (1876-1909) auch nur kurz war und dann wieder einem autoritären Regierungsstil weichen musste, bedeutete dies nicht, dass damit auch die Reformen unterbrochen wurden. Nicht zu unrecht gilt Abdülhamid als letzter Sultan der Tanzimat-Periode – er forcierte den Ausbau des Schulwesens und veranlasste 1900 die Gründung der ersten Staatsuniversität des Nahen Ostens in Konstantinopel. In dieser Epoche wurden, auch wenn der Staat autokratisch regiert wurde, Diskussionen über die Mittel und Wege, wie man das Osmanische Reich aus der Krise führen und wie die Zukunft gestaltet werden könnte, geführt. Drei Hauptströmungen zeichneten sich ab: Der »Osmanismus« setzte auf die Herausbildung einer »osmanischen Nation«, einer gemeinsamen Identität aller »Bürger« des Osmanischen Reiches. Der »Panislamismus« betonte den Zusammenhalt der Muslime – sah eine politische Gemeinschaft der Türken und Araber als mögliche Formel für eine künftige politische Lösung. Der »Panturkismus« strebte einen Staat aller Turkvölker auf der Grundlage eines gesamttürkischen Nationalgefühls an – damit versucht man vor allem dem Panslawismus, der dem Osmanischen Reich auf dem Balkan und in der Auseinandersetzung mit Russland begegnete, entgegenzutreten.

Wegen der autokratischen Herrschaft des Sultans müssen oppositionelle Aktivitäten ins Ausland ausweichen und so wird Paris Exilzentrum der Jungtürken-Bewegung. Sie sind die bedeutendste Oppositionsgruppe im Osmanenreich. Aus ihren Reihen geht das »Komitee für Einheit und Fortschritt« hervor – 1908 kommt es zur jungtürkischen Revolution – die suspendierte Verfassung wird wieder in Kraft gesetzt, das Parlament tritt wieder zusammen. Aber schon 1909 mündet die jungtürkische Revolution in eine Militärdiktatur. Doch der Verfall des Reiches geht weiter: 1911 greift Italien Tripolitanien (im heutigen Libyen) an, bereits 1908 hatte Österreich Bosnien-Herzigowina annektiert, Bulgarien erklärt seine Unabhängigkeit. In den arabischen Provinzen gärt es – schon lange dachte man hier über eine Zukunft auch außerhalb des osmanischen Reiches nach. In den letzten Jahren des Osmanischen Reiches werden sich deutlich artikulierende nationale Bestrebungen unterdrückt, das »Komitee für Einheit und Fortschritt« übernimmt faktisch die Macht – doch durch ein diktatorisches Regime ist das Osmanenreich nicht mehr zu retten. Wenn in der Endzeit des Osmanischen Reiches mit repressiven Mitteln zentrifugale Kräfte eingedämmt werden, ist dies nur noch ein Ausdruck der Hilflosigkeit.

Die Reichsteile auf dem Balkan – dies ist längst deutlich geworden – sind letzlich nicht zu retten; auch in den Regionen, die an Russland grenzen, ist der Türkenstaat auf dem Rückzug. Aber selbst die Hoffnung, wenigstens die arabischen Provinzen – oder zumindest Teile davon – in einem »muslimischen« Reich zusammenhalten zu können, verflüchtigt sich bald. Die europäischen Einflüsse aller Art – die wichtigsten haben wir skizziert – haben auch unter den Arabern ein nationalistisches Selbstbewusstsein geweckt, das sich zu einem arabischen Nationalismus entwickelt, der auf Selbstbestimmung und Unabhängigkeit abzielt. Das Osmanische Reich oder eine andere Formel eines türkisch-arabischen Staatskonstrukts ist für die meisten Araber keine akzeptable Vorstellung mehr. Die repressive Jungtürkenherrschaft verstärkt diesen arabischen Nationalismus und den Willen, neue, arabische Optionen zu suchen, nur umso mehr. Denn die Jungtürken hatten den Fehler begannen, überall im Reich eine prononcierte Türkisierung zu beginnen und auch in den arabischen Regionen alle entscheidenden Positionen mit Türken zu besetzen. Dies führte auf arabischer Seite natürlicherweise zu ablehnenden Reaktionen. Selbst die arabischen Anhänger eines »Osmanismus« als einer Lösung in einem größeren Rahmen, die sich ein Zusammenleben von Türken und Arabern in einem Staat – etwa in Form eines föderalen Konzepts beispielsweise nach dem Modell der österreich-ungarischen k.und k. Monarchie – hatten vorstellen können, liefen jetzt in das Lager der arabischen Nationalisten über. Die strenge Zensur führte dazu, dass Oppositionelle ihre Aktivitäten aus dem Osmanischen Reich nach Europa verlagerten, wo eine blühende Exilpresse entstand. Als das Osmanische Reich 1914 an der Seite der Mittelmächte in den Ersten Weltkrieg eintrat, war damit sein Schicksal besiegelt. Die Araber begannen, auf die Unterstützung der Westmächte zu setzen – auch wenn ihnen nicht verborgen geblieben war, dass diese ihre eigenen Interessen verfolgten.

Die arabische Welt unter direkter europäischer Herrschaft: Algerien (19./20. Jahrhundert)

Der Maschrek gerät im Wesentlichen erst im 20. Jahrhundert unter die direkte Herrschaft europäischer Mächte. Dagegen begann für den großen Teil Nordafrikas die Kolonialzeit bereits im 19. Jahrhundert – einige wenige europäische Stützpunkte bestanden schon seit dem 15. Jahrhundert. Als die europäischen Staaten nach und nach fast in der ganzen arabischen Welt die unmittelbare Herrschaft übernahmen, war in keiner Weise die dramatische Entwicklung absehbar, die hier ihren Anfang nahm und bis heute eine Hypothek für den Großraum darstellt. Algerien war erstes Ziel eines unmittelbaren militärischen Zugriffs von europäischer Seite. Schon lange bestanden französische Wirtschaftsinteressen im Land. Doch als es schließlich 1830 zu einer französischen Militärexpedition, bestehend aus 700 Schiffen und 37 000 Soldaten, kam, war die Sicherung französischer Wirtschaftsinteressen (besonders der Kaufleute von Marseille) nur ein Sekundärmotiv. Vor allem ging es darum, eine patriotische Aktion in Szene zu setzen, welche die gesamte Nation einen und dem Nationalgefühl einen starken Impuls geben sollte. Karl X.(1757-1836) wollte durch ein vaterländisches Unternehmen die liberale Opposition unschädlich machen (was jedoch misslang).

Erste schnelle Erfolge der französischen Truppen und die rasche Einnahme Algiers verleiteten Frankreich zur Fehleinschätzung, die Eroberung des Landes werde problem-, weil widerstandslos verlaufen. Schon bald kam es jedoch zu entschiedenen Gegenreaktionen, als Frankreich sein Territorium auszudehnen und seine Herrschaft zu festigen versuchte. Berühmtester Führer des algerischen Widerstandes und jahrelang erfolgreich war Emir Abd al-Kadir (1808-1883), dessen Entschlossenheit, einen regelrechten Staat zu errichten, und dessen Verbindungen nach Marokko (bis zur marokkanischen Niederlage bei Isly 1844) den langen Widerstand gegen Frankreich ermöglichten. Er ergibt sich den Franzosen 1847 und muss ins Exil gehen. In Damaskus rettet er 1860 anlässlich des Christenmassakers viele Leben. In Frankreich wird er – der ehemalige Feind – dadurch zum Volkshelden. Stimmen erheben sich, die Abd al-Kadir an der Spitze eines französisch kontrollierten arabischen Staates im Orient sehen wollen.

Trotz des algerischen Widerstandes – zwischen 1847 und dem Ersten Weltkrieg gab es rund ein Dutzend Aufstände – und der Rückschläge, die Frankreich erleidet, ist das französische Vorrücken letztlich nicht aufzuhalten. Zunächst werden die Agrarregionen des Nordens und die Küsten okkupiert, dann erfolgt schrittweise der Vorstoß nach Süden in die Sahara. Die Repression, von der die Inbesitznahme des Landes begleitet war, war hart und brutal. Sie machte bald deutlich, wie die französische Herrschaft sich in Algerien gestalten sollte. Für die algerische Bevölkerung bedeutete sie Marginalisierung. Nur, wo sie den Franzosen und anderen Europäern (von denen mehr und mehr ins Land kamen) nicht im Weg waren oder wo sie nützlich sein konnten bzw. gebraucht wurden, waren die Algerier geduldet. Eigene Rechte wurden kaum zugestanden – von Autonomie oder Gleichberechtigung ganz zu schweigen.

Ein wachsender Strom von europäischen Siedlern kam ins Land. Während im Jahr 1831 erst 3 228 Europäer in Algerien lebten, waren es 1870 bereits 272.000.

Anfangs ließen sie sich, auch aus Sicherheitsgründen, vor allem in den Städten nieder, dann gelang es ihnen auch zunehmend, Land unter ihre Kontrolle zu bekommen: Zwischen 1830 und 1880 gerieten Territorien von insgesamt fast 900 000 ha in europäische Hand. Die Mehrheit der europäischen Einwanderer nach Algerien bestand im ersten Vierteljahrhundert der Kolonialisierung aus Spaniern und Italienern. Erst in der zweiten Hälfte des 19. Jahrhunderts wurden Franzosen die Mehrheit der Siedler. Im Jahr 1901 umfasste die europäische Bevölkerung in Algerien 633 850 Menschen.

Die Erschließung und Besiedelung durch Europäer war begleitet von der Entstehung einer Infrastruktur, die auch zur wirtschaftlichen Nutzung des Landes nötig war. 1870 gab es lediglich 296 km Eisenbahnstrecke, die 1914 auf 3 337 km angewachsen war. Der Handel expandierte von einem Gesamtvolumen von 79 Mio. Francs 1831 auf 259 Mio. Francs 1870 und erreichte 1913 bereits 1,29 Mrd. Francs. Bei diesem eindrucksvollen Anstieg des Handels blieb die Handelsbilanz stets negativ – immer wurde mehr ein- als ausgeführt. Frankreich war Haupthandelspartner. Die Wirtschaft des Landes wandelte sich durch zunehmende Ausrichtung auf den europäischen Markt. Stellten zunächst (bis 1870) lebende Tiere und Getreide die Hauptexportwaren dar, so dominierten im 20. Jahrhundert Wein, Eisen und Phosphate die Ausfuhren. Eisen, Phosphate und Mineralien hatten bereits in der zweiten Hälfte des 19. Jahrhunderts einen bedeutenden Wert erlangt; von 1872 bis 1913 jedoch stieg dieser fast um das Sechzigfache auf 261 Mio. Francs.

In Algerien selbst gab es wachsende Gegensätze zwischen den von Paris gesteuerten Behörden und den Europäern, die in Algerien auf Dauer lebten und bestrebt waren, möglichst alles im Land selbst zu bestimmen und nach ihren Interessen zu gestalten. Sie wollten kein nach den Vorstellungen des Mutterlandes regiertes Land, sondern betrachteten Algerien als ihren eigenen Besitz.

Der algerische Aufstand von 1871 – der unter den Zeichen der französischen Niederlage gegen Deutschland ausgebrochen war – gab Anlass zu besonders harten Maßnahmen und zu französischer Landnahme in großem Umfang. 450 000 ha landwirtschaftlicher Fläche wurden beschlagnahmt. Am Ende des Ersten Weltkriegs gehörten 2,3 Mio ha den europäischen Siedlern im Norden Algeriens – von einer landwirtschaftlichen Gesamtnutzfläche von 5,9 Mio ha.

Die Gesamtentwicklung ging in die Richtung eines vollkommen europäisch dominierten Algerien. Politisch, rechtlich und ökonomisch wurden die Algerier mehr und mehr zurückgedrängt und benachteiligt.

Dies geschah auf der Grundlage eines ausdrücklichen Überlegenheitsgefühls der Europäer im Land. 1892 fiel im Conseil Supérieur, dem beratenden Organ des Generalgouverneurs, ein Satz, der die Haltung der Europäer gegenüber den Menschen Nordafrikas auf eine knappe Formel bringt: »Die arabische Rasse ist inferior und unerziehbar.« Das brachte eine Meinung der Mehrheit der Europäer in Algerien zum Ausdruck: Diese Haltung kam immer wieder deutlich zutage in dem sich später zuspitzenden Konflikt.

In den Krisen- und Aufstandsjahren und -jahrzehnten war die algerische Bevölkerung zurückgegangen (von fast 3 Mio. 1830 auf 2,6 Mio. 1866 und auf 2,1 Mio. im Jahr 1872), dann aber stieg sie wieder an – im Jahr 1911 auf 4,686 Mio. Im gleichen Jahr gab es 681 000 Europäer im Land. Den Algerienfranzosen gelang es, in der Form des sogenannten »indigénat«, unter Missachtung des Rechts des Mutterlandes, das Land ihrer Kontrolle und und ihren Interessen zu unterwerfen – dabei wurden die eigentlichen Algerier einem System der Diskriminierung und Repression ausgesetzt, wurden als Menschen zweiter Klasse behandelt.

Anfang des 20. Jahrhunderts konnte Algerien als fest in französischer Hand betrachtet werden, die Zeit der großen Aufstände war vorüber. Da die Aussichtslosigkeit aller Bemühungen um eine Beendigung der französischen Kolonialherrschaft nicht mehr zu ignorieren war, suchten die Algerier nach anderen Wegen, ihre Lage zu verbessern: Diese reichten von Auswanderung in die Nachbarstaaten (solange diese noch nicht französisch bzw. italienisch waren) und Migration nach Europa, wo in den Industriegebieten Nordfrankreichs (1914 gab es bereits 30 000 algerische Arbeiter in Frankreich) und in Belgien Bedarf an Industriearbeitern bestand, bis zur Nutzung der Chancen, Arbeitsmöglichkeiten und Geschäftsoptionen, welche sich im französischen Nordafrika selbst boten, wahrzunehmen – eine kleine einheimische Mittelschicht entstand. Aber aus dieser Situation heraus entwickelten sich auch politische Bestrebungen, die sich bald in organisierter Form artikulierten. Die Algerier empfanden, dass ihre Opfer aus dem Ersten Weltkrieg kaum gewürdigt worden waren und die ihnen zustehenden Rechte so weit wie möglich eingeschränkt wurden. Unter ihnen entwickelten sich sehr verschiedenartige Strömungen – von einer Renaissance islamischer Tendenzen bis zu linken Gewerkschafts- oder gar kommunistischen Aktivitäten. Forderungen nach Gleichheit der Algerier mit den Europäern wurden erhoben – die Unabhängigkeit des Landes war zunächst noch kein prioritäres Ziel, wenn sie auch bereits gegen Ende der 20er Jahr erstmals eingefordert wurde.

Seit den 1930er Jahren gärte es zunehmend in Algerien – sowohl unter der arabisch-berberischen Bevölkerung als auch unter den Europäern. Die Algerienfranzosen entwickelten Sympathien für Franco, Mussolini und Hitler – die Algerier begannen umso nachdrücklicher, ihre Forderungen nach mehr Rechten geltend zu machen. Die französische Politik, die sogenannten »évolués«, die Elite traditioneller Prägung – z.B. Unternehmer, traditionelle Führer, usw. – oder neue Eliten – in Frankreich akademisch ausgebildete Algerier – mit einzubeziehen, konnte kein wirksames Instrument sein, die Unzufriedenheit unter den Algeriern einzudämmen. 1945 kam es angesichts von Kundgebungen aus Anlass des Zweiten Weltkrieges zu Auseinandersetzungen zwischen Algeriern und Europäern – über 100 Tote waren zu beklagen. Harte Repressionsmaßnahmen waren die Folge, bei denen 6 000 Algerier starben.

Die Lage spitzte sich zu – 1954 wurde das Entscheidungsjahr: Der algerische Befreiungskrieg wurde von einer Gruppe algerischer Widerstandsführer in Bern beschlossen – am 1. November begann der Guerillakrieg der Algerier gegen das Kolonialregime und endete mit der Unabhängigkeit Algeriens 1962. Der algerische Unabhängigkeitskrieg hatte symbolische Bedeutung und Strahlkraft weit über Algerien und Frankreich hinaus. Weltweit stand er für erfolgreichen Widerstand eines Volkes der »Dritten Welt« gegen europäische Unterdrückung. In Frankreich inspirierte er weite Kreise, die über die traditionelle »Linke« hinausgingen, zum Protest gegen die eigene Regierung. In ganz Europa empörte man sich gegen die Unterdrückung der Algerier. Der algerische Guerillakrieg nahm die Rolle eines

»Gründungsmythos« des algerischen Staates an, symbolisierte die Unabhängigkeit des arabisch-berberischen Algerien – darüber hinausgehend den weltweiten Kampf unterworfener Völker gegen ihre Kolonialherren.

Der Weg zur algerischen Unabhängigkeit war äußerst schwierig und schmerzhaft – von Brutalität und blinder Gewalt auf beiden Seiten begleitet. Ein ernsthafter Gegensatz zwischen Frankreich und Algerien wurde zum latenten Konflikt zwischen Europa und der arabischen Welt – riss Gräben auf, machte Widersprüche deutlich, zeigte die Unvereinbarkeit zwischen arabischen Unabhängigkeitsbestrebungen und europäischer Interessenpolitik. Frankreich hatte Algerien, zumindest dessen Norden, als festen Bestandteil seines Territoriums betrachtet – nicht als ferne Kolonie, in der man lediglich begrenzte Interessen verfolgte. Algerien war Frankreich, die nichtfranzösische Mehrheit der Bevölkerung wurde nur am Rande wahrgenommen; ihre Bestrebungen, Wünsche und Rechte wurden zu lange einfach vernachlässigt. Dies wurde sowohl Arabern als auch Europäern im Verlauf dieses Konfliktes klar: Die Araber – und mit ihnen große Teile der dem Kolonialismus unterworfenen Menschen in aller Welt – empfanden die Missachtung, die von einer Kolonialpolitik ausging, welche ihre Interessen und ihre Identität weitgehend ignorierte. Arabischer Nationalismus nahm diese Eindrücke auf, sie trugen zu seiner Ausprägung und Legitimierung bei. Auch in Europa wurde man sich bewusst, dass man fremde Kulturen und Menschen unter der Kolonialherrschaft nicht ausreichend wahrgenommen hatte – dass man sie lediglich funktional betrachtet und behandelt hatte. Im Vorfeld der Revolution von 1968 wurden Forderungen laut, den Völkern Asiens und Afrikas zu ihrem Recht zu verhelfen, ihre eigene Identität anzuerkennen und die Kulturen dieses Raumes als gleichberechtigt zu akzeptieren.

Als Algerien endlich 1962 seine Unabhängigkeit erlangte, hatte der algerische Unabhängigkeitskampf 20 000 Franzosen und wohl 1 Mio. Algerier das Leben gekostet. In den über 130 Jahren, die von der Landung der Franzosen bis zur algerischen Unabhängigkeit vergangen waren, hatte Algerien Frankreich nie wirklich Gewinn und Netto-Einkünfte gebracht. Die gesamte Zeit hindurch verloren Algerier und Europäer ihr Leben, verloren Algerier Hab und Gut, kostete die Kontrolle des Landes den französischen Staatshaushalt unverhältnismäßige Summen. Der Außenhandel Algeriens blieb chronisch defizitär. Der Handel zwischen Frankreich und Algerien soll dem zwischen Frankreich und dem Saarland entsprochen haben. Die Kriegskosten (im Unabhängigkeitskrieg) dagegen machten ungefähr 10-15% des französischen Gesamtbudgets aus. 1958 wurde in der algerischen Sahara erstmals Erdöl gefördert – zu spät um wenigstens die materielle Balance zugunsten Frankreichs auszugleichen. Auch Hypotheken für die Zukunft hatte Frankreichs Kolonialzeit, hat der Unabhängigkeitskrieg hinterlassen: Kollektive Traumata sowohl in Frankreich als auch in Algerien, ein gestörtes Verhältnis zwischen Europäern und Arabern (zu dem natürlich auch andere Entwicklungen des 19. und 20. Jahrhunderts beigetragen haben), ein Migrantenproblem, das noch im 21. Jahrhundert ganz Frankreich erschüttert, als die »Banlieue« von Paris und anderen französischen Großstädten der Schauplatz bürgerkriegsähnlicher Unruhen wird, die vor allem von Einwanderern aus Afrika getragen werden.

Tunesien, Marokko und Libyen (19./20. Jahrhundert)

Algerien war das erste arabische Land, das direkt ins europäische Kolonialsystem eingegliedert wurde. Die Ägyptenexpedition Napoleons war – wenn auch historisch signifikant – vom Kolonialgesichtspunkt aus betrachtet eine Episode geblieben. Die britische Übernahme Ägyptens hatte zu einer eher indirekten Herrschaft Englands am Nil geführt. Die französische Kolonialherrschaft in Algerien dagegen verlief besonders dramatisch und endete spektakulär – doch auch die anderen Maghreb-Länder gerieten, wenn auch zeitlich versetzt, unter europäische Kolonialherrschaft: 1881 erfolgte die Annexion Tunesiens durch Frankreich; 1911 begann die italienische Eroberung von Libyen, 1912 die Einnahme Marokkos durch Frankreich. Im Fall von Libyen und Marokko zog sich die Durchsetzung europäischer Herrschaft Jahrzehnte hin.

Wegen der zunehmenden Verschuldung Tunesiens in der zweiten Hälfte des 19. Jahrhunderts war eine internationale Finanzkommission eingesetzt worden und Tunesien geriet in wachsende Abhängigkeit von Frankreich, das von allen europäischen Staaten am stärksten im Land engagiert war. Der Berliner Kongress hatte Frankreich 1878 für die Übernahme Tunesiens praktisch grünes Licht gegeben. Zwei Verträge, von 1881 und 1883, mit den Beys der Husainidendynastie, die bis 1956 theoretisch die Herrscher Tunesiens stellte, begründeten Frankreichs Protektorat, das bis 1956 andauerte, als das Land endlich seine völlige Unabhängigkeit erlangte. Die französische Herrschaft in Tunesien war zwar nicht mit soviel Gewalt und so zahlreichen Toten auf beiden Seiten verbunden wie in Algerien, doch traf auch hier Frankreichs quasikoloniales System von Anfang an auf Widerstand und führte wiederholt zu Konflikten und Konfrontationen. Franzosen, aber auch andere Europäer, sicherten sich Land und bauten die landwirtschaftliche Produktion stark aus. Straßen- und Schienennetze wurden angelegt – den kolonialen Interessen entsprechend und unter Einsatz der tunesischen Bevölkerung, die kostenlosen Arbeitsdienst als eine Art von Steuerersatz zu leisten hatte. Nur wenige positive Ansätze für die Tunesier ergaben sich aus der französischen Herrschaft, auch das Schulsystem, das die Franzosen einrichteten, benachteiligte Einheimische, von denen die meisten keinen Zugang erhielten. Unzufriedenheit und Chancenlosigkeit fanden früh ihren Ausdruck in organisierter Form – die »Parti Jeune Tunisien« (die sprachliche Anlehnung an die »Jungtürken« ist unübersehbar) als erste nationaltunesische politische Organisation artikulierte seit 1907 politische Forderungen der Tunesier: Die Rechtsgleichheit von Tunesiern und Europäern sowie Beteiligung von Tunesiern an der Führung des Landes. Vorwiegend Akademiker trugen diese Bewegung. Sie hatten fast alle in Frankreich studiert und es stellt ein gewisses Paradoxon dar, dass ihr Organ, das Wochenblatt »Le Tunisien«, zunächst auf Französisch erschien. Wie in Algerien, so führte auch in Tunesien die Zurückweisung relativ moderater Forderungen wie der nach Gleichberechtigung der Tunesier zu weitergehenden Zielen: Die seit den 30er Jahren des 20. Jahrhunderts entstehenden Parteien wie die »Destour« sowie die Neo-Destour-Bewegung, welche die »alte« Destour schließlich links überholte, wollten nichts weniger als die völlige Unabhängigkeit, wobei die Neo-Destour noch zusätzlich Demokratisierung und soziale Reformen forderte. Dadurch wurde sie den traditionellen konservativen Eliten, auch den Nationalisten unter ihnen, suspekt. Schließlich setzten sich die linken Kräfte unter den Nationalisten in Tunesien (wie auch in Algerien) durch – sie griffen die europäische Kolonialherrschaft im Zeichen europäischer Werte, Normen und Ideologien an. Europa selbst hatte sie seine Ideen und Vorstellungen gelehrt und ihnen damit Werkzeuge und Argumente an die Hand gegeben, sich gegen die Behandlung durch die Kolonialmächte zur Wehr zu setzen, die in keiner Weise den Werten und Gedanken der französischen Aufklärung und der Französischen Revolution entsprachen, sondern zeigten, dass Menschenrechte und ähnliche Ideale für Kolonisierte nicht galten. Vergeblich hatten die Wortführer der nationalistischen Kräfte nach dem Ersten Weltkrieg auf der Pariser Friedenskonferenz versucht, dem Selbstbestimmungsanspruch Tunesiens Gehör zu verschaffen – bald wurde die zunehmende Unzufriedenheit ein geeigneter Nährboden für die Entstehung, Ausbreitung und Radikalisierung einer organisierten Oppositionsbewegung: Die »Neo-Destour« (vgl. oben) wurde dominierende, schließlich einzige Partei des tunesischen Nationalismus. Tunesien wurde dem Frankreich des Vichy-Regimes zugeschlagen, kam im Zweiten Weltkrieg unter deutsche Besatzung – erhielt aber auch nach Kriegsende unter der neuen französischen Nachkriegsregierung die geforderte Unabhängigkeit nicht.

Die bekannte Spirale von Gewalt und Repression begann sich zu drehen, bis dann das Unabwendbare doch kam: 1955 erhielt Tunesien seine Autonomie, 1956 endlich die Unabhängigkeit – bei den ersten Parlamentswahlen im März wurde der Neo-Destour mit 80% der Stimmen dafür belohnt, dass er Tunesien in die Freiheit geführt hatte. Habib Bourguiba, sein Führer, wurde Präsident des Landes und blieb es jahrzehntelang.

Marokko war das letzte Land Nordafrikas, welches in das europäische Kolonial- und Protektoratssystem eingegliedert wurde. Die internationale Rivalität um das Land hatte sicher dazu beigetragen, die formale Unabhängigkeit Marokkos zu verlängern und die Übernahme der direkten Herrschaft durch die beiden Hauptinteressenten – Frankreich und Spanien – hinauszuschieben. Erst 1912, als Deutschland anderweitig abgefunden worden war, wurde der Weg frei für ein Abkommen zwischen dem marokkanischen Sultan und Frankreich, das im Namen des Sultans die Außenbeziehungen Marokkos regeln sollte. Ebenso wie in Tunesien – und im Gegensatz zu Algerien – wurde in Marokko die einheimische Regierung im Amt belassen und ein Schein von Unabhängigkeit bewahrt. Regiert wurde durch Edikte, die der französische résident général und der Sultan gemeinsam zeichneten. Doch von Anfang an traf die französische Herrschaft, ja schon der Versuch, sie zu etablieren, auf entschiedenen Widerstand. Gleichzeitig mit dem französischen wurde im äußersten Norden des Landes ein spanisches Protektorat errichtet. In beiden Bereichen, im französischen wie im spanischen, wurden die unzugänglichen Bergländer Schwerpunkte des bewaffneten Widerstands gegen den immer direkter werdenden europäischen Zugriff. Berühmt wurde vor allem der Führer des Aufstandes im Norden, Abdelkrim al-Chattabi (1882-1963), Sohn eines Richters aus der seit dem 16. Jahrhundert spanischen Enklave Melilla an der marokkanischen Nordküste. Von Anfang an lehnte er, der Spanien kannte und das Spanische beherrschte, eine Ausdehnung des spanischen Machtbereichs ab. Bald stellten ihn die Stämme des Rif-Gebirges an ihre Spitze im Aufstand gegen die Fremden. Unter Abdelkrim gelang es den Marokkanern, die Spanier zurückzudrängen – nur noch ein schmaler

Küstenstreifen war unter ihrer Kontrolle. Abdelkrim schuf in den 1920er Jahren einen regelrechten Staat, die Rif-Republik. 1925 stieß er in Richtung Fes, ins französische Marokko, vor. Die europäische Herschaft insgesamt schien in ganz Marokko auf dem Spiel zu stehen. Als 1925 die Truppen Abdelkrims 20 Kilometer vor Fes, einer der wichtigsten Städte des Landes, standen, sahen Frankreich und Spanien die Notwendigkeit eines gemeinsamen Vorgehens. Man machte Abdelkrim ein indirektes Angebot für eine Autonomie der Rifstämme. Doch seine Ambitionen gingen längst weiter. Ähnlich wie andere Bewegungen dieser Art – zum Beispiel die des Abd al-Kadir – hatte Abdelkrims Freiheitskampf Dimensionen angenommen, die über seine unmittelbare Bedeutung weit hinausgingen. Nicht nur im arabischen Osten, sondern auch in Europa – und sogar in Frankreich – erregte der marokkanische Freiheitsheld Aufsehen und auch Bewunderung. Linke Kräfte in Frankreich organisierten Unterstützung für Abdelkrims Bewegung. Doch einer kombinierten militärischen Operation der Franzosen und Spanier erlagen die marokkanischen Freiheitskämpfer schließlich im Mai 1926. Abdelkrim wurde ins Exil geschickt, konnte aber später von Kairo aus ein Propagandazentrum des maghrebinischen Nationalismus führen. Mit der Zeit jedoch empfand er einen zunehmenden Gegensatz zu den unabhängigen Maghrebstaaten, die seine Erwartungen auf eine eigenständige Rolle des Berbertums nicht erfüllten.

In den 30er Jahren des 20. Jahrhunderts waren alle Teile Marokkos unterworfen. Durch intensive europäische Investitionen – größtenteils von staatlicher Seite – wurde die Entschlossenheit der Kolonialmächte demonstriert, auf Dauer in Marokko zu bleiben.

Zahlreiche Europäer kamen ins Land und erwarben Grund. 1911 waren 11.000 Europäer im Land, 1926 bereits über 100.000, 1936 war ihre Zahl auf 191.000 gestiegen und erreichte im Jahr 1947 einen Stand von 295.000. Landwirtschaft und Phosphatgewinnung waren die bedeutendsten Wirtschaftszweige – in der Folge der (nicht einheitlich positiven) ökonomischen Entwicklung stieg Casablanca zu einer Metropole und zu einer der drei größten Städte Afrikas auf (von 20 000 Einwohnern 1900 stieg die Zahl auf 320 000 im Jahr 1947 und erreichte kurz nach 1960 die Millionengrenze). Landflucht setzte ein und damit entstanden Slums in allen großen Städten des Landes. Französische Industriewaren überschwemmten das Land. Industrie im eigentlichen Sinn gab es in Marokko selbst kaum.

Unzufriedenheit mit dem Kolonialregime kam in Marokko genauso auf wie in den übrigen nordafrikanischen Staaten. Dies wurde besonders deutlich anhand des umstrittenen »Berber-Edikts« von 1930, das verfügte, dass in Berbergemeinden Grundlage des Privatrechts nicht länger das islamische Scheriatrecht (Scharia) sein solle, sondern das berberische Gewohnheitsrecht in der Versammlung der Familienältesten Anwendung finden solle – es gab also traditionellen berberischen Rechtsformen Vorrang vor dem Recht des Islam, zumindest in seit jeher berberischen Regionen. Man konnte dies als bewussten Akt gegen die ablehnende Haltung der »arabischen« Städte interpretieren, betonte es doch berberische Eigenständigkeit.

Als anti-islamischen Gesinnungsnachweis brandmarkten es islamisch-konservative Kreise in Marokko, als kolonialistisches Instrument zur Spaltung der marokkanischen Bevölkerung wurde das Edikt vielfach interpretiert. Selbst in anderen muslimischen Ländern und in Europa kam Kritik am Berberedikt auf. Die Wellen

gingen so hoch, dass ein neues Edikt erlassen wurde, welches die islamische Juris-
diktion wieder stärkte.

Doch in Marokko war nun eine Opposition entstanden, die – organisiert im
»Comité d'Action Marocaine« – Reformen vorschlug; im spanischen Landesteil
entstand analog die »Nationale Reformpartei«. Noch ging es nicht um wirkliche, volle Unabhängigkeit, doch um ein Protektorat im aufgeklärten Sinn ohne
imperialistischen Beigeschmack. Gefordert wurde auch bereits eine Vereinigung
des marokkanischen Territoriums, das ja unter Frankreich und Spanien aufgeteilt
war.

Die Kolonialbehörden reagierten unflexibel und antworteten auf das Erstarken
einer ursprünglich bescheidenen Oppositionsbewegung mit Repression. Der Sultan sprach 1943 anlässlich eines Treffens mit dem amerikanischen Präsidenten Roo-
sevelt in Casablanca das Thema der Unabhängigkeit Marokkos an und bald entstand
eine Partei, deren Name »Istiklal« bereits ihr Ziel, nämlich die Unabhängigkeit, be-
inhaltete. Doch erst die Rede von Sultan Muhammad 1947 in Tanger, in der er sich
mit der Istiklal solidarisierte, verschaffte der Bewegung eine breitere Basis auch außerhalb der Städte. Frankreich stellte nur begrenzt Zugeständnisse in Aussicht, auch
Franco-Spanien war nicht der geeignete Staat, ein abhängiges Gebiet ohne weiteres
aufzugeben. Doch es gärte jetzt in ganz Marokko, regelrechte Aufstände brachen
aus, Frankreich antwortete mit Repression und der Einsetzung eines Marionetten-
sultans. Aber 1955 wurde bereits absehbar, dass Frankreich und Spanien Marokko
nicht würden halten können. 1956 konnten sich die spanischen und französischen
Landesteile zum unabhängigen Königreich Marokko vereinigen.

Auch die am dünnsten besiedelte, am wenigsten entwickelte Region Nordafrikas, die sich von der ägyptischen Westgrenze bis zur kleinen Syrte und zum Dschabal Nafusa erstreckte, geriet – wenn auch als letztes Land des Maghreb – unter
europäische Kolonialherrschaft.

Denn auch Italien versuchte, in die Reihen der Kolonialmächte aufzusteigen,
und was lag näher, als die nächstgelegenen Küsten Nordafrikas ins Auge zu fassen?
Die Regionen des heutigen Libyen waren im Namen der Doktrin der »Vierten
Küste« angegriffen worden. Erhöhte Geburtraten in Italien legten eine erneute Eroberung ehemaliger Provinzen des Römischen Reiches nahe, auf die Itali-
en einen gewissen historisch begründeten Anspruch erheben zu können glaubte.
Bereits 1902 hatten Italien und Frankreich ihre Interessenräume vorsorglich ver-
traglich abgesteckt. Frankreich bekam freie Hand in Marokko, Italien erhielt die
Zusage, in Libyen ungehindert agieren zu können. Zunächst begnügte sich Italien
mit kommerziellem Engagement, doch 1911 begann man unter einem Vorwand
einen Krieg, durch den schnell die Küsten der Cyrenaika und Tripolitaniens in
italienischen Besitz gerieten. Osmanische Souveränität über diese Region erkannte
man in symbolischer Form an. Doch Widerstand kam aus der Bevölkerung selbst
und die drei Territorien Tripolitanien, Cyrenaika und Fezzan konnten als Kolonie
»Libia« erst 1932 vollständig unterworfen werden. Zeitweise hatten Stämme, die der
religiösen Bruderschaft der Sanusiya angehörten, die Italiener wieder auf die Küste
zurückgeworfen und der Führer der Sanusiya-Bewegung, Omar al-Muchtar, hielt
sich im unzugänglichen Bergland bis 1931, als es den Italienern schließlich gelang,
ihn festzunehmen und hinzurichten.

Zahlreiche italienische Siedler kamen ins Land und stellten 1942 über 100.000 Einwohner in Libyen, also deutlich über 10% der Bevölkerung. Die besten Böden wurden den italienischen Siedlern zugewiesen, Infrastruktur wurde energisch ausgebaut. Den eigentlichen Bewohnern des Landes widmete man wenig Aufmerksamkeit.

Die italienische Kolonialperiode sollte jedoch nicht lange dauern. Im Zweiten Weltkrieg musste Italien seine Kolonien aufgeben, die umfangreichen Investitionen waren verloren, die italienische Bevölkerung verließ größtenteils das Land im Jahr 1942. Frankreich und England unterstellten Libyen ihrer Militärverwaltung: Tripolitanien und die Cyrenaika kamen unter britische, der Fezzan unter französische Kontrolle. Eine echte, vielfältige Parteienlandschaft entwickelte sich nun in Libyen, während die Alliierten über die Zukunft des Landes verhandelten. Nach vergeblichen Versuchen, einer Lösung der libyschen Frage näher zu kommen, wurde das Problem den Vereinten Nationen übergeben, die 1949 beschlossen, Libyen solle innerhalb von zwei Jahren unabhängig werden. Gegen Ende 1951 wurde das Königreich Libyen ein selbstständiger Staat.

Dem europäischen Kolonialismus in Nordafrika haftet etwas Anachronistisches an. Hier stießen nicht hoch entwickelte Nationen in ein Vakuum vor, in Regionen, denen staatliche Organisationsformen und eigene ausgeprägte »Weltanschauungen« und Konzepte weitgehend fehlten, sondern in Nordafrika bestanden unterschiedliche Identitätselemente, Herrschafts-, Verwaltungs- und Kulturtraditionen. Widerstand war hier vorprogrammiert und – wir haben es gesehen – fand auch tatsächlich in allen Fällen statt. In nächster Nähe Europas wollten mediterrane Mächte die vermeintliche Gunst der Stunde nutzen, um ihre Machtsphäre an die Südufer des Mittelmeers auszudehnen. Die Vision eines Ausgreifens an diese einst »europäischen« (Mare nostrum!), jetzt muslimischen Küsten, zum Greifen nahe von den eigenen Häfen aus, schien reizvoll. Doch der Versuch war von Anfang an zum Scheitern verurteilt. Früh zeigte sich der entschiedene Widerstand der Betroffenen, brach auch der muslimisch-christliche Gegensatz auf, wurde deutlich, dass man die doch zahlenmäßig relativ starke Bevölkerung der eingenommenen Länder nicht einfach marginalisieren, instrumentalisieren oder militärisch ausschalten konnte. Am schmerzlichsten wurde der Prozess der Erlangung der Unabhängigkeit dort, wo sich die Kolonialmacht – nicht zuletzt »mental« – am stärksten festgesetzt hatte: In Algerien, das man als Teil Frankreichs zu betrachten sich entschlossen hatte. Eine Kosten – Nutzen Rechnung des europäischen Kolonialunternehmens in Nordafrika fällt eindeutig negativ aus – schon aufgrund des Verlustes an Menschenleben und der dauerhaften Belastung des Verhältnisses zwischen »Islam« und »Westen«, das sich auch hier ergab, wenngleich im Maschrek ein weit stärkerer Gegensatz entstanden war. Rein »materialistisch« waren diese nordafrikanischen Kolonialunternehmen Frankreichs, Spaniens und Italiens keineswegs. Ökonomische Anreize reichen nicht aus, diese aufwendigen Eroberungs- und Erschließungsbemühungen zu legitimieren. Vielmehr handelte es sich in erster Linie um Großmachtträume, die mehr emotional als national, mehr ideologisch als wirtschaftlich unterfüttert waren und ihre Wurzeln in Mentalitäten und Weltbildern vergangener Epochen hatten.

Die betroffenen Länder entwickelten gerade in der Auseinandersetzung mit dem europäischen Kolonialismus ihre eigene Identität. Der Nationalismus von Marokkanern, Algeriern, Tunesiern und Libyern entstand als Reaktion auf und im Widerstand gegen die europäische Fremdherrschaft – umso mehr, als diese von Anfang an diskriminierend war. Franzosen, Italienern und Spaniern ging es darum, ihr Land, ihre Kultur auszudehnen nach Nordafrika, nicht darum, die Menschen der neuen Kolonien ‚hereinzuholen‘ in die europäischen Länder. Dass dies gar nicht als mögliches Problem perzipiert wurde, zeigt, wie wenig man in Europa darauf vorbereitet war, mit fremden Kulturen umzugehen.

Ägypten (19./20. Jahrhundert)

Die britische Okkupation Ägyptens erfolgte 1882 offiziell zur Niederschlagung einer Revolte gegen die »legitime« Ordnung – führte aber faktisch zur britischen Kontrolle eines Landes, das völkerrechtlich Teil des Osmanischen Reichs war. Eine formelle britisch-osmanische Vereinbarung von 1887 sollte zwar dieses Dilemma auflösen, wurde aber osmanischerseits nie ratifiziert. Die französisch-britischen Beziehungen litten zunehmend, als die britische Besetzung des Landes am Nil andauerte. Frankreich verlor an Einfluss. Großbritannien betonte, man sei nur in Ägypten, weil die Stabilität des Landes dies erfordere und weil man Reformen unterstützen und sicherstellen wolle. Lord Cromer, der 1883 bis 1907 in Kairo als britischer Generalkonsul wirkte, wurde der eigentliche Regent des Landes, der Ägypten nach und nach aus dem Osmanischen Reich herauslöste und auch den Einfluss der anderen Mächte eindämmte. In der Tat gelang es Cromer, in Ägypten auch positiv zu wirken: Eine Konsolidierung der Finanzen wurde erreicht, die Verwaltung wurde reorganisiert, ein effizientes Erziehungswesen aufgebaut und das Bewässerungsnetz ausgeweitet, wodurch allerdings die Monokultur des Baumwollanbaus noch ausgeprägter wurde, was im britischen Interesse lag.

So stark war die ägyptische Wirtschaft auf den Baumwollanbau fokussiert, dass schließlich Getreide importiert werden musste. Der Assuan-Staudamm, der eine Regulierung des Nils erlaubte und eine geordnetere, systematischere Landwirtschaft, wurde von 1892 bis 1902 erbaut.

Die rechtliche Lage Ägyptens war völlig ungeklärt: England war militärisch präsent, hatte wichtige Positionen besetzt und nahm in allen wesentlichen staatlichen Bereichen durch Berater Einfluss. So bestimmte England zwar weitgehend die Geschicke des Niltals, doch völkerrechtlich war die britische Rolle in Ägypten nicht verankert. Hier jedoch erwies sich die normative Kraft des Faktischen: Englands dominierende Rolle in Ägypten wurde auf internationaler Bühne bald nicht mehr ernsthaft in Frage gestellt.

War die britische Präsenz in Ägypten unbefriedigend geregelt und gerechtfertigt, ohne adäquaten rechtlichen Rahmen, so gab es durchaus gute realpolitische Gründe für sie: England ging es um die Sicherung des Vorfeldes von Indien, die Kontrolle der See- und Landverbindung zwischen Mittelmeerraum und Indischen Ozean. Im Kontext der sich anbahnenden internationalen Konflikts war Ägypten auch eine wichtige strategische und logistische Basis.

Die faktische britische Herrschaft gab aber nationalistischen Strömungen in Ägypten Auftrieb. Eine Tradition ägyptischen Patriotismus' gab es im Land am Nil bereits – einer der frühen Vertreter war Rifa'at at-Tahtawi (1801-1875) gewesen, in dessen Konzeption Vaterlandsliebe eine zentrale Rolle spielte. Es bestanden jedoch unterschiedliche Vorstellungen über die konkrete Ausgestaltung einer nationalägyptischen Zukunft – ob ein säkularer Staat oder ein islamisches Ägypten entstehen sollte. Zentrales Anliegen aller aber war die Beendigung der britischen Bevormundung. Im frühen 20. Jahrhundert nahmen zwei Bewegungen Gestalt an: Die Nationalpartei Mustafa Kamils (1874-1908), die Ägypten als Teil der muslimischen Welt und durchaus auch im islamischen Kontext sah und den Abzug der Briten forderte, sowie die Volkspartei Lutfi as-Sayyids (1872-1963), eines gemäßigten liberalen Säkularisten. Diese Partei stand am Anfang der ägyptischen Nationalbewegung, die in der ersten Hälfte des 20. Jahrhunderts das politische Leben am Nil entscheidend mitbestimmte.

Die Verflechtung Englands und Ägyptens hatte besondere Auswirkungen im Süden des Niltales: England wurde in ein sudanesisches Abenteuer hineingezogen, das Vorspiel zur direkten Kontrolle des Sudans durch England wurde.

Schon in den 1829er Jahren hatte Ägypten unter Muhammad Ali Teile des heutigen Sudan unterworfen. Das Land war für den Handel erschlossen worden, auch europäische Kaufleute hatten sich engagiert. Ägyptische und in der Folge auch britische Funktionsträger kamen ins Land, um es verwaltungstechnisch zu erschließen und um den Sklavenhandel zu unterbinden. Diese zunehmende Einmischung von außen führte zu wachsenden Spannungen. Unter religiösen Vorzeichen brach dann 1881 ein Aufstand im Sudan aus. Ein selbsternannter Mahdi, also ein bereits erwarteter Erlöser, trat auf und stellte sich an die Spitze einer Bewegung, die soziale mit politischen und religiösen Aspekten verband und sich wie ein Steppenbrand ausbreitete. Vom Bergland von Kordofan aus, das sich als geeignetes Rückzugsgebiet erwies, da seine militärische Kontrolle der ägyptischen Verwaltung unmöglich war, führte er einen erfolgreichen Krieg gegen die ägyptische Herrschaft, die schließlich zur Entstehung eines regelrechten ‚Gottesstaates' führte. Militärexpeditionen, die unter britischer Führung standen, wurden vernichtet, der Staat des Mahdi breitete sich über weite Teile des Sudan aus. 1885 fiel Khartum in die Hand der Aufständischen. Ziel des Mahdi war die Wiederherstellung der ur-islamischen Gemeinschaft der Gläubigen, der Umma. Er selbst sah sich als von Gott auserwählter Nachfolger des Propheten. Die Bewegung, ähnlich wie die Wahhabiya auf der arabischen Halbinsel, entsprach ganz dem, was wir heute als »Fundamentalismus« bezeichnen; sie zeigt, dass derartige »fundamentalistische« Ideologien bereits im 19. Jahrhundert starke Faszination ausübten und als Grundlage politischer Bestrebungen erfolgreich sein konnten. Als der Mahdi 1885 starb, setzten seine engsten Gefährten die Tradition fort und begannen den Heiligen Krieg an mehreren Fronten: Äthiopien, Darfur und Ägypten. Die Ausbreitung nach Ägypten scheiterte 1889 – dies war der Wendepunkt. Innere Probleme setzten ein, der einst gefürchtete Staat des Mahdi begann sich aufzulösen. Lord Kitchener, der Oberkommandierende der ägyptischen Armee, führte die planmäßige Rückeroberung des Sudan durch, wobei ihm die Einrichtung einer Bahnlinie zustatten kam. 1899 war die Mahdi-Bewegung endgültig vernichtet, der Gottesstaat existierte nicht mehr. Von diesem Zeitpunkt an jedoch war Großbritannien im Sudan präsent. Gleichzeitig aber drang eine französische Expedition in die Region am Oberlauf des Nils vor. Doch Kitcheners Aktion konnte die britischen Ansprüche sichern und Frankreich war nicht in der Lage, sich im Sudan festzusetzen. 1899 war auch das Jahr, in dem Briten und Ägypter ein Abkommen schlossen, durch das ein britisch-ägyptisches Kondominium über den Sudan errichtet wurde. Von Anfang an war dies eine ungleiche Partnerschaft: Der Sudan wurde faktisch britisch. Das Kondominium war ein Zugeständnis an die ägyptische Formel von der »Einheit des Niltals.« Doch ein spezifischer sudanesischer Nationalismus entwickelte sich erst in der Mitte des 20. Jahrhunderts, auch ein Nachkomme des Mahdi spielte dabei eine Rolle. 1956 endlich wurde der Sudan in die Unabhängigkeit entlassen – darauf hatten sich 1953 Ägypten und England geeignet.

Der Ausbruch des Ersten Weltkriegs diente als Anlass, um ein formelles britisches Protektorat über Ägypten zu errichten und das Kriegsrecht zu verhängen. 1914 hatte es vorübergehend sogar Pläne gegeben, das Land kurzerhand zu annektieren. Nach dem Weltkrieg strebten die ägyptischen Nationalisten energisch die Unabhängigkeit an. Die Entsendung einer ägyptischen Delegation nach London zur Aushandlung von entsprechenden Bedingungen und später nach Paris zur Friedenskonferenz wurde britischerseits aber verweigert – daraus ergab sich der Name »Wafd« (=Delegation) für die Nationalpartei, deren Führung Sa'd Zaghlul übernommen hatte. Der Druck der Nationalisten wurde bald so stark, dass England sich entschloss, 1922 einseitig die Unabhängigkeit Ägyptens zu verkünden – allerdings mit wesentlichen Einschränkungen: Die Sicherung der Verbindungswege des britischen Empire durch Ägypten; die Verteidigung Ägyptens gegen direkte oder indirekte ausländische Eingriffe; der Schutz ausländischer Interessen und der Minderheiten; die britische Rolle im Sudan. Deshalb betrachteten die ägyptischen Nationalisten Englands Stellung in Ägypten weiterhin als dominierend. Umso mehr, als auch britische Truppen im Land blieben, musste der Eindruck einer Scheinunabhängigkeit entstehen, welche die Nationalisten nicht befriedigen konnte, zumal sie die Mehrheit der Ägypter hinter sich wusste.

Der Entstehungsprozess demokratischer Institutionen in Ägypten, der vor der Ausrufung des Kriegsrechts 1914 begonnen hatte, wurde nach dem Krieg fortgesetzt. Bei Wahlen, die 1924 stattfanden, gewann der Wafd über 190 von insgesamt 214 Sitzen im Parlament. Parlament, König und Großbritannien versuchten in der Folge, ihre Interessen gegeneinander auszuspielen. Als »roter Faden« durchläuft diese Jahre und Jahrzehnte der sich immer stärker profilierende und artikulierende ägyptische Nationalismus, der die wichtigste politische Strömung im Land bleibt. Während der säkularistisch-nationalistische Wafd die offizielle ägyptische Politik gestaltete, begannen radikale Nationalisten, Anschläge gegen die Vertreter Großbritanniens zu verüben. Zur gleichen Zeit betrat eine neue politische Kraft, die in den folgenden Jahrzehnten eine wesentliche Rolle spielen wird, die politische Bühne. Sie ging in eine ganz andere Richtung, und wollte von säkularistischen Zielen nichts wissen : 1928 wurde die Vereinigung der Muslimbrüder gegründet. Zunächst in Ägypten, später auch in anderen Ländern des Maschrek, verfolgte sie eine Politik der Erneuerung der Araber im Zeichen des Islam – ohne politische Parteien und gegen fremden, nichtislamischen Einfluss.

Um nicht radikaleren Nationalisten, wie sie in Ägypten bereits aufgetreten waren
– beispielsweise der jungägyptischen Bewegung – weiteren Zulauf zu verschaffen und um Ägypten nicht für deutsche oder italienische Propaganda empfänglich
zu machen, fand sich Großbritannien endlich bereit, mit Ägypten einen Vertrag
zu schließen, der die Unabhängigkeit des Landes garantieren sollte. 1936 wurde
der anglo-ägyptische Vertrag geschlossen, der den Abzug aller britischen Truppen
vorsah (mit Ausnahme der Suezkanalzone) – Ägypten wurde 1937 auf britischen
Vorschlag in den Völkerbund aufgenommen. Im gleichen Jahr wurden durch den
Vertrag von Montreux alle ausländischen Privilegien (und damit auch das System
der »Kapitulationen« aus der Osmanenzeit) endgültig abgeschafft. Später sollte sich
zeigen, dass eine tatsächliche Unabhängigkeit Ägyptens von europäischer Seite da,
wo europäische Interessen auf dem Spiel standen, immer noch gefährdet war.

Der Erste Weltkrieg: Europäische Interessenpolitik auf Kosten der Araber

Am Vorabend des Ersten Weltkriegs hatten sich überall in den arabischen Maschrek-
Staaten nationalistische Geheimbünde und Vereinigungen gebildet, die sich Gedanken machten über die künftige Gestaltung des Schicksals ihrer Länder. Als am
30. Oktober 1914 das Osmanische Reich an der Seite der Mittelmächte in den
Krieg eintrat, bedeutete dies eine Weichenstellung für die arabischen Nationalisten
einerseits, aber andererseits auch für England und Frankreich. Nur eine Niederlage der Mittelmächte und ihres osmanischen Verbündeten boten den Arabern eine
Perspektive in Richtung nationale Selbstbestimmung. Auch wenn die Araber nicht
so naiv waren, auf die selbstlose Hilfe der westlichen Alliierten zu vertrauen – sie
gingen davon aus, dass ihre eigenen und die Interessen der Alliierten zu einem
großen Teil konvergierten und sich vorteilhaft ergänzten. Faktisch bestand jedoch
im Nahen Osten ein starker Interessengegensatz zwischen allen Beteiligten: Die
europäischen »Westmächte« hatten vor, die arabischen Regionen des Osmanischen
Reichs unter sich aufzuteilen; die Araber hofften auf Unabhängigkeit nach Auflösung des Osmanenstaates und die Zionisten auf eine territoriale Basis in Palästina.
Anfangs des 20. Jahrhunderts hatten die Jungtürken – noch in ihrer liberalen Phase
– den Scherifen Husain (Abkömmling des Propheten Muhammad) als Schirmher-
ren und Hüter der Heiligen Stätten des Islam in Mekka bestätigt im Bemühen um
arabisch-türkische Verbrüderung als Grundlage für einen Fortbestand des Osmanenreichs (1909). Die kurz darauf einsetzende Trendwende hin zu einer entschiedenen Türkisierung und zu harter Repressionspolitik (viele arabische Nationalisten
wurden hingerichtet) ließ auch den Scherifen seine Position überdenken und veranlasste ihn, britische Unterstützung zu suchen für eine Trennung der Araber vom
Osmanischen Reich – wobei Husain sein Haus als natürliche Führung der Araber
in die Unabhängigkeit ansah. Angesichts der aktiven deutschen Orientpolitik zeigten sich die Briten, als dies Ansinnen praktisch am Vorabend des Ersten Weltkriegs
an sie herangetragen wurde, sehr zurückhaltend – musste doch alles vermieden
werden, was die Türken den Deutschen in die Arme getrieben hätte. Der Kriegs-

eintritt der Türken an der Seite Deutschlands aber veränderte die Lage grundsätzlich. Ein Aufstand der Araber war nun im Interesse der Briten – die Erhebung der arabischen Regionen des Osmanischen Reiches würde dieses und seinen Verbündeten Deutschland schwächen. Als die Türken russische Schwarzmeerhäfen bombardierten, erklärten Russland, England und Frankreich den Osmanen den Krieg. England erklärte Ägypten und Kuwait zu Protektoraten, ein britisch-indisches Expeditonscorps landete in Südmesopotamien. Im Gegenzug erfolgte ein türkischer Angriff auf den Suezkanal, der aber scheiterte. Ein Guerilla-artiger Krieg der Araber gegen die Türken begann schließlich (1916) von britischen Agenten – unter denen »Lawrence von Arabien« der berühmteste war – unterstützt und in Richtungen gelenkt, die den britischen Kriegszielen am ehesten entsprachen. Nicht nur England, auch andere europäische Mächte, darunter Deutschland, entsandten Personen in den Nahen Osten, die Aufstände auslösen und im Interesse ihrer Machtpolitik manipulieren sollten. Zwar rief das Osmanische Reich 1914 den Dschihad gegen Briten und Franzosen aus, der jedoch seine solidarisierende Wirkung auf die Araber im Namen des Islam völlig verfehlte. Im Gegenteil, die Araber hatten die Fronten gewählt: Sie erhielten in dem von ihnen als »Befreiungskrieg« perzipierten Kampf gegen die Türken Unterstützung von britischer Seite, aber auch Zusagen hinsichtlich eines arabischen Nationalstaats nach Erreichung des gemeinsamen Kriegsziels. Gleichzeitig gab es jedoch britische Geheimverhandlungen mit Frankreich über eine Aufteilung der arabischen Teile des aufzulösenden Osmanenreiches zwischen den beiden Mächten. Der Aufstand der Araber war beschränkt auf den Hedschas (die westliche Region der arabischen Halbinsel), als dessen König der Scherif von den Briten jetzt anerkannt wurde, und das Land östlich des Jordans (Transjordanien); eine osmanische Garnison hielt sich in Medina fast bis Kriegsende. Nach der endgültigen Niederlage der osmanischen Truppen rückten die arabischen Krieger in Richtung Damaskus vor.

Während des Krieges hatte sich Einiges auf der diplomatischen Bühne getan – die wichtigsten Phasen waren: Die Korrespondenz zwischen dem Scherifen Husain und dem britischen Hochkommissar in Ägypten, Sir Henry Mac Mahon, in dem in vagen Formulierungen den Arabern eine Art Nationalstaat in Vorderasien in Aufsicht gestellt wurde als Gegenleistung für die Revolte gegen die türkische Herrschaft (1915/1916); schon damals wurden jedoch Einschränkungen zugunsten französischer Interessen festgeschrieben.

Eine Geheimabsprache, das Sykes-Picot-Abkommen, definierte seinerseits (ohne dass seine Existenz den Arabern zunächst bekannt war) die Abgrenzung von französischen und britischen Einfluss-Sphären, wobei eine Form von arabischem Staat durchaus nicht ausgeschlossen wurde – jedoch unter britisch-französischer Kontrolle.

Das brisanteste unter diesen Dokumenten war jedoch die Balfour-Deklaration, in der den Zionisten britische Unterstützung für die Errichtung einer jüdischen nationalen Heimstätte in Palästina zugesagt wurde.

So war das Vertrauensverhältnis zwischen England und Frankreich auf der einen sowie den Arabern auf der anderen Seite gründlich zerrüttet. Nicht spitzfindige sprachliche oder juristische Textanalysen waren hier ausschlaggebend, sondern das Verständnis der Grundtendenz durch die Araber: Diese waren überzeugt, dass hinter

ihrem Rücken ihre Interessen verraten worden waren, dass einander widerspre-
chende Zusagen gemacht und Vereinbarungen getroffen worden waren und dass sie
Opfer imperialistischer Intrigen geworden waren. Durch die weitere Entwicklung
sahen sich die Araber in ihrer Interpretation bestätigt.

Die Länder des Maschrek im 20. Jahrhundert unter französischem und britischem Mandat

In der Person von Faisal (1883-1933), Sohn des Scherifen Husain, versuchten die
Araber, ihre Sache auf den Friedenskonferenzen von Paris zur Geltung zu bringen
und so auf internationaler Ebene Unterstützung für ihren Nationalstaat zu finden.
Nur der amerikanische Präsident Wilson war bereit, auf die arabischen Forderungen einzugehen und machte den Vorschlag, eine Untersuchungskommission in den
Nahen Osten zu entsenden. Doch für England und vor allem für Frankreich war
das Schicksal des arabischen Vorderasien längst entschieden – Änderungen auch nur
zu erwägen waren sie nicht mehr bereit. Der Bericht der King-Crane-Kommission
wurde von ihnen lediglich zur Kenntnis genommen.

Faisal ging mit seinen Anhängern nach Damaskus, das Hauptstadt seines arabischen Reiches werden sollte; der Allgemeine syrische Nationalkongress, der sich als
legitime Vertretung der nationalen Ansprüche der Araber betrachtete und praktisch
als eine Art Gründungsorgan des konzipierten arabischen Nationalstaates, tagte
zwischen Juni 1919 und Juli 1920 in Damaskus,

Im März 1920 erklärte der Kongress die Unabhängigkeit Syriens.

Doch mit der Niederlage der arabischen Truppen Faisals gegen Frankreich Ende
Juli 1920 war das Schicksal des »arabischen Nationalstaats« entschieden. England
hatte die Kontrolle über die Öl-Provinz Mossul (im heutigen Nordirak) erhalten
und gab Frankreich dafür freie Hand in Syrien. Ein französischer Hoher Kommissar
übernahm die politische Hoheit über Libanon und Syrien für ein Vierteljahrhundert
und Frankreich erhielt im Rahmen eines Völkerbundsmandates die Verantwortung
für diese Region. Hatte es in der arabischen Welt unterschiedliche nationale Bewegungen und verschiedene Organisationen als Träger dieser Strömungen gegeben, so
war der Libanon ein Sonderfall. Hier war ein typisch christlicher »Nationalismus«
entstanden, der keineswegs einen großen arabischen Nationalstaat, welcher etwa
den ganzen »furchtbaren Halbmond« umfassen würde, anstrebte, sondern ganz bewusst für eine kleine, eine »libanesische« Lösung eintrat. Die libanesischen Christen
hatten seit jeher in einer engen Anlehnung an Frankreich, die eine Autonomie des
Libanongebirges garantieren sollte, ihre Interessen am besten vertreten gesehen.

Nur in einem engen geographischen Rahmen, nur in einem libanesischen Se-
paratstaat, nicht einem großsyrischen Staat oder gar einem noch umfassenderen
arabischen Staatsgebilde, hatten die christlichen Libanesen, deren überwiegender
Teil die mit Rom unierten Maroniten waren, die Bevölkerungsmehrheit – nur so
konnten sie eine Art »christliches Reservat« unter französischem Schutz bilden.
Unter dem Eindruck der Christenmassaker von 1860 hatte der Libanon 1861 ein
Autonomiestatut unter internationaler Garantie erhalten, das ihm Jahrzehnte der

Prosperität und inneren Ruhe brachte. Nun schien die Zeit reif für die Schaffung eines regelrechten christlich-dominierten Libanonstaates, der gleichzeitig auf Dauer Frankreichs Interessen in der Levante sicherte. Man hielt offensichtlich das Territorium des traditionellen autonomen Libanon für zu klein und wollte dem neuen staatlichen Konstrukt eine verbreiterte territoriale Basis schaffen, indem man Regionen an allen Seiten dem Libanon anfügte. Ohne es zu ahnen, hatte man dadurch den Gründungszweck des Libanon – nämlich einen christlichen Mehrheitsstaat zu schaffen – in Frage gestellt. Zahlreiche Bevölkerungselemente wurden jetzt dem Libanon zugeschlagen, die mit der traditionellen libanesischen Identität wenig zu tun hatten und dazu beitrugen, auf die Dauer den christlichen Bevölkerungsanteil zu relativieren. Man hatte dem Staat Libanon sozusagen einen »Geburtsfehler« mit auf den Weg gegeben, Krisenpotenzial »eingebaut«.

Der heutige Irak, Palästina und die Region östlich des Jordan wurden britisches Völkerbundsmandat. Das französische Syrien war kein Ort mehr für arabische Nationalisten, Angehörige der arabischen Bewegung waren deshalb nach Irbid, einer Stadt östlich des Jordan, geflohen. In anderen Regionen des Ostjordanlandes entstanden ebenfalls Kleinstaaten, die der arabischen Bewegung und somit der Familie des Scherifen von Mekka, den Haschemiten, nahestanden. Husain (1856-1931), der Chef der Familie und anerkannte König des Hedschas, erhob Anspruch auf das Gebiet, das heute das südliche Jordanien bildet, zwischen Maʿan und Akaba. Husains Sohn Abdallah (1882–1951) zog an der Spitze arabischer Truppen aus dem Hedschas nach Norden, um die Ansprüche der arabischen Bewegung erneut zur Geltung zu bringen. Welches die wirklichen Beweggründe Abdallahs waren bei seinem Zug, ist nicht völlig klar. Es wäre jedenfalls unrealistisch gewesen, auf einen militärischen Erfolg gegen die Franzosen in Damaskus zu setzen. Möglicherweise ging es ihm um das, was er dann tatsächlich erhielt: Die Sicherung eines – wenn auch kleinen und relativ bedeutungslosen – Herrschaftsgebietes für sich bzw. seine Familie. 1921 wurde ihm das Emirat Transjordanien übertragen, das nun unter britischem Schutz eine weitere Südexpansion der Franzosen verhinderte. Der Ostexpansion der zionistischen Siedlungsbewegung war so ebenfalls eine natürliche Grenze gesetzt und ein Ausgleich geschaffen für die schwieriger werdende Lage im Hedschas, dem Stammland der Familie, wo die saudische Bedrohung zunahm.

Die Verbindung zwischen der Sippe der Saʾud und der puristisch konservativen religiösen Bewegung der Wahhabiyya hatte, nach mehrfachen Rückschlägen, zur Entstehung eines Staates geführt, der große Teile der arabischen Halbinsel zusammenfasste und zur dominierenden Macht dort wurde. Das Land zog folgerichtig immer stärkere internationale Aufmerksamkeit auf sich, sah man doch in Europa in dem expandierenden Königreich einen möglichen Machtfaktor, der dem Westen verpflichtet werden musste; denn auch die Sowjetunion zeigte Interesse. Bereits das zaristische Russland hatte Kontakt zum Hause Saʾud aufgenommen, als es eine Eisenbahnlinie an den Golf plante. Und die Sowjetunion war der erste Staat, der 1927 König Abd al-Aziz (1880-1953) als König des Nadschd und des Hedschas anerkannte, betrachtete sie ihn doch als eine Art antiimperialistischen Freiheitshelden in ihrem Sinn. Freundschaftliche Beziehungen knüpfte auch Deutschland in der Zwischenkriegszeit an – es kam zu einem deutsch-saʾudischen Freundschaftsvertrag, man verhandelte über Wirtschaftskooperation und Waffenkäufe. Abd al Aziz wollte hier ein Gegengewicht schaffen gegen eine britisch-italienische Einflusssphäre, deren Entstehen er in der Region des Roten Meeres fürchtete und deren Übergreifen auf die arabische Halbinsel verhindert werden sollte (ein britisch-italienisches Abkommen über beidseitige Interessen in der Region wurde 1938 geschlossen). Großbritannien war an einer Stabilisierung des Wüstenreiches interessiert und daran, problematische Einflüsse abzuhalten sowie die die Küste des Persischen Golfes zu sichern. Deshalb zahlte es Subsidien an das Königshaus und griff militärisch ein, als – im Zuge der ökonomischen Probleme in der Zeit der Weltwirtschaftskrise – die »Ichwan«, die Speerspitze der puritanisch religiösen wahhabitischen Bewegung, revoltierten. Die Weltwirtschaftskrise gab den Anstoß für eine Entwicklung von großer Bedeutung. Da die Zahl der Mekkapilger, der Haupteinnahmequelle des Königreiches, im Zuge der Krise drastisch sank, öffnete sich Sa'udi-Arabien 1933 dem Werben amerikanischer Ölkonzerne, nachdem in Bahrain kurz zuvor Öl entdeckt worden war. Damit begann die Epoche des Erdöls in der arabischen Welt.

Das anfängliche Scheitern der Militärexpedition Englands im Südirak konnte die britische Politik, die Kontrolle Mesopotamiens anzustreben, nicht erschüttern. Bagdad fiel im März 1917 in britische Hand, die Eroberung der ölreichen Region um Mossul wurde 1918 begonnen. Die britischen Kolonialmethoden führten bereits 1920 zu einem Aufstand im ganzen Irak, an dessen Zustandekommen die schiitischen Geistlichen nicht unmaßgeblich beteiligt waren. Erst im Frühjahr 1921 konnte der Aufstand mit Mühe von den Briten unterdrückt werden. Diese fassen nun den Plan, sich der Bestrebungen der Haschemiten zu bedienen und damit den Irak dauerhaft unter ihre de-facto Kontrolle zu bringen. Faisal, charismatischer Held der arabischen Nationalbewegung, sollte den Irak übernehmen und für Ruhe im Land sorgen. England ermöglicht so einen Haschemitenstaat in Mesopotamien und einen im Ostjordangebiet – beide in britischer Abhängigkeit. England konnte dadurch gegenüber der ganzen, vor allem aber gegenüber der arabischen Welt, demonstrieren, dass es sein Versprechen an die Araber eingelöst und den Weg für eine arabische Staatenbildung im »fruchtbaren Halbmond« bereitet hatte.

Palästina wurde nicht, wie ursprünglich geplant, internationalisiert, sondern England zugeschlagen und so zionistischen Aktivitäten geöffnet. Das dominierende Problem des 20. Jahrhunderts im Nahen Osten war damit angelegt und konnte sich unter der Einwirkung unheilvoller Entwicklungen in Europa voll entfalten.

Unter dem Eindruck dieser Vorgeschichte war es abzusehen, dass die Beziehungen zwischen den Ländern des arabischen Ostens und ihren Mandatsmächten gespannt bleiben und der Weg der Araber im Maschrek sich ähnlich schwierig gestalten würde wie im Maghreb.

Vor allem im französischen Mandatsgebiet in Syrien und im Libanon spitzte die Lage sich zu. Die Araber selbst hatten gefordert, im Falle einer Mandatslösung vorzugsweise den USA, allenfalls England, keinesfalls aber den Franzosen unterstellt zu werden. Dies mag zu tun gehabt haben mit der Situation in Algerien, die für die gesamte arabische Welt abschreckend war und Frankreich überall in Misskredit gebracht hatte. Andererseits hatte ja auch Frankreich gegenüber der arabischen Nationalbewegung deutlich gemacht, dass es deren Bestrebungen und Wünsche in keiner Weise zu berücksichtigen gedachte. Die Unzufriedenheit führte zu Gewaltausbrüchen. Eine Drusenrevolte im Haurangebirge im Jahr 1925 gab den Anstoß zu einem allgemeinen Aufstand, der zu harten französischen Militärmaßnahmen führte: Die französische Luftwaffe bombardierte Damaskus zweimal. Auch wenn es gelang, den Aufstand militärisch niederzuschlagen, hatte Frankreich doch die Notwendigkeit erkannt, eine Art Parlament in Syrien zu tolerieren. 1932 bildete sich eine Abgeordnetenkammer, in welcher die Nationalisten die stärkste Kraft darstellten. Da England den Irak auf die Unabhängigkeit vorbereitete, konnte auch Frankreich Gespräche in diese Richtung mit den Nationalisten nicht grundsätzlich verweigern. Diese waren jedoch zum Scheitern verurteilt, da Frankreich keinen gesamtsyrischen Ansatz akzeptieren wollte. Als in Frankreich 1936 eine Regierung unter sozialistischer Führung gebildet wurde, schienen die Aussichten für eine französisch-syrische Einigung vorübergehend besser zu werden – doch der entworfene Vertrag wurde mit dem Sturz der Regierung Blum irrelevant. Erneut kam es zu Spannungen, als Frankreich Territorien an der syrischen Nordwestgrenze an die benachbarte Türkei abtrat (um die Türkei im heraufziehenden neuen Weltkrieg auf Seiten der Alliierten zu halten) und als mit Ausbruch des Zweiten Weltkrieges 1939 der Ausnahmezustand in Kraft trat. Britische und frei-französische Truppen okkupierten Syrien und den Libanon, da der französische Hochkommissar Anhänger des Vichy-Regimes gewesen war.

Die Unabhängigkeit wurde beiden Ländern in Aussicht gestellt im Namen des freien Frankreich. Implementiert jedoch wurde die Unabhängigkeit nicht – neue Aufstände waren die Folge. England intervenierte und 1945 kam es endlich zur vollen Selbstständigkeit Syriens und Libanons und zur Aufhebung aller Mandatsbefugnisse. Die letzten französischen Truppen zogen im Frühjahr 1946 ab.

Auch im Libanon verlief die französische Mandatszeit nicht unproblematisch. Wie erwähnt, hatte die Mandatsmacht zunächst die territoriale Basis des entstehenden Staates verbreitert; 1926 bereits wurde die libanesische Republik proklamiert. Parallel aber zur Entstehung eigenstaatlicher Strukturen existierte weiterhin ein Apparat der Mandatsmacht Frankreich, der das ganze Land kontrollierte. Veränderungen und Suspendierung der Verfassungen und Verhandlungen über Beendigung des Mandats sowie über eine dann denkbare andere Form der Bindung an Frankreich, die das Mandat ersetzen sollte, überschatteten die zwei Jahrzehnte zwischen Erstem und Zweitem Weltkrieg. Der libanesische Präsident und der größte Teil des Kabinetts wurden von den französischen Mandatsbehörden verhaftet. Auch im Falle des Libanon mussten England, Amerika und die Vereinten Nationen intervenieren, bis eine Aufhebung des Mandats und ein Abzug der letzten französischen Truppen möglich wurde (1946).

Trotz des großen, für beide Seiten verlustreichen Aufstands von 1920 verlief die Periode des britischen Mandats im Irak glücklicher. Dazu beigetragen hat der britische Beschluss, Faisal, Sohn des Scherifen Husain, zum Herrscher des Irak zu berufen. Am 11. Juli 1921 wurde er zum König des Irak ernannt. Er führte das Land zur vollen Unabhängigkeit. Die Briten hatten – im Gegensatz zu den Franzosen – einem arabischen Land, das ihnen als Mandat anvertraut war, einen arabischen Herrscher gegeben und so das nationalistische Spannungspotenzial entschärft, andererseits sich die Loyalität des Haschemitenhauses gesichert, das Ansprüche auf ein arabisches Reich zu haben glaubte – und damit, dass zwei Familienmitglieder jeweils ein Land erhielten (Faisal den Irak und Abdallah Transjordanien), zumindest teilweise zufrieden gestellt werden konnte. 1924 wurde der Irak erbliche Monarchie, die 1930 ein Abkommen mit Großbritannien unterzeichnete, das privilegierte Beziehungen festschrieb und englische Wirtschaftsinteressen berücksichtigte. Als erstes arabisches Land wurde dafür der Irak 1932 in den Völkerbund aufgenommen. Damals begann das Erdöl auch hier eine Rolle zu spielen. 1925 wurde die erste Konzession an eine britische Gesellschaft vergeben. Bald wurde klar, welch immense Reserven an Öl der irakische Boden barg. Misstrauen gegen die Briten entstand – nicht zuletzt wegen deren Palästinapolitik. Mit dem Ausbruch des Zweiten Weltkriegs kam durch einen Staatsstreich 1941 eine deutschfreundliche Regierung in Bagdad an die Macht. Doch der Irak war von so großer Bedeutung für England, besonders im Kontext des Weltkrieges, dass er bald von den Briten militärisch okkupiert wurde, die deutschfreundliche Regierung ging ins Exil nach Berlin. 1945 wurde der Irak unabhängiges Mitglied der Vereinten Nationen.

Während König Husain seine Herrschaft über den Hedschas an das Herrscherhaus Sa'ud verlor, hatten seine Söhne sich Irak (Faisal) und Jordanien (Abdallah) mit britischer Hilfe sichern können. Zwar konnte das Emirat Transjordanien als Königreich Jordanien zum unabhängigen Staat werden (1946), doch blieb es weiterhin auf britische Hilfe angewiesen. Die arabische Legion unter dem britischen General Glubb (auch nach der Unabhängigkeit) gelangte zur Berühmtheit, da sie im Palästinakrieg von 1948 auf arabischer Seite am besten abschnitt und Territorien westlich des Jordans okkupieren und halten konnte, die umgehend dem jordanischen Staat eingegliedert wurden.

In den mittleren Jahrzehnten des 20. Jahrhunderts konnten fast alle arabischen Länder ihre Unabhängigkeit von den europäischen Mächten erlangen, unter deren Kontrolle sie spätestens nach dem Ersten Weltkrieg, teilweise auch bereits erheblich früher geraten waren. Noch nie seit der Expansion des Islam im 8. Jahrhundert hatte das »Abendland« einen so erfolgreichen Gegenschlag geführt und so umfangreiche Gebiete der arabischen Welt unter seine Kontrolle gebracht. Für die Kernländer der arabischen Welt ging im 20. Jahrhundert eine fünf Jahrhunderte lange Abhängigkeitsphase zu Ende, denn die osmanische Herrschaft, die im 16. Jahrhundert begonnen hatte, war nahtlos in europäische Kolonial- oder Mandatsherrschaft übergegangen. Zwar war die Epoche des Osmanischen Reichs nicht vergleichbar mit der Zeit der europäischen Kontrolle der arabischen Länder, da nationalstaatliche Prinzipien in der islamischen Welt vor dem 19. Jahrhundert natürlich keine Rolle spielten und seit jeher verschiedene Regionen und unterschiedliche Ethnien in islamischen Großreichen zusammengefasst waren. Doch fielen mit der türkischen Eroberung Länder und Metropolen, die selbst Jahrhunderte lang Zentren von Großmächten gewesen waren – wie Damaskus als Omayadenkapitale, Bagdad als Zentrum des Abbasidenreiches und Kairo als fatimidische, ayyubidische und mamlukische Hauptstadt – auf Provinzstatus zurück.

Von den europäischen Kolonial- und Mandatsmächten wurden sie deshalb auch nicht als potenziell eigenständige Staaten, als ebenbürtige Partner perzipiert, sondern als unterentwickelte Regionen ohne eigenes Profil und ohne ausgeprägte Identität, die sich – nicht zuletzt auch durch ihre vorteilhafte geographische Lage – als Kolonien und als Grundlage mediterraner Imperien anzubieten schienen. In den arabischen Kolonien und Mandatsgebieten entwickelten sich aber Artikulationsformen und Argumentationsweisen nach europäischem Muster. Mitbestimmung und Rechte wurden von den Arabern auf der Grundlage der Standards und Werte eingefordert, die Europa als ureigenes Erbe für sich reklamierte und als Grundlagen europäischer Gesellschaften deklarierte. Doch waren die europäischen Mächte nicht bereit, ihre eigenen Prinzipien in ihren arabischen Gebieten anzuwenden – deren Bewohner wurden nicht als gleichberechtigt betrachtet.

Es war nur konsequent, dass in den arabischen Ländern politische Organisationen »linker« Prägung entstanden – aber auch, dass in den europäischen Staaten immer mehr linksgerichtete politische Kräfte sich mit dem Befreiungskampf der Araber solidarisierten.

Von noch größerer politischer Tragweite war, dass die Araber sich mehr und mehr zu vermeintlich »linken« Regimen hingezogen fühlten, die – wie der Ostblock unter sowjetischer Führung – bereitwillig die Chance ergriffen, den «antiimperialistischen« Freiheitskampf auch der Araber zu unterstützen und für ihre eigenen Ziele zu instrumentalisieren. Einerseits gelang es den Arabern, wie wir gesehen haben, ihre Unabhängigkeit um die Mitte des 20. Jahrhunderts zu erlangen und sich aus europäischer Vormundschaft zu befreien. Andererseits gab es eine gegenläufige Entwicklung: Palästina ging der arabischen Welt auf Dauer verloren – wofür die Araber den Westen, vor allem auch europäische Mächte verantwortlich machten.

Neuntes Kapitel
Vom geistigen Aufbruch der Araber im 19. Jahrhundert bis zu den Anfängen des arabischen Nationalismus

Napoleons Ägyptenfeldzug hatte ein Zeichen gesetzt: Nicht nur die militärische Überlegenheit Europas war in einem Kernland der arabischen Welt mit einem Schlag offensichtlich geworden. Deutlich wurde auch, dass Europa geistige Entwicklungen durchlaufen hatte, an denen der Orient praktisch nicht partizipiert hatte. Eine neue, unbekannte Welt erahnten die Araber an diesem Beginn des 19. Jahrhunderts, mit der sie vorläufig nur punktuell in Berührung kamen. Oft waren die damaligen geistigen Kontakte zwischen Europa und der arabischen Welt nicht primär bedingt durch intellektuelle Neugier oder bewusste Hinwendung des Orients zum Okzident. Einerseits gab es Missionsschulen – vor allem im syrischen Raum – die in erster Linie aufgrund konfessioneller Affinität, nicht um europäisches Gedankengut zu transportieren, von den Christen des Orients besucht wurden. Andererseits hatten politische Entscheidungsträger – allen voran Muhammad Ali, der, wie erwähnt, in den Wirren nach dem französischen Rückzug aus Ägypten die Macht am Nil übernommen hatte – die Überzeugung gewonnen, dass es für eine Renaissance der arabischen Welt erforderlich wurde, Ideen, Konzepte und Methoden von Europa zu übernehmen, sie möglicherweise an gegebene Verhältnisse anzupassen und eventuell kreativ weiter zu entwickeln. Bewusst und sehr nachdrücklich wählte Muhammad Ali die Nachahmung Europas als Erfolgsrezept zum Aufbau seines Landes – wobei ihm der Erfolg recht gab: Ägypten wurde binnen weniger Jahre zur regionalen Großmacht, zum Konkurrenten und zur Gefahr für das Osmanische Reich, dessen Vasallenstaat es eigentlich war. Doch damals kamen die wesentlichen, nachhaltigen mentalen Veränderungen noch nicht zum Tragen, wenn die ersten Keime auch bereits gesetzt waren. Muhammad Ali ging es um Effizienz, um Modernisierung – nicht um geistigen Wandel, nicht um die Assimilierung von gesellschaftlichen, politischen, philosophischen Denkmodellen. Maschinen, militärische Ausbildung und Technik, Rationalisierung und Organisation interessierten ihn, nicht Menschenrechte, Demokratie oder Nationalismus. Der ägyptische Regent holte Anhänger des Fortschritts-Ideologen Saint-Simon aus Frankreich an den Nil, die dort Entwicklungsprojekte – z.B. im Bewässerungswesen oder als Ärzte und Lehrer – durchführten und die rationellen und effizienten Methoden des Westens einführen sollten. Auf Dauer ließen sich aber die verschiedenen Aspekte der Europäisierung und Modernisierung nicht trennen, waren die westlichen Einflüsse nicht zu filtern, zu selektieren oder utilitaristisch einzuengen und zu begrenzen. Syrien und der Libanon vor allem waren die Regionen, in denen früh durch Missionsschulen westliche Bildung verbreitet wurde. Gerade in der ersten Hälfte des 19. Jahrhunderts kam es zur Neugründung christlicher Schulen. Nur die beiden wichtigsten Institutionen sollen genannt werden: In den 1840er Jahren entstand ein Jesuitenkolleg im libanesischen Ghazir, Vorläufer der 1875 in Beirut errichteten katholischen Université Saint Joseph, die bis heute existiert. Protestantisches Gegenstück wurde das 1866 eröffnete »Syrian Protestant College«, aus dem die – ebenfalls heute noch bestehende – Amerikanische Universität Beirut hervorging. Mit Sprachkenntnissen kamen auch europäische Ideen und Vorstellungen in den Orient und fielen dort teilweise auf fruchtbaren Boden.

Waren die Schüler der europäischen Missionsschulen in Syrien und im Libanon fast ausschließlich Christen – Muslime hatten naturgemäß Vorbehalte gegen von ausländischen christlichen Geistlichen geführte Erziehungseinrichtungen und Missionierung von Muslimen war selbstverständlich völlig unmöglich, denn Apostasie wird im Islam mit dem Tod bestraft – waren in anderen Teilen der arabischen Welt, besonders in denen unter direkter oder indirekter europäischer Kontrolle, auch Muslime Schüler europäischer Schulen, wenn auch nur in kleiner Zahl und völlig unterproporzional; in Algerien etwa wurden sie als »évolués« bezeichnet und absolvierten oft akademische Studien im französischen »Mutterland«. Frankreich brachte auch die Presse in den Nahen Osten – zunächst allerdings nach Konstantinopel. 1798 erschien als erste Zeitung im arabischen Raum der »Courrier de l'Égypte«, herausgegeben von der französischen Besatzungsmacht. 1800 folgte dann als erstes arabischsprachiges Organ »at-Tanbih«, herausgegeben von General Menou – jedoch nur für kurze Zeit. Muhammad Ali war es, der das erste einheimische arabische Blatt, »al-Waqa'i al-Misriya« seit 1828 herausgab – mehr ein Amtsblatt als eine Zeitung im eigentichen Sinn. Weitere kleine Zeitungen kamen um die Mitte des 19. Jahrhunderts in Syrien und im Libanon heraus und überlebten oft nur kurze Zeit. Eine Sternstunde der arabischen Zeitungsgeschichte kam 1875, als die christlich-libanesischen Brüder Takla »al Ahram«, über Jahrzehnte hinweg die führenden Zeitung der gesamten arabischen Welt, in Kairo gründeten – sie erscheint bis heute. Zu der frühen arabischen Journalistengeneration gehörten naturgemäß viele Absolventen von Missionsschulen.

Durch die Entstehung eines modernen arabischen Journalismus unter europäischem Einfluss kam nach und nach auch die Vorstellungswelt des Westens in den arabischen Raum und fand Verbreitung – die arabische Sprache musste erneuert werden: zahlreiche Begriffe für moderne Sachverhalte wurden im Zuge der Entstehung des arabischen Journalismus neu geprägt und eine Entwicklung vom «klassischen« zum »Neuhocharabischen« setzte ein. In diese Jahre fallen auch die Ursprünge des modernen arabischen Theaters. Der Maronit Marun an-Nakkasch bringt um die Mitte des 19. Jahrhunderts arabische Bearbeitungen von Molières »L'Avare« und »Tartuffe« in Beirut auf die Bühne – erste Anfänge ohne Originalität, aber Beiträge zum Kulturtransfer vom Okzident in den Orient.

In Ägypten beschloss Muhammad Ali, ausgesuchte Studenten nach Europa zu schicken, wo sie eine westliche akademische Bildung erhalten sollten, um als Träger der Modernisierung im Orient fungieren zu können. Diese jungen Leute kamen oft nicht als reine Technokraten zurück, lediglich als nützliche Fachleute, die sich europäische Methoden angeeignet und Spezialkenntnisse erworben hatten. Sie hatten auch europäische Autoren gelesen, hatten europäische Bildung erworben und ihren Horizont erweitert. Sie brachten die Geisteswelt der europäischen Aufklärung und der Französischen Revolution, die politischen Vorstellungen und philosophischen Ideen Europas als mentales Gepäck mit zurück in die arabische Welt. Bücher aus dem Abendland gelangten in den Nahen Osten und wurden ins Arabische und Türkische übersetzt. Seit 1816 beispielsweise gab es Werke von Voltaire, Rousseau und Montesquieu in ägyptischen Bibliotheken. Viele Araber, die Europa bereist und längere Zeit dort verbracht hatten, begeisterten sich für die westlichen Errungenschaften und empfanden die Notwendigkeit, den Nahen Osten zu europäisieren – nicht nur im technisch-zivilisatorischen Sinn.

Die arabischen Intellektuellen und die Faszination Europas

Zu den ersten, die eine Art Philosophie der Europäisierung des Orients entwickelten, gehörten Rifa'a at-Tahtawi (1803-1879) in Ägypten, der syrische Christ Butrus al-Bustani (1819-1883) und in Nordafrika Chair ad-Din (1810-1889), ferner die Maroniten Nasif al-Yazidschi (1800-1871) und Faris asch-Schidyak (1804-1887), später folgten als Reformer des Islam Muhammad Abduh (1849-1905) und Raschid Rida (1865-1935). So unterschiedlich in Ansatz und Aussage diese Vertreter des arabischen Geisteslebens und der intellektuellen Erneuerung des Nahen Ostens gewesen sein mögen: gemeinsam war ihnen, dass sie in ihrem Denken, Schreiben und Handeln – bewusst oder unbewusst – auf den europäischen Einfluss, die europäische Herausforderung reagierten, sie aufnahmen, sich von ihnen inspirieren ließen.

Zwischen den islamischen und den christlichen Reformgeistern bestanden gewisse tendenzielle Unterschiede: Während die Muslime oft an die Wiederherstellung einstiger Größe der islamischen Welt dachten und, bei aller Einsicht in die Notwendigkeit von Erneuerung und Reform, doch stark im Islam verwurzelt blieben, orientierten sich die Christen an Staatsvorstellungen, die ihre Rechte und ihre staatsbürgerliche Stellung garantieren würden, engagierten sich für künftige säkulare Staatsformen, in denen die Zugehörigkeit zu der einen oder anderen Religion keine politische Relevanz mehr haben und wo also auch religiöse Diskriminierung überwunden sein würde.

Der Ägypter Tahtawi, der als Imam die erste Studentendelegation, die von Muhammad Ali nach Frankreich entsandt worden war, begleitete und dem deshalb besondere Bedeutung zukommt, ging von einem »ägyptischen« Vaterland aus.

Noch kein arabischer Nationalismus im weiteren Sinn wird hier als Grundlage einer blühenden Zukunft gesehen, sondern Ägypten als Nationalstaat, auf den sich die Loyalität der »Bürger« bezieht. Bürger im aufgeklärt – europäischen Sinn sind die Einwohner von Tahtawis nationalägyptischem Vaterland noch nicht. Ihm schwebt durchaus ein aufgeklärter Autokrat als Herrscher vor. Doch Bürgertum soll sich entwickeln: »Vaterlandsliebe« soll zur Grundlage einer positiven gesellschaftlichen Entwicklung werden. Ziel der Gesellschaft – und dies wird letztlich durch gesellschaftliche Solidarität möglich – ist der Fortschritt, der das Wohlergehen aller sicherstellt. Dazu müssen die wirtschaftlichen Ressourcen effizient nutzbar gemacht werden zum Wohle aller. Ein Patriotismus, der religionsübergreifend ist und Muslime ebenso wie Kopten einschließt, kann diesen gesellschaftlichen Konsens ermöglichen. Für Tahtawi, dessen Hauptaktionsfeld in Ägypten die Gestaltung des Erziehungswesens war, setzt diese gesellschaftliche Entwicklung einen umfassenden, breiten Erziehungsprozess voraus. Wir sehen: Tahtawi ist weitgehend befangen in der europäischen Fortschrittsgläubigkeit des 19. Jahrhunderts. Zwar sieht er Europa nicht völlig unkritisch, doch überwiegen positive Wertungen. Der Faszination der zivilisatorisch-technischen Entwicklung in Europa kann sich der Ägypter nicht entziehen.

Die europäischen Staaten sieht er nicht unter »imperialistischen« Aspekten; für ihn steht nicht das französische oder britische Streben nach Einfluss auf die arabische Welt im Mittelpunkt. Die Europäer mit ihren Errungenschaften sind Vorbilder für die Araber. Von ihnen zu lernen, die Erkenntnisse der exakten Wissenschaften von Europa zu übernehmen und der eigenen Entwicklung nutzbar zu machen, ist für den Muslim Tahtawi eine Selbstverständlichkeit. Im Mittelalter haben die Europäer vom Orient Kenntnisse und Wissen übernommen; dass jetzt europäische Wissenschaft wieder in den Nahen Osten zurückkehrt, ist nur folgerichtig. Erinnern wir uns, dass Tahtawi Imam war – »Studentenpfarrer«, wenn wir so wollen. Er hat sich auch keineswegs vom Islam abgewandt. Seine Forderungen nach Modernisierung, Fortschritt und einem ägyptischen Nationalstaat sind für ihn kein Widerspruch zum Islam. Sein Islam ist nicht derjenige, welcher kategorisch jede Veränderung, alles Neue ablehnt. Er sieht vielmehr die Notwendigkeit, den Islam den veränderten Zeitverhältnissen und Umständen anzupassen. Eine Interpretation des islamischen Rechts im Einklang mit den Bedürfnissen des mordernen Staats hält er für denkbar. Aus heutiger Sicht könnte es scheinen, Tahtawi habe seine Gedanken zu Modernisierung, Verwestlichung und zur Rolle des Islam in einer künftigen »modernen« ägyptischen Gesellschaft nicht konsequent zuende gedacht, sonst hätten ihm zwangsläufig Widersprüche auffallen müssen. Dies jedoch setzt unsere heutige Perzeption voraus, die einen Gegensatz zwischen Europäisierung und Islam als automatisch und unvermeidlich sieht, während ein solcher Kontrast im 19. Jahrhundert nicht überall in der heutigen Schärfe bestand (wenn natürlich nicht übersehen werden darf, dass starke rückwärts gewandte Varianten des Islam gerade auch im Islam des 19. Jahrhunderts existierten – wie zum Beispiel der Wahhabismus und der Mahdismus). Nichtmuslime wollte Tahtawi liberal behandelt sehen, Europäer sollten – als eine Art frühe Entwicklungshelfer – ins Land geholt werden (wie dies ja auch Muhammad Ali und seine Nachfolger verwirklicht haben). Auch das vorislamische Ägypten spielt bei ihm eine Rolle für die nationale Identität und das pharaonische Ägypten trägt zum Nationalstolz bei – hierin konnten sich die Kopten eher wieder finden als in einem rein islamischen Patriotismus.

Ganz anders präsentiert sich die Gedankenwelt von Butrus al-Bustani, einem Maroniten, der am Syrian Protestant College studierte und zum Protestantismus übertrat. Ihm ging es um eine Überwindung religiöser Schranken. In diesem Geiste gründete er eine Art »Nationalschule«, die über den Konfessionen stand und nur einem säkularen Nationalismus verpflichtet war, der den Schülern vermittelt werden sollte. Patriotismus statt engem Konfessionspartikularismus sah Bustani als das Ideal an, das er sich als die Grundlage für ein funktionierendes Miteinander in einem modernen Syrien vorstellte – einem religiös zersplitterten Land, das – gerade auch im 19. Jahrhundert – Schauplatz von religiösen Konflikten und Fanatismus geworden war. Als wesentlich für das Entstehen eines arabischen Nationalgefühls erschien Bustani die Entwicklung einer einheitlichen modernen arabischen Sprache – Sprache und Bildung waren sein eigentliches Anliegen: Eine literarische Zeitschrift gab er heraus und eine Zeitung – sein Hauptwerk war jedoch eine arabische Enzyklopädie, die zwar unvollendet blieb, aber immerhin 11 Bände erreichte und das erste Projekt dieser Art in der arabischen Welt der Neuzeit war.

In Nordafrika, zeitweise auch in Istanbul, setzte ein Mann kaukasischer Herkunft, der sein Leben lang unterschiedliche politische Funktionen – darunter auch die des osmanischen Großwesirs – bekleidet hat, neue Akzente: Chair ad-Din hat, ähnlich wie Tahtawi, prägende Jahre in Frankreich verbracht.

Für ihn ist die »Umma«, die Gemeinschaft der Gläubigen (im islamischen Sinn) der Bezugsrahmen. Er beruft sich aber gerade auf europäische Autoren, die die Größe der islamischen Welt zur Zeiten der Kalifen hervorheben. Die Umma könne aber nur erneuert werden und an ihre einstige Größe anknüpfen, wenn sie sich durch Europa inspirieren lasse. Der Orient müsse Ideen und Institutionen von Europa übernehmen, die auf Gerechtigkeit und Freiheit beruhen. Dem Einzelnen muss eine Teilnahme am politischen Prozess ermöglicht werden. Freiheit sieht Chair ad-Din auch als Voraussetzung für ökonomische Prosperität. Er zollt der europäischen Großindustrie sowie dem technischen und ökonomischen Fortschritt, dessen Zeuge er in Europa geworden ist, Bewunderung. Mit dem Verhältnis von Christentum und Islam hat dies nichts zu tun. Von Europa seien lediglich fortschrittliche Prinzipien, Methoden und Institutionen zu übernehmen. Dies sei durchaus im Sinn des Islam – »maslaha«, der Nutzen für die Allgemeinheit, sei schließlich ein islamisches Prinzip. Es gelte, die moderne Zivilisation in die islamische Begriffs- und Vorstellungswelt zu übertragen.

Diesen frühen Bemühungen, Orient und Okzident zu harmonisieren und den Nahen Osten in die Moderne zu führen, ist ein starker Fortschrittsglaube gemeinsam. Christlich-muslimische Gegensätze werden hier kaum gesehen. Europa wird prinzipiell positiv perzipiert – nicht nur von dem Maroniten Bustani, der sich von seiner traditionell-orientalischen maronitischen Gemeinschaft ab- und dem dezidiert europäisch geprägten Protestantismus zuwendet – sondern fast noch mehr von den Muslimen, die in den Mittelpunkt ihrer Forderungen die Annahme europäischer Errungenschaften, technisch-zivilisatorischer einerseits, aber durchaus auch institutioneller und weltanschaulicher, stellen. Europa wird als Vorbild gesehen – noch kaum werden seine imperialistischen Tendenzen kritisiert, die sich aber damals in der arabischen Welt erst in ihrem Anfangsstadium befanden.

Dies änderte sich, als europäischer Einfluss stärker wurde und zunehmend westlich inspirierte Reformen, Institutionen und Methoden im Nahen Osten wirksam wurden – dadurch wurde auch die Frage der Vereinbarkeit von Islam und Modernisierung akut. Ein schiitischer Perser war es, der sich als Aktionsfeld die sunnitischen Kernländer der arabischen Welt aussuchte, dieses Thema aufgriff und in der Öffentlichkeit diskutierte: Dschamaladdin »al-Afghani« (1838-1897), der sich als Afghane bezeichnete, weil er als Iraner – also als Schiit – kaum Gehör in den sunnitischen Regionen der islamischen Welt gefunden hätte. Mehr Agitator und Demagoge denn Theologe oder Philosoph wandte er sich im Namen des Islam gegen den wachsenden europäischen Einfluss. Der von ihm vertretene Islam war vielen zu freisinnig und zu wenig orthodox – andererseits fand er eine begeisterte Anhängerschaft in der oberflächlich europäisierten Mittel- und Oberschicht der arabischen Länder. Er suchte stets die Nähe der Mächtigen und führte so ein unstetes Wanderleben zwischen Indien und Ägypten, Russland und Westeuropa. Wirklich unmittelbare und nachhaltige Wirkung konnte er dabei wenig entfalten, da er aufgrund seiner Abneigung gegen die orientalischen Despoten und seiner wenig orthodoxen Islaminterpretation mit den politischen Führern im Nahen Osten fast zwangsläufig in Gegensatz geriet.

Islam und Moderne – (k)ein Widerspruch?

Dauerhafteren und substantielleren Einfluss hat erst sein Schüler Muhammad Abduh aus Ägypten (1849-1905) entfalten können. Er wurde in eine Periode des sich entwickelnden europäischen Einflusses in Ägypten hineingeboren. In diese Epoche fiel der Aufstieg von Urabi, der bald zur Leitfigur einer nationalen Bewegung wurde, in der unterschiedliche Strömungen zusammenflossen. In zahlreichen Artikeln beteiligte sich Abduh an der damaligen öffentlichen Diskussion und prägte die öffentliche Meinung in seinem Land mit. Damals, am Anfang seiner Laufbahn, war er noch eng in die Agitationstätigkeit von Dschamaladdin al-Afghani verwickelt. Als Mufti von Ägypten erreichte er 1899 die formal höchste Position seiner Karriere. Seine eigentliche Bedeutung lag aber in der Weltanschauung, die er in seinen Publikationen entwickelte. Ausgangspunkt Abduhs war der Niedergang Ägyptens und die Notwendigkeit eines Neuaufbruchs. Zwar erkannte er den Islam und seine Propheten an und stellte sie keineswegs in Frage, doch gab es Veränderungen und Entwicklungen, Probleme und neue Fakten, die in der Ursprungsphase des Islam völlig unbekannt und unvorhersehbar waren. Fortschritt und Modernisierung hielt er für unvermeidlich, sogar für nützlich und sinnvoll. Abduh sieht die Gefahr einer Spaltung der Gesellschaft – in einen Teil, der im traditionellen Islam verwurzelt bleibt und in einen, der sich von der herkömmlichen Religion ab- und einem säkularen Rationalismus zugewendet hat. Abduh hält es für wesentlich, diese Kluft zu überbrücken, diesen Gegensatz auszugleichen. Gesetze, Regeln und Vorschriften müssen sich Umständen und Verhältnissen anpassen. Den Errungenschaften Europas bringt Abduh echte Bewunderung entgegen. Doch er hält es für nicht praktikabel, europäische Prinzipien einfach auf den arabischen Raum zu übertragen, westliche Prinzipien ohne weiteres in Ägypten anzuwenden. Das Gebot der Stunde ist es für Abduh, die beiden Strömungen zu verbinden, Widersprüche aufzulösen. Wandel ist nötig und unvermeidbar – aber er muss mit den Grundlagen und Prinzipien des Islam verbunden werden. Wandel und Veränderung werden vom Islam nicht nur erlaubt, sondern er setzt sie – wenn er richtig verstanden wird – regelrecht voraus. Der Islam kann Erneuerung leiten und kontrollieren. Die Fragestellung von Chair ad-Din kehrte Abduh einfach um. Chair ad-Din hatte Jahrzehnte vor Abduh gefragt, ob ein frommer Muslim die Institutionen und Ideen der modernen Welt akzeptieren könne. Abduh seinerseits fragt, ob jemand, der in der modernen Welt lebt, noch ein frommer Muslim sein könne. Er bemühte sich, den Islam als fortschrittsfähig darzustellen. Das Potenzial für Rationalismus und für ein sozialwissenschaftlich begründetes Weltbild war seiner Ansicht nach im Islam bereits vorhanden. Es bedurfte nur einer Gruppe moderner Ulama (Theologen), die dies begriffen und in der Lage sein würden, vermittelnd zwischen »Traditionalisten« und »Modernisten« in der Gesellschaft tätig zu werden. Dabei ging es nicht darum, den Islam zu verändern, sondern darum, ihn als flexible und geeignete Grundlage für veränderte Verhältnisse zu erkennen; als Instrument, das Modernisierung ermöglicht, ihr aber gleichzeitig Grenzen setzte und einen Rahmen gab. Islam und Moderne waren für Abduh kein Gegensatz, sondern bedingten und ergänzten einander. Die »Versöhnung« von moderner Entwicklung und islamischer Rechtgläubigkeit war für Abduh vor allem auch eine große pädagogische Aufgabe. Er war nicht der weltfremde Schreibtischgelehrte, der theoretische Gedankengebände für einige wenige Fachkollegen schuf; er war vielmehr Pädagoge, der es nicht nur für möglich, sondern auch für nötig hielt, die gesamte Gesellschaft durch seine Prinzipien zu beeinflussen und zu verändern: Die Vereinbarkeit von Islam und Moderne war für ihn kein theoretisch-abstraktes Gedankengebäude, sondern eine gesamtgesellschaftliche Aufgabe, die in allen Lebensbereichen praktische Relevanz hatte. Wichtig war Abduh die Einheit des Glaubens ebenso wie die Einheit der Nation – zu ihr gehörten (er dachte im ägyptischen Kontext) Kopten ebenso wie Muslime.

Im politischen Bereich schwebte ihm eine Art konstitutionelle Monarchie vor. Der Khediven-Willkür stand er ebenso ablehnend gegenüber wie der britischen Interventionspolitik. Andererseits betrachtete er Ägypten als noch nicht reif für völlige Unabhängigkeit. Eine europäische Okkupation sah Abduh voraus – aber der nationalistischen Bewegung, die sich um Urabi bildete, stand er distanziert-kritisch gegenüber: sah er doch, dass es Urabi mehr um die eigene Position als um die übergeordneten nationalen Interessen ging.

Zur Generation von Muhammad Abduh gehören zahlreiche weitere Autoren und Reformer, die sich alle in der einen oder anderen Form mit der Modernisierung, dem Aufeinandertreffen westlicher Einflüsse und traditionellem Islam, Veränderungen in Staat und Gesellschaft oder Gegensätze zwischen Orient und Okzident befassten.

So schrieb Kasim Amin (1865-1908) ein aufsehenerregendes Buch über die Emanzipation der Frau; Lutfi as-Sayyid, der eine Philosophie der Freiheit – inspiriert von europäischen Denkern – entwickelte und damit eine scharfe Kritik an Staat und Gesellschaft des Ägypten seiner Zeit verband, daraus aber einen entschiedenen Nationalismus ableitet. Eine sittlich-moralische Erneuerung fordert er sowie eine bessere Erziehung, um einen besseren Staat zu schaffen. Die Briten kritisiert er nicht als Ausländer, sondern wegen ihrer als willkürlich und absolut empfundenen Herrschaft; Ali Abd ar-Razi (1888-1966) sieht den Islam als nicht entscheidend für die politische Zukunft: der Islam hat für ihn eine geistliche, aber keine politische Dimension; Muhammad Raschid Rida (1865-1935), der vielleicht wichtigste Schüler von Abduh, forderte im Gegensatz dazu eine Rückkehr zu den Prinzipien des Islam, in dessen Zeichen soziale Reformen stehen sollten.

Die islamische Welt müsse dem Westen einig und solidarisch gegenübertreten; Mustafa Kamil (1874-1908) war erster wirklich volkstümlicher Nationalist, der sich offensiv um eine Beendigung der britischen Herrschaft bemühte. Ihm gelang es, die breite Masse für nationalägyptische Ideen zu begeistern und eine patriotische Partei zu gründen.

Der christliche Libanese Antun Farah (1874-1922) befürwortete eine arabische Kulturrenaissance.

Ein weiter Bogen spannt sich vom Ägypten-Feldzug Napoleons bis zu den ägyptischen und arabischen Nationalisten an der Wende zum 20. Jahrhundert. In dem Verlauf dieses Jahrhunderts gewinnt Europa eine dominierende Rolle in allen Lebensbereichen der arabischen Welt. Ein Teil der arabischen Länder gerät bereits damals unter direkte europäische Kontrolle, in anderen wird der indirekte wirtschaftliche und politische Einfluss europäischer Staaten bestimmend.

Zwischen Euphorie und Abwehr – die Araber stellen sich der europäischen Herausforderung

Der geistige Aufbruch, die »Nahda« der arabischen Welt wird ausgelöst und bestimmt von diesem Zusammentreffen von Orient und Okzident. In allen ihren Aspekten steht die Nahda im Zusammenhang mit den Einflüssen Europas. Europa bedeutet für die arabische Welt Herausforderung und Verunsicherung, Gefahr und Chance, geistige Anregung und intellektuelle Provokation. Durch europäische Ideen und Doktrinen und durch die neuen Machtverhältnisse im Nahen Osten und in Nordafrika wird der seit Jahrhunderten gewohnte Kontext in Frage gestellt. Auf einmal sind die Umma oder das Osmanische Reich nicht mehr die allein denkbaren politischen Optionen für die Zukunft. Ein ägyptischer Nationalstaat oder ein säkularisiertes arabisches Vaterland werden realistische Alternativen. Der Islam muss sich der Moderne stellen und die apologetischen Bemühungen der Reformer sind letztlich auch Antworten auf Europa. Aber erste Ansätze für eine islamische Selbstbehauptung, eine Rückkehr zu islamischen Wurzeln werden bereits sichtbar. Von Euphorie bis Abwehr reicht das Spektrum der arabischen Reaktionen auf den europäischen Einfluss, der von Technik bis Philosophie, vom Schulwesen bis zum Militär, von der Literatur über die Politik bis zur Presse omnipräsent ist in allen Ländern des arabischen Orients.

Die französische Ägypteninvasion hatte – auch aufgrund des schnellen militärischen Erfolgs der napoleonischen Truppen – wie ein Schock gewirkt. Die Reaktion war schnell erfolgt – Muhammad Ali hatte sofort die Überlegenheit europäischer Technik und Organisation erkannt und nicht gezögert, Nützliches und Effizientes aus der europäischen Zivilisation zu übernehmen – ohne religiöse Vorurteile. Doch sah er nicht, dass es unmöglich war, einerseits technische Methoden und rationalisierte Verfahren zu übernehmen, das Wissen von Experten sich anzueignen – andererseits aber die gesellschaftlichen, geistig-philosophischen und politischen Implikationen völlig außer Acht zu lassen. Unter denjenigen, die Europa näher kennen lernten und durch die Sprachkenntnisse, die sie dort erwarben, breiteren und tieferen Zugang zu europäischer Kultur, zu den Denkweisen und Mentalitäten des Okzidents gefunden hatten, waren naturgemäß auch Menschen, die das Neue verarbeiteten und versuchten, die neu erworbenen Kenntnisse, Eindrücke und Einsichten mit ihrem bisherigen, traditionell islamisch geprägten Weltbild in Einklang zu bringen.

Am Anfang stand Begeisterung für das Neue – Europäisierung und Verwestlichung schien das Gebot der Stunde, Unvereinbarkeit mit den eigenen Prinzipien und Werten wurden noch nicht gesehen, Islam und Moderne schienen kein Gegensatz. Danach folgte die Phase, in der es erforderlich wurde, Islam und Fortschritt zu verbinden, die eigene Tradition und die moderne Entwicklung zu verschmelzen, das islamische Potenzial für Modernisierung, aber auch den Islam als Kontrollmechanismus nutzbar zu machen – im Sinne Muhammad Abduhs. Schließlich kam zwangsläufig mit der zunehmenden Einflussnahme des Westens (denn Modernisierung und Ausbau der Infrastruktur bedeutete zunehmende wirtschaftlich-finanzielle Abhängigkeit von europäischen Ländern) die Gegenreaktion. Nationalismus entwickelte sich, der sich vor allem auch gegen den Imperialismus europäischer Mächte richtete, eine europäische Doktrin wurde gegen europäische Bevormundung eingesetzt. Gleichzeitig wurde der Nationalismus kombiniert mit Säkularismus. Staaten sollten entstehen, die nicht mehr mit religiösen Gemeinschaften identisch, sondern religionsübergreifend konzipiert waren. Der entstehende Nationalismus stellte allerdings auch traditionelle orientalische Herrschaftssysteme wie das Osmanische Reich in Frage.

Europäisch inspirierte Erneuerungen beschränkten sich nicht auf die arabischsprachigen Regionen der islamischen Welt. Die entschiedenste Umorientierung nach Westen verordnete der Gründer der modernen Türkei, Mustafa Kemal »Atatürk« (1881-1938), seinem Land, das ja von der Auflösung des Osmanischen Reiches nach fast acht Jahrhunderten am stärksten betroffen war und die stärksten Erschütterungen der Modernisierung aufzufangen hatte. Der Kern des aufgelösten Osmanenstaates wurde die moderne Türkei. 1928 wurde dort der Wechsel von der arabischen zur lateinischen Schrift, die bis heute für das moderne Türkisch verwendet wird (im Gegensatz zum archaisierenden stark persisch-arabisch-lastigen »Osmanisch«), verordnet; Türkinnen und Türken sollten europäische Kleidung tragen. Ein säkularer Nationalismus wurde die geistig-moralische Grundlage für den türkischen Staat, was auch eine Reaktion darauf war, dass er seine Rolle als islamisches Weltreich für immer verloren hatte. 1924 wurde durch die türkische Republik das Kalifat offiziell abgeschafft. Nach Ende des Abbasidenkalifats (1258) hatte es weiterhin einen Schattenkalifen am Mamlukenhof in Kairo gegeben; als die Osmanen den Mamlukenstaat eroberten, ging der Kalifentitel an die osmanischen Sultane über. Das Amt und der Titel hatten starke Symbolkraft, standen sie doch für die Einheit der Umma, der islamischen Gemeinschaft der Gläubigen. Deshalb hatte es in den letzten Jahren des Osmanischen Reichs Diskussionen um Wesen und Zukunft des Kalifats gegeben, war diese Frage doch eng verbunden mit der Frage nach der politischen Zukunft des Nahen Ostens. Raschid Rida und seine Anhänger hatten in Verbindung mit dem Postulat eines Vorranges der Araber im Islam auch das Kalifat für die Araber gefordert. Nachdem die Türkei das Kalifat für abgeschafft erklärt hatte, hatte Scherif Husain seine Ansprüche auf den Kalifentitel geltend gemacht. Doch fand er in der islamischen Welt keine uneingeschränkte Akzeptanz. Eine Zeit, in der die islamische Welt in Einzelstaaten aufgesplittert war, die teilweise unter europäischer Kuratel standen und vielfach noch auf der Suche nach ihrer Identität waren, hatte keinen Bedarf mehr für ein Kalifat. Eine Epoche war zuende gegangen.

Europa entdeckt den Orient

Schon bevor die Araber mit dem modernen Europa konfrontiert wurden, hatte man in Europa den Orient »entdeckt«. Aufklärung und Romantik hatten – wenn auch aus unterschiedlichen Blickwinkeln – den Horizont des Abendlandes geweitet und fremde Kulturen in ihr Weltbild einbezogen. Für das Europa der Aufklärung war es selbstverständlich gewesen, sich aus selbstauferlegter Beschränkung und Befangenheit zu befreien und sich fremden Völkern und Kulturen zuzuwenden, sie nicht mehr nur als Gegner und Ungläubige zu perzipieren, sondern ihnen möglichst vorurteilsfrei zu begegnen und sie besser kennenzulernen. Mehr wissen und besser verstehen, »mehr Licht«, diese Forderung des »siècle des lumières« bezog sich auch auf die außereuropäische Welt. Die Romantik ihrerseits idealisierte die »Exoten«, sah die außereuropäischen Kulturen in einem verklärten Licht – es wurde Mode, fremde Elemente in die Kunst Europas einzubeziehen. Im deutschen Sprachraum waren Goethe mit seinem west-östlichen Diwan, Rückert mit seiner Übersetzung und Nachempfindung arabischer Lyrik, Mozart mit seinen orientalischen Motiven (»türkischer Marsch«) wesentlich daran beteiligt, orientalische Einflüsse zu verarbeiten und einem gebildeten Publikum zu vermitteln. In Frankreich begründete gegen Ende des 18. Jahrhunderts Sylvestre de Sacy die moderne Arabistik als eigenständige Disziplin. Lamartines und Chateaubriands Orient-Reiseberichte erregten die Phantasie eines für die Reize morgenländischen Zaubers empfängliches Publikums.

Robert of Ketton, ein Engländer, war es gewesen, der im Mittelalter (1143) die erste Übersetzung des Korans in eine westliche Sprache angefertigt hatte. Seine lateinische Übersetzung war lange Zeit maßgeblich im Abendland. Im modernen England des 19. Jahrhunderts brachte Edward Lane das Ägypten seiner Zeit in einem erfolgreichen Buch dem britischen Publikum nahe – er hatte jahrelang unter arabischem Namen in Kairo gelebt. Gelehrte Gesellschaften zur Erforschung des Orients werden gegründet: 1821 als erste die Société Asiatique, 1823 die Royal Asiatic Society und 1845 die Deutsche Morgenländische Gesellschaft.

Die künstlerische und wissenschaftliche Erschließung des Orients durch Europa hatte begonnen.

Zehntes Kapitel
Europa, die Araber und Israel

Ursprünge des Zionismus

1897 fand in Basel ein Ereignis statt, das von größter Bedeutung werden sollte für die Geschichte des Nahen Ostens im 20. und im 21. Jahrhundert. Auf dem ersten Kongress der von dem österreichisch-ungarischen Schriftsteller Theodor Herzl (1860-1904) ins Leben gerufenen zionistischen Bewegung, deren Grundzüge er im Jahr zuvor in seinem Buch »Der Judenstaat« schriftlich niedergelegt hatte, wurde das Ziel der Initiative, die Schaffung einer rechtlich gesicherten Heimstatt für das »jüdische Volk« in Palästina, formuliert und der Öffentlichkeit bekannt gegeben.

Der Zionismus war entstanden auf der Grundlage der jahrhundertelangen Erfahrung der europäischen Juden, die seit dem Mittelalter in Europa eine prekäre Existenz geführt hatten zwischen Diskriminierung und Verfolgung. Pogrome und Ausschreitungen hatten bis ins 19. Jahrhundert jüdisches Leben in Europa gekennzeichnet. Andererseits hatte es durch die Judenemanzipation eine Assimilierung der Juden an ihr nichtjüdisches Umfeld gegeben. Beidem wollte der Zionismus entgegen wirken. Als Lösung sah Herzl die Schaffung einer jüdischen »nationalen« Institution im historisch-religiösen Kernraum des Judentums, in Palästina. Bisher hatte man als Perspektive für die Juden Assimilierung, eine stärkere Integration der Juden in ihre jeweiligen Staaten und Gesellschaften gesehen – einen Abbau der Unterschiede zwischen Juden und Nichtjuden. Die Lösung eines europäischen Problems sollte nun im Nahen Osten gelingen. In der arabischen Welt gab es große jüdische Gemeinschaften, die an der Entstehung des Zionismus und seiner Entwicklung nicht beteiligt waren. Zahlreiche Juden waren – besonders an der Wende vom 15. zum 16. Jahrhundert – aus Europa, vor allem von der iberischen Halbinsel, in die islamische Welt ausgewandert, wo sie ein besseres Schicksal erwartete.

Die Zionisten versuchten, ihre Ziele mit den Interessen einer Großmacht zu verbinden, um im Zuge einer immer wahrscheinlicher werdenden Aufteilung des Osmanischen Reichs ihre Position in Palästina zu sichern. Die osmanische Regierung selbst stand der zionistischen Idee ablehnend gegenüber, sah sie doch die Probleme ab, die sich aus der Einrichtung einer jüdischen Heimstatt in Palästina ergeben würden.

Schon seit 1882 hatte es eine bescheidene jüdische Kolonisation in Palästina gegeben. Palästina war damals bereits längst als »Heiliges Land« in den Mittelpunkt des

Interesses religiöser Gruppen in Europa und auch der europäischen Regierungen gerückt.

Die europäische Präsenz in Palästina intensivierte sich. 1838 kam ein britischer Konsul nach Jerusalem. 1841 war Jerusalem Sitz eines protestantischen Bischofs geworden, obwohl es kaum Protestanten in Palästina gab. England agierte als Schutzmacht der Protestanten, aber auch der Juden im Osmanenstaat, selbst solcher, die nicht britische Untertanen waren. 1843 nahmen ein preußischer und ein französischer Konsul (nachdem Frankreich schon 1624 erstmals versucht hatte, einen Konsul in der Stadt zu etablieren, der aber von der Bevölkerung als moderner »Kreuzfahrer« vertrieben worden war) ihre Tätigkeit in der heiligen Stadt dreier Religionen auf, 1847 wurde Jerusalem zum Sitz eines lateinischen (katholischen) Patriarchen, 1858 folgten ein russisch-orthodoxer Bischof und ein russischer Konsul. Ein österreichischer Konsul kam 1849 nach Jerusalem, ein spanischer im Jahr 1854. Dies geschah weniger im Kontext konkreter wirtschaftlicher oder politischer Interessen, es war mehr eine Frage des Prestiges der Großmächte. Verschiedene religiös motivierte Kolonisationsbewegungen in Europa entwickelten Ideen von einem »friedlichen Kreuzzug«, unterstützten diese Politik und schufen ein ihr günstiges Umfeld. Christliche Endzeitvorstellungen sahen die Rückkehr der Juden nach Palästina und ihre Annahme des Christentums voraus und förderten deshalb die Zuwanderung von Juden in dieser präzionistischen Phase. 1882 hatte es in ganz Palästina 24 000 Juden gegeben, vor allem in Städten wie Jerusalem, Hebron, Safad und Tiberias. Aufgrund der Verschlimmerung der Lage der Juden in Osteuropa setzte in den letzten beiden Jahrzehnten des 19. Jahrhunderts eine zunehmende Auswanderung von Juden nach Palästina ein. Bis zum ersten Zionistenkongress 1897 waren 18 jüdische Siedlungen in Palästina gegründet worden. 1914 gab es bereits 47 jüdische Siedlungen. Im Ersten Weltkrieg lebten 85 000 Juden in Palästina – also mehr als 10% der Gesamtbevölkerung von 690 000 Menschen.

Fast alle Juden, die nach Palästina auswanderten, kamen aus Osteuropa. Doch nur der kleinste Teil der Juden, die Osteuropa verließen, emigrierte in das unwirtliche Palästina – die meisten zog es nach Westeuropa und die USA. Die zionistische Bewegung war damals noch die Sache einer kleinen Minderheit unter den Juden. Die Zionisten allerdings berücksichtigten in ihrer Ideologie die Araber, die eigentlichen Einwohner Palästinas, nicht ausreichend. Ein schwerwiegender Gegensatz zwischen jüdischen Ansprüchen und den Rechten des Volkes, das schon seit weit über einem Jahrtausend in Palästina lebte, wurde in seinen langfristigen Folgen nicht deutlich genug berücksichtigt. Eine zahlenmäßig größere jüdische Zuwanderung war zu Beginn des 20. Jahrhunderts in der Tat noch nicht absehbar. Präzise, aber auch realistische Vorstellungen über die Zukunft sowie die Rechts- und Organisationsform der jüdischen Präsenz in Palästina konnte es damals noch nicht geben.

Die Balfour-Declaration

Von arabischer Seite gab es aber von Anfang an Widerstand gegen die jüdische Einwanderung. Schon gegen Ende des 19. Jahrhunderts erhoben sich erste warnende

Stimmen. Auch die osmanischen Behörden sahen das entstehende Gefahrenpotenzial: Grundsatz der osmanischen Politik war es, Juden zwar die Einwanderung
zu erlauben, aber unter der Bedingung, dass sie sich nicht in Palästina niederlassen würden, sondern in irgendeiner anderen Provinz des Osmanischen Reichs.
Doch wie immer die Zahlenverhältnisse und Interessengegensätze lagen – im Ersten Weltkrieg wurde ein politischer Akzent gesetzt, der die weitere Entwicklung
in Richtung auf einen jüdischen Staat in Palästina entscheidend beeinflusste. Die
nach dem britischen Außenminister Arthur James Balfour (1916-1919) benannte
»Balfour-Declaration« vom 2. November 1917 sicherte britische Unterstützung für
die Errichtung einer nationalen Heimstätte für die Juden in Palästina zu – sie war
abgestimmt mit den Regierungen in Paris und Washington – nicht jedoch mit den
Arabern. Sie wurde auch in der Absicht gegeben, mehr amerikanische Hilfe für die
Alliierten zu mobilisieren im Ersten Weltkrieg, nachdem Russland nach der Russischen Revolution als Verbündeter ausgefallen war.

Die Araber versuchten nun ihrerseits auf internationaler Ebene ihre Position zur
Geltung zu bringen. Auf Faisals Bemühungen um amerikanische Unterstützung
haben wir schon verwiesen (s.S. 150). Auch um eine Vereinbarung mit Chaijim
Weizmann, der damals bereits die Sache des Zionismus vertrat, bemühte sich Faisal.
Beiden Ansätzen blieb der Erfolg versagt. Zunächst jedoch blieb das arabisch-jüdische Problem in Palästina, das in vielen Aspekten auch ein europäisch-arabisches
und europäisch-jüdisches war, eher von untergeordneter Bedeutung – oder: seine
Bedeutung wurde vorläufig unterschätzt. Als England das Mandat über Palästina
übernahm – damals waren 90% der Einwohner Palästinas Araber – lehnte Außenminister Balfour die Anwendung des Selbstbestimmungsrechts auf nicht-jüdische
Bevölkerungsgruppen in Palästina noch ab. Drei Jahre später sah sich Kolonial-
minister Churchill zu einer offiziellen Stellungnahme zur arabisch-jüdischen Problematik durch den Druck des sich zuspitzenden Verhältnisses veranlasst. Er bekannte
sich ausdrücklich zu einer doppelten Verantwortung gegenüber Arabern und Juden
in Palästina.

Auf dem Weg zu einem jüdischen Staat in Palästina

Britischerseits hatte man zunächst keinerlei Konzepte, keine grundlegende Strategie bezüglich des Problems, das in Palästina hereinreifte. Die Politik der Briten –
angefangen von der Balfour-Deklaration bis hin zum endgültigen Rückzug – war
mehr Reaktion als Aktion, mehr aus dem Zwang heraus geboren, auf Entwicklungen und Ereignisse eingehen zu müssen, als auf Planung und einer langfristigen
Konzeption beruhend. Den Briten schwebte wohl eine Art binationaler staatlicher
Konstruktion für Palästina vor. Dies aber traf auf den entschiedenen Widerstand
sowohl der arabischen Palästinenser als auch der Juden. Von jüdischer Seite wurden
bald Fakten geschaffen: In den 30er Jahren nahm die ‚Jewish Agency for Palestine'
einen parastaatlichen Charakter an. Sie übernahm zahlreiche »staatliche« Funktionen. Dadurch wurde die Gründung eines jüdischen Staats vorbereitet. Systematische jüdische Landkäufe begannen. Die Araber schufen parallel dazu ebenfalls staat-

liche Strukturen. Das Problem entwickelte zunehmend gewaltsame Dimensionen
– jüdische und arabische Gewaltakte richteten sich nicht nur gegen die andere
Seite, sondern auch gegen die britische Mandatsmacht. Vor allem die nationalsozialistische Judenverfolgung, die sich in ihrer Qualität von allem, was Europa und die
Welt erlebt hatten, unterschied, ließ seit 1933 die jüdische Zuwanderung in Palästina drastisch ansteigen. Zwischen 1932 und 1938 kamen etwas 200 000 Juden
nach Palästina. Erst dadurch erfuhr der Konflikt eine entscheidende Zuspitzung.
Zunehmend entwickelte sich ein jüdischer Staat im britischen Mandatsgebiet Pa-
lästina. Terror wurde mehr und mehr zum Mittel der Durchsetzung politischer
Ziele. Bereits 1909 war die erste inoffizielle paramilitärische Einheit durch jüdische
Siedler gegründet worden. Eine regelrechte Terrorgruppe war die viel später ge-
gründete »Stern-Bande«. Seit 1920 wurde die »Haganah« wichtigste militärische
Einheit der Juden in Palästina, 1931 entstand die »Irgun« als weitere militärische
Organisation – beide wurden bei der Gründung des Staates Israel aufgelöst bzw.
gingen in der israelischen Armee auf. In den 1930er Jahren wurden die Spannun-
gen immer stärker aufgrund der zunehmenden jüdischen Einwanderung. Mit der
Verfolgungs- und Ausrottungspolitik des deutschen Nationalsozialismus stieg der
Druck. Für die Juden wurde es – jenseits aller ideologischen Standpunkte – zu einer
Lebensfrage, zunächst Deutschland, dann aber auch alle Länder Europas, die unter
deutscher Besatzung standen, zu verlassen. »Israel« – die Idee und das reale Land,
in das man physisch fliehen konnte, gewann eine ganz neue Bedeutung. »Gutes
Einvernehmen«, wie den Arabern auf dem XVII. Zionisten-Kongress im Jahr 1931
in Aussicht gestellt, gab es längst nicht mehr. Der Widerstand der Palästinenser war
weit stärker islamisch geprägt als die anti-imperialistischen Bewegungen in anderen
Teilen der arabischen Welt, die ja oft sogar ganz ausgesprochen laizistisch-säkula-
ristisch ausgerichtet waren. Im April 1920 war es zum ersten Mal zu so heftigen
Auseinandersetzungen zwischen Arabern und Juden in Jerusalem gekommen, dass
neun Tote zu beklagen waren. Die einsetzende Eskalation der Gewalt fand einen
Höhepunkt in einem regelrechten arabischen Aufstand 1936, der mit einem Streik
begonnen hatte und erst durch die Entsendung zusätzlicher britischer Truppen
1939 beendet werden konnte. Allein auf arabischer Seite hatte die Revolte 5 000
Tote gefordert. Während des Zweiten Weltkriegs verschärfte sich die Lage durch
weiter zunehmenden Terror, bis die Haganah auf britischen Druck hin die für den
Terror vor allem verantwortliche Irgun in ihre Schranken wies, aber ohne sie ganz
zu zerschlagen. Den Briten wuchs die Situation über den Kopf – die britische
Führung suchte nach einem Weg, sich aus der ausweglos erscheinenden Situation,
der fatalen Spirale von Gewalt und Gegengewalt, zu befreien. Großbritannien war
geschwächt aus dem Zweiten Weltkrieg hervorgegangen und sah sich gezwungen,
seine Aufwendungen für ein überdehntes Kolonialimperium drastisch zu senken.
Anschläge gegen britische Ziele in Palästina häuften sich. Höhepunkt des Terrors
war der Anschlag auf das King-David-Hotel in Jerusalem vom Juli 1946, dem Sitz
des britischen Generalstabs, er forderte über 90 Menschenleben.

Zum Jahreswechsel 1946/47 wurde England von einer schweren Wirtschaftskri-
se gebeutelt. Das britische Engagement nicht nur im Orient, sondern im gesamten
Mittelmeerraum, musste deshalb endlich reduziert werden. So kündigte der britische Außenminister im Februar 1947 an, das Palästinaproblem den neugegründeten

Vereinten Nationen zu überlassen. Die VN empfahlen eine Beendigung des britischen Mandats, Palästina sollte in einen jüdischen und einen arabischen Staat aufgeteilt, Jerusalem eine neutrale Enklave werden. Die britische Regierung kündigte an, ihr Mandat am 14. Mai 1948 niederzulegen. Ende 1946 hatte Palästina 1,94 Mio. Einwohner; 603 000 davon waren Juden. Die Gründung des modernen jüdischen Staates stand nun unmittelbar bevor. Das britische Mandat hatte den Arabern ein Danaergeschenk beschert und der Welt einen Dauerkrisenherd. Die Araber, so sahen es viele, würden für europäisches Fehlverhalten und Versagen bezahlen.

Von der Gründung des Staates Israel bis zum Nahost-Krieg von 1956 – Europa tritt in den Hintergrund

Die Resolution 181 der Vereinten Nationen vom 29. November 1947, der Teilungsbeschluss für Palästina, bedeutete eine implizite Legitimisierung der Gründung eines Staates Israel durch die internationale Gemeinschaft. Die Details über die nationalsozialistische Ausrottungspolitik, die Millionen Juden das Leben gekostet hatte, wurden nach Ende des Zweiten Weltkrieges bekannt (oder bewusst). Vor diesem Hintergrund musste die Forderung nach einem jüdischen Staat nur allzu berechtigt erscheinen. Was im nationalsozialistischen Europa geschehen war, war ohne Präzedenz, war einmalig in der Geschichte.

Die Unruhen in Palästina nahmen den Charakter eines Bürgerkriegs an. Angesichts dieser Entwicklung zog Großbritannien seine Truppen schneller ab als vorgesehen. Daraufhin rief die jüdische Seite am 14. Mai 1948 den »Staat Israel« aus. In der Nacht zum 15. Mai begann der erste israelisch-arabische Krieg, der zugunsten Israels endete. Während die jüdische Seite hervorragend auf diesen Tag X vorbereitet war und der nun offiziell ausgerufene Staat faktisch längst bestanden und funktioniert hatte, war die arabische Seite unkoordiniert und desorganisiert. Mit Israel war praktisch ein europäischer Staat mitten in die arabische Welt hinein transferiert worden – eine europäisch organisierte Gesellschaft im Orient. Europa selbst hatte auch zum Erfolg Israels wesentlich beigetragen – nicht zuletzt durch Waffenlieferungen aus der Tschechoslowakei. Nicht nur der Westen, auch der Ostblock setzte seine Hoffnungen darauf, dass der entstehende jüdische Staat sein Vorposten im arabischen Orient werden würde. 1953 erkannte die Sowjetunion trotz arabischer Proteste Jerusalem als Hauptstadt Israels an – ein Schritt, zu dem sich die USA erst ein halbes Jahrhundert später entschlossen. Die Gründung Israels veränderte die politische Landschaft des Nahen Ostens grundlegend. Die Niederlage der unkoordinierten, schlecht ausgebildeten und ausgerüsteten arabischen Streitkräfte wirkte wie ein Schock auf die arabische Welt. Revolutionen und Umstürze in vielen arabischen Ländern in den Jahren nach dem Krieg waren die Folge. Auf der einen Seite waren die Araber entsetzt über das Unvermögen ihrer eigenen Regime, andererseits wurden durch die Gründung des jüdischen Staats Hunderttausende Palästinenser zu Flüchtlingen, die in den arabischen Nachbarstaaten Israels ein destabilisierendes Element bildeten. Diejenigen Teile Palästinas, die nicht israelisches Territorium wurden, gerieten unter die Kontrolle der Nachbarn Jordanien (»West-

Karte 7: Palästina/Israel: Der Teilungsplan der Vereinten Nationen vom 29. November 1947

bank«) und Ägypten (Gaza-Streifen). Die Frage, ob die Gründung Israels ein Produkt des europäischen Imperialismus gewesen sei, ist vielfach diskutiert worden. Einerseits war es eindeutig der europäische Imperialismus, der die Voraussetzungen für die Gründung Israels geschaffen hatte. Einseitige europäische Entscheidungen hatten die politische Landkarte des Nahen Ostens gezeichnet. Ohne die Betroffenen zu konsultieren, hatte eine Kolonialmacht über ein fremdes Territorium verfügt – die Interessen der Einwohner blieben völlig unberücksichtigt. Doch bedeutete die Gründung Israels nicht die Ausdehnung der Herrschaft einer europäischen Macht auf eine entfernte Region zum Zweck der Ausbeutung ihrer Ressourcen oder ihrer Bevölkerung oder der Kontrolle strategisch wichtiger Positionen – die Gründung des Judenstaates war ein Vorgang sui generis: die Verpflanzung heterogener europäischer Bevölkerungsgruppen gemeinsamer Religionszugehörigkeit nach Palästina, wo sie zu einem Volk verschmelzen und einen neuen Staat bilden sollten. Nicht Ausbeutung der Bevölkerung des Landes, in dem Israel entstand, war das Ziel, sondern deren Ausgrenzung.

Zwar war Israel als »Staat der Juden« in einem umfassenden Sinn konzipiert, doch faktisch bestand die Bevölkerung – zumindest anfangs – fast völlig aus europäischen Juden; auch unter diesem Aspekt ist die israelisch-arabische Problematik wesentlich für die europäisch-arabischen Beziehungen.

Auch wenn England sich, als die chaotischen Verhältnisse in Palästina ihm über den Kopf wuchsen, zurückgezogen und sich gewissermaßen aus der Verantwortung gestohlen hatte, war doch die Gesamtentwicklung der 30 Jahre seit der Balfour-Erklärung und bis zur Proklamation des Staates Israel Ergebnis britischer Politik und darüber hinaus europäischer historischer Prozesse: Die Ausrottungspolitik des deutschen Nationalsozialismus musste Juden, aber auch Nichtjuden, von der Notwendigkeit einer schnellen und bedingungslosen Schaffung eines jüdischen Staates überzeugen. Die Araber ihrerseits hatten verständlicherweise das Gefühl, für die Fehler und Verbrechen anderer Völker und Staaten, eines anderen Kulturkreises, bezahlen zu müssen. Auf arabischem Territorium – auf Kosten der Palästinenser – sollte den Juden die Errichtung eines Nationalstaates ermöglicht werden, weil sie in Europa Opfer von Rassenwahn und Ausrottungspolitik geworden waren. Dies hatte nichts mit Rassismus oder Religionskonflikt zu tun – zwischen Palästinensern und Juden bestand ganz einfach ein Interessenkonflikt. Beide erhoben Anspruch auf dasselbe Territorium. Hieraus entstand der Nahostkonflikt, nicht aus religiös oder rassistisch begründetem Hass. Arabische Ablehnung des Staates Israel oder Verurteilung des Zionismus war nicht gleichzusetzen mit Antisemitismus. Zwar kam es wohl mit zunehmender Verbitterung und Verschärfung des arabisch-israelischen Konflikts manchmal zu einer Radikalisierung in Richtung Antisemitismus.

Bald schon wurde deutlich, dass Israel kein Verbündeter der Sowjetunion im Nahen Osten werden würde, sondern enge Beziehungen zu den USA pflegte. Der Ostblock sah es deshalb als vorteilhaft an, sich zum Fürsprecher arabischer Interessen zu machen und den »antiimperialistischen Freiheitskampf« der Araber zu unterstützen. Der israelisch-arabische Konflikt geriet in die Systematik des Ost-West-Gegensatzes. Folgerichtig war Europa auch dabei in zwei Lager gespalten. Die westeuropäischen Staaten standen (wie die USA) auf der Seite Israels, der gesamte Ostblock unterstützte die arabische Seite. Die sowjetisch-arabische Bindung wurde naturgemäß enger, als revolutionäre Bewegungen in wichtigen arabischen Staaten die Macht übernahmen und korrupte Monarchien ablösten.

Israel erlangte dadurch wiederum stärkere Bedeutung für den Westen. Frankreich wurde zunächst in den 50er Jahren wichtigster westlicher Verbündeter Israels. Die Bundesrepublik Deutschland leistete durch ihre Entschädigungszahlungen einen wesentlichen Beitrag zur Stabilisierung des jungen jüdischen Staates. Die USA hatten seit 1947 ihre Waffenlieferungen in den Nahen Osten sehr restriktiv gehandhabt; 1962 war es Präsident John F. Kennedy, der als Erster Rüstungsmaterial an Israel lieferte. Die Amerikaner hatten zunächst ihre Nahostpolitik auf die arabischen Erdölstaaten konzentriert. So hatten England und Frankreich Mitte der 50er Jahre gerade im israelisch-arabischen Konflikt noch eine vermeintlich führende Stellung. Nach Nassers (1918-1970) spektakulärer Verstaatlichung des Suez-Kanals am 26. Juli 1956 (s. auch S. 189) setzten unmittelbar Planungen für eine abgestimmte englisch-französisch-israelische Militäraktion ein. Ende Oktober 1956 erfolgte dann zunächst ein israelischer Angriff auf ägyptische Positionen, worauf England und Großbritannien Israel und Ägypten ein 12-stündiges Ultimatum stellten, ihre Truppen zurückzuziehen. Ägypten sollte zulassen, dass britische und französische Truppen Positionen am Suezkanal besetzten. Das politische Kalkül ging auf und Ägypten lehnte, wie erwartet, ab. Darauf griffen Großbritannien und Frankreich Ägypten an, während Israel binnen weniger Tage fast die gesamt Sinaihalbinsel besetzte. Diplomatischer Druck der USA und der UdSSR (die sogar eine militärische Intervention androhte) führte schließlich dazu, dass Frankreich und England, später auch Israel, ihre Truppen zurückzogen. Zum letzten Mal hatten Briten und Franzosen ihre Rolle als Hegemonialmächte gespielt, hatten versucht, ihre Interessen durch eine Militärintervention durchzusetzen. Es war dabei nicht nur darum gegangen, den Suezkanal für Europa zu sichern und Besitzansprüche geltend zu machen, sondern um übergeordnete strategische Ziele. Was Israel, Großbritannien und Frankreich in dieser Lage verband, war der gemeinsame Wunsch, Nasser auszuschalten. Aus dem Suezkrieg gingen sie aber entscheidend geschwächt hervor. Die USA hatten den beiden europäischen Mächten deutlich gemacht, dass sie Alleingänge nicht zu akzeptieren bereit waren. Denn es wurde im Verlauf der Suez-Krise klar, dass das Verhalten Englands und Frankreichs den sowjetischen Einfluss im Nahen Osten stärken würde. Der israelisch-britisch-französische Angriff hatte Ägypten noch weiter in die Arme des Ostblocks getrieben (s. auch S. 189).

Israelisch-arabische Kriege (1967 und 1973) im Spannungsfeld zwischen Ost und West
Europa »entdeckt« die Palästinenser

Nur wenige Tage nachdem die letzten europäischen Truppen Ägypten verlassen hatten, kündigte Nasser am 1. Januar 1957 das Abkommen vom 19. Oktober 1954 mit England über eine Militärbasis am Suezkanal. Jetzt war der Suezkanal vollkommen in ägyptischer Hand und ausschließlich unter ägyptischer Kontrolle. Die Vereinigten Staaten sahen jetzt die Notwendigkeit, ihre Zurückhaltung in Nahost aufzugeben, um dem zunehmenden sowjetischen Einfluss entgegenzuwirken. Die »Eisenhower-Doktrin« sah eine Unterstützung aller Staaten im Orient vor, die sich von sowjetischer Expansion bedroht fühlten. Der Bagdad Pakt war in diesem Zusammenhang ein – wenn auch wenig erfolgreicher – Versuch, Verbündete des Westens aneinander zu binden. Die Staaten Westeuropas hatten dabei durchaus ihre Rolle – jedoch nur als Juniorpartner und oft hinter den Kulissen. Ihre Hauptrolle hatten sie im Nahen Osten endgültig ausgespielt.

Die Palästinenser – dies fällt rückblickend auf – kamen in dieser Entwicklung so gut wie gar nicht vor. In Europa wurde die israelisch-arabische Problematik als eine Auseinandersetzung und ein Interessenkonflikt zwischen Israel und seinen arabischen Nachbarstaaten wahrgenommen. Die »Palästinenserfrage« wurde reduziert auf eine Flüchtlingsproblematik. Die Palästinenser formierten sich erst in den 60er Jahren als eigenständige politische Kraft und gelangten nach und nach in das Bewusstsein der Weltöffentlichkeit. 1964 wurde die PLO gegründet (nachdem bereits 1957 die »Fatah« in Kuwait durch einige palästinensische Studenten ins Leben gerufen worden war) und begann noch im gleichen Jahr Aktionen gegen Israel. In den Sechzigerjahren erfolgte der palästinensische »Durchbruch«, rückten die Palästinenser – nicht zuletzt durch aufsehenerregende Terrorakte – in den Mittelpunkt der Aufmerksamkeit der Weltöffentlichkeit. Auch in Europa wurde man in diesen Jahren auf Palästina aufmerksam, erkannte, dass man Konfliktlösungen nicht nur für die arabischen Staaten und Israel sowie Regelungen für einige Hunderttausende palästinensische Flüchtlinge finden musste, sondern dass es galt, eine politische Lösung für ‚das palästinensische Volk' zu erarbeiten.

Ein neuer Markstein in der Entwicklung des Nahostkonflikts war der israelisch-arabische Krieg von 1967, als Israel, nachdem Nasser für Israel den Zugang zum Roten Meer/Indischen Ozean gesperrt hatte, einen militärischen Präventivschlag gegen Ägypten, Syrien und Jordanien führte. Auf israelischer Seite kamen dabei größtenteils französische Waffen zum Einsatz, der Krieg bedeutete aber auch den Anfangspunkt einer europäischen Hinwendung zu den Palästinensern und des Niedergangs des Nasserismus, letztlich damit auch den Niedergang des Einflusses der UdSSR im Orient. Die USA beginnen sich stärker zu engagieren und werden zum Protagonisten in Nahost. Der »arabische Sozialismus« Ägyptens und dessen Einfluss auf andere arabische Länder, die antiwestliche Stimmung in vielen Ländern der arabischen Welt hatten die Sowjetunion und ihren Einfluss auf die Araber gestärkt. Dies war ein Anreiz für die USA geworden, ein Gegengewicht aufzubauen. Schon seit 1962 lieferten sie Waffen an Israel, übernahmen nach und nach die Rolle des

wichtigsten Alliierten des jüdischen Staates. Frankreich hatte 1962 bei der Unabhängigkeit Algeriens einen Tiefpunkt seiner Rolle im arabischen Raum erreicht,
befand sich im Gegensatz zu fast allen arabischen Staaten und war als wichtigster
Waffenlieferant Israels praktisch automatisch Feind der Araber. Präsident de Gaulle
nahm den Krieg von 1967 zum Anlass für ein völliges Revirement, wandte sich
plötzlich den Palästinensern zu und übernahm so eine Pionierrolle unter den westeuropäischen Staaten. Mit der arabischen Niederlage im Juni 1967 war deutlich
geworden, dass auch die »linken« arabischen Regime nicht in der Lage waren, arabische Interessen wirksam zu vertreten und dass die enge Zusammenarbeit mit der
Sowjetunion nicht die erhofften Früchte gebracht hatte. Die Wende in Ägypten
kam mit dem plötzlichen und unerwarteten Tod Nassers 1970, dessen Stern zwar
seit dem Junikrieg im Sinken war, für dessen charismatische Führungsrolle es aber
noch keinen Ersatz in der arabischen Welt gab. Nassers Nachfolger Sadat verfolgte
eine völlig neue Politik, orientierte sein Land von Grund auf um: Abkehr vom »arabischen Sozialismus«, damit auch vom langjährigen Bündnis mit der UdSSR; Lo-
ckerung gegenüber islamistischen Kreisen als Gegengewicht gegen »linke« Kräfte,
Hinwendung zum Westen. Gleichzeitig wurde die Politik Kairos mehr »ägyptisch«
als »panarabisch«; die palästinensische Sache stand nicht mehr im Vordergrund –
eine derartige Tendenz hatte sich bereits in Nassers Spätzeit abgezeichnet. Dazu
kam, dass der Krieg von 1967, in dem weitere arabische Gebiete (Westjordanland
und Ostjerusalem, die Golanhöhen, der Gazastreifen und der Sinai) unter israelische
Kontrolle gekommen waren, neue palästinensische Flüchtlingsströme ausgelöst und
damit das Palästinenserproblem drastisch verschärft hatte. Auch hatte Israel durch
die Okkupation beträchtlicher arabischer Territorien seine Sicherheitslage stark
verbessert – niemand brauchte sich mehr bezüglich des Überlebens des jüdischen
Staates ernsthafte Sorgen zu machen. In dieser Lage sahen die Palästinenser, dass
sie ihre Sache in die eigene Hand nehmen und ihre Positionen und Forderungen
selbst artikulieren mussten – diese Lage führte aber gleichzeitig dazu, dass auch die
internationale Gemeinschaft eher als zuvor mental bereit war, das »Palästinenserproblem« als solches wahrzunehmen. Die »1968-er Bewegung« der europäischen
Linken »entdeckte« die palästinensische Sache, zumal die Palästinenser sich in ihrer
Dogmatik auf Frantz Fanon, Mao Tse-Tung und Che Guevara beriefen. Spektakuläre palästinensische Terrorakte – deren Höhepunkt der Anschlag auf israelische
Sportler bei den Olympischen Spielen in München 1972 darstellte – rüttelten die
Weltöffentlichkeit wach. Hier gab es nicht nur einen Konflikt zwischen Israel und
seinen arabischen Nachbarn, nicht nur ein Flüchtlingsproblem – eine Nation such-
te nach einer Überlebensform.

Im Zuge der sich verändernden Konstellationen im Nahen Osten bahnte sich
der nächste und – bislang – letzte arabisch-israelische Krieg an. Ägypten benötigte
einen – wenn auch relativen und begrenzten – Erfolg, um ein neues Kapitel in den
Beziehungen zu Israel aufschlagen zu können. In der Tat begann der Yom-Kippur
oder Ramadan-Krieg 1973 mit einem syrisch-ägyptischen Überraschungsangriff
auf Israel. Nach arabischen Anfangserfolgen wendete sich zwar das Blatt zugunsten Israels, aber die arabische Seite empfand ihren Vorstoß tief in bisher israelisch
besetztes Territorium als Achtungserfolg. Der ägyptische Präsident Sadat sah sich
nun in der Lage, einen Prozess des Ausgleichs mit dem bisherigen »Feind« in An-

griff zu nehmen. Ägypten orientierte sich völlig um: Die Abkehr Ägyptens von
der Sowjetunion führte zu einer Annäherung an die USA. Die Entschiedenheit
des ägyptischen Präsidenten, sich mit Israel zu arrangieren, führte zu einer »nationalägyptischen« Politik. Nicht mehr die Interessen der Palästinenser, sondern ein
ägyptisch-israelischer Frieden stand im Mittelpunkt. Dies hielt die ägyptische Führung nur für möglich im Einvernehmen mit den USA. Für die sowjetische Position war das ein schwerer Schlag. Seither hat die UdSSR keine Hauptrolle mehr
in Nahost gespielt. Sadats Reise nach Jerusalem und seine Rede vor der Knesset
sowie das Abkommen von Camp David vom 17. September 1978 führten zu einer
Polarisierung:Während vor allem auf arabischer Seite – auch im eigenen Land – der
Alleingang und der Separat-Frieden zwischen Ägypten und Israel als Verrat an der
arabischen Sache und vor allem an den Palästinensern gebrandmarkt wurde, neigte
der Westen dazu, Sadat als Friedenshelden zu feiern, der erstmals Tabus gebrochen
und eine Friedensinitiative in Gang gesetzt hatte. Verhandlungslösungen zwischen
Israelis und Arabern, das war seit Camp David offensichtlich, waren nicht nur theoretisch möglich.

Die EG gewinnt an Profil in der arabischen Welt

Die Europäische Gemeinschaft bemühte sich seit den Siebzigerjahren darum, politisch einheitlicher aufzutreten. Dies wirkte sich auch besonders auf die europäische
Nahostpolitik aus, die es bis dahin als solche eigentlich nicht gegeben hatte: Jedes
europäische Land war mehr oder weniger seine eigenen Wege in Nahost gegangen.
Auch vereint und als EG konnten die Europäer zwar keine entscheidende Rolle
im Nahen Osten mehr spielen. Doch immer wieder kamen aus Europa – nicht
nur aus der EG – Impulse, durch welche die Entwicklung im Nahen Osten beeinflusst wurde. Mit der Erklärung von Venedig am 13. Juni 1980 schrieb die Europäische Gemeinschaft Geschichte: Sie forderte ein Selbstbestimmungsrecht für das
palästinensische Volk und betonte die Notwendigkeit einer Beteiligung der PLO
am Nahost-Friedensprozess. Israel wurde aufgefordert, die 1967 okkupierten arabischen Gebiete wieder zu räumen; die Errichtung von jüdischen Siedlungen in
den besetzten Gebieten wurden als dem Völkerrecht widersprechend kritisiert. Dies
war völlig neu. Trotz – oder gerade wegen? – des palästinensischen Terrors hatte
die Europäische Gemeinschaft den »palästinensischen« Aspekt des Nahostproblems
erkannt und ihm Rechnung getragen. Auch wenn von allen Seiten Kritik aufkam –
von sowjetischer, arabischer und vor allem natürlich von israelischer Seite – die Erklärung von Venedig war historisch wichtig, da im Westen erstmals die palästinensische Identität offiziell anerkannt und palästinensische Rechte explizit auf dieser
Ebene eingefordert wurden. Lange vor den USA und Israel begriff Europa, dass die
Palästinenser nicht auf Dauer ausgegrenzt werden konnten, dass der Nahostkonflikt
nicht primär stattfand zwischen Israel und seinen Nachbarn, sondern zwischen
»Israel« und »Palästina«, die geographisch weitgehend deckungsgleich waren. Der
Weg war geebnet für eine weitere konstruktive Rolle der EG (später der EU) im
israelisch-arabischen Konflikt.

»Oslo« und noch immer keine Lösung

Auch auf arabischer Seite fanden Bewusstseinsveränderungen und Konzessionen an die Realität statt. Längst waren die Zeiten vorbei, in denen erklärtes Ziel der Araber die Vernichtung des Staates Israel gewesen war. Die Existenz eines Staates Israel wurde im Prinzip durch die arabischen Staaten und die Mehrheit der Palästinenser akzeptiert. Doch Ägypten war als erstes Land der arabischen Welt so weit gegangen, in vertragliche Beziehungen zu Israel zu treten und Frieden mit dem früheren Feind zu schließen. Später folgte Jordanien. Und auch Israel, das stets jede Art von Kontakten zur PLO abgelehnt hatte, fand sich zu Direktverhandlungen mit den Palästinensern bereit. Diesen spektakulären Durchbruch hat Europa zustande gebracht. Norwegische Bemühungen führten dazu, dass es zu Geheimverhandlungen zwischen Israel und den Palästinensern kam. Der hieraus entstehende Prozess, der auch zu greifbaren Ergebnissen führte, ist unter dem Namen der norwegischen Hauptstadt »Oslo« in die Geschichte eingegangen. »Oslo« war ein wirklicher Durchbruch, ein historischer Kompromiss und ist Grundlage für alle weiteren Fortschritte im israelisch-palästinensischen Verhältnis geblieben.

Zwar war es auf der Konferenz von Madrid 1991, die zwar in Europa stattfand, aber von den USA initiiert worden war, schon gelungen, praktisch alle am Nahostkonflikt beteiligten Seiten an einen Tisch zu bringen. Aber damals waren – so lautete eine Bedingung Israels – auf palästinensischer Seite keine PLO-Vertreter oder solche Repräsentanten, die mit der PLO in offizieller Verbindung standen, beteiligt. Somit fehlte die wichtigste palästinensische Organisation, die inoffizielle »Regierung« der Palästinenser. Dass eine solche Konferenz, an der die Hauptkontrahenten des Nahostkonflikts beteiligt waren, überhaupt zustande kam, musste aufgrund der vor Madrid verfahrenen Situation und angesichts der bis dahin verhärteten Fronten als Erfolg gelten. Dabei muss man auch bedenken, dass bis dahin Beziehungen zwischen Israel und der PLO in Israel unter Strafe standen. Erst, als die israelische Delegation bereits unterwegs war, wurde in Israel das einschlägige Gesetz geändert.

»Oslo« bedeutete, dass die PLO Israel als Staat und dass Israel die PLO als Verhandlungspartner und offizielle Vertreterin des palästinensischen Volkes anerkannten. Beide Seiten erklärten sich bereit, sich auf einen Friedensprozess einzulassen, der zu einer endgültigen Regelung führen sollte. Zu einer solchen ist es aber bisher nicht gekommen. Jedoch die gegenseitige Anerkennung der PLO durch Israel und Israels durch die PLO stellen einen Durchbruch dar und haben Voraussetzungen geschaffen für alle künftigen Verhandlungen. Spektakuläre Erfolge auf der nahöstlichen Bühne blieben Europa seither versagt, aber Europa spielt weiterhin seine Rolle im Nahostkonflikt: Bis heute gilt, dass die palästinensische Autonomiebehörde und damit die – wenn auch begrenzte – palästinensische Eigenständigkeit nur aufgrund europäischer Unterstützung Bestand hat. Europa hat auch wesentlich dazu beigetragen, moderate palästinensische Kräfte zu fördern und wird so auch in Zukunft auf die Fortentwicklung palästinensischer Eigenstaatlichkeit entscheidenden Einfluss ausüben. Eine endgültige Lösung des Nahostkonflikts wurde bisher nicht erreicht, da es keine übergeordnete Schiedsinstanz mit Äquidistanz zu beiden Seiten gibt: die USA waren und sind nicht bereit, Europa nicht einflussreich

genug, diese Rolle zu übernehmen. Russland, bis in die 70er Jahre des 20. Jahrhunderts wichtigste europäische Macht in der arabischen Welt, hat seine Rolle im
Nahen Osten mit dem Ende des Ost-West-Konflikts weitgehend verloren – daran
ändern auch die wiederholten russischen Versuche nichts, hier wieder Signale zu
setzen. Sowohl die EU als auch Russland sind Mitglieder des Nahostquartetts, das
im 21. Jahrhundert anhand einer »roadmap« den Weg zu einer Konfliktlösung in
Nahost finden sollte, die aber weiterhin nicht in Sicht ist.

Deutschland zwischen Juden und Arabern

Weniger die Tatsache, dass dieses Buch in deutschem Umfeld entstanden und zunächst
für ein deutsches Publikum bestimmt ist, rechtfertigt dieses Kapitel als vielmehr die
Besonderheit des deutsch-jüdisch-arabischen Spannungsfeldes. Deutschland hatte
als einziger unter den größeren europäischen Staaten keine Kolonialvergangenheit
in der arabischen Welt und genoss deshalb unter Arabern eine natürliche Sympathie.
England und Frankreich vor allem, aber auch Italien und Spanien waren in arabischen Augen diskreditiert. Russland hatte seit jeher das Image eines Feindes der
islamischen Welt und arbeitete erst nach dem Zweiten Weltkrieg zweitweise erfolgreich an seiner Rolle als Verbündeter der Araber bei ihrem Befreiungskampf. Die
Annäherung zwischen den Nationalsozialisten und dem Großmufti von Jerusalem,
Amin al-Husaini (1895-1974) war deshalb nicht völlig überraschend, als die arabische Bevölkerung Palästinas sah, dass ihr Land mit britischer Unterstützung oder
Duldung zu einem jüdischen Staat werden würde. Letztlich waren Kooperations-
versuche zwischen Nationalsozialisten und Arabern eher vordergründig-taktischer
Natur, denn einerseits war die Rassenpolitik der Nazis in letzter Konsequenz auch
gegen die Araber gerichtet (von denen auch eine noch nicht endgültige erforschte
Anzahl durch die Nationalsozialisten diskriminiert, verfolgt und in Konzentrations-
lager gebracht wurde); andererseits war gerade die kompromisslose Judenverfolgung
in Europa der stärkste Antrieb, die intensivste Motivation, einen jüdischen Staat in
Palästina zu errichten.

Auf tragische Weise wurde Herzls Aussage wahr: »Die Kraft, die wir brauchen,
wird uns vom Antisemitismus geliefert.« Viele Juden kamen als Flüchtlinge aus
dem nationalsozialistisch beherrschten Europa nach Palästina – waren also weniger überzeugte Zionisten als vielmehr bemüht, ihr Leben durch Auswanderung
aus Deutschland zu retten. Diese Entwicklung war wiederum angetan, die Araber gegen Deutschland aufzubringen: Der deutsche Konsul in Jerusalem berichtete
1938 über einen einschlägigen Artikel in einer lokalen (arabischen) Zeitung, der
die deutsche Freundschaft zu den Arabern deshalb mit Fragezeichen versah. Nachweislich hat Hitler sich für die Förderung jüdischer Auswanderung nach Palästina
ausgesprochen. Doch die Zusammenarbeit zwischen palästinensischen Arabern und
dem Nationalsozialismus ist historisches Faktum – negative Symbolfigur war dabei
der erwähnte Großmufti von Jerusalem. Seine Annäherungsversuche wurden zunächst von nationalsozialistischer Seite zurückgewiesen – hoffte die Nazi-Führung
in den 30er Jahren doch immer noch auf eine Zusammenarbeit mit den Briten,

außerdem betrachtete man natürlich auch die Araber als »minderwertig«. Während des Aufstands Mitte der 30er Jahre verweigerte Deutschland den Palästinensern erbetene Waffenlieferungen. Nach Ausbruch des Zweiten Weltkriegs versuchte der Mufti, ein Bündnis »der Araber« mit Deutschland zustande zu bringen, ein entsprechender Briefwechsel mit deutschen Stellen blieb aber ergebnislos. Der Mufti begab sich in den Irak, als dort ein achsenfreundliches Regime an die Macht kam – auch dieses erhielt eher symbolische Unterstützung durch Deutschland. Als es stürzte, kam der Mufti nach Berlin und hoffte sich den Deutschen als künftiger Führer der arabischen Nation andienen zu können – wobei er im nationalsozialistischen Deutschen Reich mehr und mehr in den Bannkreis der Nazi-Ideologie geriet und den Bezug zur Realität verlor. Deutschland instrumentalisierte ihn: So war er an Bemühungen beteiligt, eine »Arabische Legion« aufzubauen, wird in Pläne für eine Mullah-Schule sowie in die Rekrutierung von Muslimen auf dem Balkan und in der Sowjetunion verwickelt. Dabei versank Husaini immer tiefer im Morast der Nazi-Ideologie, so dass er zuletzt den Islam und den Nationalsozialismus als wesensverwandt darstellte. Bei Kriegsende begab er sich nach Ägypten, wo ihm eine Rolle in der palästinensisch-arabischen Exilexekutive zugewiesen wurde. Husaini hatte sich persönlich kompromittiert durch sein Bemühen um eine arabisch-nationalsozialistische Allianz. Dies aber der palästinensischen Nationalbewegung insgesamt anzulasten, wäre ahistorisch und böswillig. Husaini wollte sein Amt als Großmufti nutzen, um Anspruch auf politische Führerschaft zu erheben und zwar auf gesamtarabischer Ebene – dies erschien ihm am ehesten erfolgversprechend im Bund mit Nazi-Deutschland, in dessen ideologischen Sog er geriet. Die Palästinenser als solche der Nähe zum Nationalsozialismus zu bezichtigen, ist aber eine Unterstellung. Kontakte mit den Nationalsozialisten hatten auch einige Zionisten. Zwischen ihnen und deutschen Behörden wurde 1933 ein Transfer (»Haavara«)-Abkommen geschlossen, das Verfahren festlegte zur Übertragung von Vermögen jüdischer Auswanderer nach Palästina. Das Gesamtvolumen dieses Finanztransfers betrug zwischen 1933 und 1939 fast 137 Mio. RM, aus denen dann wieder deutsche Exporte nach Palästina finanziert wurden. Es war naheliegend, dass die Zionisten versuchten, die ohnehin und ohne ihr Zutun erfolgende Auswanderung von Juden aus Nazideutschland ihren Zwecken nutzbar zu machen und Menschen und Mittel nach Palästina zu bringen. So wurde die jüdische Position in Palästina gestärkt – gerade zu Zeiten des arabischen Aufstandes. Doch auf der anderen Seite war es eben die zunehmende Einwanderung deutscher Juden nach Palästina, die wesentlich zum Ausbruch des Araberaufstandes 1936 beitrug. Und unter dem Eindruck dieser Revolte beschlossen die Briten, die jüdische Immigration nach Palästina drastisch zu reduzieren – gerade zu einem Zeitpunkt Ende der 30er Jahre, als sie für die deutschen Juden zu einer Überlebensfrage zu werden begann. Als die Ausmaße der nationalsozialistischen Verfolgung und Vernichtung von Juden gegen Ende des Weltkrieges sich abzuzeichnen begannen, formulierten die Araber bei der Vorbereitungskonferenz zur Gründung der Arabischen Liga ihre Haltung zum Palästina-Problem und zur Judenvernichtung durch die Deutschen: Man verurteilte – wie alle anderen – was den Juden durch »European dictatorial states« angetan worden sei. Dies aber habe nichts mit dem Zionismus zu tun. Es könne keine größere Ungerechtigkeit geben, als die Probleme der Juden Europas zu lösen durch ein anderes Unrecht, nämlich das, welches nunmehr den arabischen Palästinensern angetan werde. Dies beschreibt treffend das arabisch-jüdische Dilemma.

Als Israel entstanden war, gehörte die neugegründete Bundesrepublik Deutschland zu seinen wichtigsten Unterstützern. Nicht nur deutsche Wiedergutmachungszahlungen, auch deutsche Waffenlieferungen flossen nach Israel. Ganz klar stellt die Bonner Regierung die Solidarität mit Israel über eine Freundschaft mit den arabischen Staaten. Dies wurde als politisch und auch psychologisch bequemer »Wiedergutmachungsmechanismus« für Deutschland gewertet. Eine entschiedene Unterstützung Israels fügte sich auch gut ein in die Integration der Bundesrepublik in die westlichen Bündnisstrukturen und bot sich an als deutscher Beitrag im Rahmen der deutsch-amerikanischen Freundschaft. Dabei bildete sich eine spezifische Sichtweise des Nahostkonflikts heraus, die einerseits auf dem traditionell provinziellen Weltbild Deutschlands beruhte (es gab auch damals hervorragende Kenner der Geschichte und Kultur der arabischen Welt in Deutschland, deren Erkenntnisse jedoch außerhalb der Fachwelt kaum beachtet wurden), andererseits die ideologische Grundlage schuf für die deutsche Haltung zu Israel: Das kleine, mutige Israel, umgeben und bedroht von »großen«, »mächtigen« arabischen Nachbarn, die von finsteren Regimen, welche im Bunde mit Moskau und seinen Vasallen standen, beherrscht wurden. Diese Perspektive war durchaus verständlich, denn Israel hatte vor 1967 eine kleinere Fläche als Hessen und erreichte längst nicht ein Drittel des Territoriums von Bayern. Seine Einwohnerzahl entsprach ungefähr der von Berlin. Und tatsächlich war es anfangs Ziel der Araber (oder eines Teils von ihnen), den Judenstaat wieder von der Landkarte zu tilgen. Andererseits aber hatte es schon früh – bereits vor der eigentlichen Gründung Israels – Kontakte zwischen den arabischen Staaten und den jüdischen (später: israelischen) Institutionen gegeben, die auch in Hinblick auf eine Koexistenz geknüpft worden waren. In Deutschland wurde kaum – noch weniger als in manch anderen Ländern Europas – wahrgenommen, dass es nicht nur ein arabisches Flüchtlingsproblem, sondern die Existenz eines palästinensischen Volks mit eigener Identität und eigenen Rechten gab. Es war darüber hinaus bequem – nicht nur, aber besonders für Deutsche – nicht konsequent zuende zu denken: Deutschland sah es als seine moralische Pflicht an, dem jüdischen Staat, dessen Notwendigkeit durch den Rassenwahn und die Vernichtungspolitik des Nationalsozialismus bewiesen war, zu helfen. Nachdem Deutschland den Juden schweres Unrecht zugefügt hatte, musste das geläuterte, »gute« Deutschland die Juden und ihr Recht nachdrücklich unterstützen. Bezeichnend für die selbstzufriedene Borniertheit Wirtschaftswunderdeutschlands war, dass man einerseits als Land, das einen Weltkrieg ausgelöst und den Tod von fast 60 Mio. Menschen verschuldet hatte, lauthals die Rückgabe der »Ostgebiete« von Polen und der Sowjetunion forderte, gleichzeitig aber für die Forderungen der Palästinenser, die völlig unverschuldet und letztlich aufgrund deutscher Verbrechen zu rechtlosen Flüchtlingen geworden waren, kein Verständnis hatte. Dass das Unrecht, das Deutsche Juden zugefügt hatten, nun dazu führte, dass den Palästinensern Unrecht geschah, sie diskriminiert und unterdrückt wurden – als mittelbare Folge der Untaten von Nazi-Deutschland, konnte und wollte man nicht sehen. Auch Westeuropa und die USA verweigerten sich dieser unbequemen Einsicht. Die »Opfer der Opfer« blendete man einfach aus. Es zeigte sich, dass man überall heilfroh war, ein jahrhundertealtes »europäisches«

Problem einem anderen Kulturkreis aufgebürdet zu haben und sich durch die Unterstützung Israels moralisch überlegen fühlen konnte. Umgekehrt hatte man im Ostblock die Option, mit Israel den westlichen Imperialismus zu verdammen und dem palästinensisch-arabischen Freiheitskampf Hilfe zu leisten, um sich damit im Nahen Osten Einfluss und Sympathie zu sichern.

Der »andere deutsche Staat«, die DDR, war hinsichtlich des Nahen Ostens mehr noch als die Bundesrepublik durch ihre Bindung im Ost-West Konflikt festgelegt. Wie die Führungsmacht des Ostens, die Sowjetunion, war auch die DDR, nachdem es in den ersten Jahren nach dem Zweiten Weltkrieg in der sowjetisch besetzten Zone Deutschlands durchaus Sympathien für die Errichtung eines jüdischen Staates in Palästina gegeben hatte, schon bald dauerhaft auf arabischer Seite. Hatte anlässlich des israelischen Unabhängigkeitskrieges die ostdeutsche Presse noch süffisant auf »alte Nazis« hingewiesen, die auf arabischer Seite als Militärberater fungierten und hatte es noch 1948 Gespräche über die Entsendung eines offiziellen israelischen Vertreters in die Ostzone gegeben – wie in den Westzonen, wo z.B. ein israelischer Konsul in München residierte, so brachten die 50er Jahre eine deutliche Annäherung Ost-Berlins an die arabischen Staaten. Dabei wurde die westdeutsche Kooperation mit Israel propagandistisch genutzt; Bonns »Alleinvertretungsanspruch« wurde unterlaufen. Die DDR verkannte dabei nicht, dass die arabischen Staaten aus dem Ost-West-Gegensatz Nutzen ziehen und die beiden deutschen Staaten gegeneinander ausspielen wollten. 1955 kam ein Wirtschaftsabkommen zwischen Ägypten und der DDR zustande, Nasser kündigte 1956 die offizielle und formelle Anerkennung der DDR an für den Fall der Aufnahme diplomatischer Beziehungen zwischen der Bundesrepublik und Israel. Mit der Suezkrise boten Israel, England und Frankreich im gleichen Jahr den Ostblockstaaten eine exzellente Gelegenheit, ihren Einfluss im Nahen Osten zu festigen und auszubauen. TASS definierte Israel in einer Erklärung vom 31. Oktober 1956 als »Werkzeug imperialistischer Kreise« und DDR-Organe verkündeten, Israel sei »missbraucht« worden vom anglo-französischen Imperialismus. DDR-Staatsratsvorsitzender Ulbricht (1893-1973) brachte den Angriff auf Ägypten und den Ungarnaufstand in einen Sinnzusammenhang – überall sei man mit den Machenschaften des Imperialismus konfrontiert. In einer Note an die arabischen Staaten sprach sich die DDR im November 1956 gegen die westdeutsche Haltung und ihre Entschädigungszahlungen an Israel aus. 1956 war das für die Beziehung zwischen der DDR und den arabischen Staaten entscheidende Jahr. Die DDR hatte eindeutig Position bezogen.

In den Sechzigerjahren kam es zu einer vorsichtigen Annäherung der DDR an die PLO – durchaus mit Vorbehalten. Aber mit der Zeit wurde das positive Palästinenserbild Gegenstück zum Negativ-Image Israels. Die DDR hat im weiteren Verlauf einen wichtigen Beitrag dazu geleistet, das Palästinenserproblem international »aufzuwerten« und aus einem »Flüchtlingsproblem« die Forderung nach dem Selbstbestimmungsrecht eines Volkes zu entwickeln. Seit 1973 setzte sich die DDR auch im UN-Rahmen für eine Anerkennung der PLO als offizielle Vertreterin der Palästinenser ein. Die Palästinenserfrage eignete sich in besonderer Weise, antiimperialistische Gesinnung zu demonstrieren und in praktische Politik umzusetzen, aber auch den Ost-West-Gegensatz hervorzuheben und zu nutzen. Anders aber als die Bundesrepublik, die seit dem Ende der Sechzigerjahre ja eine Politik der

Ausgewogenheit angestrebt hatte, blieb die DDR lange Zeit ausschließlich auf palästinensischer Seite. Noch die israelische Libanoninvasion 1982 war von offizieller DDR-Seite als »Mordfeldzug«, als Resultat der israelisch-amerikanischen Kooperation gebrandmarkt worden und noch vor der Sowjetunion erkannte die DDR im November 1982 den »Staat Palästina« völkerrechtlich an. Erst mit der »Wende« im Herbst 1989 erfolgte eine Politik der Annäherung Ostberlins an Israel. Wenige Monate vor der Wiedervereinigung erging im Juni 1990 ein Ministerratsbeschluss über die Aufnahme diplomatischer Beziehungen der DDR zu Israel. Noch wichtiger aber als die unmittelbare Solidarität mit den Palästinensern waren für die DDR gute Beziehungen zu den etablierten arabischen Staaten – auch im Zeichen des Wettbewerbs mit dem anderen deutschen Staat.

Längst hatte sich gezeigt, dass auch die Bundesrepublik in der Nahostpolitik den Ost-West-Gegensatz berücksichtigen und mit der DDR rechnen musste. Als 1964 bekannt wurde, dass die Bundesrepublik Deutschland Waffen an Israel lieferte, wendeten sich die Araber der DDR zu: Ein Besuch des Staatsratsvorsitzenden Walter Ulbricht in Ägypten erfuhr eine Aufwertung zum Staatsbesuch. Dies wirkte wie eine Anerkennung der DDR. Darauf kam es im März 1965 zur Aufnahme diplomatischer Beziehungen zwischen Israel und der Bundesrepublik. Nun brachen die meisten arabischen Staaten die diplomatischen Beziehungen zur Bundesrepublik Deutschland ab (nur Libyen, Marokko und Tunesien beteiligten sich nicht an diesem Schritt). Damit hatten die Araber die Hallstein-Doktrin ad absurdum geführt: Diese hatte vorgesehen, dass die Bundesrepublik mit jedem Staat, der die DDR anerkannte, die Beziehungen abbrechen würde. Jetzt waren es die arabischen Staaten, die in die Offensive gingen und quasi kollektiv die Beziehungen zur Bundesrepublik abbrachen. Bonns Nahostpolitik stand unter verschiedenen Zwängen: Einerseits war die deutsche Schuld gegenüber Juden und die damit vorgegebene positive Haltung gegenüber Israel eine Determinante, eine weitere war die Befangenheit im Ost-West-Gegensatz und die Rivalität mit der DDR. Dabei war die Allianz mit den USA ein wichtiger Faktor, der Bonns Politik im Nahost-Konflikt mitbestimmte.

Infolge des 6-Tage-Krieges aber setzte seit 1967 ein grundlegender Wandel ein. Hatte die Bundesrepublik in diesem Krieg noch eine bedingungslos pro-israelische Position bezogen, waren die Folgen des Krieges geeignet, einer differenzierteren deutschen Haltung den Boden zu bereiten. Der Ausgang des Krieges hatte die entscheidende israelische Übermacht deutlich gemacht, die Armeen der arabischen Nachbarn Israels waren stark geschwächt und das Territorium, das Israel jetzt kontrollierte, ließ seine Existenz als nicht mehr unmittelbar bedroht erscheinen. In den Jahren nach dem Krieg von 1967, als die Palästinenser stärker ins Licht der öffentlichen Aufmerksamkeit gerieten, weil sie ihre Sache in die eigene Hand nahmen und wieder Flüchtlingsströme sich aus Israel in die Nachbarländer ergossen, wurde man auch in der Bundesrepublik auf die Existenz eines palästinensischen Volkes mit eigener nationaler Identität aufmerksam. Der palästinensische Terror, der damals weltweit Aufsehen zu erregen begann und auch Ziele in Deutschland sowie deutsche Flugzeuge ins Visier nahm, brachte den Palästinensern nicht unbedingt Sympathien ein (außer in linksradikalen Kreisen), machte aber den Deutschen bewusst, dass sie das Nahostproblem zu einseitig betrachtet hatten.

Der Terror der palästinensischen Organisationen, dieser Einsicht konnte man sich auch in Deutschland nicht verschließen, musste Ausdruck tiefer Verzweiflung und des Gefühls der Ausweglosigkeit sein. Durch die Ölkrise von 1973 sah man in Deutschland auch klar die wirtschaftliche Abhängigkeit von den arabischen Staaten und damit die Notwendigkeit einer weniger einseitigen Haltung. Im Rahmen der Europäischen Politischen Zusammenarbeit war die Bundesrepublik in den gemeinsamen Prozess einer sich schärfenden politischen Wahrnehmung des Palästinenserproblems eingebunden, der sich in politischen Erklärungen niederschlug (deren wichtigste – wie bereits oben erwähnt, s. S. 176 – diejenige von 1980 war), welche sich um mehr Ausgewogenheit bemühten und die Rechte der Palästinenser berücksichtigten.

Auch der wachsende zeitliche Abstand zur Nazizeit erleichterte es der Regierung in Bonn ebenso wie der westdeutschen Öffentlichkeit, die Beziehungen zu Israel weniger als etwas »Besonderes« zu sehen, sie vielmehr als »normal« zu betrachten – was den »Sonderstatus« Israels in der deutschen Politik und in den Medien abbaute. »Ausgewogenheit« lautete die neue Formel.

Auch wenn die erwähnte Einbindung deutscher Nahostpolitik in die immer klarere Konturen gewinnende und immer mehr in den Vordergrund tretende gemeinsame EU-Politik im Nahen Osten es auch Deutschland erleichterte, die palästinensischen Rechte anzuerkennen und einzufordern – Israel machte Deutschland für diese Verschiebung zugunsten der arabischen Seite, wie es aus israelischer Sicht wirken musste, verantwortlich. Deutschland, so der israelische Ministerpräsident Begin (1913-1992) anlässlich der historischen EU-Erklärung von Venedig (1980), hätte diese Erklärung verhindern können, wenn es dies gewollt hätte. Gerade Deutschland, so Begin, hatte nicht das Recht, die internationale Anerkennung einer »Mörderorganisation« zu fordern angesichts eines Staates, in dem die Überlebenden des Nazi-Holocaust versammelt waren. Deutsche Politiker versteckten sich jedoch nicht hinter der EU, sondern artikulierten ihre Haltung nachdrücklich. So betonte der sozialdemokratische Bundeskanzler Helmut Schmidt 1978 das Recht der Palästinenser, sich staatlich zu organisieren. Israel übte scharfe Kritik an solchen Forderungen, insbesondere da sie von deutscher Seite kamen. Doch Bundeskanzler Schmidt setzte weiter deutlich Akzente: Man dürfe nicht die Palästinenser pauschal als Terroristen abqualifizieren, sondern man müsse differenzieren – sonst treibe man die PLO in die Arme Moskaus (1981); solche Äußerungen waren geeignet, gemäßigte Kreise unter den Palästinensern zu stärken; denn damals war es noch durchaus nicht palästinensischer Konsens, das Existenzrecht Israels anzuerkennen.

Weiter sah Schmidt es als Tragödie an, dass man endlich einen jüdischen Staat geschaffen habe, es aber nicht möglich sei, diesen Staat im Einvernehmen mit den Nachbarvölkern zu konsolidieren. Wenn Israel insbesondere Deutschland das Recht absprach, sich für die Rechte der Palästinenser einzusetzen, konterte der Bundeskanzler, gerade ein Volk mit der historischen Erfahrung der Deutschen sei moralisch verpflichtet, auch die Rechte der Palästinenser zu sehen und anzuerkennen. Die westdeutsche Haltung zur israelisch-arabischen Konfrontation hatte sich in 30 Jahren fundamental gewandelt. Von der bedingungslosen Unterstützung Israels bei gleichzeitigem Ignorieren arabischer Positionen und praktisch völliger Ausblendung der Palästinenser gelangte man in Bonn zu einem Bemühen um eine

ausgeglichene Haltung, die Israels Belange ebenso berücksichtigte wie die der Palästinenser. Auch wenn dies in der deutschen Öffentlichkeit nur selten offen diskutiert wird – implizit und stillschweigend wird heute anerkannt, dass das Unrecht an
den Juden zu Unrecht an den Palästinensern geworden ist, dass also die Deutschen
nicht nur eine moralische Verpflichtung gegenüber den Juden und gegenüber Israel
sondern auch gegenüber den Palästinensern haben. Im 21. Jahrhundert hat sich die
deutsche Nahostpolitik weitgehend »freigeschwommen«. Die Bundesregierung hat
keine Probleme mehr damit, auch israelische Aktionen zu kritisieren – wie etwas
im März 2008 den Bau weiterer jüdischer Siedlungen im Westjordanland, durch
den die gemäßigte palästinensische Führung geschwächt und Hamas gestärkt wird.
Gleichzeitig lässt aber die Berliner Regierung keinen Zweifel daran, dass sie zur
besonderen historischen Verantwortung gegenüber Israel steht – wie anlässlich eines Besuches von Bundeskanzlerin Merkel in Israel im März 2008 nachdrücklich
betont wurde.

Elftes Kapitel
Die Araber auf dem Weg in die Moderne zwischen Kooperation und Konfrontation mit Europa

Nie waren die Araber und Europa so eng miteinander verflochten wie im 20. und 21. Jahrhundert. Die großen Themenkreise der arabischen Zeitgeschichte sind in der einen oder anderen Form Teil des Beziehungsgeflechts, welches Europäer und Araber verbindet. Die Suche nach der eigenen Identität – vom arabischen Sozialismus bis zum islamischen Fundamentalismus, die Erdölproblematik, der palästinensisch-israelische Konflikt, der »Zusammenstoß der Kulturen« mit seinen Gegenpolen »interkultureller Dialog« und »Terrorismus« – all dies ist nur im arabisch-europäischen Kontext, im Zusammenhang der Beziehungen zwischen Europa und der arabischen Welt verständlich.

Europäer und Araber sind im vergangenen Jahrhundert mehr und mehr Akteure auf einer gemeinsamen Bühne geworden. Die arabische Welt und Europa bilden mehr denn je *eine* Region, die durch interne Antagonismen und Spannungen, durch kausale Verknüpfungen, historische Zusammenhänge, vielfältige gegenseitige Abhängigkeiten und gemeinsame Interessen gebildet wird. Andererseits hat sich das Gewicht Europas im Vergleich dennoch vermindert. Nach dem Ersten Weltkrieg trat als neuer Akteur eine Macht in Erscheinung, die in der Zweiten Hälfte des 20. Jahrhunderts eine dominierende Stellung erlangte und sie bis heute ausbauen konnte: die USA. Nach dem Zweiten Weltkrieg geriet auch der Nahe Osten ins Spannungsfeld der bipolaren Weltordnung, wurden die Probleme und Gegensätze der Region Teil des Ost-West-Konflikts, dessen Protagonisten – die UdSSR und die USA – dadurch eine immer wichtigere Rolle in der arabischen Welt spielen konnten. Heute sind die USA alleine diejenige Macht, die entscheidenden Einfluss in der arabischen Welt ausüben kann.

Das Ende des europäischen Kolonialismus und die postkoloniale Phase

Gegen Ende des Zweiten Weltkriegs und den Jahren danach erlangten alle Regionen der arabischen Welt ihre Unabhängigkeit von den europäischen Kolonial- oder Mandatsmächten; einige Teile der arabischen Welt waren nie unter europäische Herrschaft geraten, wie der (Nord)Jemen oder Saudi-Arabien, andere erlangten die Selbstständigkeit erst spät, wie Algerien (1962) oder die kleineren Fürstentümer am Persischen Golf (1970/71). Den meisten modernen arabischen Staaten war gemeinsam, dass sie – in den Grenzen und in der Gestalt, in der sie die Unabhängigkeit erlangten – Ergebnisse des europäischen Kolonialismus waren. Europa hatte die Region vom Persischen Golf bis an den Atlantik aufgeteilt, die europäischen Mächte – vor allem England und Frankreich – hatten die Grenzen gezogen und durch Absteckung ihrer Einfluss-Sphären die Bildung von Staaten vorgeprägt oder in die Wege geleitet. Doch die Idee einer politisch geeinten arabischen Nation hatte um die Mitte des 20. Jahrhunderts, als durch europäische Intervention die arabische Welt in unterschiedliche Staaten aufgesplittert war und der jüdische Staat in Palästina gegründet und zum arabischen Trauma wurde, eine besondere Faszination. Die Lösung vieler Probleme versprach man sich in einer Überwindung der Fragmentierung der arabischen Welt. Ein stärker werdendes Zusammengehörigkeitsgefühl verband die Regionen arabischer Sprache vom Atlantik bis zum Persischen Golf, das seinen politischen Ausdruck in der Gründung der Arabischen Liga 1945 fand, die unter ägyptischer Ägide stand. Der Zweite Weltkrieg hatte starke sozio-ökonomische Auswirkungen auf die arabische Welt gehabt. Der Mittelmeerraum war für die Handelsschifffahrt gesperrt worden, die Alliierten übernahmen die Kontrolle über viele Wirtschaftsbereiche: Es kam zu Requirierungen und zu Rationierungen, in Ägypten führten die Zwänge der Kriegswirtschaft zu einem Strukturwandel: Das Gegenteil der Entwicklung des Jahrhundertbeginns trat ein: Die Baumwollproduktion wurde zugunsten des Getreideanbaus reduziert. Der Kriegsbedarf führte zu einem starken Anstieg der industriellen Produktion in Ägypten, die von 1938 bis 1947 um über 50% wuchs. Doch aufgrund hoher Inflation und hohen Bevölkerungswachstums verbesserte sich die wirtschaftliche Lage des größten Teils der Bevölkerung nicht, im Gegenteil – die Kluft zwischen arm und reich wurde größer.

Wirtschaftliche Probleme, unerfüllte nationale Bestrebungen und eine gewisse Orientierungslosigkeit in den noch ungefestigten jungen Staaten ohne konsolidierte Identität schufen eine Stimmung, in welcher der arabische Misserfolg im israelisch-arabischen Krieg, der um die Gründung des jüdischen Staates 1947 geführt wurde, eine katalysatorische Wirkung hatte. Das Unvermögen der arabischen Regime, arabische Interessen wirksam zu vertreten und die Gründung eines Staates auf arabischer Erde, der als imperialistischer Fremdkörper wirken musste, zu verhindern, wirkte wie ein Schock und destabilisierte die Regierungen der arabischen Staaten. Es war, so die allgemeine Meinung, Zeit für einen Aufbruch der arabischen Nation. Zuerst musste sich in den arabischen Ländern selbst etwas grundlegend ändern, bevor man wirksam arabische Rechte und Positionen nach außen vertreten und durchsetzen konnte. Es kam zu Militärputschen in Syrien (1949) und Ägypten (1952) im Zeichen neuer sozialrevolutionärer Ideologien. Aus den unterschiedlichen Ansätzen, die seit der zweiten Hälfte des 19. Jahrhunderts aus der Identitätskrise der arabischen Welt entstanden waren, haben sich zwei Richtungen herauskristallisiert, die sich in den Kernländern der arabischen Welt durchsetzten und ihre Entwicklung jahrzehntelang bestimmten. Auf der einen Seite entwickelte der syrische Christ Michel Aflak die ideologische Grundlage der Baath(=Wiedergeburt) – Bewegung, die sowohl in Syrien als auch im Irak später zur Staatspartei wurde. Die zwei Grundpfeiler der Baath-Ideologie waren Sozialismus und arabische Einheit. Wäre nicht das Bekenntnis zum Islam als einer Art »Leitkultur« des arabischen Raums gewesen, das allerdings später eher in den Hintergrund trat zugunsten des Einheitsgedankens, hätte es sich um eine politische Konzeption gehandelt, die praktisch ausschließlich aus europäischen Komponenten – Nationalismus und Sozialismus – bestand. Unmittelbarer und wirksamer jedoch als die Baath-Bewegung kam der »arabische Sozialismus«, nach dem Protagonisten Dschamal Abd an-Nasir (Nasser) auch »Nasserismus« genannt, zum Tragen – wenn sich die Baath-Bewegung im Irak und in Syrien auch als langlebiger erwies. Nasser gehörte zum Komitee der »Freien Offiziere«, die 1952 den unfähigen ägyptischen König Faruk gestürzt hatten. Er war in kurzer Zeit zur Leitfigur der Revolution aufgestiegen und übernahm 1954 die Führung in Ägypten. Damit leitete er die »ägyptische Phase« der arabischen Politik ein. Nassers Ideologie des »arabischen Sozialismus«, die Grundlage einer Umgestaltung Ägyptens im Inneren wurde, aber auch die ägyptische Außenpolitik neu orientierte und dynamisierte, war weniger programmatisch-philosophisch als die Baath-Lehre, sondern vielmehr pragmatisch-empirisch. Im Wesentlichen bestand der ‚arabische Sozialismus‘ auch aus europäischen Bestandteilen – Nationalismus und Sozialismus. Doch wesentlich für seinen Erfolg war nicht seine Originalität, sondern dass zum rechten Zeitpunkt Forderungen, die dem Geist der Zeit und den Empfindungen der Mehrheit entsprachen, mit Emphase zur Geltung gebracht wurden. Erfahrungen als Offizier im Nahen Osten Mitte des 20. Jahrhunderts – und vor allem im Krieg gegen Israel – hatten Nassers Weltbild und politische Überzeugungen geprägt. Eine große Anziehungskraft auf die gesamte arabische Welt übte Nassers offensiver arabischer Nationalismus aus, der auch seine Haltung gegenüber den in der Region und in Ägypten präsenten Mächte bestimmte:

Mit Großbritannien wurde ein Abkommen ausgehandelt, das einen Truppenabzug bis 1954 vorsah. Im Zuge seiner Abgrenzung gegenüber den Großmächten wurde Ägypten unter Nasser – mit Indonesien und Jugoslawien – Mitbegründer der Blockfreienbewegung. Im Rahmen einer internationalen Initiative sollte der Einfluss der Großmächte eingedämmt werden. Die beteiligten Staaten wollten in einer sich zunehmend im Kontext des Ost-West-Konflikts polarisierenden Welt ihren eigenen, unabhängigen Weg suchen.

Die Araber im Ost-West-Konflikt

Dennoch verkannte auch Nasser die Chancen nicht, welche die Blockbildung in »Ost« und »West« gerade für die arabische Welt und besonders Ägypten bot. Es war naheliegend, zwischen den Blöcken zu lavieren und die Konkurrenz zwischen der UdSSR und den USA zu nutzen zur Mobilisierung von politischer Unterstützung, Wirtschaftshilfe und Waffenlieferungen. Sein Bekenntnis zu »Blockfreiheit« hinderte Nasser nicht, vom Ost-West-Gegensatz zu profitieren. Die USA und ihre Verbündeten befürchteten einen wachsenden Einfluss der UdSSR in der arabischen Welt, wo der Ostblock sich damals mit anti-imperialistischen Emanzipationsforderungen profilierte und sich all jenen andiente, die sich von der Bevormundung früherer Kolonialmächte befreien wollten. Die UdSSR und ihre Verbündeten waren neue Hauptdarsteller auf der nahöstlichen Bühne. Im Gegensatz zum »Westen«, den für die Araber im Wesentlichen Großbritannien und Frankreich, neuerdings auch die USA, repräsentierten, hatten die Ostblockstaaten noch nicht ihre Glaubwürdigkeit verloren und eine Negativrolle im arabischen Raum gespielt.

Kommunistischen Bewegungen standen zwar viele Regime der Region sehr misstrauisch gegenüber. Aber selbst Regierungen, die kommunistische Parteien verboten und Kommunisten verfolgten und inhaftierten, waren oft einer begrenzten – wenn nützlichen – Kooperation mit der Sowjetunion nicht abgeneigt. Die USA begannen deshalb, im Nahen Osten ihre Politik des Containment – einer groß angelegten Eindämmung sowjetischen Einflusses – zu implementieren. So sollte als nahöstliche Ergänzung von NATO und SEATO der Bagdad-Pakt angelegt werden. Ziel war es, auch die arabischen Länder in ein antisowjetisches Paktsystem einzubinden. Der Versuch war jedoch früh zum Scheitern verurteilt: Als einziges arabisches Land trat der haschemitische Irak dem Pakt bei, in dem die USA nicht als Vollmitglied, sondern nur als Beobachter vertreten waren, während Großbritannien der »Träger« des Paktes war. Auch der Irak kündigte seine Mitgliedschaft, als König Faisal II. (1935-1958) gestürzt und damit die Herrschaft der natürlicherweise prowestlich orientierten Haschemitendynastie gewaltsam beendet wurde. Die Rechnung Faisals, durch Beitritt zum Bagdadpakt seine Herrschaft zu sichern, war nicht aufgegangen.

Dem Westen gelang es nie, eine Allianz zu schmieden, die die arabische Welt auf Dauer westlich orientiert hätte. Doch erwies es sich im Lauf der Jahrzehnte als möglich, trotz mehrfacher Rückschläge, in individuellen Kooperationsformen immer mehr Staaten der Region an die USA oder Europa zu binden. Dies war aber in der Mitte der 50er Jahre noch nicht absehbar. Westlicher, vor allem europäischer Einfluss entwickelte sich damals einem Tiefpunkt zu. Ägypten, für das Nasser eine Vormachtrolle in der arabischen Welt anstrebte, sah durch ein Bündnissystem unter westlicher Führung die Unabhängigkeit der Araber und vor allem seine eigene Führungsposition in der arabischen Welt gefährdet. Andere arabische Staaten (z.B. Libanon) fürchteten für den Fall eines Beitritts zum Bagdad-Pakt den Widerstand der inneren Opposition, die sich durch ägyptische Propaganda gestärkt fühlte.

Eine Zuspitzung der Lage und eine weitere Distanzierung zu den USA und ihren Verbündeten entstand, als Ägypten und andere arabische Staaten Waffen im Westen kaufen wollten und abgewiesen wurden. Konsequenterweise wandten sich die Araber nun an den Osten und erhielten Waffen von der Tschechoslowakei. Später kam es durchaus auch zu Waffenlieferungen aus Ost und West gleichzeitig – in den 80er Jahren war die UdSSR wichtigster Waffenlieferant des Irak, Frankreich war Rüstungslieferant Nummer Zwei. Der Westen hatte seine Containmentpolitik selbst unterlaufen und dazu beigetragen, dem Ostblock den Zugang zur arabischen Welt zu ebnen. Die USA versuchten in dieser Lage, das ägyptische Verhalten, welches sie als dauerhafte Hinwendung zur Sowjetunion überinterpretierten, zu bestrafen und nahmen ihre Finanzierungszusage für den Neubau des Assuan-Staudamms, das ägyptische Prestigeprojekt schlechthin, zurück. Ein solcher Schlag musste einen Führer wie Nasser zu einer heftigen Reaktion herausfordern.

Die Verstaatlichung des Suez-Kanals.
Ägypten als arabische Führungsmacht

Ein Datum ist geeignet wie kein anderes, Nassers Aufstieg zum charismatischen Führer, zum Volkhelden der Araber zu markieren. Ein perfekt inszenierter Auftritt des ägyptischen »Ra'is« wirkte wie ein Signal, das nicht nur alle Araber sondern die ganze Welt erreichte. Am 26. Juli 1956 hielt Nasser eine Rede von zwei Stunden, die in voller Länge im Rundfunk übertragen wurde. Es war eine Abrechnung mit Imperialismus, Kolonialismus und Zionismus und stellte den Gesamtkontext von Waffenkauf, Finanzierung des Assuan-Dammes und der Notwendigkeit, die sich hieraus ergab, den Suezkanal zu verstaatlichen, aus ägyptischer Sicht dar. Beim Schlüsselwort »Ferdinand de Lesseps« setzten sich Militäreinheiten in Bewegung und besetzten die Büros der Suezkanalgesellschaft – Nasser verkündete die Verstaatlichung des Kanals (durch Vermittlung der Weltbank kam es 1958 zu einer Regelung der Entschädigung für die Aktionäre). Mit einem Schlag war Nasser unbestrittenes Idol in der arabischen Welt und Personifizierung standhaften, energischen, selbstbewussten Auftretens gegen westliche Bevormundung.

Die Reaktion Großbritanniens und Frankreichs, die die Suezkanalgesellschaft kontrolliert hatten, erfolgte noch im Herbst 1956, als es zu einem gemeinsam Angriff Englands, Frankreichs und Israels auf Ägypten kam. Während Israel den Gaza-Streifen und die Sinaihalbinsel okkupierte, besetzten die Engländer und Franzosen die Suezkanalzone. Zwar war Ägypten militärisch nicht in der Lage, den Angriff abzuwehren, doch was zunächst wie eine militärische Niederlage aussah, wurde zu einem eklatanten Erfolg für Nasser. Sowohl die UdSSR als auch die USA verurteilten die übereilte unabgestimmte Aktion – die UdSSR, weil sie die Chance sah, sich als Schutzmacht Ägyptens und Alliierter der Araber gegen den Imperialismus zu profilieren und damit ihre Rolle in der arabischen Welt erheblich aufzuwerten; die USA, um ihren Führungsanspruch deutlich zu machen und sich nicht durch die Unterstützung einer von der gesamten arabischen Welt einhellig verurteilten Aggression im gesamten Nahen Osten in Misskredit zu bringen; allein der Anschein, die britisch-französisch-israelische Militäraktion zu billigen, hätte die amerikanischen Bemühungen, Anhänger und Unterstützung in der arabischen Welt zu finden und sowjetischen Einfluss zurückzudrängen, in der ganzen Region stark beeinträchtigt (s. auch S. 173).

Zwei wichtige Ergebnisse lassen sich als Folge der Suezkrise von 1956 konstatieren. Endgültig haben Frankreich und England, die traditionell in der arabischen Welt seit dem 19. Jahrhundert die Hauptrolle spielten, ihre dominierende Position eingebüßt – die Führungsmacht des »Westens«, die USA, hat auch im Nahen Osten eindeutig ihre Vorrangstellung zur Geltung gebracht. Doch auf der anderen Seite hat die UdSSR eine stärkere Position denn je. Die Suezkrise hat die bereits starke Stellung der Sowjetunion noch einmal aufgewertet. Der Westen ist diskreditiert, Russland ist – quasi automatisch und zwangsläufig – zum Alliierten Ägyptens und seiner Verbündeten geworden. Durch den Überfall auf Ägypten wurde das Land buchstäblich in die Arme der Sowjetunion getrieben. Die USA versuchten, gegenzusteuern. In der sogenannten »Eisenhowerdoktrin« sicherten sie Staaten, die von der Sowjetunion oder von ihren Verbündeten bedroht wurden, Hilfe zu (1957) – eine deutliche Warnung an Ägypten, seine »Revolution« nicht zu exportieren und sich zugunsten der überall entstehenden »nasseristischen« Bewegungen einzumischen. Ein Umsturzversuch in Syrien, den die USA unterstützten, scheiterte und führte zu einem Zusammenschluss Syriens und Ägyptens zur Vereinigten Arabischen Republik (1958), die jedoch nicht lange hielt. Es kam in der Folge zu zahlreichen Putschen »nasseristisch« orientierter Militärs in der ganzen arabischen Welt: 1958 im Irak und in Syrien, 1962 im Jemen und 1963 in Syrien. Auch der Umsturz in Libyen (1969) und der Unabhängigkeitskrieg Algeriens (erfolgreich abgeschlossen 1962) waren ähnlich ausgerichtet. Dies bedeutete eine weitere Schwächung westlichen Einflusses auf das arabische Lager. Die Sowjetunion war mehr denn je die wichtigste europäische Macht in der arabischen Welt. Allen antiwestlich orientierten Staaten und besonders im Konflikt gegen Israel diente sie als Partner. Auch die arabische Welt war eingefügt in die Systematik des Ost-West-Konflikts.

Zwar waren auf diese Weise viele arabische Staaten Partner der Sowjetunion geworden – doch Satellitenstaaten wie etwa in Osteuropa hatte die UdSSR – mit Ausnahme der Volksrepublik Südjemen seit den 70er Jahren – im Nahen Osten nicht. Dementsprechend fiel es später leichter, von Fall zu Fall Bindungen an den sowjetischen Partner wieder zu lösen. Die Staaten Westeuropas spielten nur mehr Nebenrollen. Die Zeit, in der sie tonangebend gewesen waren, war endgültig vorüber. Die Verhältnisse hatten sich zwar so gewandelt, dass nicht mehr einschneidende Aktionen europäischer Staaten die Weichen im Orient stellten; die Beziehungen zwischen den Arabern und Europa wurden aber nach und nach stärker struktureller Natur. Keine historischen Entscheidungen, epochalen Ereignisse und spektakulären Aktionen bestimmten die Beziehungen, doch gab es ein Geflecht von Einflüssen und Abhängigkeiten, die zeigten, dass Europa und der arabische Nahe Osten in einer im Prozess der Globalisierung befindlichen Welt einem gemeinsamen Kontext angehörten. Das arabische Öl und die europäische Wirtschaft beispielsweise, die Verknüpfung zahlreicher arabischer Länder mit der Europäischen Union, arabische Migrationsbewegungen in Richtung Europa, die Teilnahme europäischer Staaten an durch die USA geführten Aktionen gegen einzelne arabische Staaten und islamische Bewegungen oder ein weltweites Netzwerk des Terrors, dessen Hauptfiguren arabischer Provenienz sind und sich auf den Islam berufen, zu dessen Zielgebieten auch Europa gehört, sind Bestandteile dieses Systems.

Europa und das arabische »Schwarze Gold«

Geradezu sprichwörtlich ist der arabische Ölreichtum. Erdöl wurde zu einem Symbol für die arabische Welt – speziell in Europa. In der Tat liegen im Nahen Osten ungefähr zwei Drittel der Weltölvorräte. Etwa drei Viertel der arabischen Exporte bestehen aus Erdöl. Ohne das Erdöl wäre die arabische Welt wirtschaftlich eine vernachlässigbare Größe – und selbst unter Einbeziehung des Erdöls liegt die Wirtschaftskraft der gesamten arabischen Welt weit niedriger als die Deutschlands. Das BSP aller arabischen Länder liegt etwas bei ¼ des BSP Deutschlands. Für die arabische Welt aber ist das Erdöl von herausragender Bedeutung. Nicht nur die »Ölstaaten« selbst, also diejenigen Länder, in denen Öl gefördert wird, profitieren davon, dass Erdöl nach wie vor weltweit wichtigste Energiequelle ist und die Weltwirtschaft am Laufen hält; auch die anderen arabischen Staaten kamen in den Genuss von Hilfsleistungen ihrer erdölreichen Bruderstaaten. Eine gewisse arabische Solidarität kam hier zum Tragen und die unverhältnismäßig reichen Ölförderländer konnten es sich einfach nicht leisten, ihre »armen Verwandten« völlig zu ignorieren. So flossen beträchtliche Zahlungen aus dem Ölreichtum der arabischen Welt in diejenigen arabischen Staaten, die über keine Ölreserven verfügten – zwar waren und sind dennoch die Unterschiede zwischen »arm« und »reich« innerhalb der arabischen Welt beträchtlich, doch wurde zumindest die schlimmste Armut gemildert und verhindert, dass radikale Kräfte in den »armen« arabischen Staaten an die Macht kamen, die dann auch für die – oft autokratischen – Regime der reichen Ölländer hätten gefährlich werden können. Andererseits führte der Ölboom dazu, dass ein Strom arabischer Arbeitsmigranten sich von den weniger bevorzugten Ländern in die Ölstaaten bewegt. Die Transferzahlungen dieser Arbeitsmigranten stellen wiederum einen nicht unbedeutenden Wirtschaftsfaktor für ihre Heimatländer dar. Im europäisch-arabischen Erdöl-Kontext gibt es drei wesentliche Entwicklungen: 1. War zu Beginn der Erdölepoche das »Schwarze Gold« noch fest in europäischer Hand, setzte später ein Prozess der »Arabisierung« des Öls ein. 2. Das arabische Erdöl, seine Verfügbarkeit und sein Preis wurden mit zunehmender Industrialisierung ein wichtiger Faktor für Europa, das zunehmend abhängig wurde vom Öl der Araber, aber letztlich deshalb auch stärker nach Alternativen suchte. 3. Durch den Ölreichtum kam es in den arabischen Ölstaaten zu umfangreichen Maßnahmen zur Errichtung von Infrastruktur und zu wachsendem Bedarf an Importgütern: Die arabische Welt wurde zu einem Wirtschaftspartner von Bedeutung für Europa. Für die meisten arabischen Länder sind die Staaten Europas heute wichtigster Handelspartner. Während Öl mit Abstand das wichtigste Exportprodukt der arabischen Staaten (nicht nur) in Richtung Europa darstellt, haben diese Staaten Bedarf an einer sehr breiten Produktpalette, welche die europäischen Partner liefern können – von Investitions- über Konsumgüter industrieller Produktion bis hin zu Nahrungsmitteln. Im Niedrigpreissektor ist europäischen Produkten längst Konkurrenz in Form asiatischer Erzeugnisse erwachsen. Insgesamt geht allerdings der arabische Anteil am Welthandel stark zurück: Zur Jahrtausendwende betrug er ca. 1,5%, noch im Jahr 1980 hatte er 9 % erreicht.

Parallel zum politischen Aufstieg zur wichtigsten westlichen Macht in Nahost drängten amerikanische Ölgesellschaften in den arabischen Erdölsektor. Der Bedarf an Erdöl wuchs im Zuge des Wiederaufbaus und der Hochindustrialisierung Europas. Doch im Laufe ihrer voranschreitenden politischen Emanzipation, ihrer zunehmenden Selbstbehauptung gegen ausländische Bevormundung nahmen die Araber auch ihre Ölinteressen selbst in die Hand. »Das Öl« war eine der wenigen Trumpfkarten, die den Arabern im internationalen Poker zur Verfügung stand. Bald wurde den Erdölproduzenten klar, dass Erdöl zwar ein Gut von hoher strategischer Bedeutung war, dass sie aber isoliert oder organisiert in kleinen Gruppen wenig ausrichten und praktisch gar keinen Druck auf dem Weltmarkt ausüben konnten, solange es möglich war, Interessen und Bedürfnisse der Öl-Staaten gegeneinander auszuspielen: 1960 wurde deshalb in Bagdad die Organisation erdölexportierender Länder gegründet, die nicht nur aus den arabischen Förderländern bestand, sondern der auch Iran und Venezuela angehörten. Die eigentliche Hochzeit der OPEC als Erdölkartell kam in den Siebzigerjahren. Im Zusammenhang mit dem Oktoberkrieg 1973 kommt erstmals die »Erdölwaffe« zum Einsatz gegen diejenigen Länder, denen eine Unterstützung Israels vorgeworfen wurde. Es kam zu vorübergehenden Boykottmaßnahmen, die in Europa einen Schock auslösten, obwohl es sich lediglich um kurzzeitige Reduzierungen zur Durchsetzung von Preiserhöhungen handelte. In Europa kam es im Januar 1974 zu Panikreaktionen, die aber auch den Zweck hatten, die Öffentlichkeit problembewusst zu machen und auf erheblich höhere Energiepreise einzustimmen: In Deutschland und anderen europäischen Ländern wurden Sonntagsfahrverbote für Kraftfahrzeuge verhängt. Hatten 159 Liter (also ein »barrel«, die übliche Maßeinheit für Erdöl) zu Beginn der 70er Jahre zwei bis drei Dollar gekostet, so schnellte der Preis zu Jahreswende 1973/74 auf 11,5 Dollar hoch, was fast einer Vervierfachung entsprach. Diese dramatischen Preisentwicklungen trafen Europa in besonderen Maße, da es im Gegensatz zu den USA oder UdSSR über nicht ausreichende Erdölreserven verfügte oder die vorhandenen Reserven noch nicht erschlossen hatte. Von nun an erlebten die Ölpreise im Rhythmus nahöstlicher Kriege und Krisen ein – oft dramatisches – auf und ab: Im Sommer 1979 führte die iranische Revolution zur Absetzung des Schahs (1919-1980) und im Jahr darauf brach der irakisch-iranische Krieg aus: Die Folge war eine erneute Ölkrise, die – im Vergleich zum Stand von 1978 – eine Verdreifachung des Ölpreises auf 35 Dollar brachte. 1982 begann dann ein Preisverfall im Zeichen des Golfkrieges. Die Ölförderstaaten wahrten die Produktions- und Preisdisziplin nicht mehr; die OPEC funktionierte nicht mehr als Mechanismus, der Preise hoch und Förderquoten niedrig hielt, zunehmende Konkurrenz unter den Ölproduzenten setzte ein. Vor allem die größten Produzenten hatten durchaus Interesse an niedrigen Preisen; sie produzierten Mengen, die ihnen auch bei niedrigen Preisen ausreichendes Einkommen brachten; niedrige Ölpreise nahmen den Verbrauchern den Anreiz, alternative Energiequellen zu entwickeln und sich umzuorientieren hin zu anderen Lieferländern. Vor dem Hintergrund der iranischen islamischen Revolution und der angesichts stark gesunkener Öleinkünfte verschärften sozialen Probleme in vielen arabischen Staaten wurden die im Ansatz längst vorhandenen islamistischen Strömungen in allen Teilen der arabischen Welt stärker. In der zweiten Hälfte der Achzigerjahre hatte der Ölpreis einen Stand erreicht, der unter dem Niveau von 1974 lag (1986: 10 Dollar). Doch unter dem Eindruck der Kuwait-Krise von 1990/91 (als zunächst der Irak Kuwait überfiel und besetzte und darauf eine Koalition unter Führung der USA die irakischen Truppen wieder aus Kuwait vertrieb) schnellten die Ölpreise ein weiteres Mal in die Höhe auf über 40 Dollar. Einen erneuten Einbruch rief 1998 die Asienkrise hervor, durch welche die Weltwirtschaft insgesamt schwer belastet wurde – der Ölpreis fiel wieder auf 10 Dollar, erholte sich aber, brach jedoch erneut ein, als die Terroranschläge vom 11. September 2001 die Welt erschütterten. Dagegen gab der Irak-Krieg 2003 dem Ölpreis wieder Auftrieb, der – mit einem Einbruch im milden Winter 2006/07 – anhält bis 2008 (als das barrel die 100$-Grenze überschritt) – mitverursacht durch den steigenden Energiebedarf der schnell wachsenden Wirtschaftskapazität der Schwellenländer wie Indien und

China (seit 1993 reichen die chinesischen Ölreserven nicht mehr aus und China ist auf Erdöleinfuhren angewiesen).

Diese Skizze der Entwicklung macht deutlich, wie die Beziehungen und Abhängigkeiten zwischen Europa und der arabischen Welt aus der bipolaren Dimension immer mehr ins Koordinatensystem der Globalisierung gerieten: Ölpreisveränderungen, die nicht nur Araber und Europäer sowie deren Verhältnis zueinander beeinflussten, sondern weltweite Auswirkungen hatten und auf weltweite Ursachen zurückzuführen waren. In Europa hat man seit Jahrzehnten nicht ohne Erfolg versucht, die Abhängigkeit vom Rohstoff Öl zu verringern: Durch Erschließung alternativer Energien und durch Einsparen von Energie. Mit steigenden Ölpreisen wird es auch immer lohnender, eigene Ölvorräte anzuzapfen, deren Nutzung früher unrentabel war.

»Der Islam ist die Lösung«
Die arabische Welt zwischen Verwestlichung und Islamismus

Bis in die 70er Jahre des 20. Jahrhunderts war im Hinblick auf die arabische Welt ein lineares Entwicklungsdenken weit verbreitet – in Europa – einschließlich der UdSSR – ebenso wie in den USA. Die Auffassung herrschte vor, der Nahe Osten sei auf dem Weg, sich dem »Westen« oder aber dem »Ostblock« immer mehr anzugleichen. In der Tat war eine solche Erwartung nicht ganz unverständlich, sondern konnte zeitweise durchaus plausibel erscheinen. Wie beschrieben, hatte die arabische Welt Verwestlichungsmodelle entwickelt, die ihre Entwicklung voranbringen sollten. Die Übernahme europäischer Methoden und Vorbilder war gefördert worden und im 20. Jahrhundert war es ganz selbstverständlich, dass Verfassungen und Parlamente europäischen Stils für die sich bildenden arabischen Staaten entstanden. Dass es nur relativ wenige Menschen gab, die mit westlichem Denken und europäischen Institutionen und Handlungsformen wirklich vertraut waren, war zwar nicht völlig unbekannt; doch wurde dies als Entwicklungsproblem perzipiert: Mit weiterer Industrialisierung und Verbesserung des Schulwesens würde parallel die Europäisierung der arabischen Welt voranschreiten. Auch die aktuellen Ideologien in den arabischen Ländern – sei es die Weltanschauung der Baath-Partei oder die Doktrin des arabischen Sozialismus – waren wie selbstverständlich an europäischen Vorbildern orientiert. Dass es noch einige traditionelle Könige und »Ölscheichs« gab, wurde als diejenige Form von Rückständigkeit gesehen, die für entlegene Regionen – beherrschten derartig »mittelalterliche« Regime nicht vorwiegend wüstenhafte Gefilde? – typisch war; ihre Überwindung schien eine Frage der Zeit. Aus linker Perspektive war es geradezu bezeichnend, dass die USA und ihre Verbündeten vor allem mit solchen rückständigen Staaten kooperierten, die ihren Interessen eher dienen würden als die antiimperialistischen sozialistischen Regime wie das eines Nasser. Auch die Alltagskultur nahm weltweit – und vor allem auch im Nahen Osten – eine konvergierende Entwicklung: Zeitungen, Rundfunk und Fernsehen, Elektrizitäts- und Wasserversorgung durch die öffentliche Hand, Film- und Buchproduktion und Industrialisierung, ein sich rasch ausdehnendes Straßennetz und Flughäfen charakterisierten zunehmend die Länder des Orients. »Orientalisches« trat dagegen in den Hintergrund, wurde in den Bereich von Tourismus und Folklore verbannt, bestenfalls Liebhabern und Spezialisten zugewiesen oder schlimmstenfalls als pittoreskes Überbleibsel überwundener Entwicklungsstufen interpretiert[5]. Der Islam und alle Lebensformen, die mit ihm in Verbindung standen oder gebracht wurden, schien mehr und mehr zu verblassen – so, wie die Religion auch in Europa an Bedeutung verlor und allenfalls noch Geltung in der Privatsphäre des Einzelnen hatte. Diese Tendenz war nicht auf die arabische Welt beschränkt: Die Türkei war seit Ende des Ersten Weltkriegs nach Europa orientiert und der Schah des Iran bemühte sich augenfällig, sein Land als modern und westlich zu präsentieren. Die islamische Revolution im Iran traf deshalb den Westen wie ein Schlag. Als der Schah 1979 gestürzt wurde, konnte niemand verkennen, dass eine militante Re-Islamisierung den Nahen Osten erfasst hatte, die auch Systemen, die als gefestigt galten, gefährlich werden konnte. Erstmals wurde deutlich, dass auch eine Allianz mit den USA keine Überlebensgarantie für Regierungen nahöstlicher Staaten bot, wenn sich im Inneren der Gesellschaft machtbewusste Bewegungen bildeten, die breite Unterstützung mobilisieren konnten.

Auch der naivste Beobachter konnte nicht mehr glauben, das Phänomen der islamischen Revolution sei ein rein schiitisch-iranisches und habe als solches für die arabische Welt keine Relevanz, als der ägyptische Präsident Sadat 1981 von muslimischen Offizieren ermordet wurde. Bewegungen, die rückwärtsgewandt eine frühe Form der islamischen »Umma« wieder herstellen wollten und sich auf einen Islam, der noch nicht verwässert war, beriefen und in seinem Namen die Übernahme der politischen Macht anstrebten, waren in der islamischen Welt nichts Neues. Die Wahhabiten, die im 18. Jahrhundert auf der arabischen Halbinsel ihre puristische Doktrin verbreiteten (die immer noch die offizielle Staatsideologie des heutigen Saudi-Arabien darstellt) sind ebenso ein Beispiel dafür wie die Bewegung des Mahdi, die gegen Ende des 19. Jahrhunderts im Sudan die Macht übernehmen konnte. Zeitlich näher und geographisch zentraler lagen die Muslimbrüder, die Ende der 20er Jahre in Ägypten gegründet worden waren. Ihre schnelle Ausbreitung, der überraschende Zulauf, den sie hatten, und die Bedeutung, die sie rasch in anderen arabischen Ländern erlangten, macht deutlich, wie suggestiv auf viele eine Lehre wirkte, die den Islam als alleinige Richtschnur in allen Lebenslagen – und nicht zuletzt auch in Staat und Gesellschaft – sehen wollte; und dies gerade in einer Epoche, in der die Diskussion um Säkularisierung, Nationalismus und Sozialismus ging. Die Muslimbrüder verübten ein Attentat auf Nasser, der die Bewegung in Ägypten verbot und verfolgte. Auch in Syrien versuchten sie, die Macht zu ergreifen. Dass beides

---

5 Der Palästinenser Edward Said war es, der die Vereinnahmung des Orients durch den Westen analysiert und kritisiert hat in seinem aufsehenerregenden Werk »Orientalismus«, Frankfurt/ Berlin 1981. Der Westen habe den Orient nicht nur politisch, militärisch und wirtschaftlich kontrolliert, sondern sich auch die Deutungshoheit über alles »Orientalische« angemaßt. »Es ist Europa, das den Orient artikuliert«, schreibt Said (S. 68). Die europäische Orientalistik habe ein Monopol erworben für das Verstehen und Erklären des Orients, »weil nur ein Orientalist den Orient interpretieren kann, da der Orient völlig unfähig ist, sich selbst zu interpretieren.« (S. 325). Allerdings sollte man nicht übersehen, dass die europäische Orientalistik eben ein Vakuum vorfand, in das sie vorstoßen konnte. Der »Orient« war lange Zeit im internationalen Diskurs nicht vorhanden.

misslang, durfte nicht als Zeichen gewertet werden, dass konservativ-muslimische Kräfte keine Rolle mehr spielten. Sadat hatte für solche muslimischen Kreise, die noch unter Nasser unterdrückt worden waren, die Zügel gelockert. Seiner Abwendung von der UdSSR wegen schienen ihm traditionalistisch-muslimische Gruppen ein Gegengewicht gegen die Anhänger des arabisch-sozialistischen Nasserismus bilden zu können. Die Ausgleichspolitik gegenüber Israel und die Hinwendung zu den USA jedoch machte gerade radikalmuslimische Gruppierungen zu seinen erbitterten Feinden. Dass Re-Islamisierung ein gesamtgesellschaftliches Phänomen war, wurde in Ägypten ebenso wie in anderen arabischen Staaten bald deutlich. Das Attentat auf Sadat war eine aufsehenerregende Aktion gewesen, doch gab es zahlreiche Anhaltspunkte, die in ihrer Gesamtheit weit bedeutsamer waren als ein noch so spektakulärer Mord, der ja die Tat einer kleinen, in der Gesellschaft nicht verankerten Gruppe sein konnte (wie z.B. die Anschläge der RAF in Deutschland in den 70er Jahren). Die Freitagspredigten wurden politischer, Schriften konservativ-radikaler Theologen und Prediger fanden größere Verbreitung (so z.B. von Sayyid Kutb), islamische Banken wurden gegründet, muslimische soziale Einrichtungen entstanden, die Zahl verschleierter Frauen in den Straßen nahm zu und – es kam in Ägypten zu Zusammenstößen zwischen Muslimen und Kopten; ein untrügliches Zeichen, dass das Klima rauer, die religiöse Stimmung unduldsamer und die Haltung radikalmuslimischer Kreise aggressiver wurde.

Die »Verwestlichung«, die Übernahme europäischer Denk-, Lebens- und Konsumgewohnheiten, hatte in der arabischen Welt zunächst vor allem die Wohlhabenden erreicht. Sie waren es vor allem, die sich westliche Produkte und einen europäisch-amerikanischen Lebensstil leisten konnten. Doch waren Erwartungen geweckt worden und Ansprüche entstanden, die in der Breite der Bevölkerung nicht befriedigt werden konnten. Gerade auch der Mittelstand – Menschen also mit einer gewissen Bildung – sah sich materiell vom westlichen Lebensstandard teilweise ausgeschlossen. Westlich inspirierte Ideologien – wie etwa der ‚arabische Sozialismus' – hatten nicht die erhofften Verbesserungen gebracht, hatten sich nicht bewährt als Problemlösungsstrategien für die arabische Welt. Ebenso wenig hatten sich die westlichen Staaten als verlässliche Partner erwiesen. Nach dem Ersten Weltkrieg, in dem die Araber durch ihren Aufstand zum Erfolg der Alliierten beigetragen hatten, hatte Europa einen arabischen Nationalstaat verhindert und Palästina den Zionisten zugesprochen. Die Misserfolge in drei Nahostkriegen hatten gezeigt, dass sich nichts zugunsten der arabisch-islamischen Welt geändert hatte, dass fremde Konzepte und Allianzen mit nicht-muslimischen Mächten keine Erfolge brachten. Ägypten war in seiner Selbstverleugnung sogar so weit gegangen, Israel einen Frieden ohne ausreichende Gegenleistung anzubieten. Westliche wie östliche Verbündete hatten die islamische Welt nicht vorangebracht – es war Zeit, sich auf die eigene Identität zu besinnen, zu den Werten und Prinzipien des Islam zurückzufinden, den Islam – anstatt ihn zu verleugnen – zum Leitprinzip arabischen Denkens und Handelns zu machen. Eine solche Gesinnung musste – zumal sie sich in hochemotionalisierter Atmosphäre entwickelte – notwendigerweise xenophobe Züge tragen. Die Re-Islamisierung entwickelte sich als Reaktion auf europäisch-amerikanische Einflüsse und im Gegensatz zu ihnen. Dazu kam, dass gerade der Westen als Verbündeter Israels galt, Israel nicht nur geschaffen hatte, sondern dessen Verhalten oft unterstützte. In einer solchen Lage war es für viele wichtig, zu den eigenen Wurzeln zurückzukehren und eine Erneuerung im Zeichen des Islam zu wagen.

Zahlreiche islamistische oder »fundamentalistische« Gruppierungen entstanden in allen Teilen der islamischen Welt: sie beriefen sich großenteils auf die Muslimbrüder Ägyptens, die als eine Art »Urorganisation« des Islamismus gesehen wurden. Die palästinensische »Hamas« beispielsweise ging aus den Muslimbrüdern hervor. Im Libanon entstand die iranisch inspirierte Hizbullah, die zum Identifizierungsnukleus für das libanesische Schiitentum wurde. Islamistisch motivierte Gewalttaten gab es schon seit Mitte des 20. Jahrhunderts, auch wenn sie selten ins Bewusstsein der Weltöffentlichkeit drangen. Die Ermordung des ägyptischen Präsidenten Sadat war lediglich Höhepunkt einer Entwicklung, die zuvor von weniger aufsehenerregenden Terrorakten gekennzeichnet war. Islamismus oder Fundamentalismus waren oft verbunden mit Gewalt und Terrorismus; Terror und »Islamismus« wurden mit der Zeit in Europa vielfach gleichgesetzt. Die Fixierung auf den Gewaltaspekt verstellte vielen europäischen Beobachtern den Blick auf die soziale Funktion, welche islamistische Organisationen überall in der islamischen Welt für breite Schichten der Bevölkerung erfüllten und durch die sie ihre Akzeptanz vor allem bei den weniger privilegierten Bevölkerungsschichten ausbauten. In der breiten europäischen Öffentlichkeit wurde ein enger Zusammenhang zwischen »den Arabern« und dem Terrorismus seit den 70er Jahren gesehen. Denn noch vor der islamischen Revolution im Iran traten die PLO oder deren Konkurrenzorganisationen mit aufsehenerregenden Aktionen – wenn auch noch nicht im Zeichen des Islamismus – in Erscheinung; sie richteten sich nicht nur gegen Israel, sondern zunehmend gegen europäische Ziele. Spektakuläre Flugzeugentführungen – die auch Deutschland betrafen – sorgten für Erregung und Empörung in Europa. Palästinensische Terroristen und deren europäische »Kollegen« arbeiteten zusammen – deutsche RAF-Leute beispielsweise wurden in palästinensischen Camps ausgebildet. Aber: Das Palästina-Problem, die Existenz eines palästinensischen Volkes, wurde durch das, was der Westen »Terror«, die Palästinenser aber legitime Selbstverteidigung nannten, einer breiteren Öffentlichkeit bewusst. Wenn Terror auch ein Phänomen ist, das bereits Jahrzehnte hindurch gewisse Segmente des Islamismus kennzeichnet, so hat sich die Zielrichtung der Gewaltaktionen doch stark verändert. Dienten die Flugzeugentführungen der 70er Jahre konkreten Zielen, etwa der Freipressung inhaftierter Gesinnungsgenossen, haben die Terrorakte, mit denen sich die Welt im 21. Jahrhundert konfrontiert sieht, keine erkennbare Finalität mehr. Die effekthascherischen Terrorakte der letzten Jahre erscheinen als Ausdruck von Rat- und Ziellosigkeit, zumal auch keine gezielten Opfer ausgesucht werden, sondern wahllos gemordet wird, wie etwa bei den Anschlägen auf Madrider Vorortzüge oder öffentliche Verkehrsmittel in London. In der neuesten Forschung wird gerade dieser wenig fokussierte Terrorismus, bei dem echte Ziele prima facie nicht mehr erkennbar sind, als Zeichen für den Niedergang des Islamismus gewertet. Hatten radikale islamische Strömungen in den 80er Jahren zahlreiche Impulse erhalten – wie durch den Heiligen Krieg in Afghanistan, die palästinensische Intifada, den Aufstieg der islamischen Heilsfront in Algerien oder die Beteiligung fundamentalistischer Kräfte an der Regierung im Sudan – verloren sie in den 90er Jahren an Unterstützung durch breite Schichten. Kleine, von der Gesellschaft der arabischen

Staaten weitgehend isolierte, radikale Gruppen flüchteten sich in immer bizarrere Gewalttaten – al-Ka'ida ist hier das bekannteste Beispiel.

Eindeutig richten sich islamistische Terrorakte sowohl gegen »unislamische« Regime in der islamischen Welt und gegen traditionelle Feinde wie Israel als auch gegen amerikanische (11. September 2001) oder europäische Ziele (Madrid 2004 und London 2005). Gerechtfertigt wurden diese Terrorakte immer mit der Teilnahme der betroffenen Staaten an Maßnahmen und Aktionen gegen Muslime – sei es in Afghanistan oder im Irak. Wirkliche oder vermeintliche Erfolge – wie der Wahlausgang in Spanien 2004 und die Beendigung des spanischen Engagements im Irak wurden von den Tätern als Bestätigung für die Relevanz ihres Tuns gewertet. In der westlichen Wahrnehmung rückten diese Gewaltaktionen zunehmend in den Mittelpunkt des Bildes vom Nahen Osten. Der Islam wurde vielfach simplifizierend gleichgesetzt mit dem »Terrornetzwerk« al-Ka'ida. Das negative Islambild im Westen wurde verstärkt durch die Rolle orientalischer – in Deutschland eher türkischer, in Frankreich vor allem arabischer – Migranten, die sich Integrationsversuchen verschlossen und sich zu muslimischen Parallelgesellschaften entwickelten, geographisch und/oder sozial am Rande des »Mainstreams«. Arbeitslosigkeit, Bildungsferne und Kriminalität schienen Merkmale der muslimischen Minderheiten in zahlreichen europäischen Staaten. Andererseits wird man in der islamischen Welt immer empfindlicher gegenüber dem Westen. Zwar ist nach wie vor der Hauptgegner die USA. Doch auch Europa bleibt weiter im Visier der Islamisten. Der »Karikaturenstreit« erregte vor allem die Gemüter in der arabischen Welt (während die Muhammad-Karikaturen etwas in der Türkei nicht dieses Mobilisierungspotenzial entfalteten), ein Zitat im Rahmen einer Papst-Rede führte zu Überreaktionen der Muslime. Auch im Westen wurde nicht immer mit der nötigen Sensibilität agiert. Im Vorfeld des Irak-Krieges wurden Reizworte wie »Kreuzzug« gebraucht, wodurch alte muslimische Empfindlichkeiten neue Impulse erhielten. Doch die Notwendigkeit, den Terrorismus abzuwehren, verband die Regierungen in Orient und Okzident; die Führungen islamischer Saaten waren letztlich stärker gefährdet als diejenigen westlicher Länder. Sie bezichtigen nach dem »11. September« westliche Regierungen der demokratischen Laxheit, wiesen daraufhin, dass in Europa Islamisten Asyl erhielten und man europäischerseits Achtung der Menschenrechte und Rechtsstaatlichkeit von den muslimischen Staaten einfordere, wenn diese energisch gegen islamistische Gruppen vorgehen. Die arabischen Staaten schließen 1998 untereinander ein Abkommen zur Terrorismusbekämpfung und lieferten einander Regimegegner aus. Eine große Anzahl westlicher und orientalischer Staaten schlossen sich in der von den USA geführten Allianz gegen den Terror zusammen.

Bei den Regierungen und in den Zivilgesellschaften Europas reifte die Erkenntnis, dass ein Ausgleich mit der islamischen Welt gesucht werden musste. Zwar war islamistischer Terror das Werk relativ kleiner Terrorzellen und wurde von keiner Mehrheit getragen, aber zwischen muslimischer und christlicher Welt kam es zu einer Entfremdung, zu Spannungen aus nichtigem Anlass, zu Missverständnissen; die Atmosphäre war stark aufgeheizt und hoch emotionalisiert. Das Bedürfnis entstand, wieder zu mehr Sachlichkeit zu kommen, einander wieder besser zu verstehen, das Verbindende stärker zu betonen als das Trennende, an Gemeinsamkeiten zu arbeiten. Die Geburtsstunde des »Dialogs mit der islamischen Welt« war gekommen.

Diskussionsforen und Konferenzen fanden statt, ein breitgefächertes Programm von Austauschmaßnahmen wurde von den Regierungen verschiedener europäischer Staaten lanciert und finanziert. Der Schwung der Initialphase wich aber nach wenigen Jahren einer gewissen Ernüchterung: Gewiss, es gab auf muslimischer wie auch auf christlicher Seite Kreise, die bereit waren, aufeinander zuzugehen, an Diskussionen teilzunehmen und Meinungsaustausch an die Stelle von Konfrontation zu setzen. Aber: Trafen sich nicht immer wieder die gleichen toleranten und liberalen Persönlichkeiten, Gruppen und Zirkel, wurde der Dialog nicht vor allem von denen geführt, die ihn schon seit jeher führten, von Menschen, die schon immer interkulturellen Austausch gefordert und gepflegt hatten? Diejenigen, die man eigentlich erreichen wollte, waren unzugänglich. Islamistische Terroristen und ihr Umfeld akzeptierten die Argumente des interkulturellen Dialogs nicht – für sie waren Annäherung, Liberalisierung, Toleranz und gegenseitiges Verstehen bereits Versuche, islamische Gesinnung aufzuweichen, ein Kreuzzug mit anderen Mitteln, Schwächung der sittlichen Standards des Islam. »Dialog« an sich lehnten sie ab. So mussten Dialogansätze in ihrer Wirkung begrenzt bleiben.

Der »Barcelona-Prozess« – auf dem Weg zu einer arabisch-europäischen Großregion?

Die europäischen Staaten bemühten sich seit den 90er Jahren im EU-Rahmen darum, großangelegte, umfassende Entwicklungsprozesse einzuleiten, durch die die Staaten südlich des Mittelmeeres auf Dauer näher an Europa heranrückten. Eine Außenministerkonferenz hob 1995 die »Euromediterrane Partnerschaft« in Barcelona aus der Taufe. Dies geschah in einer Zeit, die von Aufbruchstimmung gekennzeichnet war – zwei Jahre nach Unterzeichnung des Vertrags von Oslo und ein Jahr nach der Verleihung des Friedensnobelpreises an Arafat (1929-2004), Rabin (1922-1995) und Peres (die Ermordung Rabins wenige Wochen vor »Barcelona« war eine Koinzidenz und hatte keine Auswirkung auf die Initiierung des Prozesses). Europa war überzeugt, jetzt einen Prozess der Annäherung zwischen Israel und den Arabern flankieren und begleiten zu müssen und eine Anbindung des Nahen Ostens an die EU unterstützen zu können. Die Euromediterrane Partnerschaft beschränkte sich nicht auf die arabische Welt, begnügte sich nicht mit den Dimensionen eines »euro-arabischen Dialogs« (den es ja schon seit den 70er Jahren gab), sondern umfasste eben auch Israel und die Türkei. Auf der arabischen Seite sind selbst Staaten, die dem Westen so reserviert gegenüberstehen wie Syrien, involviert, und Libyen hat immerhin Beobachterstatus.

Der Ansatz dieser euromediterranen Partnerschaft ist sehr breit angelegt: Sie beschränkt sich nicht auf Ministerräte, Konferenzen und Gremien, sondern deckt mit verschiedensten Instrumenten eine Vielfalt von Kontaktfeldern ab. Die Ziele sind ehrgeizig: Ein Raum, der von Frieden, Sicherheit und Kooperation gekennzeichnet wird, soll entstehen, er soll die nördlichen mit den südlichen Ufern des Mittelmeeres verbinden, Gegensätze abbauen und die sehr unterschiedlichen Länder dieser Großregion einander näher bringen.

2005 wurde ein Verhaltenskodex zur Bekämpfung des Terrorismus beschlossen, 2007 fand ein Seminar zur Verhinderung von Terror-fördernden Medienprogrammen statt. In den Ländern südlich des Mittelmeeres konnte die EU Subventionsabbau, Steuerreformen und den Abbau von Handelsschranken (wie z.B. Zollbarrieren) anstoßen. Die EU ist jetzt für ihre Partner größter Investor, wichtigster Tourismuspartner und größter Kreditgeber. Die vielen bilateralen Wirtschaftsbkommen zwischen Ländern der EU und ihren Partnern südlich des Mittelmeeres sollen im Rahmen der Euromediterranen Partnerschaft bis 2010 zu einer großen Freihandelszone verschmelzen; dafür wird auch der Abbau von Handelshindernissen zwischen den arabischen Ländern unterstützt. Wachstum soll gefördert, das Ausbildungsniveau verbessert, Beschäftigung geschaffen werden. Wichtig ist den südmediterranen Ländern vor allem die Möglichkeit, ungehindert in den EU-Markt zu exportieren. Gemeinsame Sicherheitsprobleme und Migrationsfragen stehen ebenfalls auf der Agenda. Im Jahr 2008 findet das 2. Euromediterrane Jugendparlament in Marokko statt. Eine Reihe von Fachministertreffen sind vorgesehen (so für die Bereiche Tourismus, Beschäftigung, Gesundheit, Wasser und Handel). Eine rasche Regelung des Nahostkonflikts wird der Euromediterrane Prozess sicher nicht bringen können; diese Ambition besteht auch nicht. Er kann jedoch die Rahmenbedingungen verbessern.

Auch spektakuläre Show-Effekte und Großereignisse sind nicht das, was diese Partnerschaft charakterisiert – wohl aber dauerhafte wirtschaftliche Annäherung, Abbau von mentalen, wirtschaftlichen und politischen Grenzen, Transfer von Werten und Normen, Angleichung von Standards, Schaffung von Prosperität und sozialem Wandel. Der Barcelona-Prozess mit seinem breitgefächerten facettenreichen Instrumentarium ist sicher nachhaltiger positiv wirksam als mancher spektakuläre Auftritt der großen Politik und könnte einen neuen Stil auch im europäisch-arabischen Verhältnis prägen. Doch sollten die Möglichkeiten staatlicher Akteure allein in diesem komplexen Beziehungsgefüge nicht überschätzt werden.

Epilog

»Die Araber und Europa« – was wie ein Gegensatz klingt, ist in Wirklichkeit die Geschichte einer Symbiose. Seit über 2000 Jahren gibt es arabisch-europäische Beziehungen. Sowohl für Europa als auch für die arabische Welt ist die jeweils andere Sphäre nicht nur Teil der eigenen Geschichte, sondern Bestandteil der eigenen Identität. Orient und Okzident gehören dem gleichen Kulturraum an, bilden zwei Hälften ein und desselben historischen und kulturgeschichtlichen Ganzen. Der semitische Kulturraum war prägend für die europäische wie für die arabische Sphäre. »Islam« und »Christentum« sind nicht nur Geschwister, sondern ein Zwillingspaar – zusammen mit dem Judentum sind sie Drillinge. Nicht zufällig sind die drei Religionen im semitischen Sprach- und Kulturraum in nächster geographischer Nähe zueinander entstanden – wenn auch in unterschiedlichen Epochen. Fasst man das Wesentliche der drei Religionen zusammen, erscheinen sie als drei Variationen zum gleichen Thema. Erst im Detail treten Unterschiede deutlich zutage. Aber Grundstruktur und –idee sind gleich. Diese gemeinsame Substanz, diese fiktive semitische »Urreligion« wird Grundlage für »Abendland« und »Morgenland«. Die Ähnlichkeit von Islam und Christentum ist es aber gerade, die den Gegensatz zwangsläufig machte. Wir sind allerdings so sehr daran gewöhnt, das Christentum als genuin »europäisch« für uns zu reklamieren, da wir es als wichtigste Grundlage abendländischer Kohärenz und Kontinuität beanspruchen, dass wir uns in Europa des »orientalischen« Ursprungs »unserer« Religion oft gar nicht bewusst sind. Gerne wird zudem übersehen, dass es seit jeher und bis heute arabische Christen gibt.

Zwei Religionen, die sich sehr ähneln, sind zur Bewahrung oder Ausprägung des eigenen Profils darauf angewiesen, sich scharf abzugrenzen, die Unterschiede zu betonen und die eigene Identität gerade im Kontrast zu suchen. Der Islam als die jüngste der monotheistischen Religionen, der die Wesensgleichheit mit Juden- und Christentum sah und anerkannte, musste aus dieser Erkenntnis heraus den Anspruch stellen, den krönenden Abschluss einer Entwicklung zu bilden, die abschließende, endgültige Form der »Urreligion Abrahams«, die auch diejenige von Juden und Christen war, zu repräsentieren. Nur so konnte eine gewisse Beliebigkeit überwunden werden, nur so war zu begründen, warum es »besser« war, Muslim zu sein als Christ (oder Jude). Nur mit diesem Anspruch konnte sich die ‚neue' Religion gegen die älteren »Geschwister« behaupten. Eine weitere Grundlage stellt die hellenistisch-römische Antike dar, durch die ein großer Teil des geographischen Bereichs, in dem sich der christlich-europäische und der islamisch-arabische Kul-

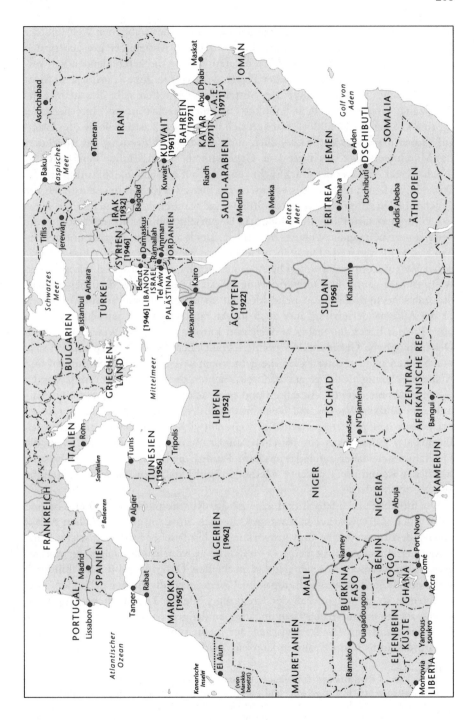

Karte 8: Die arabische Welt und Europa in der Gegenwart

turkreis entfaltete, geprägt war; einige der Kernländer der arabischen Welt und der
südliche und westliche Teil Europas hatten der aufs Mittelmeer hin zentrierten
antiken Welt angehört und überlieferten deren Erbe an die sich bildenden Schwes-
terkulturen. Als die Araber unter der Flagge des Islam in diese – aus unserer Sicht
– »europäische« Welt am Südufer des Mittelmeers vorstoßen, sieht dies aus wie das
Zerbrechen einer Einheit. Rein politikgeschichtlich gesehen, ist diese Interpretation
legitim: Ein neuer Machtblock etabliert sich hier, dessen Staatsideologie (der Islam)
auf Eroberung aus ist und letztendlich auch auf die Unterwerfung des Nordufers
des Mittelmeers. Der so entstandene Gegensatz, die zwangsläufige Feindschaft ist
durchaus real, darf aber den Blick nicht verstellen auf gemeinsame kulturhistorische
Wurzeln, darf auch nicht vergessen lassen, dass hier zwei Kulturkreise entstehen, die
gleichermaßen Anspruch auf das semitische und römisch-hellenistische Erbe erheben können als Grundlage ihrer Identität. Der machtpolitische Konflikt ist die eine
Seite, die gemeinsamen Wurzeln die andere. Beide existieren parallel und schließen sich keineswegs aus. Doch auch Gegensätze zwischen arabischer und europäischer Welt wirken nachhaltig: Die Abgrenzung des arabischen und europäischen
Raumes und damit die Differenzierung beider Räume haben dazu beigetragen,
die arabische und die europäische Identität zu definieren und auszuformulieren.
In der Auseinandersetzung, aber auch im Austausch mit dem jeweiligen Gegner
oder Partner haben die arabische Welt und Europa ihr eigenes Wesen entwickelt.
Der ideologische Gegensatz, der politisch-militärische Konflikt perpetuieren sich,
durchziehen wie ein roter Faden die gemeinsame Geschichte von Europäern und
Arabern[6]. Dennoch oder gerade dadurch wachsen die beiden Kulturkreise ständig
weiter zusammen, finden Austausch und gegenseitige Befruchtung statt: Die Assimilierung antiken Wissens und Denkens durch den Islam, die Übertragung des in
der islamischen Welt rezipierten und weiterentwickelten antiken Geistesgutes an
Europa, das Interesse der europäischen Aufklärung und Romantik am Orient, die
Inspiration der Araber durch das moderne Europa, die Übernahme und Anpassung
westlicher Kenntnisse, Konzepte, Methoden und Doktrinen durch die islamische
Welt in der Moderne.

Doch nicht nur Austausch und gegenseitige Kultureinflüsse verbinden Ost und
West. Auch die »historischen Zwänge«, die sich aus dem geschichtlichen Ablauf
ergebenden Interferenzen und Auswirkungen historischer Prozesse, welche beide
Seiten betreffen, lassen die beiden Großräume als voneinander abhängig, von ge-
genseitigen Wechselwirkungen geprägt erscheinen. Das ganze Mittelalter hindurch
sind beträchtliche Energien Europas im Krieg gegen die Araber gebunden – sei
es defensiv, sei es, wie im Fall der Kreuzzüge, offensiv. Der arabisch-europäische
Gegensatz ist ein dauerhaftes Grundphänomen der gegenseitigen Beziehungen. Die
Lage der arabischen Länder zwischen der mediterranen Welt einerseits und der
Sphäre des Indischen Ozeans andererseits prädestiniert sie zu einer Pionierrolle

---

6   Der »Clash of Civilisations«, den Samuel Huntington in spektakulärer Weise der Gegenwart zu
    Bewusstsein gebrtacht hat, ist ganz und gar keine »moderne« Erscheinung, wie manche Zeit-
    genossen aufgrund ihrer Befangenheit in der Gegenwart und daraus resultierender mangelnder
    historischer Kenntnisse annehmen. Huntignton selbst ist sich dessen wohl bewusst und weist
    auch ausdrücklich darauf hin: Samuel P. Huntington: Der Kampf der Kulturen, München/Wien
    1996, S. 335

auf dem Weg zur Globalisierung: Bereits im Mittelalter stellen arabische Kaufleute Handelsverbindungen her zwischen Asien, Afrika und Europa, unter arabischer Ägide entsteht ein Welthandelsnetz, das – über die Schlüsselregionen im Nahen Osten und das Mittelmeer – auch Europa einbezieht. Dieser Blick auf die Reichtümer des Orients, den die Araber Europa ermöglichen, während sie den Europäern gleichzeitig den direkten Zugriff verwehren, gibt Anstoß zu einer Initiative von welthistorischer Tragweite – den großen Entdeckungen, die von Europa ausgehen. Sie bedeuten einen weiteren großen Schritt in Richtung Globalisierung, tragen letztlich aber auch zum Niedergang des Nahen Ostens bei, der bald nicht mehr Schlüsselregion und Drehscheibe ist. Im Zeitalter des Imperialismus gerät der arabische Raum unter europäische Kontrolle, dadurch aber – nach einer Periode der Marginalisierung als osmanische Provinz – auch wieder in den Fokus internationaler Interessen, selbst die geopolitische Bedeutung der Region kehrt – im Koordinatensystem der Großmächtestrategien – zurück; Symbol für die Verflechtung von Interessen und Abhängigkeiten ist der Suezkanal. Europa gestaltete die politische Geographie des Nahen Ostens und implantierte Krisenherde. Europa liefert auch die Doktrinen, die von den Arabern adaptiert und zur Grundlage ihrer politischen Orientierung gemacht werden. Und auch die Reaktion darauf, die Re-Islamisierung und der islamische Fundamentalismus sind im europäisch-arabischen Kontext zu verstehen – als Antwort auf den mangelnden Erfolg europäischer Modelle im Orient. Nicht nur arabische Regime – auch europäische Staaten, vor allem aber deren unbeteiligte Bürger – werden zum Ziel hieraus entstandenen islamistischen Terrors, werden verantwortlich gemacht für ihr Engagement im Irak oder auch in Afghanistan, das – als gegen den Islam gerichtet – verurteilt wird. Im 20. Jahrhundert entsteht auch eine neue wirtschaftliche Abhängigkeit Europas von der arabischen Welt – ungleich intensiver als zur Zeit der interkontinentalen Handelsbeziehungen des Mittelalters: Öl wird zu einem Politikum ersten Ranges und gewinnt zeitweise entscheidenden Einfluss auf die politischen Beziehungen zwischen Arabern und Europäern, denn vom Öl aus Nahost sind Wirtschaft, Lebensstandard und damit Stabilität Europas immer noch in einem gewissen Maß abhängig. Die Araber ihrerseits sind ebenfalls wirtschaftlich auf Europa angewiesen: Einige von ihnen wickeln 50% oder mehr ihres Handels mit Europa ab.

Mag es zu Animositäten nicht nur zwischen Arabern und Europäern sondern zwischen Orient und Okzident ganz allgemein gekommen sein, die Regierungen der meisten europäischen und arabischen Staaten gelangten in den vergangenen Jahren mehr und mehr zu der Überzeugung, dass Kooperation im beiderseitigen Interesse liegt. Die europäischen Staaten sind seit geraumer Zeit bereit, in einer Region, in der ihre unmittelbaren Einwirkungsmöglichkeiten nur noch begrenzt sind, durch intensive Entwicklungszusammenarbeit einen Beitrag zur Stabilisierung zu leisten. Die Europäische Union hat seit den 70er Jahren des vergangenen Jahrhunderts die Notwendigkeit gesehen, in einen Dialog mit der arabischen Welt einzutreten und sie nicht nur ökonomisch, sondern auch politisch einzubinden; es ging nicht nur darum, Handelsschranken abzubauen und Märkte zu vernetzen, sondern auch vertrauensbildende Maßnahmen zu treffen und eine Annäherung der Werte und Normen beider Seiten zu fördern, im Gespräch zu bleiben, gemeinsame Interessen zusammen zu verfolgen. Der »Barcelona-Prozess« hat diesen Bemühungen einen formellen Rahmen gegeben, die dafür vorgesehenen Instrumente und Verfahren entwickelt, gebündelt und institutionalisiert.

Mit der schneller und intensiver werdenden Globalisierung haben sowohl die Araber als auch Europäer in weltweitem Maßstab an Gewicht verloren. Aber auch füreinander sind sie heute jeweils weniger wichtig als in früheren Jahrhunderten, die Exklusivität der Beziehungen, aber auch die Fixiertheit aufeinander ist in einer kleineren, enger verflochtenen multipolaren Welt schwächer geworden. Die dominierende Position der USA im Nahen Osten ist unbestritten – und auch da, wo europäische Mächte versuchten, durch Teilnahme an entscheidenden Operationen, wie etwa dem Irak-Krieg, wieder eine führende Position zu erwerben, wurde nur umso peinlicher deutlich, dass sie bestenfalls Juniorpartner waren.

Die langfristig angelegten europäisch-arabischen Beziehungen und Abhängigkeiten sind jedoch nachhaltiger und beständiger als vorübergehende politische Einflussnahme oder militärische Einzelaktionen. Zweifellos sind die USA – und nur sie – in der Lage, den Nahostfriedensprozess zu lenken und wirksamen Druck auf die direkt beteiligten Partner auszuüben. Doch Europa ist es und wird es weiterhin sein, das die Fortexistenz etwa der palästinensischen Autonomiebehörde durch seine finanziellen Zuschüsse auch in schwierigen Phasen des Nahostkonflikts sichert und auch zur Linderung der schlimmsten Not in den Palästinensergebieten beiträgt. Die europäische Entwicklungszusammenarbeit – sowohl bilateral als auch seitens der EU – stabilisiert die gesamt Region. Das Netz, das zwischen Europa und den arabischen Staaten geflochten wird, nimmt an Dichte zu und führt dazu, dass nördliche und südliche Ufer des Mittelmeers zu einem euro-arabischen Großraum und Gesamtkontext zusammenwachsen.

Hat also die Globalisierung doch dazu geführt, dass die Unterschiede geringer, die Gegensätze entschärft, die Differenzen weniger wurden und Gemeinsames in den Vordergrund trat? Sie hat sicher Wege verkürzt und Distanzen abgebaut, die Alltagskultur und Technik im Orient und Okzident einander bis zu einem gewissen Maß ähnlich gemacht und die Regierungen der meisten Staaten der arabischen und europäischen Welt dazu gebracht, enger zusammenzuarbeiten. Aber die kulturellen Unterschiede haben bei Arabern und Europäern einen höheren Stellenwert gewonnen, Unterschiede und Kontraste sind wieder wichtiger geworden. Gerade die Annäherung hat zu aggressiver Abgrenzung geführt, zum Bedürfnis, die eigene Substanz und Kultur zu behaupten, die eigenen Werte und Normen zu verteidigen. So hat die Globalisierung dazu beigetragen, einen kulturellen ‚Provinzialismus' zu schaffen, mit dem man sich in aller Welt – nicht nur im arabisch-europäischen Verhältnis – gegen Nivellierung und Identitätsverlust zur Wehr setzt.

»Die Araber und Europa« in der Literatur

Der Mythos, es gebe kaum zuverlässige Informationen und Publikationen über die Araber, den Islam oder den Nahen Osten und seine Geschichte, entstand in der 2. Hälfte des 20. Jahrhunderts, als das Thema »Nahost« unter zahlreichen Aspekten immer relevanter wurde und zahlreiche Berufene und weniger Berufene sich zu nahöstlichen Themen und Problemen äußern mussten oder wollten. Da es mühsam schien, sich in die orientalistische Fachliteratur einzulesen, entstand ein Markt für populäre Literatur, die sich in weniger seriöser als vielmehr publikumswirksamer Weise mit dem Nahen Osten auseinandersetzte. Doch es gab bereits damals und gibt noch vielmehr heute eine umfangreiche Literatur, die zuverlässig und kenntnisreich Geschichte und Gegenwart des Orients behandelt. Selbst wer nur deutsch liest, wird umfangreiches Material über die Araber und ihre Geschichte, die Beziehungen zwischen Orient und Okzident sowie über die Religion und die Kultur des Islam finden. Die folgenden Hinweise für weitere Lektüre sind subjektiv und beschränken sich auf ganz wenige Publikationen, die nach persönlichen Präferenzen des Autors ausgewählt wurden.

Als Standardwerk zur arabischen Geschichte ist zu empfehlen *Ulrich Haarmann* (Hg.) u.a.: Geschichte der arabischen Welt, München 2001. Das Werk behandelt die Geschichte der arabischen Welt von den Ursprüngen des Islam bis fast zur Gegenwart, genügt wissenschaftlichen Ansprüchen und ist von anerkannten Fachwissenschaftlern verfasst. Es ist das einschlägige Handbuch zur arabischen Geschichte in deutscher Sprache.

Ein Buch über neuere Entwicklungen der arabischen Welt, das sich auszeichnet durch besonders gute Lesbarkeit bei gleichzeitiger Solidität und Seriosität wurde geschrieben von *Volker Perthes*: Geheime Gärten: die neue arabische Welt, Berlin 2002.

Beide Werke sind in allen guten Bibliotheken erhältlich. Sie enthalten einen wissenschaftlichen Apparat und umfangreiche Literaturhinweise. Beide Bücher befassen sich mit der arabischen Welt als solcher, ohne besondere Berücksichtigung der europäisch-arabischen Beziehungen; bezeichnend ist, wie häufig diese dennoch zur Sprache kommen.

Eine ansprechend bebilderte Geschichte des Islam hat *Gudrun Krämer* verfasst (München 2005). *Bassam Tibi*, ein gebürtiger Syrer, der aber seine akademische Karriere in Deutschland gemacht hat, ist Autor von: Kreuzzug und Djihad: der Islam und die christliche Welt, München 1999. Das Buch hält erfreulicherweise, was der Untertitel verspricht und beschränkt sich keineswegs auf »Djihad und Kreuzzug«; im Mittelpunkt stehen geistige Beziehunen zwischen Orient und Okzident. Tibis Buch enthält Hinweise für die weitere Lektüre.

Die arabische Geistesgeschichte vom Ende des 18. Jahrhunderts bis in die Mitte des 20. Jahrhunderts unter europäischem Einfluss hat dargestellt *Albert Hourani*: Arabic Thought in the Liberal Age 1798-1939, London 1962 (mehrere Auflagen). Auch dieses Buch enthält eine Bibliographie.

Noch immer interessant ist das epochale Werk von *Henri Pirenne*: Mahomet et Charlemagne, Paris 1970 (zahlreiche Auflagen), in dem er seine These, Europa sei entstanden und wesentlich geprägt worden durch den Einbruch des Islam in die Mittelmeerwelt, darlegt. Das Buch wurde in mehrere Sprachen, auch ins Deutsche, übersetzt (Die Geburt des Abendlandes, Leipzig 1939 – verschiedene Ausgaben und Auflagen). Es enthält Literaturangaben, naturgemäß aber ausschließlich ältere Titel.

Die Beschäftigung mit der arabischen Geschichte bedeutet für den europäischen Leser eine besondere Herausforderung: Er wird mit Begriffen, Werten, Normen und Denkweisen konfrontiert, die ihm nicht ohne weiteres vertraut sind – Missverständnisse und Fehlperzeptionen sind vorprogrammiert. Ein Buch, das den westlichen Leser bei seinem Weg in die islamisch-arabische Welt begleitet, stammt aus der Feder von *Gerhard Endress*: Einführung in die islamische Geschichte, München 1982. Jeder sollte es zur Hand nehmen, der sich dem ‚Orient' weiter annähern will. »Nine-eleven« und die in den Jahren darauf folgenden Terrorakte haben eine Flut von Terrorismus-Literatur hervorgebracht. Man halte sich an *Guido Steinberg*: Der nahe und der ferne Feind, München 2005. Er führt in die Geschichte des militanten Islamismus ein und analysiert gegenwärtige Terrorstrukturen. Das Buch ist so neu, dass es noch die Anschläge von Madrid (März 2004) behandelt, nicht mehr berücksichtigt werden konnten die Attentate von London (Juli 2005). Auch hier helfen ein Glossar einschlägiger Begriffe, eine Zeittafel und eine Bibliographie weiter.

Eine unüberschaubare Vielfalt von Gesamtdarstellungen und Einzelstudien, die so unterschiedliche Themenkreise berühren wie Heilpflanzen in der arabischen Medizin, Wechselkurse im Ägypten des 15. Jahrhunderts und die Rolle Alexanders des Großen in der arabischen Volksliteratur, stehen dem Leser, der sich tiefer und breiter informieren will, zur Verfügung.

Selbst arabische Originalquellen und Werke der arabischen Literatur liegen heute vielfach in Übersetzung vor (In den Anmerkungen 1 und 4 wird auf einige verwiesen, viele Hinweise finden sich bei Haarmann).

Die Literaturhinweise, die hier gegeben wurden, sind eine ganz persönliche Auswahl – jeder der genannten Titel enthält weitere Anregungen.

HOLZ, HANS HEINZ

Dialektik
Problemgeschichte von der Antike bis zur Gegenwart

schem Aufwand und wurde textkritisch mit Anmerkungen versehen.
Auch heute noch gehört es zu den wichtigsten Editionen in der Fichte-Forschung.

FORSCHUNG Neuauflage 2013. 6 Bände im Schmuckschuber. Zus. 4184 S., 12,7 x 19 cm, Fadenh., Gzl. mit Lesebänd. Lambert Schneider, Darmstadt.

B258458

Buchhandelspreis € 199,–

WBG-Preis € 129,–

Zeittafel

1187	Schlacht von Hattin: Saladin gewinnt Jerusalem von den Kreuzfahrern zurück
1195	Nordafrikanische Almohaden schlagen christliche Spanier bei Alarcos
1212	Christliche Koalition schlägt die Almohaden bei Las Navas de Tolosa
1249	Ludwig IX. der Heilige in Ägypten
1270	Kreuzzug Ludwigs IX. des Heiligen gegen Tunis
1291	Fall des letzten Kreuzfahrerstützpunkts Akkon (Akka)
1453	Osmanen erobern Konstantinopel
1492	Ende der islamischen Herrschaft in Spanien: Erfolgreicher Abschluss der Reconquista durch die Vernichtung des Nasridenstaates von Granada Entdeckung Amerikas durch Kolumbus
1498	Vasco da Gama entdeckt den Seeweg nach Indien
1507	Portugiesen nehmen Insel Sokotra vor dem Bab el-Mandeb am Eingang zum Roten Meer ein
1516/17	Osmanen erobern Syrien und Ägypten
1536	Expedition Karls V. gegen Tunis
1567	Aufstand der spanischen Muslime
1608	Bündnis des Drusenfürsten Fachr ad-Din mit den Medici
1609/14	Ausweisung der letzten Muslime („Moriscos") aus Spanien
1640	Erstes Kaffeehaus in Venedig
1761	Beginn der Arabien-Reise Carsten Niebuhrs
1798/1801	Bonapartes Ägyptenfeldzug
1830	Beginn der französischen Herrschaft in Algerien
1839	Das europäische „Konzert der Mächte" verhindert, dass Muhammad Ali von Ägypten den Osmanenstaat vernichtet. Britische East India Company besetzt Aden
1860	Französische Militärexpedition in den Libanon in der Folge von Christenmassakern
1869	Eröffnung des Suezkanals
1881	Frankreich erlangt Herrschaft über Tunesien
1882	Briten besetzen Ägypten
1899	Britisch-ägyptisches Kondominium über den Sudan
1906	Konferenz von Algeciras (Unabhängigkeit Marokkos, gleichberechtigte Interessen der Großmächte)
1911	„Panthersprung": Entsendung eines deutschen Kanonenbootes nach Agadir (Marokko) Italienischer Angriff auf Libyen (Abschluss der Eroberung 1932)
1912	Französisches Protektorat über Marokko
1913	Arabischer Kongress in Paris
1917	Balfour-Declaration

1920	Nach Auflösung des Osmanischen Reiches werden dessen arabische Regionen im Maschrek England und Frankreich als Völkerbundsmandate unterstellt
1928	Die türkische Republik schafft den Gebrauch des arabischen Alphabets ab (seither wird das Türkische mit lateinischen Buchstaben geschrieben)
1945	Gründung der Arabischen Liga
1948	Gründung des Staates Israel/erster arabisch-israelischer Krieg
1954	Beginn des algerischen Befreiungskrieges gegen Frankreich
1956	Suez-Krieg: Israel, England und Frankreich greifen Ägypten an (nach Verstaatlichung des Suez-Kanals durch Ägypten)
1962	Unabhängigkeit Algeriens von Frankreich
1965	Die Bundesrepublik Deutschland nimmt diplomatische Beziehungen zu Israel auf – gleichzeitig brechen die arabischen Staaten (alle mit Ausnahme von Libyen, Tunesien und Marokko) die diplomatischen Beziehungen zur Bundesrepublik Deutschland ab
1972	Palästinensischer Anschlag auf israelische Sportler bei den Olympischen Spielen in München
1973	Yom Kippur/Ramadan-Krieg zwischen Ägypten/Syrien und Israel Erste Ölkrise
1991	Nahost-Konferenz von Madrid
1993	„Oslo-Prozess" – erste direkte palästinensisch-israelische Geheimverhandlungen unter norwegischer Vermittlung
1995	Beginn der „euromediterranen Partnerschaft" (Barcelona-Prozess) EU/arabische Partner
2003	Einige europäische Staaten (z.B. Großbritannien und Spanien) nehmen im Rahmen einer von den USA geführten Allianz am Angriff auf den Irak teil, andere (z.B. Deutschland, Frankreich) distanzieren sich
2004	11.3.: Bombenanschläge von al-Ka'ida auf Madrider Vorortzüge wegen Spaniens Teilnahme am Irak-Krieg (so Bekenner-Video)
2008	Erdölpreis erreicht historischen Höchststand von 150$/Barrel (Anfang der 1970er-Jahre: 2-3 $)

Namen- und Sachregister

A